全国各类高等院校经济管理专业规划教材

企业战略管理

主　编　于秀娥
副主编　于晓媛　肖　莉
孟　丽　王　飞
顾小云　董　想

中国商业出版社

图书在版编目(CIP)数据

企业战略管理/于秀娥主编. —北京:中国商业出版社,2014.7

ISBN 978-7-5044-8484-0

Ⅰ.①企… Ⅱ.①于… Ⅲ.①企业战略-战略管理 Ⅳ.①F272

中国版本图书馆CIP数据核字(2014)第097573号

责任编辑:蔡凯

中国商业出版社出版发行
010-63180647 www.c-cbook.com
(100053 北京广安门内报国寺1号)
新华书店总店北京发行所经销
北京书林印刷有限公司印刷

* * * * *

开本:787×1092毫米 1/16 印张:19.75 字数:380千字
2014年7月第1版 2014年7月第1次印刷

定价:45.00元

* * * *

(如有印装质量问题可更换)

编写说明

企业战略是企业在把握未来的基础上，作出有关企业目标、方针、策略和行动远景规划的总体行为方案，其目的不在于维持企业现状，而是旨在创造企业的未来。党的十八大报告强调，到2020年要确保实现全面建成小康社会宏伟目标，在经济领域，就是要保持经济持续健康发展，加快完善社会主义市场经济体制和加快转变经济发展方式。贯彻十八大精神，就企业而言，最重要的正是要突出科学发展这个主题，首要任务就是制定科学的企业战略并使之科学、有效地实施。企业战略管理是企业在发展过程中发掘和培养企业自身的战略竞争力，构建自身在产业领域的竞争优势至关重要的管理内容，是企业发展的纲领，它决定了企业的发展方向，是企业人力资源有效配置的前提，是企业提高效率的保证。为了传播企业战略管理的理论、方法与技术，适应企业管理者教育、发展的需要，我们写了《企业战略管理》这本教材。

教材的编写坚持理论联系实际的科学精神，及时吸收国际上新的有益的学术思想，在我们长期教学与科研的基础上，力求科学而通俗地阐述有关企业战略管理的基本理论和知识。

本书由山西省党校于秀娥（第1、15章）担任主编，副主编由山西省党校于晓媛（第2、3章）、衡水学院经济管理学院孟丽（第10、11章）、河北工业职业技术学院董想（第12、14章）、山西省党校肖莉（第4、5章）、山西省党校王飞（第6、7章）、山西省党校顾小云（第8、9、13章）担任，最后全书由于秀娥教授拟定框架，并统改定稿。

企业战略管理理论与实践仍在不断地总结、发展之中，许多问题尚在探索，书中如有不当之处，恳请广大教师与读者批评指正，以便进一步修改完善。在这里我们谨向《全国各类高等院校经济管理专业规划教材》的读者、学习者和批评者致以敬意和感谢。

编者

2014年7月

目　录

第 1 章 | 企业战略管理概况

在企业发展过程中，如何发掘和培育企业自身的战略竞争力、构建自身在产业领域的竞争优势至关重要。这就要求企业必须对宏观环境、行业竞争、市场空间、自身资源与业务能力等要素进行前瞻性的、系统的分析和计划，制定出企业明确可行的近期、中期及远期的运营目标与事业发展方向，而这种分析、评估、预测与计划的过程就是企业战略管理过程。而只有拥有系统的战略管理，才能确保企业在日常运营与决策的连续性及目标一致性，从而不断促进企业发展壮大。

※ 1.1 企业战略的基本属性

企业战略是决定企业经营活动成败的关键性因素，是企业实现经营管理目标的前提条件，也是企业长久地高效发展的重要基础。一个企业只有拥有了一个很好的经营战略，使得所有的人都能按照经营战略安排自己的日常经营活动，才能保证企业既充满活力，又能够持续有序发展。

1.1.1 企业战略的基本内涵

1. 战略的内涵

“战略”一词源于军事术语，指筹划和指导战争全局的方略。《辞海》中对战略的解释是：“战略是对战争全局的筹划和指挥。它是依据敌我双方的军事、政治、经济、地理等因素，照顾战争全局的各方面，规定军事力量的准备和运用。”19 世纪初，“现代战略研究之父”德国战争史学家卡尔·冯·克劳塞维茨将战略定义为：为了达到战争目的而对战斗的运用。随着人类社会的发展，“战略”一词逐渐被广泛应用于军事以外的领域，包括政治、经济、科技、社会发展等，其含义演变为“泛指重点的、带全局性或决定全局的谋划”。当人们把军事战略思想运用到企业的经营管理之中就产生了企业战略。

在激烈的市场竞争中，战略是现代企业的取胜之道。在管理学文献中，对企业战略的定义，可谓众说纷纭，莫衷一是。然而，在各种不同的定义中，毕竟呈现出一些核心和基础的要素，反映了一些常见和主要的特点。对有关战略基本概念的梳理和澄清将会有益于我们进一步的探讨和发展。对战略最为精彩的描述之一当属商业史学家小钱德勒在其宏篇巨作《战略与结构》(1962) 中给出的定义：“战略可以定义为确立企业的根本长期目标并为实现目标而采取必需的行动序列和资源配置。”波特在《什么是战略》(1996)一文里兼容自己早期有关战略定位的理论创建以及后来资源本位企业观的主要论点，强调了战略的实质在于与众不同，在于提供独特的消费者价值。而W·钱·金和勒纳·莫博妮在《蓝海战略》(2005)中则认为战略包括企业关于消费者价值的主张，关于企业利润的主张，以及在组织活动中关于人的主张，并着重强调创新和改变游戏规则之于战略的重要性。

2. 企业战略的内涵

企业战略是企业以未来为主导，将其主要目标、方针、策略和行动信号构成一个协调的整体结构和总体行动方案。其中既包括竞争战略，也包括营销战略、发展战略、品牌战略、融资战略、技术开发战略、人才开发战略、资源开发战略等等。企业战略虽然有多种，但基本属性是相同的，都是对企业的谋略，都是对企业整体性、长期性、基本性问题的计谋。各种企业战略有同也有异，相同的是基本属性，不同的是谋划问题的层次与角度。总之，无论哪个方面的计谋，只要涉及的是企业整体性、长期性、基本性问题，就属于企业战略的范畴。

加拿大麦吉尔大学管理系教授明茨伯格从五个角度对企业战略的定义进行了解析，即：计划(play)、计策(ploy)、模式(pattern)、定位(position)、观念(perspective)，构成了企业战略的5P定义。

第一，战略是一种计划(Plan)。是指战略是一种有意识、有预计、有组织的行动程序，是解决一个企业如何从现在的状态达到将来位置的问题。战略主要为企业提供发展方向和途径，包括一系列处理某种特定情况的方针政策，属于企业“行动之前的概念”。根据这个定义，战略具有两个本质属性:战略是在企业发生经营活动之前制定的，以备人们使用;战略是作为一种计划写进企业正式文件中的，当然不排除有些不公开的、只为少数人了解的企业战略。

第二，战略是一种计策(Ploy)。是指战略不仅仅是行动之前的计划，还可以在特定的环境下成为行动过程中的手段和策略，一种在竞争博弈中威胁和战胜竞争对手的工具。例如，得知竞争对手想要扩大生产能力时，企业便提出自己的战略是扩大厂房面积和生产能力。由于该企业资金雄厚、产品质量优异，竞争对手自知无力竞争，便会放弃扩大生产能力的设想。然而，一旦对手放弃了原计划，企业却并不一定要将扩大能力的战略付诸实施。因此，这种战略只能称为一种威胁竞争对手的计策。

第三，战略是一种模式(Pattern)。是指战略可以体现为企业一系列的具体行动和现实结果，而不仅仅是行动前的计划或手段。即，无论企业是否事先制定了战略，只要有具体的经营行为，就有事实上的战略。战略作为计划或模式的两种定义是相互独立的。实践中，计划往往没有实施，而模式却可能在事先并未计划的情况下形成。因此，战略可能是人类行为的结果，而不是设计的结果。因此，定义为“计划”的战略是设计的战略，而定义为“模式”的战略是已实现的战略，战略实际上是一种从计划向实现流动的结果。那些不能实现的战略在战略设计结束之后，通过一个单独的渠道消失，脱离准备实施战略的渠道。而准备实施的战略与自发的战略则通过各自的渠道，流向已实现的战略。这是一种动态的战略观点，它将整个战略看成是一种“行为流”的运动过程。

第四，战略是一种定位(Position)。是指战略是一个组织在其所处环境中的位置，对企业而言就是确定自己在市场中的位置。企业战略涉及的领域很广，可以包括产品生产过程、顾客与市场、企业的社会责任与自我利益等任何经营活动及行为。但最重要的是，制定战略时应充分考虑到外部环境，尤其是行业竞争结构对企业行为和效益的影响，确定自己在行业中的地位和达到该地位所应采取的各种措施。把战略看成一种定位就是要通过正确地配置企业资源，形成有力的竞争优势。

第五，战略是一种观念(Perspective)。是指战略表达了企业对客观世界固有的认知方式，体现了企业对环境的价值取向和组织中人们对客观世界固有的看法，进而反映了企业战略决策者的价值观念。企业战略决策者在对企业外部环境及企业内部条件进行分析后作出的主观判断就是战略，因此，战略是主观而不是客观的产物。当企业战略决策者的主观判断符合企业内外部环境的实际情况时所制定的战略就是正确的;反之，当其主观判断不符合环境现实时，企业战略就是错误的。

3. 企业战略的构成要素

企业战略同价值观、文化和理想等精神内容为组织成员所共有一样，战略观念要通过组织成员的期望和行为而形成共享，个人的期望和行为是通过集体的期望和行为反映出来的。因此，研究一个组织的战略，要了解和掌握该组织的期望如何在成员间分享，以及如何在共同一致的基础上采取行动。一般来说，企业战略由四个要素组成:

⑴企业的经营范围。经营范围是指企业从事生产经营活动的领域。它是企业所处的行业，自己的产品和市场等所涉及的生产经营范围，反映企业目前与其外部环境相互作用的程度，也反映企业计划与外部环境发生作用的要求。

⑵企业资源配置。资源是企业从事生产经营活动的基础，包括实物资源、货币资源、人力资源、技术专利、商标信誉等。资源配置是指企业过去和目前资源和技能配置所达到的水平和模式。资源配置的好坏会极大地影响企业实现自己目标的程度。因此，资源配置又称为企业的特殊能力。资源配置的目的，是要通过适当的使用资源，来形成特殊技能，以便更好地开展生产经营活动。反之，如果企业资源配置不当，就会影响企业的经营能力，影响企业的生产和发展。

⑶企业竞争优势。竞争优势是指企业通过其资源配置的模式与经营范围的决策，在市场上形成的与其竞争对手不同的竞争地位。竞争优势既可以来自企业在产品和市场上的地位，也可以来自企业对特殊资源的正确运用。一般来说，产品和市场的定位对于企业总体战略来讲相当重要，而资源配置则为经营战略起着十分重要的作用。

⑷企业的协同作用。在制定战略时，企业力求利用已有的设备、专利、生产技术、销售网络、商标等，进行合理组合，以形成相互协同作用。即要实现各经营单位之间的优势互补，达到 $1+1\geqslant 2$ 的整体效应。即企业总体资源所带来的总收益，要大于各部分资源收益之和。一般来讲，企业的协同可分为内部协同和外部协同，内部协同主要包括投资协同、共享资源、销售协同、管理协同等。

1.1.2 企业战略的意义

随着全球经济化的进程的加快，越来越多的企业意识到在激烈的国际市场竞争和复杂多变的外部环境中，要想求得生存和长远发展，就必须站在全局的高度去把握未来，通过强化自身的优势，取得企业内部资源与外部环境的动态平衡。因此，确定企业战略便成为企业管理的一项重要内容。

1. 企业战略是企业核心竞争力的基础

企业如果没有战略，它必将是个即将消失的企业。企业如果忽略战略管理，它必将是个滞后发展的企业。在激烈的市场竞争中，企业必须认真审视战略，建立以价值为基础的战略体系、培育最有价值的核心竞争力，打造自身特有的制胜利器。随着我国市场经济的进一步发展和卖方市场向买方市场的转变，中国市场受到海外产品的冲击将越来越大。因而，国内市场变得更加复杂化，国际国内市场更加趋于一体化。在这种新形势下，企业更需要新的经营理念和新的管理思想，来指导企业管理实践。那种单一的产品能够长期满足市场需求的日子已经一去不复返了。企业管理正在针对目标消费者或目标市场有的放矢地组织生产，加强管理和提高战略管理水平，提高企业竞争力和服务质量已成为现代企业的不懈追求。

2. 企业战略是企业制定经营管理决策的依据

企业战略不仅涉及战略的制定和规划，而且包含着将制定出的战略付诸实施的管理，因此涉及到企业管理的全过程。在这个过程中，它需要根据外部环境和内部条件的变化以及战略执行结果的反馈信息等，重复进行新一轮的战略管理过程。因此，企业战略涉及到企业的方向性问题，如经营领域的选择、产品方向的变更、企业规模的扩大、发展多角经营等，是有关企业未来发展的全局性谋划和决策。

3. 企业战略是企业经济效益和社会效益的源泉

企业战略追求企业的长期生存、发展和战略竞争力的提高，重视企业的长远利益和发展潜力；经营管理则主要追求目前的经营成果和利益。企业战略往往以复杂多变的经营环境为前提，注重监测企业外部环境的变化，制定有效的战略计划，利用有限的经营资源，保证企业在动荡的环境中生存和发展；经营管理则以稳定的经营环境为前提，重点放在日常的经营活动上。日常的经营管理，如生产管理、财务管理、市场营销管理等，都属于职能性管理，是从企业局部的角度来进行管理。这种职能性管理是企业必不可少的。但企业是由具有执行不同职能的部分所组成的统一整体，如何将企业的各个职能部分协调一致，有机地结合起来运作，最终保证企业的经济效益和社会效益的提高，就需要企业战略来发挥作用。

4. 企业战略是企业提高经营管理效能的保证

企业战略从企业整体、全局的角度出发，综合运用职能管理功能，处理设计企业整体和全面的管理问题，使企业的管理工作达到整体最优。认识企业战略的地位和作用，不断地重视企业的战略管理，有助于决策者从琐碎的日常事务中解脱出来，及时发现和解决那些有关企业生死存亡、前途命运的重大战略问题；有助于用战略眼光将企业经营活动的事业放在全方位的未来发展和广阔的市场竞争中，获得更大更快更好的发展。

1.1.3 企业战略的特点

企业战略是设立远景目标并对实现目标的轨迹进行的总体性、指导性谋划，属宏观管理范畴，具有指导性、全局性、长远性、竞争性、系统性、风险性六大主要特征。

1. 指导性

企业战略界定了企业的经营方向、远景目标，明确了企业的经营方针和行动指南，并筹划了实现目标的发展轨迹及指导性的措施、对策，在企业经营管理活动中起着导向的作用。

2. 全局性

企业战略立足于未来，通过对国际、国家的政治、经济、文化及行业等经营环境的深入分析，结合自身资源，站在系统管理高度，对企业的远景发展轨迹进行了全面的规划。

3. 长远性

“今天的努力是为明天的收获”、“人无远虑、必有近忧”。兼顾短期利益，企业战略着眼于长期生存和长远发展的思考，确立了远景目标，并谋划了实现远景目标的发展轨迹及宏观管理的措施、对策。其次，围绕远景目标，企业战略必须经历一个持续、长远的奋斗过程，除根据市场变化进行必要的调整外，制定的战略通常不能朝夕令改，具有长效的稳定性。

4. 竞争性

竞争是市场经济不可回避的现实，也正是因为有了竞争才确立了“战略”在经营管理中的主导地位。面对竞争，企业战略需要进行内外环境分析，明确自身的资源优势，通过设计适体的经营模式，形成特色经营，增强企业的对抗性和战斗力，推动企业长远、健康的发展。

5. 系统性

立足长远发展，企业战略确立了远景目标，并需围绕远景目标设立阶段目标及各阶段目标实现的经营策略，以构成一个环环相扣的战略目标体系。同时，根据组织关系，企业战略需由总体战略、经营单位战略、职能部门战略三个层级构成一体。

6. 风险性

企业做出任何一项决策都存在风险，战略决策也不例外。如果市场研究深入，行业发展趋势预测准确，设立的远景目标客观，各战略阶段人、财、物等资源调配得当，战略形态选择科学，制定的战略就能引导企业健康、快速的发展。反之，仅凭个人主观判断市场，设立目标过于理想或对行业的发展趋势预测偏差，制定的战略就会产生管理误导，甚至给企业带来破产的风险。

1.1.4 企业战略的层次

正如企业的目标可以有不同的层次一样，企业的战略也有着自己的层次。一般来讲，在大中型企业中，企业的战略可以划分为三个重要的层次:企业总体战略、经营单位战略和职能部门战略。

1. 总体战略

总体战略，又称公司战略。在大中型企业里，特别是多种经营的企业里，总体战略是企业战略中最高层次的战略。它需要根据企业的目标，选择企业可以竞争的经营领域，合理配置企业经营所必需的资源，使各项经营业务相互支持、相互协调。可以讲，从企业的经营发展方向到企业各经营单位之间的协调，从有形资源的充分利用到整个企业价值观念、文化环境的建立，都是总体战略的重要内容。

2. 经营单位战略

经营单位战略，又称经营战略。是战略经营单位、事业部或子企业的战略。经营单位战略是在企业总体战略的制约下，指导和管理具体经营单位的计划和行动，为企业的整体目标服务。经营单位战略主要是针对不断变化的外部环境，在各自的经营领域里有效地竞争。为了保证企业的竞争优势，各经营单位要有效地控制资源的分配和使用。同时，经营单位战略还要协调各职能层的战略，使之成为一个统一的整体。从战略构成要素的角度来看，资源配置与竞争优势通常是经营单位战略中最重要的组成部分。在多数情况下，经营范围与产品和细分市场的选择有关，与产品和市场的发展阶段有关，而与产品和市场的深度与广度的关系甚少。在这个层次上，协同作用则变得更为重要，要把经营单位中不同职能领域的活动加以协调。

3. 职能部门战略

职能部门战略，又称职能层战略，是企业内主要职能部门的短期战略计划，使职能部门的管理人员可以更加清楚地认识到本职能部门在实施企业总体战略中的责任和要求，有效地运用研究开发、营销、生产、财务、人力资源等方面的经营职能，保证实现企业目标。职能战略需要解决的问题主要有三个方面：一是要成功实施对各职能的具体要求，包括特定职能活动对实现经营战略的具体贡献、职能的优势和劣势、职能功能的“瓶颈”部位等；二是要组织安排好企业的职能活动；三是要组织安排职能的发展方向和资源分配。

❖ 1.2 企业战略管理概述

企业战略管理对于提高一个企业整体绩效起到了很大的作用。战略管理作为当代企业管理最重要的一个环节，其思想方法已得到广泛运用。在竞争越是激烈的行业，运用战略管理的企业也越多；企业规模越大，也越重视战略管理；当企业处于外部环境急速变动或面临重大转折之际，企业就更加需要战略角度来加强管理。

1.2.1 企业战略管理的内涵

企业战略管理是确定企业使命，根据企业外部环境和内部经营要素确定企业目标，保证目标的正确落实并使企业使命最终得以实现的一个动态过程。企业战略管理是企业确定其使命，根据组织外部环境和内部条件设定企业的战略目标，为保证目标的正确落实和实现进行谋划，并依靠企业内部能力将这种谋划和决策付诸实施，以及在实施过程中进行控制的一个动态管理过程。

在企业战略管理过程中，企业战略是指导企业全部活动的指导思想，制定战略和实施战略是全部企业战略管理活动的重点。而制定战略和实施战略的关键都在于对企业外部环境的变化进行分析，对企业的内部条件和素质进行审核，并以此为前提确定企业的战略目标，使三者之间达成动态平衡。战略管理的任务，就在于通过战略制定、战略实施和日常管理，在保持这种动态平衡的条件下，实现企业的战略目标。

企业战略管理的基本思路是企业高层管理人员要根据企业的使命和目标，分析企业经营的外部环境，确定存在的经营机会和威胁；评估自身的内部条件，认清企业经营的优势和劣势。在此基础上，企业要制定用以完成使命、达到目标的战略计划。根据战略计划的要求，管理人员应配置企业资源，调整企业结构和分配管理工作，并通过计划、预算和进程等形式实施既定的战略。在执行战略的过程中，企业管理人员还要对战略的实施成果和效益进行评价，同时，将战略实施中的各种信息及时反馈到战略管理系统中来，确保对企业整体经营活动的有效控制，并且根据变化的情况修订原有的战略，或者制定新的战略，开始新的战略管理过程。因此，战略管理是一种循环复始、不断发展的全过程总体性管理。

1.2.2 企业战略管理的作用

一些优秀的企业成功的主要原因，就是这些企业的决策者能够为企业制定科学、正确的发展战略；一些企业失败的主要原因，就是这些企业的决策者战略决策失误。美国兰德公司的专家一针见血地指出："世界上每破产1000家大企业，其中85%都是因为企业管理者决策不慎造成的。"可见，企业实施战略管理是必要的、十分紧迫的。因此，企业管理学的发展从职能化的管理走向战略性的管理是现代企业管理的一次飞跃，它对于提高企业经营绩效有着极其重要的作用。战略管理作为一种企业管理方式或思想之所以受到人们的青睐，是因为它具有以下几方面的作用：

1. 增强企业经营活动对外部环境的适应性

企业组织是社会这个大系统中的一个不可分割的和具有开放性的组成部分，它的存在和发展在很大的程度上受其外部环境因素的影响。在当今时代，企业的外部环境既复杂多样又动荡多变，时刻发生着变化。如何在这种复杂多变的外部环境中生存并持续地发展下去，是战略管理的任务和目的。由于战略管理将企业的成长和发展纳入了变化的环境之中，管理工作要以未来的环境变化趋势作为决策的基础，这就使企业管理者们重视对经营环境的研究，正确地确定企业的发展方向，选择企业合适的经营领域或产品——市场领域，从而能更好地把握外部环境所提供的机会，增强企业经营活动对外部环境的适应性，使二者达成最佳的结合。因此，战略管理促使企业高层管理人员在制定、实施企业战略的各个阶段上，都要清楚地了解有哪些外部因素影响企业，影响的方向、性质和程度如何，以便制定新的战略或及时调整企业现行的战略以及适应外部环境的变化，做到以变应变，不断提高企业的适应能力。企业适应环境的过程，也要求企业战略必须是具有弹性的，应随着环境的变化而及时做出调整。战略管理能促使企业提高对外部环境的适应能力，使其能够生存和发展下去，做到可持续发展。

2. 对管理实践具有重要的指导作用

由于战略管理不只是停留在战略分析及战略制定上，而是将战略的实施作为其管理的一部分，这就使企业的战略在日常生产经营活动中充分发挥其纲领性的作用。特别是由于在战略实施过程中，根据环境的变化对战略不断地评价和修改，使企业战略得到不断完善，也使战略管理本身得到不断的完善。这种循环往复的过程，更加突出了战略在管理实践中的指导作用。

3. 充分利用企业资源并提高协同作用

由于战略管理把规划出的战略付诸实施，而战略的实施又同日常的经营计划执行与控制结合在一起，这就把近期目标或作业性目标与长远目标、战略性目标结合了起来，把总体战略目标同局部战术目标统一了起来，从而可以调动各级管理人员参与战略管理的积极性，有利于充分利用企业的各种资源并提高协同效果。

4. 增强企业不断创新发展意识

由于战略管理不只是计划"我们正走向何处"，而且也计划如何淘汰陈旧过时的东西，以"计划是否继续有效"为指导，重视战略的评价与更新，这就使企业管理者能不断地在新起点上对外界环境和企业战略进行连续性的探索，增强创新意识。当然企业也不应期望只要有了正规的战略规划就一定会带来最佳的效益，还要取决于战略管理的质量，质量的好坏决定着企业效益的高低。

1.2.3 企业战略管理的特点

企业战略管理是企业在宏观层次通过分析、预测、规划、控制等手段，实现充分利用该企业的人、财、物等资源，以达到优化管理，提高经济效益的目的。企业战略管理是对企业战略的设计、选择、控制和实施，直至达到企业战略总目标的全过程。战略管理涉及企业发展的全局性、长远性的重大问题。诸如企业的经营方向、市场开拓、产品开发、科技发展、机制改革、组织机构改组、重大技术改造、筹资融资等等。因此，企业战略管理具有以下特点：

1. 战略管理具有全局性

企业的战略管理是以企业的全局为对象，根据企业总体发展的需要而制定的。它所管理的是企业的总体活动，所追求的是企业的总体效果。虽然这种管理也包括企业的局部活动，但是这些局部活动是作为总体活动的有机组成在战略管理中出现的。具体地说，战略管理不是强调企业某一事业部或某一职能部门的重要性，而是通过制定企业的使命、目标和战略来协调企业各部门自身的表现，而是它们对实现企业使命、目标、战略的贡献大小。这样也就使战略管理具有综合性和系统性的特点。

2. 企业战略管理的主体是企业的高层管理人员

由于战略决策涉及一个企业活动的各个方面，虽然它也需要企业上、下层管理者和全体员工的参与和支持，但企业的最高层管理人员介入战略决策是非常重要的。这不仅是由于他们能够统观企业全局，了解企业的全面情况，而且更重要的是他们具有对战略实施所需资源进行分配的权力。美国学者罗伯特・卡茨将企业管理工作对管理者的能力要求划分成三个方面，即技术能力（战术能力）、人际关系能力（社会能力）和思维能力（战略能力）。处于企业中不同管理层次的管理人员，对他们的能力要求是不相同的。低层管理者所需要的能力主要是技术能力和人际能力；中层管理者的有效性主要依赖于人际能力和思维能力；而高层管理者最需要的能力是思维能力或战略能力，这是保证他们工作有效性的最重要的因素。因此对于企业高层管理者来说，最重要的活动是制定战略和推进战略管理，以保证企业整体的有效性。

3. 企业战略管理涉及企业大量资源的配置问题

企业的资源，包括人力资源、实体财产、资金以及科技、信息等，或者在企业内部进行调整，或者从企业外部来筹集。在任何一种情况下，战略决策都需要在相当长的一段时间内致力于一系列的活动，而实施这些活动需要有大量的资源作为保证。因此，这就需要为保证战略目标的实现，对企业的资源进行统筹规划，合理配置。

4. 企业战略管理从时间上来说具有长远性

战略管理中的战略决策是对企业未来较长时期（5 年以上）内，就企业如何生存和发展等进行统筹规划。虽然这种决策以企业外部环境和内部条件的当前情况为出发点，并且对企业当前的生产经营活动有指导、限制作用，但是这一切是为了更长远的发展，是长期发展的起步。从这一点上来说，战略管理也是面向未来的管理，战略决策要以经理人员所期望或预测将要发生的情况为基础。在迅速变化和竞争性的环境中，企业要取得成功必须对未来的变化采取预应性的态势，这就需要企业做出长期性的战略计划。

5. 战略管理需要考虑企业外部环境中的诸多因素

现今的企业都存在于一个开放的系统中，它们影响着这些因素，但更通常地是受这些不能由企业自身控制的因素所影响。因此在未来竞争的环境中，企业要使自己占据有利地位并取得竞争优势，就必须考虑与其相关的因素，这包括竞争者、顾客、资金供给者、政府等外部因素，以使企业的行为适应不断变化中的外部力量，企业能够继续生存下去。

1.2.4 企业战略管理的基本模式

在企业的发展过程中，随着不同的发展阶段、不同的外部环境，资源的价值和资源的控制力度也就不一样。因此，组织在不同的发展阶段，不同的外部条件下，战略和战术是不一样的，企业的战略也会不断做出调整。企业战略管理的步骤主要有以下四个方面：

1. 战略分析与企业评价

战略分析与企业评价的主要目的是评价影响企业目前和今后发展的关键因素，并确定在战略选择步骤中的具体影响因素。战略分析与企业评价包括三个主要方面：

⑴确定企业的使命和目标。企业使命和目标就是企业在社会进步和社会、经济发展中所应担当的角色和责任。企业在制定战略之前，必须先确定企业的使命，这是因为企业使命的确定过程，常常会从总体上引起企业方向、发展道路的改变，使企业发生战略性的变化。确定企业的使命和目标是企业分配资源的基础，是企业战略制定和评估的依据。

⑵外部环境分析。外部环境分析主要是了解企业所处的环境（包括宏观、微观环境）正在发生哪些变化，这些变化给企业将带来更多的机会还是更多的威胁。

⑶内部条件分析。内部条件分析主要是了解企业自身所处的相对地位，具有哪些资源以及战略能力，了解与企业有关的利益和相关者的利益期望，在战略制定、评价和实施过程中，这些利益相关者会有哪些反应，这些反应又会对组织行为产生怎样的影响和制约。

2. 战略选择与计划制定

战略分析阶段明确了“企业目前状况”，战略选择与计划制定阶段所要回答的问题是“企业走向何处”。在这个过程中，需要做好以下四个方面的工作：

⑴制定战略选择方案。在制定战略过程中，当然是可供选择的方案越多越好。企业可以从对企业整体目标的保障、对中下层管理人员积极性的发挥以及企业各部门战略方案的协调等多个角度考虑，选择自上而下的方法、自下而上的方法或上下结合的方法来制定战略方案。

⑵评估战略备选方案。评估备选方案通常使用两个标准：一是考虑选择的战略是否发挥了企业的优势，克服劣势，是否利用了机会，将威胁削弱到最低程度；二是考虑选择的战略能否被企业利益相关者所接受。需要指出的是，实际上并不存在最佳的选择标准，管理层和利益相关团体的价值观和期望在很大程度上影响着战略的选择。

⑶战略选择及评价。从战略备选方案中进行优选，确定最终的战略决策，确定准备实施的战略。一个企业可能会制定出达成战略目标的多种战略方案，这就需要对每种方案进行鉴别和评价，以选择出适合企业自身的适宜方案。目前对战略的评价已有多种战略评价方法或战略管理工具，如波士顿咨询集团的市场增长率——相对市场占有率矩阵法、行业寿命周期法等。这些方法已广泛地在西方跨行业经营的企业中得到应用。

⑷战略政策和计划。在这个过程中要对战略政策和计划进行探索、制定以及选择。通常，对于一个跨行业经营的企业来说，它的战略政策和计划应当解决以下两个基本问题：一是企业的经营范围或战略经营领域即规定企业从事生产经营活动的行业，明确企业的性质和所从事的事业，确定企业以什么样的产品或服务来满足哪一类顾客的需求；二是企业在某一特定经营领域的竞争优势，即要确定企业提供的产品或服务，要在什么基础上取得超过竞争对手的优势。根据战略目标要求制定有关研究与开发、资本需求和人力资源方面的政策和计划。

3. 战略实施与绩效反馈

一个企业的战略方案确定后，必须通过具体化的实际行动，才能实现战略及战略目标。企业战略管理的实践表明，战略制定固然重要，战略实施同样重要。一个良好的战略仅是战略成功的前提，有效的企业战略实施才是企业战略目标顺利实现的保证。另一方面，如果企业没有能完善地制定出合适的战略，但是在战略实施中，能够克服原有战略的不足之处，那也有可能最终导致战略的完善与成功。当然，如果对于一个不完善的战略选择，在实施中又不能将其扭转到正确的轨道上，就只有失败的结果。因此，在战略实施过程中，要对战略实施进行有效的控制，防止出现家常话偏差，并随时进行绩效的反馈。战略实施与绩效反馈主要包括以下几个方面的内容：

(1)战略实施。战略实施就是将战略转化为行动。战略实施主要涉及以下一些问题：如何在企业内部各部门和各层次间分配及使用现有的资源；为了实现企业目标，还需要获得哪些外部资源以及如何使用；为了实现既定的战略目标，需要对组织结构做哪些调整；如何处理可能出现的利益再分配与企业文化的适应问题，如何进行企业文化管理，以保证企业战略的成功实施等等。一般来说可在三个方面来推进一个战略的实施：一是要制定职能策略，如生产策略、研究与开发策略、市场营销策略、财务策略等。在这些职能策略中要能够体现出策略推进步骤、采取的措施、项目以及大体的时间安排等；二是要对企业的组织机构进行构建，以使构造出的机构能够适应所采取的战略，为战略实施提供一个有利的环境；三是要使领导者的素质及能力与所执行的战略相匹配，即挑选合适的企业高层管理者来贯彻既定的战略方案。

(2)战略控制。在战略的具体化和实施过程中，为了使实施中的战略达到预期目的，实现既定的战略目标，必须对战略的实施进行控制。这就是说将经过信息反馈回来的实际成效与预定的战略目标进行比较，如二者有显著的偏差，就应当采取有效的措施进行纠正。当由于原来分析不周、判断有误，或是环境发生了预想不到的变化而引起偏差时，甚至可能会重新审视环境，制定新的战略方案，进行新一轮的战略管理过程。

(3)战略评价。战略评价就是通过评价企业的经营业绩，审视战略的科学性和有效性。战略调整就是根据企业情况的发展变化，即参照实际的经营事实、变化的经营环境、新的思维和新的机会，及时对所制定的战略进行调整，以保证战略对企业经营管理进行指导的有效性。包括调整企业的战略展望、企业的长期发展方向、企业的目标体系、企业的战略以及企业战略的执行等内容。

❖ 1.3 企业战略管理理论的产生与发展

在变革的时代，企业面临着种种挑战，这势必会导致管理思想的变迁。毫无疑问，企业战略管理将会是这场变革的中心，它将出现许多新动向，对这一趋势能前瞻性地把握的企业将会在竞争中处于有利地位。为更好地把握战略管理的发展趋势，必须首先对战略管理理论的发展历程进行梳理，以便把握其演进的脉络和规律。

1.3.1 早期企业战略管理理论的研究成果

进入20世纪60年代，欧美国家企业出现的最大变化是由卖方市场逐渐变为买方市场，国际市场逐步开放，关税壁垒逐步打破，大多数大企业以并购方式采取多元化经营（尽管并购的失败率将近50%）。在这种情况下，企业不满足于年度预算，开始采用运筹学和改进的预测技术进行规划，这就是战略规划学派的兴起。战略规划理论是以未来可以预测为前提或假设的，认为战略是要让企业自身的条件与所遇到的机会相适应。制定战略规划的步骤包括资料的收集与分析、战略制定、评估、选择与实施。这种方法的实质是认为战略是如何匹配企业能力与其竞争环境的商机。可以看出早期的战略管理思想具有集成、综合的特征。

20世纪60年代初美国著名管理学家钱德勒《战略与结构：工业企业史的考证》一书的出版，首开企业战略问题研究之先河。钱德勒在这本著作中，分析了环境、战略和组织之间的相互关系，提出了"结构追随战略"的论点。他认为，企业经营战略应当适应环境——满足市场需求，而组织结构又必须适应企业战略，随着战略的变化而变化。因此，他被公认为，环境－战略－组织理论的第一位企业战略专家。

20世纪70－80年代，在美国，以1973年的石油危机为代表，企业经济环境变化表现为突发性、科技竞争日益激烈、企业兼并有增无减，同时面对日本和欧洲的挑战，全球性竞争加剧。随着环境变化步伐的加快，人们越来越认识到未来是不可预测的，环境是不确定、不连续的，这就从根本上动摇了战略规划关于未来可以计划、可以预测的思想。这时，以环境变化分析为中心的战略理论（包括波特的产业组织理论）便占主导地位。同时，由于环境的复杂性，仅从分析外部环境的变化出发制定战略具有局限性。因此开始出现基于企业内部分析（如价值链理论）的战略理论及基于企业社会关系分析的战略理论，如网络优势理论。

环境适应范式认为战略决策是一个适应的过程，强调战略的动态变化，认为最适合的战略制定与决策过程依赖于环境波动的程度。这个学派包括：安索夫的企业战略行为是对其环境的适应过程及由此导致的企业内部结构化的过程思想，伊丹敬之的战略的适应性观点（认为战略成功的本质在于战略的适应性，包括环境适应、资源适应与组织适应），奎因的逻辑改良主义（认为战略就是对环境变化的逻辑反应等理论。

产业组织分析也可以视为一种环境适应，只是更重视环境中的产业结构分析。产业组织分析集中表现为结构－行为－绩效（S－C－P）范式，主要对市场结构、竞争行为、经营业绩及三者的关系做实证研究，探索各种不完全竞争模型的实证与规范含义、政府反托拉斯活动的组织及其后果，旨在制定提高市场绩效的各种政策。产业组织理论早在1959年随着贝恩的《产业组织》一书的出版而成熟，从时间上可以看到，产业组织理论是在卖方市场条件下形成的。在卖方市场条件下，市场结构决定厂商的行为，而行为又决定企业的业绩，这种观点显然是成立的。

20世纪80年代初，以哈佛大学商学院的迈克尔·波特为代表的竞争战略理论取得了战略管理理论的主流地位。波特认为，企业战略的核心是获取竞争优势，而影响竞争优势的因素有两个：一是企业所处产业的盈利能力，即产业的吸引力；二是企业在产业中的相对竞争地位。因此，竞争战略的选择应基于以下两点考虑：一是选择有吸引力的、高潜在利润的产业。不同产业所具有的吸引力以及带来的持续盈利机会是不同的，企业选择一个朝阳产业，要比选择夕阳产业更有利于提高自己的获利能力。二是在已选择的产业中确定自己的优势竞争地位。在一个产业中，不管它的吸引力以及提供的盈利机会如何，处于竞争优势地位的企业要比劣势企业具有较大的盈利可能性。而要正确选择有吸引力的产业以及给自己的竞争优势定位，必须对将要进入的一个或几个产业结构状况和竞争环境进行分析。

概括起来，波特的竞争战略理论的基本逻辑是：第一，产业结构是决定企业盈利能力的关键因素；第二，企业可以通过选择和执行一种基本战略影响产业中的五种作用力量（即产业结构），以改善和加强企业的相对竞争地位，获取市场竞争优势（低成本或差异化）；第三，价值链活动是竞争优势的来源，企业可以通过价值链活动和价值链关系（包括一条价值链内的活动之间及两条或多条价值链之间的关系）的调整来实施其基本战略。迈克尔·波特所提出的行业竞争结构分析理论在过去 20 年里受到企业战略管理学界的普遍认同，并且成为进行外部环境分析和激发战略选择最为重要和广泛使用的模型。

1.3.2 企业战略管理理论的研究现状

当今社会，世界经济格局发生了深刻变化，企业经营环境的变化日益明显。战略管理研究转向于重视在动荡环境中企业的生存与发展问题以及企业中人的因素、文化因素、知识因素以及研究方法的方向性和有效性问题。

20 世纪 90 年代以前的企业战略管理理论，大多建立在对抗竞争的基础上，都比较侧重于讨论竞争和竞争优势。进入 20 世纪 90 年代中期，在新的环境下，企业逐渐认识到，竞争是为了生存和健康发展，必须超越这种以竞争对手为中心的战略逻辑。在此背景下，通过创新和创造来超越竞争开始成为企业战略管理研究的一个新焦点。围绕这个新焦点，出现了一些新理论。

1. 顾客价值中心理论

菲利普·科特勒把顾客价值称为顾客让渡价值。彼得·德鲁克在 40 年前就观察到，企业的首要任务就是“创造顾客”。博诺认为传统的竞争战略逻辑是一场零和博弈，这样的竞争“是一个危险的概念”。以顾客价值为中心的战略逻辑扩展和超越了传统战略理论的内容，这时的顾客价值就成了企业间的竞争规则，制定规则者比遵守规则者知道的信息和拥有的相关资源要多得多，战略逻辑起点决定了胜负。企业可从培育产业先见、转移战略的核心、超越资产和能力进行战略决策、为顾客打破惯例等方面围绕顾客价值重组自己的战略逻辑框架。

但这种顾客导向的战略理论主要适用于已结构化的产业市场之中，要准确、全面了解顾客需求并非易事，顾客导向战略实质上是一种追赶、防御策略，所以要想取得未来产业的领先地位，企业就必须超越顾客导向，而非仅把目光聚焦于顾客需求，变被动、追随为主动 。

2. 商业生态系统理论

美国学者穆尔 1996 年出版的《竞争的衰亡》标志着战略理论的指导思想发生了重大突破。作者以生物学中的生态系统这一独特视角来描述当今市场中的企业活动，但又不同于将生物学的原理运用于商业研究的狭隘观念，后者认为，在市场经济中，达尔文的自然选择似乎仅仅表现为最合适的企业或产品才能生存，经济运行的过程就是驱逐弱者。

穆尔提出的“商业生态系统”这一全新的概念，打破了传统的以行业划分为前提的战略理论的限制，力求“共同进化”。穆尔站在企业生态系统均衡演化的层面上，把商业活动分为开拓、扩展、领导和更新四个阶段。商业生态系统在作者理论中的组成部分是非常丰富的，他建议高层经理人员经常从顾客、市场、产品、过程、组织、风险承担者、政府与社会等七个方面来考虑商业生态系统和自身所处的位置；系统内的企业通过竞争可以将毫不相关的贡献者联系起来，创造一种崭新的商业模式。在这种全新的模式下，作者认为制定战略应着眼于创造新的微观经济和财富，即以发展新的循环以代替狭隘的以行业为基础的战略。

3. 应用组织生态学、社会网络分析等方法研究企业战略的理论当生物进化论的观点与思路被引入到组织演进与进化的研究中时，组织生态学便产生了，其代表人物是汉南和弗来明，主要研究组织进化过程、组织种群的变化与环境选择的结果。纳尔森和莱英特主要是从经济学研究的范畴对组织的演进进行分析。随着近年来理论界对组织成长的特别关注，在战略管理领域应用组织生态学展开研究将成为一个日益成长的方向。

与社会学相交融的研究思路带动了社会网络分析方法的兴起。这派研究认为组织镶嵌于一个复杂的社会关系网络之中，企业之间的关系是一种社会网络关系，企业的内部结构也可以认为是一种社会关系网络，企业集团以及其他一些被现代企业理论认为是市场与企业之间的组织也可以被看作是一种网络形式。社会关系是网络分析的基本概念，目前有两种研究思路，分别是以科尔曼为代表的社会资本理论和以波尔特为代表的社会空洞理论。社会资本可以被看作是企业的社会关系数，而结构空洞则代表了网络内社会关系密集与稀疏地带之间的需要开发的区域。简单说，社会资本理论认为企业发展需要不断地拓展与积累其社会资本，而结构空洞理论则认为企业发展倚赖于对其所处网络中的社会关系空白地带的开发。

1.3.3 西方企业战略管理理论的发展趋势

战略管理理论研究的发展经历了一个层层深化的过程，存在奠基、鼎盛、反思、重振等几个清晰的、已经得到普遍认可的研究阶段，这些阶段共同构成了战略管理理论丰富多彩的研究领域。20 世纪 90 年代以后，不少通过多元化经营形成的大产业开始出现问题，多元化的热潮也开始消退。随着全球经济一体化进程的加速，企业经营环境的不确定性日益增大，产业边界日益模糊，产业结构的稳定性日益下降，企业的竞争优势越来越难以持续。在急剧变化的环境中，企业如何赢得长久的竞争优势，许多战略管理学家在思考，从而促使了战略管理理论的新发展。

从西方战略管理理论的发展历程来看，企业战略理论的演变遵循着如下的规律：从战略理论的关注点来看，存在如此的发展轨迹，即关注企业内部（强调战略是一个计划、分析的过程）——关注企业外部（强调产业结构的分析）——关注企业内部（强调核心能力的构建、维护与产业环境的分析相结合）——关注企业外部（强调企业间的合作，创建优势互补的企业有机群体）；从竞争的性质来看，竞争的程度遵循着由弱到强，直至对抗，然后到合作乃至共生的发展脉络；从竞争的持续性来看，从追求有形（产品）、外在、短期的竞争优势逐渐朝着对无形（未来）、内在、持久的竞争优势的追求；从战略管理的范式来看，战略管理的均衡与可预测范式开始被非均衡与不确定性所取代。

20 世纪 90 年代以前的企业战略管理理论，大多建立在对抗竞争的基础上，都比较侧重于讨论竞争和竞争优势。时至 90 年代，战略联盟理论的出现，使人们将关注的焦点转向了企业间各种形式的联合。这一理论强调竞争合作，认为竞争优势是构建在自身优势与他人竞争优势结合的基础上的。但是，联盟本身固有的缺陷，以及基于竞争基础上的合作，使得这种理论还存在许多有待完善之处，企业还在寻求一种更能体现众多优越之处的合理安排形式。进入 90 年代中期，随着产业环境的日益动态化，技术创新的加快，竞争的全球化和顾客需求的日益多样化，企业逐渐认识到，如果想要发展，无论是增强自己的能力，还是拓展新的市场，都得与其他公司共同创造消费者感兴趣的新价值。企业必须培养以发展为导向的协作性经济群体。在此背景下，通过创新和创造来超越竞争开始成为企业战略管理研究的一个新焦点。由此，我们可以大致把握在企业面临新的经营环境的条件下，战略管理理论将会呈现如下特点和发展趋势：

一是制定企业战略的竞争空间在扩展。企业必须从全球的角度、从跨行业的角度、从无边界的范围内来考虑配置自身的资源，以获得最佳的管理整合效果。

二是企业战略具有高度的弹性。战略弹性是基于企业自身的知识系统对不断变化的不确定情况的应变能力，员工的知识结构及其组合的方式和机制是战略弹性的核心部分。因其具有难以模仿性，战略弹性一旦建立，就确立了企业的战略优势。

三是不过多考虑战略目标是否与企业所拥有的资源相匹配。企业不能简单地平均分配资源，而是要创造性地通过各种途径来整合资源，通过与知识的组合来克服资源的限制，从而为顾客多创造价值。

四是由企业或企业联盟组成的商业生态系统成为参与竞争的主要形式。未来的竞争是不同商业群落之间的竞争。对于一个单独的企业个体来讲，竞争更体现在加入或营造有影响力的、能为自己带来实际价值的企业生态系统，在竞争与合作的和谐环境中，寻求一个更为有利的地位。

五是制定战略的主体趋于多元化。信息传播方式的网络化决定了每一个个体在整个网络系统中都是信息传播的一个节点，高层主管不再居于信息传播的中心，普通员工可以有更多的机会参与企业的战略制定，他们具有既是决策参与者又是决策执行者双重身份的特征。

六是战略的制定从基于产品或服务的竞争，演变为在此基础上的标准与规则的竞争。企业会有意识地制造变革、与行业中具有重要影响的对手或企业联盟共同合作，创造和制定指导行业的技术标准或者是竞争规则。以此来获取高额利润，确定优势地位。

七是战略理论研究的视角趋于多元化。由于战略管理中的复杂性，使得人们从不同学科、不同视角去研究战略管理理论。但从研究方法的角度来看，寻找一种普遍适用的战略管理理论几乎是不可能的，系统思考是应对复杂性和变化的最有效的手段。

1.3.4 战略管理的学术流派

根据战略管理思想的演进进程和战略管理哲学，战略管理的学术流派大约经历了五个基本阶段：

1. 原始的战略概念和战略规划阶段

这个阶段对应于战略管理历史时期的第一阶段，主要有自然选择学派和逻辑渐进学派。

(1)自然选择学派。自然选择学派的观点是：外部环境及其变化是决定战略形成的主要因素，由于大多数组织，包括大型企业都不能影响自己的经营环境，而只能受制于环境并根据其变化作出相应的对策，所以，战略的形成过程类似于物种的自然选择的过程。虽然有些企业事先没有明确的计划和打算，而且通过对一系列经营行为的总结而使战略自然得以形成，也确实有一些企业靠偶然的机会取得了很大的成功，但是，企业之间的竞争与物种进化过程毕竟有很大的差别，企业有能力预测环境的某些变化趋势以及竞争对手的行为，并以此为基础调整企业的行为和战略，从而形成理性的竞争。

(2)逻辑渐进学派。逻辑渐进学派的观点是：企业不能用一个正规化和形式化的模型来研究战略管理，通过连续观察环境变化，并采取小步骤的调整而保持组织对环境变化的敏感性。从战略管理的研究重心看，其他划分方法的环境学派也属于这个阶段，不是将战略的制定归结为组织内部的某个成分，而是重点研究组织所处外部环境对战略制定的影响。在他们的研究中，组织和领导成为被动成分，战略源于组织受环境影响的被动反应。组织必须适应环境，并在适应环境的过程中寻找自己生存和发展的位置。他们认为，事实上并不存在组织内部的战略者，也不存在任何内部的战略过程和战略领导；环境迫使组织进入特定的生态位置，从而影响战略，拒绝适应环境的企业终将死亡，从本质上讲，这就是自然选择学派的观点，因此可以认为他们属于一个学派。

2. 理性的战略管理阶段

(1)资源配置战略学派。资源配置战略学派是西方企业战略研究的主流学派之一，代表人物安索夫突出强调了钱德勒关于战略是目标与资源配置统一体思想中的资源配置。基本观点是：经营战略的核心是资源配置，是现有资源和计划资源的布置以及外部环境和相互作用的基本模式，这一模式表明企业组织如何实现企业目标。战略行动就是组织通过改变内部资源配置和行为方式，使之与环境相互作用的过程，建构起环境、组织和战略相互适应的模式。企业大计划包括目标、战略、方针三部分，而战略由经营领域、资源配置、竞争优势、协同作用四部分组成，其中资源配置起着关键作用。

(2)目标战略学派。目标战略学派也是主流学派之一，代表人物安德鲁斯认为战略是由目标、意志或目的以及为了达到这些目的而制定的方针、计划所构成的一种模式。基本观点是：经营战略的主题是确定和实现企业的长期目的和目标。强调钱德勒教授关于战略是目标与资源配置统一体思想中的战略目标。

(3)竞争战略学派。竞争战略学派，是国内介绍最多的主流学派之一，代表人物波特认为直接决定企业竞争状态的因素是潜在的进入者、替代品、供应商、购买者和产业内部竞争。基本观点是：竞争战略的关键是确定企业的竞争优势。企业为确立竞争优势而采用的竞争战略可以分为三种基本类型：一是总成本领先战略，即通过规模经济和取得市场占有率，使全部成本低于竞争对手；二是差异化战略，即生产出该产业中其他企业所没有的独特的产品，形成独家经营的市场；三是集中化战略，即将经营目标集中到整个市场的某一部分，在这一部分建立起自己产品的成本领先或者产品差异化优势。

(4)计划设计学派。计划设计学派的观点是：企业应该通过高度系统化的计划方式或其他的理性分析方法来形成战略，也就是说，战略应该是理性分析的产物。但是，理性分析方法对企业战略管理层要求很高，必须能够客观地评价企业自身和环境，能够从众多的方案中选择最优的战略并加以实施；同时，该种方法过于复杂，使分析过于形式化和定量化并且不容易形成组织成员的共识。进一步分析可知，其他划分方法把计划设计学派分割成计划学派和设计学派，并形成独立的学术体系，其中设计学派认为，战略是对公司实力和机会的匹配，是领导者有意识的但非正式的构想过程。该学派建立了著名的 SWOT（Strength，Weakness，Opportunity and Threat）模型。该模型考察了企业面临的威胁和机会（外部评价）以及企业本身的优势和劣势（内部评价），充分体现了组织内外部关系对制定战略的重要性。但设计学派将战略管理静态地划分为战略形成和战略实施两个阶段，割裂了它们之间的动态联系。而计划学派则把市场环境、定位和内部资源能力视为制定战略的出发点。但它认为企业战略的制定过程应该是一个正规化、条理化的计划过程，不应该只停留在经验和概念的水平上。比如，企业应采用什么方法去评价自己和外部环境，以保证对 SWOT 的分析是客观的；哪些优势、劣势、机会和威胁对企业最具有战略意义等等。基于这样的理念，计划学派引进了许多数学、决策科学的方法，提出了许多复杂的战略计划模型。另外，根据定位学派的创始人和基本思想，可以判断它就是竞争战略学派，只不过换了一种称呼而已。

3. 动态的战略管理阶段

本阶段克服了前一阶段对战略管理静态描述的缺陷，将战略管理的理论逐步转为动态地研究战略管理的过程和模式，主要有过程学派和创新战略学派。

⑴过程战略学派。所谓过程学派，就是认为战略的形成与发展是思想和行动、控制和学习、稳定与改变相结合的艺术性过程。它的代表人物明茨博格利用雕塑的想象，将自己的战略形成的概念与计划设计学派的观点进行比较，综合了自然选择学派和逻辑渐进学派的观点，认为企业战略的制定和实施可以合并为一个动态的学习过程，通过这种学习过程，创造性的战略自然得以形成。正是因为这样，其他划分方法才把过程学派称为学习学派。但是，由于过程学派忽视系统分析的作用和过分强调直觉和远见的作用，人们可能陷入神秘主义，从而忽视理性的作用。

⑵创新战略学派。创新战略学派的代表人物主要有德鲁克、彼得斯和奥斯汀。基本观点是:战略是面向未来的，是要冒一定风险的，创新是战略管理的重要方法。企业要获得竞争优势，必须用创新和企业家精神进行企业战略管理。在企业中如何培养创新精神，开发新产品、新技术和新思维，如何对创新过程中可能发生的失败和风险进行预测与管理，是战略管理的中心内容。

4. 战略管理的行为科学阶段

战略管理发展到行为科学阶段，主要考虑了人在战略管理中的重要作用，主要有认知心理学派、企业文化战略学派和社会文化战略学派等。

⑴认知心理学派。认知心理学派的代表人物 B·费希霍夫、R·M·霍格斯等在认知心理学研究成果的基础上，深入探索人的心理活动对战略选择行为的影响。基本观点是:企业战略选择是由战略决策者运用自身逻辑判断和思维能力处理决策信息，作出战略选择的一个过程。对于战略选择者来说，由于自身存在着许多会导致其处理决策信息的偏见性心理因素，因而作出不合理的战略选择。而这些偏见性心理因素主要有对控制的幻想、过分自信、事后认识和可利用性等。

⑵企业文化战略学派。企业文化战略学派的代表人物是 R·T·帕斯卡尔、A·G·阿索斯、希克曼、席尔瓦等。基本观点是:只有强有力的企业文化与战略取向的有机结合，才能起到相得益彰的效果，使战略管理的效果最佳。如果企业文化是停滞的，就无法建立进取性的战略，当然也就无法实现企业战略;如果文化有活力，但若价值观与战略取向不尽相同，可以对它们进行调整。

⑶社会文化战略学派。社会文化战略学派的基本观点是:通过不同层次的文化对个人、群体、社会三者之间的影响和作用的比较分析来研究人在战略管理中的作用以及如何发挥这种作用。尽管社会文化战略学派还处于起步阶段，但是它的影响已经引起了广泛关注。

5. 现代战略管理阶段

⑴企业家学派。企业家学派认为，具有战略洞察力的企业家是企业成功的关键。许多成功企业没有系统的、成文的战略，但它们同样经营得很好，这与管理者对企业基本价值以及存在原因的信念是息息相关的。企业家学派的最大特征在于强调领导的积极性和战略直觉的重要性。它一方面将战略制定归功于个人直觉;另一方面认为不存在规范的战略制定过程。能使一个企业在某个环境中获得成功的领导，并不一定在另一个企业和另一个环境中也能取得同

样的成功。如果一个企业遇到了经营困难，最好的办法就是换一个新的具有直觉力的领导。

(2)权力学派。权力学派认为整个战略制定的过程实际上是各种正式和非正式的利益团体运用权力、施加影响和不断谈判的过程。对战略制定发生作用的不再是某个人，如设计学派中的企业主管，计划学派中的计划者，定位学派中的分析家和企业学派中的企业家，而是一群人。这一群人利用自己的权势既争权夺势又妥协合作，使得战略制定过程成为谈判和讨价还价的过程，这时组织的活动不再受某一共同利益的驱使，而是受一些局部利益的驱使。在这种情况下，总是存在对战略认识的争议，不存在共同认可的战略意图，很难形成统一的战略和对战略的执行活动。

(3)综合学派或者权变学派。现在，还有的学者认为，企业战略制定过程是一个典型的由一系列因素构成的集合的形成过程。在此过程中，某一特定类型企业在某一特定时期内，采取了某一特定行为，恰好与某一特定类型的环境相吻合。这似乎应该称为综合学派或者权变学派。然而可以预言的是，面对技术创新加剧、竞争日益激烈、顾客需求多样化、网络对社会生活方式以及商业活动的巨大冲击，战略管理的理论在逐步由静态转为动态，由战略制定与实施相分离转为相结合，由单一转向综合等等以后，还将面临新的挑战。

☞ **思考题：**

1. 企业战略的构成要素有哪些？
2. 简述企业战略管理的基本模式。
3. 为什么企业战略管理的主体是企业的高层管理人员？
4. 简述企业战略管理理论的研究现状。
5. 简述战略管理的学术流派。

【案例分析】 **“海底捞”的企业战略管理**

海底捞虽然是一家火锅店，它的核心业务却不是餐饮，而是服务。在将员工的主观能动性发挥到极致的情况下，“海底捞特色”日益丰富。下面从总裁学习网搜集整理的海底捞的企业管理模式案例，希望对相关企业管理人员在企业管理方面有所帮助。

一、家的文化

身边太多的企业天天教导、培训员工要以公司为大家，以部门为小家，现在看去，只不过是一个挂在嘴边的口号而已。有多少企业真正能够做到让员工把企业当做家呢？家是什么？家就是在你受到挫折与困难的时候给到你温馨关爱与支持，让你有一个安全的依靠。

当员工把企业当做自己家的时候，那他们就应该像一个主人，是主人就应该有做事的相关权力。如果员工在家里做事，他会斤斤计较吗？他会抱怨吗？他会认为环境不好吗？等等一系列问题，我想一定不会，因为他是这个家的主人，一定会想尽各种办法来建设这个家，让这个家变的更加强大与健康，更加团结与奋进。

二、授权机制

“海底捞”的一名普通员工可以决定是否能够给客人进行免单或加菜等各项决定权，一个店长、一个领班、一个员工他们的财务决定权非常明确。这就是企业管理方式的精明之处，这不禁让我想到大多数的企业管理中一个副总，一个总监竟然连几千元的财务决定权也必须经总经理批准后方可实施，自己不得擅自批准。与此相比，真是让人感到不可思议，什么是快速，什么是效率？

为什么大多数企业管理中一些中层管理干部不敢承担责任，不愿意多做工作，不愿意出谋划策？原因在于企业没有给到他们充分的权力，没有很好地将责、权、利有机结合。有了职位没有权力，那就是一种摆设。有了权力，没有职位，那就是滥用职权。有了责任、有了权力，不给他们好处，那就失去了工作的动力。

三、激励机制与愿景规划

“海底捞”的大部分员工都是通过内部员工介绍的。这里就可以看出一个问题，如果这个企业不好，你会介绍你的家人、朋友、同学来吗？我想答案一定是NO，如果是Yes,我倒认为有点怪了。

如果“海底捞”没有培养出合格的店长，他们就一定不开下一个店。这样的培养管理人才的决心，我们大多数的企业有吗？这就是以人为本，注重人才的培养。企业发展至今，市场的竞争，归根到底还是人才的竞争。这一点“海底捞”做的真的很成功。通过他们，我们来反思我们自己。我们是如何进行培养的呢？是不是还在为年度的培训费用在烦恼呢？是不是在为招不到人而不安呢？是不是还在为员工的离职而担心呢？这一切的原因就来自于我们对人才的重视程度。

愿景与梦想的力量真的是你无法想象的。只要你努力，只要你用心，只要你好学，就一定给你舞台、机会。企业家创业也是为了一个梦想，员工何尝不是？

在国内企业中，有多少企业家会真正给到员工发展的空间与舞台呢？难怪“外来的和尚会念经”。

四、尊重人性，懂得约束

在追求人性的同时，我们要懂得用制度这个底线去约束员工的行为，告诉他们什么能做，什么不能做。假设人性全是善的，那我就用善的制度去管理与约束，得到的就是善的结果，因为这是一个良性循环的过程。即使有少部分人是坏的，那只有两种可能，一是被好的感染，二是自觉离开。

五、HR管理的背后就是企业家的管理战略

通过“海底捞”不难发现他们的员工流失率很低，在餐饮行业算得上是比较成功的。是什么让这帮员工愿意在公司里踏踏实实、任劳任怨地工作？从人力资源管理的角度来分析，无非就是“选、留、激、用”这四个方面。

首先是选人，选什么样的人？如何选人？标准是什么？选人的主要渠道又是什么？基于这样的问题，我们只能从这几个方面来分析:一是企业文化是什么？选的人与企业文化是否配合？二是个人意愿是什么？意愿可以决定个人的发展潜力，这一点是很多企业所忽视的。

其次是留人，企业靠什么留住人？留与激是可以整合的，要想留住人才，一定少不了对人的激励。留人与激励人的前提是我们知道不知道员工的深层次需求是什么？员工希望企业能够为他们做什么，提供什么？只有真正了解员工的需求，我们才能做出符合他们不同层次的需求，同时也验证了马斯洛的需求理论。对待不同层次的员工，统一的激励未必就是好事，特事特办，个性化激励未必不可。留人乃是留心，如何留住员工的心，那就是要看企业设计的各种激励机制是否真正意义上能够打动员工的心，这点很关键。激励不要流于形式，而是要让员工发自内心的感谢与感恩。

最后就是用人，有了前面的几个铺垫，选对人，用对了激励，提供了发展空间与平台，那我们再来用人相对容易了许多，但也不可小视，用人的风险无处不在，如何预防风险？如何用好人，让坏人变好，让好人变得好上加好，这就依赖于企业的各类管理机制、监督机制、抽查机制等。制订这些机制的时候最好还是有一个管理小组共同参与和制订较好，因为一个人的能力是有限的，可团队的力量是无穷的。

【拓展阅读】　　战略管理：十思疏的启示

魏征曾给太宗上了一道奏疏，谏议皇帝欲成千古大业，须思考十个方面的问题。李世民视之如宝，常常反省自身，延用不误，终成千古一帝。细细思量这十项思考，对企业老总也不无裨益。

第一项思考："诚能见可欲，则思知足以自戒。"

老子讲不见可欲，使民心不乱，为无为，则无不治矣。一个人的欲望是没有止境的，俗话讲人心不足蛇吞象，作为企业负责人要能妥善管理好自己的欲望，不要在实力不足的时候，过分放纵，一味求高求快求大，结果反而将企业整死，或者将自己弄到万劫不复的地步。

第二项思考："将有作，则思知止以安人。"

老子讲知足不辱，知止不怠，可以长久。作为企业老总，如果要上马什么项目，当感觉到有不妥的时候，不能强行上马，可以适时地歇歇马，阶段性地回顾回顾，是要继续前行，还是要果断叫停项目，如果一味强行，只能叫他人心不安。

第三项思考："念高危，则思谦冲而自牧。"

老子讲其政闷闷，其民淳淳；其政察察，其民缺缺。老子又讲民之饥，以其上食税之多，是以饥。民之难治，以其上之有为，是以难治。民之轻死，以其上求生之厚，是以轻死。企业老总在企业中就是皇帝，一言一行的影响力，不可估量，因此需要谨言慎行，在企业里，职位越高的负责人，越是需要谦虚自省，不使自己的言行产生什么不良的后果。

第四项思考："惧满盈，则思江海下百川。"

老子讲江海所以能为百谷王者，以其善下之，故能为百谷王。是以圣人欲上民，必以其言下之。欲先民，必以其身后之。海纳百川，有容乃大，江海只有把自己的地位放得低于百川，才能容得下百川之水。企业老总无须表现得比下属强，能从容任用能力强的下属才是真正的本事。

第五项思考："乐盘游，则思三驱以为度。"

古代圣明君王在游猎的时候，东南西北四个方向，只举三张网，独留一面，任由能逃窜的动物逃离，而不是赶尽杀绝，游乐有度，德行高着。企业老总在享乐的时候，也需要想一想下属们是否也能够偶尔乐上一乐，是谓关心员工的疾苦。要保持良好的劳资关系是没有错，但纯粹的"剥削"一定无法长久。

第六项思考："忧懈怠，则思慎始而敬终。"

魏征在十思疏中言道凡百元首，承天景命，莫不殷忧而道着，功成而德衰，有善始者实繁，能克终者盖寡。俗话讲良好的开端是成功的一半。现实中做事情，往往开始的时候百端投入，慢慢开始懈怠，结果不尽如人意。老子讲圣人无为故无败，无执故无失。民之从事，常于几成而败之。不慎终也。故曰慎终如始，则无败事。企业老总特别是那些自己创业的人，当以此为箴言。

第七项思考:“虑壅蔽，则思虚心以纳下。”

鲁迅先生能做到勇敢地拿起手术刀，给自己做手术，然而这不是每个人都能做到的。事实上，一个从很难发现关乎其自身的问题，更不会拿刀进行自我解剖。然而，这恰恰是成大事的关键所在。企业老总，位高权重，如果不能虚心，采纳下属的建议，甚至不让下属说话，搞一言堂，那企业离死就不远了。再说，千里之堤，溃于蚁穴，在企业里，很多蚁穴，老总并不是最先知道的人，有些老总根本就无法知道，而下面的人却洞若观火。因此，老总需要虚起心来，让下面的人说话，采纳他们的正确意见，而这正是千古一帝的唐太宗所能做到，而绝大部分皇帝所没有做到的。

第八项思考:“惧谗邪，则思正身以黜恶。”

俗话说，苍蝇不盯无缝的蛋。如果企业老总能从来不偏听偏信，那么进谗言的人就会减少，如果企业老总自己公正廉明，一身正气，那么来进歪言邪言的人就会减少。汉代大儒董仲舒在给汉武帝献贤良三策中，首要是法天，其次就是正始，而正始的意思就是皇帝要想治理好国家，首先就要把自己治理好，而治理的精要在于一个正字，是谓正始。

第九项思考:“恩所加，则思无因喜以谬赏。”

恩在这儿的意思就是奖赏，古代对于皇帝而言叫做施恩。企业管理无非用人，而对于人的管理无非奖赏与惩罚。黄石公说，奖不服人，罚不甘心者叛。意思是奖赏要能够服人，如果不能服人的话，他们就可能做出非你所期待的事情。因此，赏与罚都应有所依据，不能乱来，在企业里，这个依据就是企业的管理基准，具体讲就是善于奖惩的管理制度。企业老总，绝不能因为喜欢某个人就奖赏某人，那样只会搞死企业，唐玄宗李隆基因为喜欢杨玉环，直到爱屋及乌喜欢并重用重赏杨氏一门，结果导致安史之乱，直接导致唐皇朝由兴盛到衰败，企业老总不可不以此为戒。

第十项思考:“罚所及，则思无因怒而滥刑。”

与赏一样，罚也要有依有据，切不可凭喜好行事。人都会发怒，但是处罚人的时候，却不能是因为愤怒、生气，所以才处罚。弘一大师讲，盛喜时，勿许人物，盛怒时，勿答人书，喜时之言是失信，怒时之言常失体。曹操在赤壁大战中，中了周瑜的反间计，一怒之下，杀了统管水军的正副都督蔡冒与张允，结果只能找个不善水军治理的于禁担任水军都督，后悔莫及。对于企业老总，搞好自己的情绪管理，比企业内的其他任何人都来得重要。

第2章 | 企业内部环境分析

所谓企业的内部环境，是指企业能够加以控制的内部因素。企业内部环境是企业经营的基础，是制定战略的出发点、依据和条件，是竞争取胜的根本。对企业的内部环境进行分析，其目的在于掌握企业目前的状况，明确企业所具有的长处和弱点。从而使确定的战略目标能够实现，并使选定的战略能发挥企业的优势，有效地利用企业的资源；同时对企业的弱点，能够加以避免或采取积极改进的态度。

❖ 2.1 企业经营资源分析

企业的经营资源是企业可以获取的与企业价值创造活动有关的各种输入，其中包括资金、人员、设备、设施、技术、组织、知识、信息以及品牌等。企业经营资源的现状和变化趋势是制定总体战略和进行经营领域选择最基本的依据。目前比较统一的分类方法是将企业经营资源分为有形资产、无形资产、人力资源三大类。

2.1.1 有形资产

有形资产包括可以反映在企业财务报表上的财务资源，如未分配利润、股票、贷款、租赁、调整应收和应付、出售资产等，以及物质资源如企业所拥有的土地、厂房、机器设备、运输工具、办公设备、原材料、产品、库存商品等。

2.1.2 无形资产

无形资产是企业不能从市场上直接获得，不能用货币直接度量，也不能直接转化为货币的经营资产，包括技术（如联合开发、委托开发、引进技术或购买专利等）、商誉和企业文化等三类资源。商誉是指一家企业由于产品优良、服务一流、管理出色、生产效率高等良好的企业形象而带来的顾客信任和美誉。它能够给企业带来超过正常收益率水平的获利能力。商誉具有复杂性、长期性、依附性、经济性等特点。企业文化是指基于共同价值观之上，企业全体员工共同遵循的目标、行为规范和思维方式的总称。企业文化的力量既可能支持企业的战略，也可能抵制企业战略。因为企业文化是企业长期以来独特的传统、习惯和价值观的沉淀，在企业面临战略转型的情况下经常发挥着亦能载舟、亦能覆舟的作用。

2.1.3 人力资源

所谓人力资源，主要是指组织成员向组织提供的技能、知识、推理和决策能力。人力资源是推动企业发展的能动性因素，企业管理的重点是调动员工的生产经营积极性，改进工作效率，进而实现预期目标。

进行企业经营资源分析的程序与重点包括以下几个方面：

1. 资源的数量和质量

在其他条件相同的情况下，一个企业拥有和可获得整合的资源数量越多，资源质量越高，那么这个企业的竞争优势就会越大，战略的可选择性就越广。因此，在企业内部资源分析的过程中，企业战略管理者首先应该对企业资源的数量和水平进行全面的了解。这种了解虽然还不足以成为企业战略管理者做出重大战略决策的依据，但是可以帮助他们了解现在的战略是否需要调整以及能够在多大的范围上进行调整。例如，随着跨国企业直接进入中国，参与对中国市场的争夺，对于我国的中小企业来说，就必须考虑自己的资源数量和水平是否可以支撑企业继续市场开拓的战略。如果不行，是否应该主动选择相对较小的市场实施集中战略。实施多元化发展的大型企业也需要考虑是否还有可能以相对少的资源在多个行业与跨国企业正面对抗，是否应该回归主业、集中发展的战略。

2. 资源的分布

一个竞争对手的资源分布比另一个竞争对手的更合理，那么这个企业的资源优势就更大。因行业、定位和商业模式不同，企业资源利用和配置的方式也不尽相同，因此，企业价值创造活动的重要性也不一样。例如，物流可能对钢铁行业很重要，但是对电子元器件行业就不那么重要；品牌对高差异定位的服装企业很重要，但是对低成本定位的企业就不那么重要；劳动力成本对出口加工型的家电企业很重要，但是对以内销为主的家电企业就不那么重要。因此，在企业内部资源分析的过程中，企业战略管理者应该根据外部环境分析的结果，判断企业有限的资源是否被合理配置在了价值最大的环节。如顺德新宝电气公司是一家以出口加工为主的小家电企业，为了发挥优势，该企业将绝大多数的资源配置在零配件生产、家电组装制造和工业设计方面，从而使企业能够在接到国外订单之后以最快的速度完成产品生产。正是这种符合行业和商业模式的资源配置方式，使得该企业在金融危机期间还能够大幅度地提升利润。

3. 资源的稀缺性

一个企业所拥有的资源越是稀缺，那么这个企业的资源优势就越大。中集集团上市以后连续收购了中国沿海主要港口的 8 个集装箱企业，这是因为在集装箱行业，运输成本是竞争的关键，地点是最重要的稀缺资源。目前，全世界最适合生产集装箱的地方在中国，因为中国是最大的净出口国；而中国最合适生产集装箱的地方就是沿海的主要港口，因为这些港口的附近就是中国最主要的出口加工基地。同样，国美和苏宁对家电制造商有较大的讨价还价权利，这是因为家电行业是一个渠道导向的行业，销售渠道是非常稀缺的资源之一。

4. 资源获取的难度

在市场经济条件下，资源的市场化程度在不断地提高，企业更容易获取资源，因此，资源优势的可保持性在不断下降。在相同的条件下，越是难以获取的资源越有可能成为企业可持续优势的来源。在企业内部环境分析的过程中，企业战略管理者必须分析：

(1)获取相同资源的成本和时间。即使竞争对手可以通过市场交易获得同样的资源，但是，先获取资源的企业可能所支付的成本相对比较低，后获取资源的企业则需要支付更高的成本。先于竞争对手建立“4S”店的广州本田及其代理商所支付的土地成本显然比后来的竞争者要低，因为后来的竞争者将面临高的土地价格。英国经济学家潘罗斯专门研究在市场经济条件下，一个企业的收益为什么长期、稳定地高于同行业的其他竞争对手。他的研究表明，有一些形成竞争优势的资源很难通过市场交易而获取，企业的组织性资源就具有这种特征，例如，组织的机构、机制和文化。这是因为建立一个匹配的组织结构、管理机制和企业文化是需要时间的，而这个时间就是竞争对手很难支付的成本。

(2)资源的可替代性。如果获取相同资源的成本太高或者时间太长，竞争对手就会试图寻找可替代的资源。当获取相同零售渠道的难度太大时，竞争对手就有可能开放其他渠道，例如通过网络渠道。当企业所拥有的资源具有不可替代性时，基于此资源形成的优势就具有可保持性。

5. 资源的可转移性

在内部环境分析时，企业战略管理者需要分析企业资源优势的针对性或者说可转移性。当某种资源被认为是企业的一种优势时，一般都是针对这个企业所处的特定行业或者市场，以及所采用的特定的商业模式。在企业确定要实施行业或者市场多元化的时候，资源的可转移性是决定多元化发展的重要影响因素。如果资源优势的可转移性很弱，那么企业在实施跨行业或者跨市场决策的时候就越需要谨慎。

❖ 2.2 企业战略能力分析

企业战略能力是指企业所拥有的利用和整合企业资源的知识和技能。企业能力是企业在利用和整合资源的过程中，通过实践、学习、积累而形成的，也是企业内部通过收集、传播和共享而增强的。从这个意义上说，企业的资源越多，专注的程度越高，知识管理的水平越高，企业的能力就越强。当然，企业资源的多少并不能代表其能力的大小，事实上，有许多企业获得了丰富的资源，但并未掌握发挥这些资源的知识和技能。

企业战略能力可分为管理能力和经营能力两类。管理能力是企业所有管理者都必须具备的通用能力，如计划、组织、领导、控制等管理学课程中所强调的一般管理能力。管理能力主要是指企业管理者所具备的管人、管事、管资产等方面所具备的做出合理决策、任用适当的人才、组织合适的力量、调动下属的积极性、控制下属的行为等方面的能力。经营能力则是指企业中的专业技能，如营销能力、财务管理能力、采购能力、生产能力、研发能力、投融资能力、渠道能力、供应链管理能力等专业技能方面的能力。

评价企业战略能力高低的主要依据是企业资源利用的效率。考虑到影响资源利用效率的因素很多，因此，在分析企业能力的过程中，企业战略管理者可以采取下列几种方法评价资源利用的效率。

(1)财务比率分析的方法。通过与竞争对手在资源利用率方面的对比，判断企业战略能力的高低。

(2)专家意见法。通过企业聘请的专家对企业内部和外部相关的利益团体的分析，判断企业战略能力的高低。

(3)问卷调查法。通过直接向企业内部和外部相关利益团体发放问卷进行调查，判断企业战略能力的高低。

以上三种判断方法各有利弊，相互补充，在进行能力分析的过程中可以综合运用。

在对企业战略能力进行分析过程中，企业战略管理者仍然需要像分析企业资源一样，关注企业能力的大小、分布的领域、稀缺性、可模仿性和可转移性。威胁企业战略能力优势的主要因素不仅是人力资源和信息的市场化，更重要的是竞争对手的学习和模仿。因此，企业战略管理者在此基础上还需要特别关注以下几方面的能力分析。

2.2.1 综合能力

企业在单一领域或者职能上的能力优势固然重要，但是这种能力相对比较容易学习和模仿。企业建立在综合能力上的优势，是竞争对手很难学习和模仿的，竞争对手很难了解综合能力形成的奥秘，同时，竞争对手也缺乏相应的机构、机制和文化去培育和建立这种综合能力上的优势。

2.2.2 整合能力

企业的整合能力包括内部和外部整合两个方面的能力。其中，企业内部的整合能力与企业的规模经济、范围经济和交易成本的效益密切相关，而这三种经济效益是企业竞争力的重要表现。企业的外部整合能力有利于企业将有效的资源投入到最关键的领域，有利于企业提高学习和创新的能力，有利于利用或者控制更多的资源。

2.2.3 学习和创新能力

在企业经营环境和竞争互动越来越动态的条件下，企业能否保持其能力优势很大程度上不能依靠“防守”，而是需要学习和创新。因此，在进行能力的分析过程中，企业战略管理者要特别注意分析企业的历史，以及企业发展中的教训和对环境的应变能力，分析企业收集知识、传播知识和共享知识的能力，分析结构、机制和文化对学习和创新的鼓励和支持程度。

❖ 2.3 企业核心能力分析

企业核心能力扎根于企业组织内部，能为企业创造超额收益，使企业立于竞争优势地位。它实际上是企业的一种巨大战略资源，借此，企业可以迅速抢占市场，获得巨大收益。

2.3.1 核心能力概念

企业核心能力理论是以著名管理学者、英国学者哈默和美国教授普拉哈拉德在 1990 年发表在《哈佛商业评论》上的一篇著名论文中提出来的。十几年来，核心能力理论引来越来越多的学者和企业家的重视，它也成为分析企业内部条件的关键理论工具之一。

哈默和普拉哈拉德认为，核心能力是“组织中积累性学识，特别是关于如何协调不同生产技能和有机结合多种技术资源的学识”。除此之外，美国麦肯锡咨询公司对核心能力的定义为：企业核心能力是某一组织内部一系列互补的技能和知识的组合，它具有使一项或者多项关键业务达到行业一流水平的能力。

简单地说，核心能力就是企业的看家本领。如沃尔玛的物流管理、索尼的小型化设计与制造等。罗哈德和哈默也给出了一个形象的说法：如果把企业比作一棵大树，那么，企业核心能力就如同企业的树根，决定了企业这棵大树的生死存亡，而核心产品则相当于树干，最终产品仅仅相当于树叶或者树上结出的果实。虽然，一棵树是否漂亮，是否招人喜爱，可能往往由其树冠上的树叶、花朵或者果实决定的，但是一棵树可以没有树叶，却不能没有树根，没有了树叶，甚至树干，只要根存在，这棵树就可以继续发芽、生长，最终仍有可能成长为一棵参天大树，但是，如果一棵树没有了树根，标志着这棵树会很快死亡。只有根深才能叶茂，这是大自然的铁律。

企业如同一棵树，企业最终产品是否有竞争力往往是暂时的，一个有竞争力的产品不能保证企业的可持续经营。但是，企业是否有核心能力则是至关重要的。如果没有了核心能力，对企业而言，则意味着无源之水、无本之木。

核心能力理论对我国若干"昙花一现"企业现象最有说服力，如沈阳飞龙、广东太阳神、山东三株口服液，辉煌时万众瞩目，但是，由于缺乏核心能力，无一不是昙花一现。反观一些长寿企业，无不是在核心能力方面下足了功夫，如山东的东阿阿胶、北京的同仁堂制药等。

美国可口可乐公司曾经宣称，如果可口可乐发生火灾，一把火烧光了，但是，可口可乐公司保证第二天就可以东山再起，继续经营，靠什么？就是靠可口可乐品牌、消费者忠诚度及其配方。如果说消费者从超市里购买的可乐产品属于可口可乐公司的最终产品的话，那么，可口可乐所谓的神秘"配方"就是其核心产品，而可口可乐公司在消费者心目中树立品牌形象才是可口可乐真正的核心能力。通过几十年的经营，可口可乐已经给人们带来了方便、快捷、轻松、醒脑、卫生等概念。与其说可口可乐是一种产品，不如说可口可乐已经变成年轻人的一种生活方式。而一旦这样的生活方式和生活习惯得以形成，人们就很难改变对可口可乐的依赖。这才是可口可乐不怕火烧的根本原因。表2－1是国际知名公司的核心能力。

表2－1　**国际知名公司的核心能力**

公司名称	核心能力	最终产品
Honda(本田)	发动机关键技术	汽车、摩托
3M(明尼苏达矿务及制造业公司)	黏性材料技术	告示贴、录像带、投影仪、磁带
Sony(索尼)	机械电子器件及其微小化技术	袖珍录音、录像设备、小型电视
Canon(佳能)	光学和图像技术	复印机、照相机
IBM(国际商业机器公司)	计算机领域核心技术人才	计算机、IT用户最终解决方案、软件
青岛海尔	质量控制水平、真诚服务能力	家电、数字设备
华为科技	产品集成创新、企业文化	数字通讯关键设备
清华同方	资本、知识、产业嫁接能力	电脑、民用核技术、新能源、新材料

2.3.2 核心能力的判断标准

判别一个企业是否有核心能力，有以下四项基本标准：

1. 增值性和效益性

企业核心能力要在为客户创造价值的过程中作出显著贡献，不能产生效益、不能为客户创造价值的能力不算核心能力。

2. 领先性和独特性

企业核心能力要在企业中的某种技术或者管理方面处于领先地位，不能领先，或者说不具备优势的就不是企业的核心能力。同时，企业核心能力是很独特的，应该是难以被竞争对手模仿的，凡是能够被竞争对手很容易模仿的就不能称之为核心能力。

3. 延展性和多样性

企业核心能力是根，不是局限于企业某一产品和服务，它是能够普惠于企业的若干领域的，是能够最大限度地实现范围经济效应的，如果企业这项能力不能使得企业衍生出若干新产品和新服务，则不能称之为核心能力。

4. 协调性和整合性

如上所述，企业核心能力是协调不同生产技能领域和有机结合多种技术的积累性学识，它更多地表现为企业的整体素质，而不仅仅是指企业某一两项诀窍或者生产技能。

凡是企业具有以上四种特征者，就说明该企业具有核心能力；凡是不具备上述四种特征者，就说明该企业没有核心能力，或者说企业核心能力不完整，还需要加以不断培育。

除此之外，企业核心能力还具有相对性、动态性和不可交易性。所谓相对性，是指核心能力是相对于竞争对手而言的，具有地区相对性的核心能力也可以称之为核心能力。所谓动态性，是指核心能力也有生命周期，随着时间变化、环境条件的改变，核心能力要不断推陈出新，一劳永逸的核心能力是不存在的。所谓不可交易性，是指核心能力只能通过企业自身长时间的培育，不可能轻易从市场上买来，轻易通过市场交易方式获得的能力不能称之为核心能力。

企业内部条件分析的主要任务之一，就是要辨别和评价企业的核心能力，了解企业在核心能力产生、培育、应用方面还存在哪些缺陷，应当如何加以改进。

※ 2.4 内部环境分析技术

企业内部环境分析的方法依企业的不同情况而呈现出多样化。但是，一般来说各种各样的分析方法可归纳成两大类：一类是进行纵向分析，即分析企业各个方面（职能）的历史沿革，从而发现企业在哪些方面得到了发展和加强以及在哪些方面有所削弱。根据这种纵向分析，在历史分析的基础上对企业各方面的发展趋势做出预测；另一类是将企业的情况与行业平均水平作横向比较分析。通过这种分析，企业可以发现相对于行业平均的优势和劣势。因此，这种分析对企业的经营来说更具有实际意义。就某一特定的企业来说，可比较的行业平均指标有：资金利税率、销售利税率、流动资金周转率、劳动生产率等。下面介绍几种常用的分析方法。

2.4.1 功能分析法

功能分析法是比较传统的企业内部能力分析方法。该法首先要求按管理功能对企业活动进行分类，然后再按功能类别对各功能内的因素进行逐项分析。

1. 采购功能

采购功能的任务是为企业获得所需的投入要素，分析的主要内容有：企业是否能获得材料及各类零部件；零部件是自制还是外购；采购质量保证系统是否有效；除了目前的采购来源外，是否还能发现其他的来源，这些来源的有效性如何；本企业在采购谈判上的能力；企业是否对供应商有股权控制或是其他的控制手段；企业是否制定防止供应过程出现意外中断的计划。

2. 制造功能

制造功能的任务是将投入要素进行合理的组合，转变为能满足企业对价值要求的产出，对制造功能的分析包括以下主要内容：企业的地域分布和现有设备的满意程度；对企业现有生产能力的满意程度，企业扩大生产能力的余地，目前的厂龄及设备的陈旧程度；企业生产能力在各生产点上的协调平衡程度；企业采取的生产方式，生产现场的布局效果，生产组织效率；生产现场职工的技术水平与生产要求的一致性，职工技术协调的程度；生产质量保证体系的运作效果；目前的存货水平和理想存货水平之间的差距；企业制造成本的构成和竞争力。

3. 营销功能

营销功能的任务是通过恰当的市场活动，实现蕴藏在产出物中的价值。对其进行分析的内容主要有：企业的分销手段和分销渠道；企业市场情报和信息系统的完备程度；企业是如何进行市场细分的，市场细分的效果，各细分市场之间的平衡程度；本企业产品在售后服务、质量、差别化、包装、价格、标准化、索赔等方面的优势和劣势；企业的新产品开发率（全部产品销售额中新产品的比重），在新产品开发上企业与主要竞争对手的差别；广告及其他促销活动的效果；企业对用户特殊要求的处理效果；企业销售队伍的力量，包括是否拥有足够的销售专家，销售组织结构是否恰当，销售队伍的地区分布情况以及销售预算等；企业是否最大限度地利用了品牌和商誉的作用。

4. 财务功能

财务功能的分析内容包括：企业的财务业绩；企业的财务结构；企业管理财务资源的效果；企业在公众中享有的财务信誉；企业为了取得财务上的发展而采取的方法及效果；企业采取的评价业务活动和投资计划的方法是否有效；财务报告程序是否正常、有效。

5. 人力资源功能

人力资源功能的任务是为企业一切目前和未来活动准备合适的人力和士气，分析的主要方面包括：企业决策结构的有效程度；企业人员结构；培训系统的作用；对管理梯队的建设效果；人员流动性，人员的满意程度，管理方与职工之间的关系；人事政策的有效性，包括报酬制度、工作条件、招聘制度、退休制度、职工在企业内的流动情况、冗员和待岗下岗情况等；在具体劳动方面存在的问题；劳动生产率，提高劳动生产率的可能性。

6. 信息技术功能

分析信息技术功能时需要涉及的主要内容有：企业目前在哪些管理层次和地点采用了信息技术，对信息技术的能力是否满意；企业是用哪些方法来获得信息技术手段的；企业是否制定了整体的信息战略；企业内实际存在的或潜在的信息技术问题；是否制定了信息安全制度和政策；企业信息设施的年龄和陈旧程度；信息技术手段与信息技术结构的效用，信息人员的技术水平和平衡程度；信息技术质量保证系统的适用性；信息技术能力扩大的可能性；对信息技术成本的满意程度。

7. 控制系统功能

控制系统跨越若干职能活动，功能分析所涉及的有关控制系统内容包括：安全控制系统；存货控制系统；质量控制系统；财务上的流动资本控制、资本性投资控制及对商业信用的控制系统;生产控制系统;维修控制系统;预算控制系统;内部审计控制系统。

以上各功能类的分析方面又可以分解成不同的因素。对单个企业来说，企业活动不一定涉及以上所有的功能，不同行业和产业对功能的分析重点和具体分析标准也是不同的。分析时的要点在于发现能影响企业最终经营成功性的内部战略要素，而不是要求企业具备应有尽有的功能或是在各项功能上取得同样的强度。另外需要注意的是，处于同一产业不同价值链环节，或是不同产业发展阶段上的企业，对内部功能的要求是不同的。社会及产业协作系统的建立和完善情况对功能要求也会发生影响。

2.4.2 经验曲线法

1. 基本概念

经验曲线，是指当某一产品的累积生产量增加时，产品的单位成本趋于下降。企业管理人员认为，制定企业总体战略时，需要了解企业每项经营业务的经验曲线。在经营单位层次上，经验曲线优势是成本分析的关键。企业在实施成本领先战略或制定以经验曲线为基础的定价政策时，确立经验曲线并且监视竞争对手的经验曲线更为至关重要。

2. 基本原理

经验曲线的概念产生于第二次世界大战。当时，美国军队对飞机的生产效应问题进行了研究。这项研究表明，随着飞机装配数量的增多，单位劳动成本下降。后来，波士顿咨询公司和其他许多学者对这一问题进行了深入研究。结果表明，不仅是企业的劳动成本可以通过熟练地操作和学习获得下降，而且成本中的其他影响因素也同样会发生变化。实证研究表明，当产品累积量成倍时，飞机的单位成本会下降 20% 。也就是说，当企业生产到第 200 架飞机时，其单位成本会比生产第 100 架飞机时的成本少 20% 。由此，企业界与学术界建立起经验曲线的概念。

随着经验曲线研究的深入，研究人员们注意到，每种技术所生产的产品或零部件都有自己的经验曲线。例如，某行业的产品具有 20% 的经验曲线，而另一些产品则可能会有 30% 的经验曲线。此外，行业中，某企业拥有 20% 的经验曲线;另一名竞争对手则可能由于使用了截然不同的技术，在行业中获得 30% 的经验曲线。目前已经观察到，经验曲线这一规律存在于许多产品的生产和各种服务中，如汽车制造、半导体生产、石油化工、合成纤维、航空运输、远距离通讯服务等。而且经验效益的获得并非与企业规模有必然的联系，任何企业无论规模大小都可以从经验曲线中获益。一般说来，随着经验的增加，能够形成单位成本下降的趋势有以下原因:

(1)劳动效率的提高。当作业人员重复地操作一项生产任务时，随着操作次数的增加，其熟练程度就会提高，完成一项任务所用的时间也就会减少。同时，当重复地操作时，作业人员可对操作过程进行改进，寻找操作捷径，从而提高集体的操作效率。

(2)劳动分工与重新设计工作方法。劳动分工可提高作业人员完成某一特定任务的熟练程度，提高工作效率;而重新设计操作方法亦可提高工作效率，节约时间，从而降低成本。

(3)新的生产工艺。对生产工艺进行革新和改进是成本降低的一条重要措施，这对资金密集型的企业(如钢铁企业、石油冶炼等)来说尤其如此。

(4)生产设备效率的提高。新设计的设备投入生产运行过程时，由于其性能的不完善和操作方法不当，它可能会有相对较低的产出量，但随着经验的增加，总能找出对其改进或革新的方法，从而提高其生产效率。

(5)产品的标准化和产品的重新设计。产品标准化允许重复操作某项特定的任务，便于作业人员学习与掌握，从而提高作业者的劳动效率。另外，随着对某种产品经验的积累，产品制造者和使用者对产品的性能有了更好的认识和了解。在此基础上，可对产品重新设计，以便节约材料消耗或使产品便于生产，提高生产效率，降低产品成本。

(6)有效地利用资源。随着经验的增加，生产厂家可利用不同的或廉价生产资源(如利用代用品)，对生产要素投入进行有效的组合，从而降低产品成本。

3. 经验曲线的绘制

企业绘制经验曲线，需要有一定时期内的产品数量以及不变价格计算的单位成本。例如，表2－2中的数据是某企业5年内A项经营业务的产出与成本数据。

表2－2 某企业5年内A项经营业务的产出与成本数据

年	产量	累积产量	单位成本(不变价)	成本节省(元)	成本下降(%)
1	50	50	60		
2	50	100	48	12	20
3	50	150	41	7	15
4	50	200	38	3	8
5	50	250	36	2	6

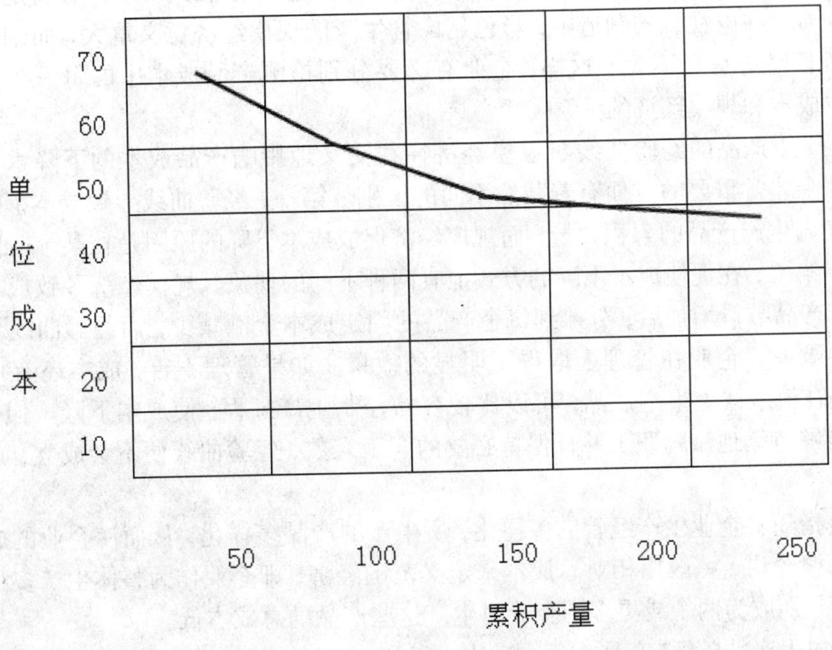

图2－1 A项经营业务的经验曲线

从图2－1可以看出，该项业务保持每年生产50件产品，而每一年都产生了经验效果。

到了第二年，企业的累积产量是上一年的 1 倍，单位成本下降了 20%。但是，随着每年累积产量的成倍增加，单位成本下降的速度则逐年递减。

在半导体等行业中，产品生产中的经验曲线效应非常明显。其累积产量增加 1 倍，单位生产成本往往会降低 20% 左右。结果，在经验曲线效应为 20% 的情况下，如果第一批 100 万件产品的单位成本为 100 元，那么产品达到 200 万件时，单位成本就是 80 元了，即 80% × 100 元，当产量为 400 万件时，单位成本就是 64 元了，即 80% ×80 元。这就是说，如果某一行业的特点是生产制造中的经验能够取得巨大的经济性，那么，当该行业中的某个公司首先生产某种新产品，然后成功地制定和实施某种战略而获取了最大的市场份额时，它就可以成为一个低成本生产商，获得由此带来的持久竞争优势。

在绘制经验曲线的过程中，最困难的工作是收集数据。首先，企业要确定所要研究的产品对象，即是将所研究的企业所有类型的产品都绘制在同一条经验曲线上，还是每个类型的产品单独绘制出来，或是只将其中的某些部件的曲线绘制出来，关键在于企业所要分析的对象以及企业所要考虑的竞争战略。其次，要收集一定期限内与产量有关的成本数据。根据绘制经验曲线的要求，产品的现行价要换成不变价。但是，企业有时由于内部变动或会计方法的变革而找不到原始数据。在这种情况下，企业管理者为了分析进入障碍，也还是需要估计某经营业务的经验曲线。在这种情况下，企业管理者可用不变价的产品价格代替不变价的成本，假设产品的市场价格与产品的成本有着某种固定的关系。

4. 经验曲线与规模经济、范围经济的关系

规模经济是指在一定时期内，企业所生产的产品或劳务的绝对量增加时，其单位成本趋于下降。规模经济可能与产品或服务的全部领域有关，也可能只涉及其中一部分特定的经营业务和活动。例如，在电视机的制造中，彩色显像管生产的规模经济意义重大，而细木工艺和器件组装的规模经济意义不大。这样，企业有必要分别检测产品成本中的每一个组成部分，把握住单位成本和规模经济的关系。

值得注意的是，产品的经验曲线与规模经济往往交叉地影响产品成本的下降水平。但是，这两者在两个非常重要的方面有着截然不同的区别。第一，经验曲线导致成本下降的原因是在一定期间内生产产品的累积数量，而规模经济促成成本下降的原因是在某个时间里生产产品的数量。第二，在促使成本下降的方式上有两种不同的现象。规模经济导致成本下降的原因是，生产产品数量增加后，分摊到每个产品的固定成本金额减少，而经验曲线导致成本下降的原因主要是，企业在管理上取得了明显的效果。如果管理不善，成本还有可能回升。例如，企业在流水线上生产产品，可以比较容易控制生产过程，使成本下降。但是，如果在管理上不能够持续地激励职工并且保持必要的职工人数，经验曲线便不会成立，成本也会上升。

范围经济是指随着企业生产经营的多样化，所生产的产品多样化，从而使企业的成本减少。从经济学的概念讲，一般用相对总成本来定义范围经济，即企业作为整体生产多种产品的总成本，要比分别成为两个或更多的企业时生产这些产品的总成本低。

例如，某公司生产粘条纸（产品 x）和录音带（产品 y）两种产品。为了生产录音带，建造录音带的生产线，企业先期投资为 1 亿元。在生产中，每盒录音带的成本为 0.20 元，则总成本为：

$$TC(0, Qy) = 100\ 000\ 000 + 0.20Q$$

如果该公司生产6亿盒录音带，则总成本应为2.2亿元。

在公司所开发的生产录音带的专有技术中，有些可以用来生产粘条纸等相关产品。如果公司要利用已有的投资，进一步扩大粘条纸的产量，则需要追加0.2亿元的投资。假设每令粘条纸(500张)的成本为0.05元。那么，公司的总成本则为：

$$TC(Qx, Qy) = 120\ 000\ 000 + 0.05Qx + 0.2Qy$$

如果Qy=6亿盒，Qx=1亿盒，则总成本为2.45亿元。这样，该公司在生产粘条纸上所增加的成本仅为2500万元。

如果公司没有录音带产品，所开发的技术只能生产粘条纸，开发费用为5000万元。同样，每令粘条纸的成本为0.05元，则总成本为：

$$TC(Qx, 0) = 50\ 000\ 000 + 0.05Qx$$

当公司生产粘条纸的产量达到1亿盒时，总成本则为5500万元。这个成本是同时生产录音带与粘条纸公司成本的2倍多。

规模经济与范围经济是互相联系的。在经济学的概念中，规模经济是用平均成本函数下降来定义的。

5.经验曲线的战略意义

经验曲线所揭示的规律是，随着经验的增加，单位产品成本降低。因此，对处于有经验效益产业(如钢铁行业)中的企业来说，追求以经验效益为基础的成本领先战略是一条可取的竞争战略。一方面，较低的产品成本使企业获得高于行业平均的收益；另一方面，在价格竞争战中企业可降低产品售价，掌握竞争中的主动权。在下面三种情况下，一个企业可以获得基于经验曲线的成本领先优势。

(1)如果企业与竞争对手在起点成本和学习率上相同，则企业只有靠增加经验，即多生产、多销售，才能使单位产品成本较竞争对手降低得更多。

(2)在具有与竞争对手相同学习率的情况下，企业除增加经验(累积产量)外，还可以不同的产品成本起点进入竞争。即使与竞争对手经验相同时，由于较低的产品成本起点，企业的单位产品成本也会较竞争对手为低。这个较低的产品成本起点可来自多方面：如录用素质较高的工人并加以培训；采用更先进的设备；由于原材料供应商经验的增加，供应商降低了售价，从而使企业购得更廉价的原材料等。

(3)加快学习过程，总结前人生产操作经验，使企业具有较低的学习率来参与竞争。即使与竞争对手经验相同时，由于学习率的不同，企业的单位产品成本也较竞争对手为低。

基于经验效益的成本领先战略，最终要求企业获得相对于竞争对手来说较高的市场占有率，这是追求这种战略的关键。这是因为，只有企业取得较高的市场占有率，产品在市场上能得以销售，追求经验效益才会有意义，而较高的市场占有率就意味着较高的投资收益率。在相对稳定的竞争市场内，通常是市场占有率高的企业具有较大的经验积累，企业的经验与其市场占有率大致相当。因此，追求基于经验效益的成本领先战略与提高市场占有率相辅相成。

值得指出的是，以经验效益为基础的成本领先战略是追求企业效率的内向型战略，即追求成本-价格的效率。这种战略是以产品的性能、质量、款式、技术条件等非价格因素能被市场所接受为前提的，即假定产品在市场上的竞争主要是产品竞争。然而，当市场更注重于产品或服务的性能、特点等非价格因素时，追求以经验效益为基础的成本领先战略的企业，就处于非常不利的竞争地位。这时企业就会发现，所生产的产品即使价格低廉，但不为顾客所欣赏，企业也会失去经营"有效性"的一面。因此，企业一旦决定选择以经验效益为基础的成本效率战略时，还要时刻注意顾客、市场需求的变化，从而做到既追求效率，又不失去企业的"有效性"和灵活性，使二者同时能兼顾到。

2.4.3 价值链分析法

1. 基本原理

企业要分析自己的内部资源，判断可以由此产生的竞争优势，则需要确定自己的价值活动，识别价值活动的类型，最后构成具有自身特色的价值链。价值链分析是识别和评价企业资源和能力的有效方法。早期的价值链思想是由美国的麦肯锡咨询公司提出来的，后由迈克尔·波特在20世纪80年代所著的《竞争优势》一书中加以发挥。波特认为企业每项生产经营活动都是其创造价值的经济活动；那么，企业所有的互不相同但又相互关联的生产经营活动，便构成了创造价值的一个动态过程，即价值链（如图2－2）。

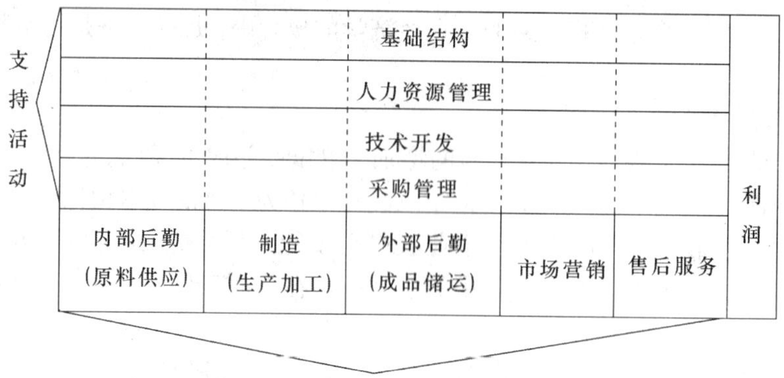

图2－2　企业的价值链

这个价值链模型反映出了企业生产经营活动的历史、重点、战略及实施战略的方法，还有生产经营活动本身所体现的经济学观念。更具体点讲，企业所创造的价值如果超过其成本，便有赢利；如果超过竞争对手的话，便拥有更多的竞争优势。

价值链分析法就是将企业在向用户提供产品过程中的一系列活动，按发生的时间顺序和对产品实体构成的作用，划分为在战略上相互关联的活动类，根据它们对形成企业价值的作用来理解企业的成本变化及引起变化的原因和方法。

从图2－2可以看出，企业生产经营活动可以分成主体活动和支持活动两大类：主体活动是指生产经营的实质性活动，一般可能分成原料供应、生产加工、成品储运、市场营销和售后服务五种活动。这些活动与商品实体的加工流转直接有关，是企业的基本增值活动。支持活动是指用以支持主体活动而且内部之间又相互支持的活动，包括企业投入的采购管理、技术开发、人力资源管理和企业基础结构。图上的虚线表明采购管理、技术开发、人力资源管理三种支持活动既支持整个价值链的活动，又分别与每项具体的主体活动有着密切的联系。企业的基本职能活动支持整个价值链的运行，而不分别与每项主体发生直接的关系。

2. 价值活动的界定

企业要分析自己的内部条件，判断可以由此产生的竞争优势，首先要确定自己的价值活动，然后识别价值活动的类型，最后构成具有自身特色的价值链。

(1)主体活动。主体活动一般可以细分为五种活动，而每一种活动又可以根据具体的行业和企业的战略再进一步细分成若干项活动。

①原料供应(生产前后勤活动)，是自物料在经过采购到达企业后，一直到投入生产为止的过程中所有的活动，包括物料的验收、储存、物料在厂内的运输、存货控制、物料的发放、向供货商退货等活动。生产前后勤活动决定了投入生产过程的物料的数量、质量、时间、地点及投入方式，直接影响到生产的连续性和效率。

②生产加工(制造)，是将投入物转变为最终产品过程的各项活动。在制造性企业中，生产活动包括机械加工、装配、设备维修、产品检测、生产日程安排等活动。生产活动决定企业产品或服务的内在质量、产品种类和生产成本。

③成品储运(生产后后勤活动)，处于产品已经生产出来和到达用户手中的活动之间，包括完工产品的储存、产成品在厂内的搬运、交货运送、订货处理、分销、交货日期安排等活动。生产后勤活动的质量将影响到企业的存货水平和资金的回收时间，影响到产品质量的保持以及企业与用户的关系。

④市场营销和促销活动，是指向用户提供产品购买手段并吸引用户购买本企业产品的所有活动。它包括广告、促销和推销、产品定价和报价、选择销售渠道、建立代销关系等活动。

⑤售后服务活动是位于产品确定了用户和最终结束其使用寿命之间，为了提高或维持产品价值而提供的活动。它包括产品的安装和维修、用户使用人员的培训、零部件和备件的供应、产品调整等活动。近年来，服务活动的范围和内容在逐步扩大，从范围上讲，售后服务活动已经超前于产品确定其用户的时间，逐步延伸到整个营销过程。例如，帮助潜在用户调整生产工艺、培训技术人员，以便于他们有朝一日可以使用自己的产品。服务活动也不再随着产品使用寿命的结束而终止，而是延续到新一轮消费和服务的开始。从内容上看，服务活动甚至包括为用户提供预测，实现本企业生产与用户生产的一体化，对用户提供财力、技术、人员和管理支持等方面。

处于不同行业的企业所需要的主体活动是不同的。处于不同的社会及行业协作系统条件的企业所必须具备的主体活动也是不同的。例如，旅馆特别是在各地设立分支的连锁旅馆，其主体活动中，可以用同样的标准要求其生产活动(提供服务)和营销促销活动，使企业的服务标准能在各地保持一致。这种各地一致的标准也成为这些企业的外部识别标志和质量的保证，因此，企业对这两项活动的重视程度就会更高一些。对食品销售企业，生产前后勤活动及生产后后勤活动关系到食品的质量保证，因而是基本活动中最重要的活动，对这些企业来说，甚至可以不直接从事生产活动。随着行业竞争程度的提高，很多制造性企业也越来越多地重视服务，甚至提出了向服务型企业转移的战略。不管企业处于哪一种行业，上述五类主体活动都不同程度地发生，各类主体活动都会在不同程度上体现出企业的竞争能力，只是有些是由企业自己从事，有些是通过外部协作系统提供。即使是由外部协作系统提供的那些主体活动，也需要与企业的价值活动过程衔接，因而都需要进行系统的内部分析。

(2)支持活动。这是指用以支持主体活动，而且内部之间又相互支持的活动，包括企业投入的采购管理、技术开发、人力资源管理和企业基础结构。图2-2上的虚线表明采购管理、技术开发、人力资源管理三种支持活动既支持整个价值链的活动，又分别与每项具体的主体活动有着密切的联系。企业的基础结构活动是支持整个价值链的运行，不分别与每项主体发生直接的关系。与主体活动一样，每一种支持活动又可依行业不同进一步细分成若干项独具

特色的活动。具体讲:

①采购管理，是指采购企业所需投入品的职能，而不是被采购的投入品本身。这里的采购是广义的，即包括生产原材料的采购，也包括其他资源投入的管理。例如，企业聘请咨询公司为企业进行广告策划、市场预测、管理信息系统设计、法律咨询等都属于采购管理。企业的采购部门是为企业整体服务的，它的采购政策也是适用于整个企业，但某项具体的采购活动一般是与某项具体活动或支持活动有关。在分析企业的采购活动时则不能笼而统之，要具体问题具体分析。此外，采购活动的费用在总成本中可能只占很少的比重，但它对企业采取低成本战略或产品差别化战略起着重要的作用。因此，改进采购管理活动，可以在很大程度上改进被购买的投入品的质量和费用以及使用该投入品的质量和费用。

②技术开发，是指可以改进企业产品和工序的一系列技术活动。这是一个广义的概念，既包括生产性技术，也包括非生产性技术。因此，企业中每项生产经营活动都包含着技术，只不过其技术的性质、开发的程度和使用的范围不同而已。有的属于生产方面的工程技术，有的属于通信方面的信息技术，还有的属于领导的决策技术。这些技术开发活动不仅仅是与企业最终产品直接相关，而且支持着企业全部的活动，成为判断企业竞争实力的一个重要因素。

③人力资源管理，是指企业职工的招聘、雇用、培训、提拔和退休等各项管理活动。这些活动支持着企业中每项主体活动和支持活动以及整个价值链。人和资源管理在调动职工生产经营的积极性上起着重要的作用，影响着企业的竞争实力。

④基础结构，是指企业的组织结构、控制系统以及文化等活动。由于企业高层管理人员能在企业的这些方面发挥重要影响，因此，高层管理人员往往也被视作基础结构的一部分。企业的基础结构与其他的支持活动有所不同，一般是用来支持整个价值链的运行，即所有其他的价值创造活动都在基础结构中进行。在多种经营的企业里，公司总部和经营单位各有自己的基础结构。

(3)构造价值链。企业为了判断自己的竞争能力，需要根据价值链的一般模型来构造具有自己特色的价值链。企业在构造价值链时，需要根据利用价值链分析的目的以及自己生产经营活动的经济性，将每一项活动进一步分解。分解后的每一项子活动要有自己的经济内容，即或者能使产品或服务具有高度差别化的潜力，或者能够降低成本。价值活动可以按照工艺流程排序，也可以根据需要进行排序。但无论怎样排序，企业的管理人员都应能够从价值链的分类中直观地判断出使企业获得竞争优势或处于劣势的子活动，以便供制定战略时参考。

具体来说，管理人员需要通过确定企业价值链，并将之与外部独立活动进行对比，确定每一项活动对企业整体价值的贡献。对比的方法是从市场上寻找可以提供同样活动的交易对象，将企业自己从事该项活动的成本与市场交易价格相对比，如果企业的成本低于市场交易价格，则该项活动就可以称为对企业的最终价值作出贡献的活动，而如果企业自己从事某项活动的成本高于市场交易价格，则该项活动为企业提供的是负价值。

如果对某项活动，企业在可能的市场范围内无法找到外部交易市场，则可以与竞争对手的成本进行比较，企业的成本低于竞争对手的成本，则该项活动为企业提供正价值;反之，则提供负价值。

总的来说，企业应该保留能为企业提供正价值的活动，对提供负价值的活动，则可以考虑出售，然后从市场上购入该项活动。对那些提供负价值，而又无法由市场购入的活动，就需要进一步分析这部分活动对企业整体价值的削弱情况。一旦从事该项活动使企业整个价值低于最低可接受的水平，企业就需要果断地停止整个业务。

另外，还有一种情况需要进行例外考虑，即企业的某一项业务是为另一项表现为企业未来方向的业务服务的，这时，虽然该项业务中的某些活动不能提供正价值，也不一定就需要停止。此时需要将该项业务与其服务的战略方向性业务捆扎在一起，作为一项完整的业务进行分析。

这样，管理人员在把企业所有活动进行系统分割，区分出九项价值活动并进行了价值分析后，就可以从中找出关键的内部要素，并将其作为企业竞争优势的来源而作进一步的分析。

(4)价值链的内在联系。价值链不是一些独立活动的集合，而是相互依存的活动构成的一个系统。在这个系统中，各项活动之间存在着一定的联系。这些联系体现在某一价值活动进行的方式与成本之间的关系，或者与另一活动之间的关系。例如，机械加工的企业购买高质量的已剪切好的钢板，可以简化生产流程并减少废料。由此可以看出，企业的竞争优势既可以来自单独活动本身，也常来自各活动间的联系。

价值活动间的联系很多，最常见的是价值链中主体活动与支持活动间的各种联系，例如，产品的设计会影响其生产成本。在各项主体活动之间，这种联系的作用更为突出，例如，企业加强对投入部件的检查会降低生产工艺流程中的质量保证成本。

形成这些联系的基本原因有:

①同一功能可以用不同的方式实现。例如，为了保证产品合格，企业可以采购高质量的原材料或零部件，或者明确规定生产工艺流程中的最小公差，或者对产品进行全面检验。

②通过间接活动保证直接活动的成本或效益。例如，通过优化时间安排(间接活动)，企业可以减少销售人员的出差时间或交货车辆运输时间(直接活动)。

③以不同的方式实现质量保证功能。例如，企业可以通过进货检查，部分或全部替代成品检查。

当然，形成价值活动间联系的原因很多，还需要更进一步的认识。

内在联系形成竞争优势的方式。企业价值活动间的内在联系所形成的竞争优势有两种形式:最优化与协调。

企业为了实现其总体目标，往往在各项价值活动间的联系上进行最优化的抉择，以获得竞争优势。例如，企业在考虑产品设计与服务成本时，为了获得差别化优势，可能会选择成本高昂的产品设计、严格的材料规格或严密的工艺检查，以减少服务成本。

在协调方面，企业通过协调各活动间的联系，来增加产品的差别化或降低成本。例如，企业要发货，则需要协调企业内部的生产加工、成品储运和售后服务等活动之间的联系。在最优化与协调的过程中，企业需要大量的信息去认识形式多样的联系。因而，企业有必要利用信息技术，建立自己的信息系统，创造与发展新的联系，增强旧有的联系。

(5)价值链间的联系。价值活动的联系不仅存在于企业价值链内部，而且存在于企业与企业的价值链之间。其中，最典型的是纵向联系，即企业价值链与供应商和销售渠道价值链之间的联系。后者往往对企业活动的成本和效益产生影响，反之亦然。例如，企业的采购和原料供应活动如果与供应商的订单处理系统相互作用，同时，供应商的应用工程技术人员与技术开发和生产人员也协同工作的话，供应商的产品特点以及其他方面就会明显地影响企业的成本和差别化。企业价值链与供应商价值链之间的各种联系为企业增强竞争优势提供了机会。通过影响供应商价值链的结构，或者通过改善企业与供应商之间的关系，企业与供应商常常会双方受益。

销售渠道的各种联系与供应商的联系类似。销售渠道具有企业产品流通的价值链。销售渠道对企业价值的抬价经常在最终销售价格中占很大比重。此外，销售渠道进行的各种促销活动可以替代或补充企业的活动，从而降低企业的成本或提高企业的差别化。销售渠道也存在与企业分配由于协调和优化各种联系所带来收益的问题。

为此，企业在进行了本企业的价值链分析后，还需要进行包括前后项活动的提供者，即包括企业供应商和客户价值链在内的价值系统分析。

一项分析是企业价值链与为自己提供前项或后项活动的价值链的接口分析。以与供应商价值链的接口分析为例，当企业将一部分活动如某种零部件的生产由自制改为外购后，企业价值链中该零部件的生产活动就消失了，供应商价值链中的推销促销环节的任务也发生了根本的变化，在双方的价值链能如同一个企业那样顺利地衔接时，它们共同的成本将有所降低，而且还能取得流程连接、信息共享，更好地了解和满足客户的要求，进一步开发流程功能等方面的效果。

另一项分析是将企业的价值链系统与竞争对手的价值链系统进行对比分析。对绝大部分企业来说，其竞争对手与自己有共同的供应商和共同的客户，企业与对手的竞争不但表现在自己的价值链功能与对手的价值链功能的竞争上，还表现在双方在与供应商和客户价值链连接的效果上，企业只有取得了价值链系统整体价值高于竞争对手时，才能在市场上表现更高的竞争力。从这一点上看，企业不但要关心对自己价值链的培养，而且要关心对供应商和客户价值链的培养。

2.4.4 SWOT 分析法

SWOT 分析方法是由美国哈佛商学院率先采用的一种经典方法。它根据企业拥有的资源，分析企业内部优势与劣势以及企业外部环境的机会与威胁，进而选择适当的战略。有效的战略能够最大限度地利用企业业务优势和环境机会，同时使企业业务弱势和环境威胁的作用降至最低。

1. 基本原理

SWOT 分析法，是一种综合考虑企业内部条件和外部环境的各种因素，进行系统评价，从而选择最佳经营战略的常用方法。这里 S 是指企业内部的优势(Strengths)，W 是指企业内部的劣势(Weaknesses)，O 是指企业外部环境的机会(Opportunities)，T 是指企业外部环境的威胁(Threats)。

(1)优势。优势是企业相对于竞争对手而言所具有的资源、技术或其他优势，反映了企业能在市场上具有竞争力的特殊实力。雄厚的财力和广泛的财源、企业的市场和社会形象、企业在市场上的领导地位、与买方或供应方的长期稳定关系、产品的高质量和低成本、独特的分销渠道、良好的雇员关系等都可以形成企业优势。正因为优势是相对于对手而言的一个概念，所以一旦对手在经营某些方面的创新成功地形成其强势，本企业原有的优势就会因此而消失，甚至成为劣势。如果企业不能及时认识到自己与对手关系的变化，仍坚持过去的“优势”不变，则会加速企业弱势的强化。

(2)劣势。劣势是严重影响企业经营效率的资源、技术能力限制。企业的设施、财源、管理能力、营销技术等都可以成为造成企业劣势的原因。造成劣势的最经常性的原因是企业不能认识环境的变化并随着环境的变化进行自我变革。

企业内部的优势和劣势是相对于竞争对手而言的，判断企业内部的优势和劣势一般有两项标准：一是单项的优势和劣势。例如，企业资金雄厚，则在资金上占优势；市场占有率低，则在市场上占劣势。二是综合的优势和劣势。为了评估企业的综合优势和劣势，应选定一些重要因素，加以评价打分，然后根据其重要程度按加权确定。

(3)机会。机会是企业业务环境中重大的有利形势，使企业有进一步发展，或是改变目前的业务结构，或是扭转目前经营状况的余地。诸如环境发展的趋势、竞争局面或政府控制的变化、技术变化、供需关系的改善等因素都可以被视为机会。企业所处的环境中随时都存在着机会，但对不同的人和企业来说，上述环境因素的作用是不同的。例如，政府对环境保护以及居民对健康的重视，为生产环保产品的企业或污染替代品的企业提供了机会；战争为武器生产商提供了机会；东道国政府的对外开放政策为外国资本提供了机会；居民消费水平的提高为高档消费品生产商提供了机会；较高的社会教育水平为高技术企业提供了机会等。

(4)威胁。威胁是环境中的重大不利因素，构成企业业务发展的约束和障碍，甚至迫使企业转变业务结构或是停止经营。例如，新竞争对手的进入、市场发展速度放缓、产业中买方或供应方地位加强、关键技术改变、政府法规变化等因素都可以成为对企业未来成功的威胁。同样，环境中永远存在着对企业生存和发展具有威胁作用的因素，只是它们对不同企业的作用大小不同而已。

对某一个企业是机会的因素，可能会成为对另一个企业的威胁。例如，中国政府对国有企业投资的战略性改组和对竞争性投资领域的退出是非国有企业发展的有利机会，但对国有企业来说就是一种威胁。同样，一个要素既可以是某个企业的潜在机会，也可以对其形成威胁。例如，中国居民，特别是大城市年轻一代消费意识的改变，产生了对高附加值消费品的大量需求，这对于那些生产高档消费品的企业来说是一个机会，但同时却要求这些企业根本改变其经营意识和管理方式，这一要求无疑是对这些企业传统工作的威胁。理解企业面临的机会和威胁将有助于企业主管选择合适的战略。

2. 分析法的应用

主要包括下列方面：

(1)内、外环境分析，列出SWOT清单。SWOT分析法依据企业的目标，列表定出对企业生产经营活动及发展有着重大影响的内部及外部因素，并且根据所确定的标准，对这些因素进行评价，从中判定出企业的优势与劣势、机会和威胁。

当然，SWOT分析法决不仅仅是列出上述四项清单。SWOT分析法是要使公司真正考虑到：为了更好地对新出现的行业和竞争环境做出反应，必须对企业的资源采取哪些调整行动，是否存在需要弥补的资源缺口，公司需要从哪些方面加强其资源，要建立公司未来的资源必须采取哪些行动，在分配公司资源时，哪些机会应该最先考虑。这就是说，SWOT中最核心的部分是评价公司的优势和劣势，判断所面临的机会和威胁，并做出决策，即在公司现有的内外部环境下，如何最优地运用自己的资源，并且考虑建立公司未来的资源。

（2）绘制 SWOT 矩阵，进行组合分析。SWOT 分析方法还可以用矩阵图形来表示，如图 2－3。

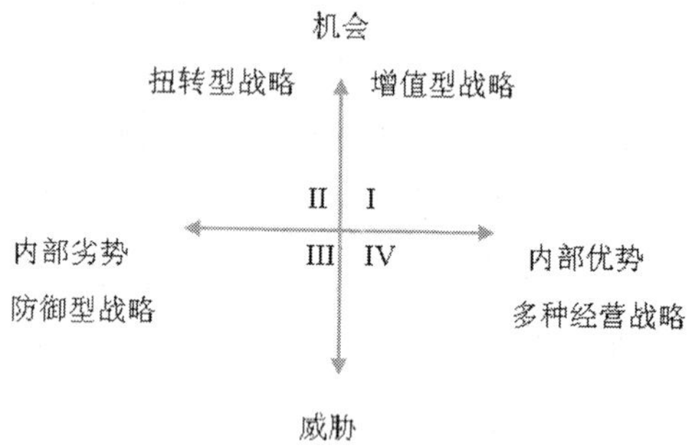

图 2－3　SWOT 分析图

对于图 2－3 中所示的每一种外部环境与企业内部条件的组合，企业应考虑相应的战略对策：

第Ⅰ类型的组合是机会－优势组合。这是最理想的组合，任何企业都希望凭借企业的长处和资源来最大限度地利用外部环境所提供的多种发展机会。这时的企业业务面临许多机会，并有较多方面的内部优势，使企业足以利用外部机会，企业应当采取增长型（发展性）战略，如开发市场、增加产量等。

第Ⅱ类型的组合是机会－劣势组合。企业已经鉴别出外部环境所提供的发展机会，但同时企业本身又存在着限制利用这些机会的劣势。在这种情况下，企业应采用扭转型战略，通过外在的方式来弥补企业的劣势以最大限度地利用外部环境中的机会。如：美国苹果计算机公司就是通过将其开发的 isa 技术使用于好几种产品，从而利用了微机业发展机会和企业技术优势，同时避免了与 IBM 公司直接竞争中表现出来的内部某些弱势。如果企业不采取任何行动，实际将机会让给了竞争对手。

第Ⅲ类型的组合是威胁－劣势组合。这是最不理想的组合，企业应尽量避免处于这种状态，此时企业内部存在劣势，外部面临强大威胁，需采用防御型（紧缩性）战略，进行业务调整，或者改变产品或市场，选择合并或缩减生产规模，以期避开威胁和清除劣势。

第Ⅳ类型的组合是威胁－优势组合。企业本身具有一定的内部优势，但外部环境存在威胁，企业可采取多种经营战略，巧妙地利用自己的优势，降低威胁，在多样化经营上寻找发展的机会。但这并非意味着一个强大的企业，必须以其自身的实力来正面地回击外部环境中的威胁，合适的策略应当是慎重而有限度地利用企业的优势。

企业可持两种态度：一种是利用现有强势在其他产品或市场上建立长期机会，这是具有其他发展机会的企业常采取的态度。需要注意的是，只有在企业可以将其优势利用于新业务的条件下才宜于采取这种态度。改变服务对象、进入新的产品细分市场、改变经营地区等都是可以采取的有效方式。中国一些企业采取的“人无我有，人有我优，人优我廉，人廉我走”的战略同样反映了这种态度。另一种态度是以企业的优势正面克服环境设立的障碍。一体化战略和多样化战略就是实现克服环境威胁目的所常采取的战略。不过，企业只有在优势十分突出，企业实力较强，特别是财力很强时才适于采取与环境直接正面斗争的态度。因为如果失败，企业将受到更大的伤害。

SWOT分析法通过对企业内部各项业务所面临的外部环境及内部能力的分析，提出了选择相应的战略方案的思路和合理的战略框架。但是，因为环境的机会和威胁以及内部能力上的强势和弱势的表现是多种多样的，而且强势和弱势与机会和威胁的结合方式又是多种多样的，所以，SWOT分析只能提供大概的总体战略类型。在每一战略类型中具体采用哪些战略则要作进一步的分析。

☞**思考题：**

1. 以某一行业为例，如纺织、家电等，分析一下行业其内部竞争结构的格局。

2. 试分析现阶段出现的能够对汽车制造企业产生显著影响的政治、法律、经济、社会、人文、技术等方面的变化趋势有哪些？在外部环境中哪些是可以利用的机会，哪些是威胁？

3. 企业资源与能力若成为独特竞争能力需具备的特征是什么？

4. 企业各财务比率指标所说明的问题是什么？结合一个实际企业的财务状况进行分析。

【案例分析】　　福特汽车公司的内部环境分析

一、财务状况

福特公司1988年的流动比率低于行业平均值的1.35，其存货周转率也略低于行业平均值的13.2。尽管福特汽车公司的存货周转率低于平均值，但它通过较低数量的存货和准时化生产来运作，仍然在汽车领域取得了进展，这就确保了福特公司的生产每年能持续增长。1988年末，现金与可上市证券总额达92亿美元，比1987年降低9.33亿元。运营资本在1988年末为25亿美元，比1987的降低5.78亿美元。现金、可上市证券以及运营资本的降低，对于创纪录的资本支出、较高的股息支付、福特普通股的持续购买以及债务的减少都会有所帮助。

福特公司在所有汽车生产厂商中一直保持着最高的赢利地位。它保持着高于行业的边际利润率，并且它的销售额也保持了持续的增长。1988年福特汽车销售额为822亿美元，比1987年增长14%。公司的边际净利润率为5.7%，高于行业平均值的4.5%。1988年，福特公司投资49亿元用于新产品及设施，并且减少汽车业务的债务达8.51亿元。公司还购买了8.16亿的福特公司普通股。同年，公司还增加了46%的股利，达到每股2.30美元，发放股利11亿美元。与每股收益4.19美元的行业水平相比，福特公司达到了前所未有的每股收益9.53美元。股东获得了他们投资额的26%的回报。福特公司的股票有望与市场保持同步，通过提供具有吸引力的安全的股利分配，而使其免受股息下滑的威胁。公司股票有望在未来5年中提供高于平均值的报酬。

二、产品地位

1989年第一季度，福特公司的市场份额为23.4%，比前一季度增加了1.6个百分点。其余的市场份额分别为：占据领导地位的通用汽车公司(GM)具有37%的市场份额；日本公司占有26%；克莱斯勒公司占有10%；其余的4%属于其他公司。尽管这一消息对于福特公司来说是令人鼓舞的，但公司领导并没有因此就去庆祝一番。1989 年春天，福特公司宣布它将暂关闭两家在美国的装配工厂，这是它自从 1983 年以来的首次停工。此外，对于所有汽车行业的美国公司，市场份额都是不稳定的。

还有比以往更多的式样、风格的小汽车和卡车的生产商等，使得任何一个品牌想要与大多数厂家拉开距离变得越发困难。进口产品继续不断地抢占着越来越多的国内市场，这使得 20 世纪 80 年代后几年的三大汽车巨头陷入了困境。然而，对于福特汽车公司和其他国内汽车生产厂家来说，有一些好消息。1988 年的一份调查表明，消费者觉察到美国汽车的质量和式样正在稳定地提高。

福特公司的 Taurus 型车曾获得了巨大的成功，而且在式样和质量方面都领先于其国内竞争对手。事实上，1989 年福特公司的 Taurus 和 Escort 型车分别排行第二和第三大抢手货。然而，对于三大汽车巨头来说，最震惊的信号莫过于在汽车工业的历史上，第一次最畅销的车是进口车，这就是本田汽车 Accord 型车。

三、市场营销能力

当谈到诸如广告、促销、推销、分销等这些基本营销手段时，三大汽车巨头已经大大落后于它们的国外竞争对手了。在过去的 9 年里，只有两年美国汽车电视广告挤入观众调查的前 25 位之内。这两次分别在 1986 年和 1987 年，“雪佛莱”的“美国的心跳”广告运动分别排名第十一位和第十五位。

为了解决这一问题，美国国内的一些公司已经开始求助于广告代理商以及诸如 General Mill 这样的日用消费品生产公司以增强市场营销能力。福特公司希望这些举措将会领导广告业与像丰田、日产公司做的那些时髦的、惹人注意并给人留下深刻印象的广告进行竞争。日本公司取得如此成功的一个原因就在于它们长期的一致性。丰田公司自从 1976 年以来仅对其广告主题改变了两次。

一个随之而来困境就是有奖销售或折扣的应用似乎失去了它的光彩。在过去的五个季度里，消费者对折扣的反应逐渐冷淡。除此之外，这种方法对于生产厂家来说也是要花费很大费用的。尽管自从 1989 年第一季度，福特公司的利润下降了 5.5%。

福特公司开始转向利用一些其他手段提高其市场影响力。消费者对于汽车推销员一直就持有否定的态度。福特公司试图改变这一形象，并在经销商行为中起到更积极的作用。超级经销商出现了，这些人在许多分店销售多种汽车，他们的目的就是要使品牌形象变得模糊。而且，这些经销商通常不愿意经销新的品牌，而更愿意支持那些经受住考验并证明是好汽车。只有通过更具创造性的营销和更具影响力的宣传，福特公司才有希望促使经销商支付它的新式样。

四、设施及设备状况

日本的汽车生产厂家一直投资于生产设施以保持其竞争力，福特公司同样如此。比较来说，福特公司与通用公司设施的平均生产寿命约为 10 年；克莱斯勒公司平均为 12 年。为保持竞争力，福特公司在过去一年投资 48 亿元用于建设新厂，而且预计到 1990 年还会更多。

目前，福特公司的生产设施需要较少的人员就能生产更多的汽车。最新的数字表明，1987 年，福特公司世界范围生产能力增加了 11.3%。更进一步地讲，这一改进能使福特公司的雇员从利润分配中获得平均 3700 美元的收入。然而，仍然需要做更多的改进。福特公司必须做出更大的努力来降低其总的生产成本。举例来说，福特公司销售每辆汽车的劳动成本约占总成本的20%，在其竞争对手中居第五位：

克莱斯勒	17%
本田	18%
日产	18%
丰田	18%
福特	20%
通用	22%

为克服这种低效率，福特公司计划以更低的库存和更准时化的生产来利用其设施及设备。除此之外，福特公司还计划应用计算机控制的机器人。配合使用于精确检测为目的的红外线和超声波技术来辅助生产过程。

五、根据企业内部分析确定优势和劣势

1. 优势。

(1)财务状况——赢利性、股权收益率、市场份额。

(2)产品系列——Taurus和Escort车型。

(3)生产设施及设备——高精尖的生产技术。

(4)过去的战略和目标——参与管理项目。

2. 劣势。

(1)财务状况——运营资本。

(2)市场营销——不能通过广告达至消费者。

(3)生产设施及设备——不能及时地采用新技术。

【拓展训练】

选择一家企业作为研究对象，研究该企业的发展历史与现行战略，结合当前的经营环境，考察其目前的资源和能力对于现行战略的支撑，并对企业的竞争优势进行描述，明确其核心能力。

第 3 章 | 企业外部环境分析

❖ 3.1 外部环境概述

3.1.1 外部环境的分类

企业与其外部客观的经营条件、经济组织及其他外部经营因素之间处于一个相互作用、相互联系、不断变化的动态过程之中。这些影响企业的成败，但又在企业外部而非企业所能全部控制的外部因素就形成了企业的外部环境。而对这些外部环境分析的目的就是找出外部环境为企业所提供的可以利用的发展机会以及外部环境对企业发展所构成的威胁，以此作为制定战略目标和战略的出发点、依据和限制的条件。

外部环境诸因素对一个企业的影响程度是不同的。首先，对于一个特定的企业来说，它总是存在于某一行业（产业）环境之内，这个行业环境直接地影响着生产经营活动。所以第一类外部环境是行业环境，它是企业微观的外部环境。第二类外部环境因素间接地或潜在地对企业发生作用和影响。将这第二类外部环境称为企业的宏观外部环境。一般来说，宏观外部环境包括下面一些因素或力量，它们是政治 - 法律因素，经济因素，社会 - 人文因素和技术因素。这两类环境因素与企业内部的关系如图 3 - 1 所示。行业环境和位于其内部的各个企业均要受到政治、经济、社会和技术等宏观环境的影响。当然，这些因素和力量都是相互联系、相互影响的。

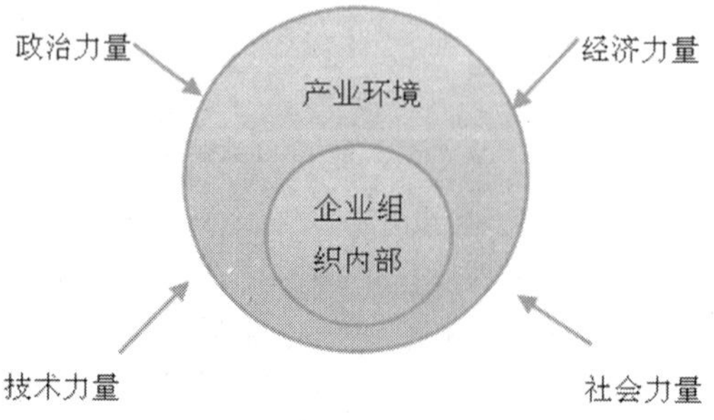

图 3 - 1　企业内部与外部环境的关系

3.1.2 外部环境的特点

企业的外部环境作为一种企业的客观制约力量，在与企业的相互作用和影响中形成了自己的特点。

1. 企业外部环境的唯一性

虽然每个企业在某经营活动中都处于同外部环境的动态作用之中，但是对每个企业来说，它面对的是自己唯一的外部条件。即使是两个同处于某一行业的竞争企业，由于它们本身的特点和眼界不同，对环境的认识和理解是不同的，因此它们也不会具有绝对相同的外部环境。环境这种唯一性的特点，就要求企业的外部环境分析必须要具体情况具体分析。不但要把握住企业所处环境的共性，也要抓住其个性。同时，要求企业的战略选择不能套用现成的战略模式，要突出自己的特点，形成独特的战略风格。

2. 外部环境的变化性

任何企业都不会处于同一个永恒不变的外部环境之中，企业的外部环境总是处于不断变化的状态之中。例如企业与行业竞争者位置的改变，法律义务和法律制约的改变，执政党经济政策的改变等，都将引起企业环境的变化。有些变化是可预测的，是逻辑渐进式的；而有些变化是不可预测的、突发性的。因此，没有一个企业在几个战略管理过程之内，始终都面临着维持同样重要程度的外部环境因素。

外部环境的变化性，要求企业的外部环境分析应该是一个与企业环境变化相适应的动态分析过程，而非一劳永逸的一次性工作。战略的选择也应依据外部环境的变化做出修正或调整。企业要不断分析与预测未来环境的变化趋势，当环境发生变化时，为了适应这种变化，企业必须改变战略，制定出适应新环境的战略，达成企业战略与环境间的新的平衡和匹配。

❖ 3.2 宏观外部环境分析

宏观环境因素分析的意义，是确认和评价政治－法律、经济、技术和社会－人文等宏观因素对企业战略目标和战略选择的影响。

3.2.1 政治－法律因素

政治－法律因素是指对企业经营活动具有现存的和潜在作用与影响的政治力量，同时也包括对企业经营活动加以限制和要求的法律和法规等。

具体来说，政治因素分析包括国家和企业所在地区的政局稳定状况；执政党所要推行的基本政策以及这些政策的连续性和稳定性。这些基本政策包括产业政策、税收政策、政府订货及补贴政策等。就产业政策来说，国家确定的重点产业总是处于一种大发展的趋势。因此，处于重点行业的企业增长机会就多，发展余地大。那些非重点发展的行业，发展速度就较缓慢，甚至停滞不前，因而处于这种行业的企业很难有所发展。

另外，政府的税收政策影响到企业的财务结构和投资决策，资本持有者总是愿意将资金投向那些具有较高需求且税率较低的产业部门。

3.2.2 经济因素

在众多的经济因素中，首先要分析的是宏观经济的总体状况。企业所在国家或地区的经济发展形势，是属于高速发展还是属于低速发展，或者处于停滞或倒退状态。一般来说，在宏观经济大发展的情况下，市场扩大，需求增加，企业发展机会就多。如国民经济处于繁荣时期，建筑业、汽车制造、机械制造以及轮船制造业等都会有较大的发展。而上述行业的增长必然带动钢铁业的繁荣，增加对各种钢材的需求量。反之，在宏观经济低速发展或停滞或倒退的情况下，市场需求增长很小甚至不增长，这样企业发展机会也就少。反映宏观经济总体状况的关键指标是国民生产总值（GNP）增长率。比较高的、健康的国民生产总值增长率表明国民经济的良好运行状态。而经济的总体状况通常受到政府赤字水平以及中央银行货币供应量这两者相互关系的重大影响。

除上述宏观经济总体状况以外，企业还应考虑中央银行或各专业银行的利率水平、劳动力的供给（失业率）、消费者收入水平、价格指数的变化（通货膨胀率）等。这些因素将影响企业的投资决策、定价决策以及人员录用政策等。

3.2.3 技术因素

技术因素不但指那些引起时代革命性变化的发明，而且还包括与企业生产有关的新技术、新工艺、新材料的出现和发展趋势及应用前景。技术的变革在为企业提供机遇的同时，也对它形成了威胁。因此，技术力量主要从两个方面影响企业战略的选择。一方面技术革新为企业创造了机遇。表现在:第一，新技术的出现使得社会和新兴行业增加对本行业产品的需求，从而使得企业可以开辟新的市场和新的经营范围;第二，技术进步可能使得企业通过利用新的生产方法、新的生产工艺过程或新材料等各种途径，生产出高质量、高性能的产品，同时也可能会使得产品成本大大降低。另一方面，新技术的出现也使企业面临着挑战。技术进步会使社会对企业产品和服务的需求发生重大变化。技术进步对某一个产业形成了机遇，可能会对另一个产业形成威胁。塑料制品业的发展就在一定程度上对钢铁业形成了威胁，许多塑料制品成为钢铁产品的代用品。

此外，竞争对手的技术进步可能使得本企业的产品或服务陈旧过时，也可能使得本企业的产品价格过高，从而失去竞争力。在国际贸易中，某个国家在产品生产中采用先进技术，就会导致另一个国家的同类产品价格偏高。因此，要认真分析技术革命给企业带来的影响，认清本企业和竞争对手在技术上的优势和劣势。

3.2.4 社会因素

社会因素包括社会文化、社会习俗、社会道德观念、社会公众的价值观念、职工的工作态度以及人口统计特征等。变化中的社会因素影响社会对企业产品或劳务的需要，也能改变企业的战略选择。

社会文化是人们的价值观、思想、态度、社会行为等的综合体。文化因素强烈地影响着人们的购买决策和企业的经营行为。不同的国家有着不同的主导文化传统，也有着不同的亚文化群、不同的社会习俗和道德观念，从而会影响人们的消费方式和购买偏好，进而影响着企业的经营方式。因此企业必须了解社会行为准则、社会习俗、社会道德观念等文化因素的变化对企业的影响。

3.2.5 自然环境因素

这是指企业所处的生态环境和相关自然资源，包括土地、森林、河流、海洋、生物、矿产、能源、水源、环境保护、生态平衡等方面的发展变化。这里，环境保护的要求对企业的生产经营有着极为重要的影响。企业一定要保护好所处地区的环境，完善自己的社会责任。对于企业宏观环境的分析和认识可以使企业识别外部因素中可能发生的重大变化和趋势，识别所面临的机会和威胁。但是仅有对宏观环境的认识是不够的，企业还必须对行业环境进行深入的分析。

❖ 3.3 行业环境分析

企业行业环境分析，亦称产业环境分析或特殊环境分析，是企业的直接环境因素。任何企业，都会在一个或多个行业中生存与发展。所谓行业，是指按企业生产的产品或服务的性质、特点以及它们在国民经济中所起作用的不同而划分形成的产业类别。

3.3.1 行业因素分析

行业因素包括行业的发展阶段、规模和趋势、行业的平均产能利用率、有关新产品或替代产品的出现对行业的影响、进入该行业的障碍、行业中供应商的数量和集中程度、行业中消费者的基本特征等。行业因素是直接环境与间接环境的结合面，是与企业活动有直接关系的因素，因此，行业因素的变化将直接、迅速地影响企业的战略。我们这里主要分析以下两个方面：

1. 行业发展阶段、规模和趋势分析

确定行业发展阶段是行业分析的第一步。识别一个行业处于哪个发展阶段，我们可以运用行业生命周期的理论和方法来进行(见表3－1)。

表3－1　行业生命周期各阶段的特征

特征	阶段			
	幼稚期	成长期	成熟期	衰退期
市场增长率	较高	高	不高	下降
技术	技术变动大	技术稳定	成熟	–
产品开发	不稳定	容易	困难	–
产品品种	有限	多	多	减少
获利性	不确定	高	不高	下降
竞争者数量	少	多	稳定	减少
进入障碍	低	提高	高	–

从该表中可以看到，行业的发展也是有周期的，它同样会经历幼稚、成长、成熟和衰退四个阶段。在不同的阶段，有不同的市场和竞争特点，企业可根据这些特点来判断自己所处行

业的发展阶段。

行业的规模和发展趋势与行业在社会经济中的地位和作用有着密切的联系。行业在社会经济中的地位高、影响面大，行业的规模就大，其发展趋势也快。行业在社会经济中的地位和作用主要表现在三个方面:①行业的销售额占国民生产总值或国内生产总值的份额、利税额和就业量分别在国民生产总值和国内生产总值、财政收入和就业总量中的比重;②政府的产业政策以及行业的现状和未来对整个社会经济及其他行业发展的影响程度;③行业在国际市场的竞争能力。

此外，我们可以用行业产品的收入弹性系数来分析行业的进入机会和威胁。其公式如下:

某行业产品的收入弹性系数 = 某行业产品的需求增长率/人均国民生产总值增长率

当该弹性系数大于1时，公式表明行业的产品需求受国民经济波动的影响大。这就是说，国民经济的增长会推动该行业的需求以更快的速度增长，而国民经济的萧条或衰退同样也会引起该行业的产品需求以更快的速度回落。

当该弹性系数小于1时，公式表明行业的产品需求受国民经济波动的影响小。这就是说，国民经济的增长虽然不会给该行业带来更多的利益，但经济萧条对该行业的影响也较小。

2. 行业价值链分析

行业价值链指的是产品附加价值创造的不同阶段，比如:棉花种植——纺纱——织布——印染——制衣——批发商——零售商。

行业价值链分析就是对这些不同阶段进行分析。由于前一阶段总是构成后一阶段的成本，因此，行业价值链分析也称为行业成本结构分析。行业价值链分析的意义在于它为企业选择一体化战略提供依据。例如:上海三枪集团公司正是通过对行业价值链的分析，从制衣发展到零售，在上海开设了几十家三枪专卖店(前向一体化);再从制衣发展到织布，三枪目前自己生产制造针织内衣的面料(后向一体化)，使企业的发展呈现良好的前景。同样，对其他行业的价值链进行分析，也是企业意欲进入其他行业寻求发展的前提。

3.3.2 行业竞争结构分析

行业竞争结构分析属于外部环境分析中的微观环境分析，它的内容主要是分析本行业中的企业竞争格局以及本行业和其他行业的关系。行业的结构及竞争性决定着行业的竞争原则和企业可能采取的战略，因此行业竞争性分析是企业制定战略最主要的基础。

按照迈克尔·波特的观点，一个行业中的竞争，远不止在原有竞争对手中进行，而是存在着五种基本的竞争力量，它们是潜在的行业新进入者、替代品的威胁、购买商讨价还价的能力、供应商讨价还价的能力以及现有竞争者之间的竞争。这也被称为“五力”要素分析模型。“五力”要素分析模型将大量不同的因素汇集在一个简单的模型中，以此分析一个行业的基本竞争态势。在“五力”模型的分析框架中，一种可行战略的提出首先应该包括确认并评价这五种力量，不同力量的特性和重要性因行业和公司的不同而变化(如图 3 - 2 所示)。

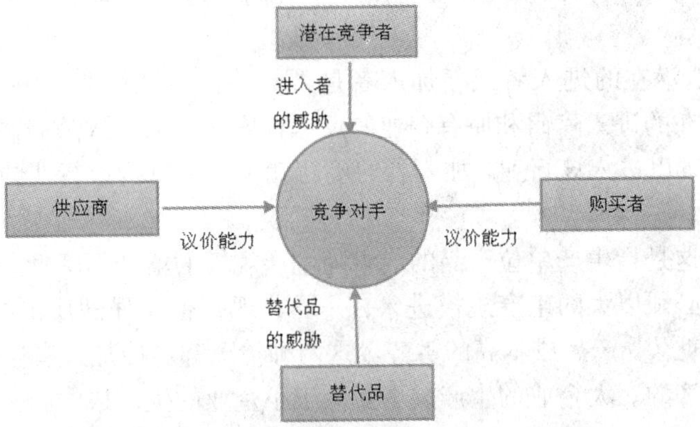

图3－2　"五力"要素分析模型

在一个行业里，这五种基本竞争力量的状况及其综合强度，引发行业内在经济结构的变化，从而决定着行业内部竞争的激烈程度以及行业中获得利润的最终潜力。不同行业的竞争力量的综合强度是不同的。因此，各行业利润的最终潜力也不同。在竞争激烈的行业中，一般不会出现某家企业获得惊人的收益状况。在竞争相对缓和的行业中，各个企业普遍可以获得较高的收益。此外，行业中竞争的不断进行，会导致投资收益率下降，直至趋近于竞争的最低收益率。竞争最低收益率与经过资本亏损风险调整的长期公债的收益率相接近。企业的收益率如果长期低于这个收益率，最终会停止经营，将资本投入其他行业。在相反情况下，它就会刺激外部资本流入该行业。流入方式基本上有两种：一是新加入者带入资本；二是行业内现有竞争者增加投资。总之，行业中竞争力量的综合强度决定着资本流入的程度，驱使收益趋向竞争最低收益水平，并最终决定企业保持高收益的能力。

从战略形成的观点看，五种竞争力量共同决定行业竞争的强度和获利能力。但是，各种力量的作用是不同的，常常是最强的某个力量或某几个力量处于支配地位、起着决定性作用。例如，一个企业在某行业中处于极为有利的市场地位时，潜在的加入者便不会对它构成威胁。但如果它遇到了高质量、低成本的替代品的竞争时，可能会失去其有利的市场地位，只能获得低的收益。有时，即使没有替代品和大批的加入者，现有竞争者之间的激烈抗衡也会限制该企业的潜在收益。

根据行业结构原理，一个企业的经营单位，其竞争战略目标应该定位在行业里，通过界定，企业可以较好地防御这五种竞争力量，或者企业能够对这些竞争力量施加影响，使之有利于本企业。因此，企业在制定经营战略时，应透过现象抓住本质，分析每个竞争力量的来源，确定某个行业中决定和影响五种基本竞争力量的基本因素，弄清企业生存的优势和劣势，寻求企业在本行业中的有利地位。

1. 潜在的进入者

对于一个行业来说，潜在的进入者或新加入者会带来新的生产能力，带来新的物质资源，从而对已有市场份额的格局提出重新分配的要求。特别是那些进行多种经营的企业从其他的行业进入后，常常运用已有的资源优势对新进入的行业产生强有力的冲击。结果是，一方面行业内竞争加剧，使产品价格下跌；另一方面，新加入者要获得资源（如钢铁生产中的矿石和焦炭）进行生产，从而可能使得行业生产成本升高。这两方面都会导致行业的获利能力下降。

（1）进入障碍。潜在的进入者或新加入者是否能够进入某行业，并对该行业构成威胁，取决于该行业所存在的进入障碍和原有企业的反击程度。如果进入障碍高，原有企业激烈反击，潜在的加入者难以进入该行业，加入者的威胁就小。可以构成行业的进入障碍的主要因素有：

①规模经济。这是指生产单位产品的成本随生产规模的增加而降低。规模经济的作用是迫使行业新加入者必须以大的生产规模进入，并冒着现有企业强烈反击的风险；或者以小的规模进入，但要长期忍受产品成本高的劣势。这两种情况都会使加入者望而却步。在钢铁行业中是存在规模经济的。大企业的生产成本要低于小企业的生产成本，这就有了进入障碍的客观条件。

规模经济形成的进入障碍表现在许多方面：a. 表现于企业的某项或几项职能上，如在生产、研究与开发、采购、市场营销等职能上的规模经济，都可能是进入的主要障碍。b. 表现为某种或几种经营业务和活动上。如钢铁联合生产中高炉炼铁和炼钢生产中较大的规模经济。c. 表现为联合成本，即企业在生产主导产品的同时并能生产副产品，使主导产品成本降低，这就迫使新加入者也必须能生产副产品，不然就会处于不利地位。如钢铁联合生产中，炼焦可产生可利用的煤气，高炉产生的高炉煤气以及炉渣都可以利用。d. 表现为纵向联合经营，如从矿山开采，烧结直至轧制成各种钢材的纵向一体化钢铁生产。这就迫使加入者必须联合进入（这有时是难以做到的）。若不联合进入，势必在价格上难以承受。

②产品差异化。这是指由于顾客或用户对企业产品的质量或商标信誉的忠实程度不同，而形成的产品之间的差别。造成这种现象是由于企业过去所做的广告、用户的服务、产品差异或者仅仅因为企业在该行业历史悠久。产品差别化形成的障碍，迫使新加入者要用很大代价来树立自己的信誉和克服现有用户对原有产品的忠诚。这种努力通常是以亏损作为代价的，而且要花费很长时间才能达到目的。如果新加入者进入失败，那么在广告商标上的投资是收不回任何残值的，因此，这种投资具有特殊的风险。

③资金需求。资金需求所形成的进入障碍，是指在行业中经营不仅需要大量资金，而且风险性大。加入者要在持有大量资金、冒很大风险的情况下才敢进入。形成需要大量资金的原因是多方面的，如购买生产设备需要资金，提供用户信贷，存货经营等。特别是对于资金密集型的行业来讲，企业如果筹不到足够的资金，便很难进入该行业。即使贸然进入，也要承担巨大的投资风险。

④转换成本。这是指企业从一个行业转向另一个行业从事生产经营活动时，或从一种产品转向另一种产品时，所要支付的成本。转换成本包括企业购置新的辅助设备的成本、产品再设计的成本、职工再培训的成本等。如果转换成本过大，企业又不能在内部消化掉，则面对着一种新的进入障碍。企业或者冒着成本过高的风险，忍受失败，或者停滞不前。

⑤分销渠道。企业在进入一个新的行业时，如果没有自己的产品分销渠道，也会面临着进入障碍。原有的分销渠道一般都是为已有的企业服务。新加入者必须通过让利、合作、广告津贴等方式让原有的分销渠道接受其产品。这样必然会减少新加入企业的利润。为了克服这种进入障碍，企业必须开辟新的分销渠道，为自己的产品服务。产品的销售渠道越有限，它与现有企业的联系越密切，新加入者要进入该行业就越困难。

⑥原材料与技术优势。行业中已有的企业可能会凭借自己在获得原材料方面的优势，或者拥有技术专利等方面的优势，为潜在的进入者或新加入者设置了进入障碍。新加入企业无论怎样扩大自己的规模，都难以消除这种壁垒。

⑦政府政策。政府的政策、法规和法令等都会在某些行业中限制新加入者。例如，政府对环境污染的法令就可能禁止那些不合格的企业在某种行业中从事生产经营活动。已经批准某企业，就不再批准新的企业。

(2)退出障碍。企业在分析进入障碍的同时，也需要考虑退出障碍。退出障碍是指那些迫使投资收益低、甚至是亏损的企业仍然留在行业中从事生产经营活动的各种因素。这些因素主要有：

①固定资产高度专业化。在特定经营业务或地理位置上，企业拥有高度专门化的资产，但其清算价值低，或者转换成本高，难以退出现有的行业。

②退出成本过高。企业在考虑退出行业时，应认真考虑包括劳动合同、重新安置费用、保养备件的生产能力等成本是否合理。如果过高，企业则难以退出。

③协同关系密切程度。企业内的经营单位之间的协同关系是企业战略的重要因素。如果其中某一经营单位退出现有行业，就会使原有的协同关系遭到破坏。

④感情障碍。企业在制定经济合理的退出决策时，往往会引发一些管理人员和职工出现反对的情绪。例如，员工对多年所从事的经营业务具有感情，不愿意放弃；或者担心个人的前途而拒绝采纳合理的决策。

⑤政府和社会的限制。政府考虑到失业问题和对地区经济的影响，有时会出面反对或劝阻企业轻易退出的决策。

退出障碍与进入障碍之间有着密切的经济联系。从利润收益的角度看，最好的情况是进入障碍高而退出障碍低。在这种条件下，新加入者的进入会受到阻拦；经营不妥的企业会退出行业的竞争，从而保证行业内的企业有较高而且稳定的经济收益。当行业退出障碍高、进入障碍也高时，企业潜在的收益高，但风险较大。因为在这种情况下，新加入者的进入虽然会被阻拦，但经营不成功的企业也不能退出，仍要留在行业里参加竞争。行业进入障碍和退出障碍都低时，对企业的影响不大，可以保持较低但稳定的收益。最不利的情况是进入障碍低而退出障碍高。在这种条件下，新加入者容易进入行业，还会因为经济条件好转或其他暂时的意外利润而吸引更多的竞争对手进入该行业。但是，当条件恶化时，企业不能撤离该行业，造成生产能力积压，使企业面临较大的风险和经济收益较低。具体情况如表3－2所示。

表3－2　进入障碍与退出障碍的比较

退出障碍 / 进入障碍	高	低
高	高利润高风险	稳定的高利润
低	低利润低风险	稳定的低利润

(3)替代品。替代品是指那些与本企业产品具有相同功能或类似功能的产品。在质量相等的情况下，替代品的价格会比被替代产品的价格更具有竞争力。替代产品投入市场后，会使企业原有产品的价格处在较低的水平，降低了企业的收益；替代产品的价格越具有吸引力，价格限制的作用就越大，对企业构成的威胁也就越大。为了抵制替代品对行业的威胁，行业

中各企业往往采取集体行动，进行持续的广告宣传，改进产品质量，提高产品利用率，改善市场营销等活动。

不过，有些替代品是新技术的产物，符合社会需求。例如，电气机车的出现，替代了蒸汽机车，这是科学技术进步的产物，是社会发展的必然。如果原有行业中的企业强硬地坚持旧有技术，最终会被社会淘汰。因此，企业在研究与替代品的竞争关系时，一定要考虑双方的寿命周期阶段与总的发展方向，不能盲目地竞争。

（4）购买者的讨价还价能力。对于行业中的企业来讲，购买者是一个不可忽视的竞争力量。购买者所采取的手段主要有：要求压低价格，要求较高的产品质量或更多的服务，甚至迫使作为供应者的企业互相竞争等。所有这些方式都会降低企业的获利能力。重要的购买集团对行业所产生的竞争能力，取决于该集团所处市场的特性，取决于该集团在该行业的购买活动与其整个业务相比较的重要程度。

当具备以下条件时，购买集团就会有较高的竞争能力：

①该集团的购买力集中，或者对于企业来说是一笔很可观的交易。如果企业的大部分产品为某个固定的购买者所购买，该购买者的重要性就会增加。

②该集团从某行业中购买的产品占该集团全部费用或全部购买量的相当大的一部分。在价格优惠并且可以挑选的情况下，购买者愿意花费必要的资金购买。反之，该集团从某行业中购买的产品如果只占其全部费用的一小部分，购买者通常对价格不很敏感。

③该集团从某行业中购买的产品是标准的，或是没有差别的。在这种情况下，购买者常常确信自己总可以找到可以挑选的供应者，并使供应企业之间互相竞争，从而得利。

④该集团转换成本不高。转换成本高，会迫使购买者不得不固定地从某个或某些特定的销售企业处购买产品。相反，如果转换成本低，购买者不必固定地从某个或某些特定的企业那里购买产品，其竞争能力便会提高。

⑤该集团赢利低。由于赢利低，购买者就会千方百计地压低购买费用。如果购买者赢利高，便不会在价格上太敏感。

⑥购买者采用向后一体化，会威胁作为供应者的企业。购买者实行向后一体化，会使他在交易中取得优惠条件的地位。例如，有的公司在自己内部生产所需的一部分零部件，从而了解了零部件的生产成本。在从公司外的供应者手中购买同类的零部件时，该公司就会处于有利的谈判地位。同样，作为供应者的企业如果实行向前一体化时，也会削弱购买者的竞争能力。

⑦供应者的产品对购买者的产品质量或劳务质量没有重大的影响。如果供应者的产品对购买者的产品质量影响很大时，购买者一般在价格上不太敏感。例如，油田设备产品对采油业影响很大，一台设备发生故障会造成巨大损失。这样，油田设备制造公司就对采油公司有较高的讨价还价能力。

⑨购买者掌握了充分的信息。购买者掌握了有关市场需求、市场价格、供应者制造成本等详尽的信息，就会具有较强的讨价还价能力，购买者便会在交易中获得优惠价格。在受到供应者威胁时，购买者还可以进行有力地反击。

随着时间的推移或由于公司的战略决策发生变化等原因，购买者的竞争能力也会发生变化。企业应将对购买者集团的选择，看做是一项具有决定性的战略决策。在进行购买者选择时，企业应了解其所面临的各种购买者集团很少对企业具有同等的影响。即使企业只在一个行业里销售，该行业通常也会存在着不同的分市场。有些分市场的讨价还价能力较低。要改善自己的战略态势，企业必须寻找那些对该企业影响力最小的购买者。

(4)供应者的讨价还价能力。供应者通过扬言要抬高产品和劳务的价格或降低出售的质量，对作为购买者的企业进行威胁，以发挥他们讨价还价的能力。

前面所述的那些可以使购买者具有强大竞争能力的条件，基本上也适用于供应者。一般讲，供应者加强自己竞争能力的方式有：

①少数几家公司控制供应者集团。在将产品销售给较为零散的购买者时，供应者通常能够在价格、质量和条件上对购买者施加相当大的影响。

②替代品不能与供应者所销售的产品相竞争。如果替代品加入市场竞争，供应者即使再强大有力，其竞争能力也会受到替代品的牵制。

③作为购买者的企业不是供应者的重要主顾。在一些行业里，市场上所销售的产品或劳务对供应者来说不占其产品或劳务很大比重时，供应者便具有较强的竞争能力。反之，如果某行业中的企业是供应者的重要主顾，供应者的命运与该行业息息相关。在这种情况下，供应者为了自己的发展，会采用公道的定价、研究开发、疏通销售渠道等活动来保护购买者行业。

④供应者的产品是购买者从事生产经营的一项重要投入。由于这种投入对于购买者的制造过程或产品质量有着重要的影响，从而提高了供应者讨价还价的能力。

⑤供应者集团的产品存在着差别化。购买其产品的企业便不会设想去打供应者的牌，而承认供应者的竞争能力。

⑥供应者集团实行向前一体化。这样，供应者集团便具有较强的竞争能力，购买者行业很难在购买条件上与之进行讨价还价。

这里需要说明的是，供应者不仅是企业自身以外的其他厂商，而且劳动力也应是一种供应者。当缺乏大量训练有素的和团结一致的员工时，企业的获利能力也难以增加。同购买者的情况一样，供应者的讨价还价能力也会发生变化，企业可以审时度势，通过战略来改善自己的处境。

(5)行业内部现有竞争者间的抗衡。行业内部的抗衡是指行业内各企业之间的竞争关系与程度。常见的抗衡手段主要有价格战、广告战、引进新产品以及增加对消费者的服务等。

产生抗衡的原因。抗衡的产生是由于一个或多个竞争者感受到了竞争的压力或看到了改善其地位的机会。如果一个企业的竞争行动对其对手有显著影响，就会招致报复或抵制。如果竞争行动和反击行动逐步升级，则行业中所有企业都可能遭受损失，使处境更糟。形成抗衡的具体原因有：

①有众多或势均力敌的竞争者。当行业中的企业为数众多时，必然会有一定数量的企业为了占有更大的市场份额和取得更高的利润，而突破本行业约定俗成的一致行动的限制，采取打击、排斥其他企业的竞争行为。这势必在现有竞争者之间形成激烈的竞争。即便在企业为数不多的情况下，如若各企业的实力相当，由于它们都有支持竞争和进行强烈反击的资源，也会使现有企业间竞争激烈化。

②行业增长缓慢。在行业增长缓慢的情况下，企业为了寻求发展，便将力量放在争夺现有市场的占有率上，从而使现有企业的竞争激烈化。而在行业快速增长的条件下，行业内各企业可以与行业同步增长，而且企业还可以在增长的过程中充分地利用自己的资金和资源，竞争就不会激烈。

③行业具有非常高的固定成本或库存成本。当行业固定成本较高时，企业为降低单位产品的固定成本，势必采用增加产量的措施，结果又往往导致价格迅速下跌。与固定成本高有关的一种情况是产品的库存问题。若行业生产的产品库存起来非常困难或费用极高，在这种情况下，企业就容易为尽快销售出去产品而遭受降价的损害。

④行业的产品没有差别或没有行业转换成本。当产品或劳务缺乏差异时，购买者的选择是价格和服务，这就会使生产者在价格和服务上展开竞争，使现有企业之间的竞争激化。同样，转换成本低时，购买者有很大的选择自由，也会产生相同的作用。

⑤行业中的总体生产规模和能力大幅度提高。新的生产规模不断增加，就必然会经常打破行业的供需平衡，使行业产品供过于求，迫使企业不断降价销售，强化了现有企业之间的竞争。

⑥竞争者在战略、目标以及组织形式等方面千差万别。企业如果把市场当做解决生产能力过剩的出路，它就会采取倾销过剩产品的办法。多种经营的企业，若把某行业经营的产品视为厚利产品，它就会采取扩大或巩固销售量的策略，尽力促使该行业的稳定。小型企业为了保持经营的独立性，可能情愿取得低于正常水平的收益来扩大自己的销路，所有这些都会引起竞争的激化。

⑦行业对企业兴衰至关重要，而且取得成功的可能性大，那么行业中企业之间的竞争就会更加激烈而反复无常。例如，一个多样化经营的公司可能将成功的重点放在某一特定行业中，以推动公司整体战略的成功。或者，一个外国公司为了树立全球声望或技术上的优势，可能会强烈地认为需要在某一外国市场上建立稳固的市场地位。在这样的情况下，这些公司的目标可能不仅是多样化，而且更加带有突破性，因为它们只求扩张并含有牺牲其利润的潜在意向。

⑧退出行业的障碍很大。当退出障碍高时，经营不好的企业只得继续经营下去，这样使现有企业间的竞争激烈化。退出障碍的主要来源有:具有高度专门化的资产，其清算价值低或转换成本高;退出的费用高，如高的劳动合同费、安置费、设备备件费;战略的协同关系，如果企业某一经营单位退出，就会破坏这种协力;感情障碍，如退出行业经营影响职工的忠诚，对个人事业前途充满畏惧等;政府和社会的限制，如政府考虑到失业问题、地区经济问题的影响，有时会出面反对或劝阻企业退出行业。

抗衡因素的变化。行业内，决定竞争抗衡强度的因素在一定条件下会发生改变。具体讲:

①行业的寿命周期发生了变化。行业成熟期发生的行业增长率的变化，就是一个非常普遍的例证。在行业处于成熟期时，其增长率下降，企业间的抗衡加剧，利润下降，实力薄弱的企业就会被淘汰。

②企业技术实现革新。这种革新会提高企业生产过程中的固定成本，打破原有的抗衡格局，使行业内的抗衡发生新的变化。

③管理风格发生变化。企业内部的高层管理发生变动，或者企业被兼并后，一种新的管理风格引进了原来的行业，都会出现新的抗衡格局。

④企业战略发生转变。在行业中，企业虽然必须面临着那些决定行业抗衡强度的因素，但它们在制定与改变战略上尚有自己的活动空间。企业可以通过满足顾客生产经营需要的产品设计，或使顾客依赖于自己的技术等，提高顾客的转换成本;可以通过产品的变化、市场营销革新、新型服务等，提高产品差别化;可以把销售工作的重点放在发展最快的分市场上，或

者放在固定成本最低的市场领域里，减弱行业抗衡的影响；可以用避免直接面对具有高退出障碍的竞争者的方法，避免卷入激烈的削价斗争，或者设法降低自身的退出障碍等。

3.4 竞争对手分析

竞争对手是企业经营行为最直接的影响者和被影响者，这种直接的互动关系决定了竞争对手分析在外部环境分析中的重要性。分析竞争对手的目的，是了解每个竞争对手所可能采取的战略行动及其实质和成功的希望；各竞争对手对其他公司的战略行动可能做出的反应以及各竞争对手对可能发生的产业变迁和环境的大范围的变化可能做出的反应等。

根据波特教授对竞争对手的分析模型，对竞争的分析有四种诊断要素（见图3－3），即竞争对手的目标、竞争对手的现行战略、竞争对手的假设和竞争对手的能力。

竞争对手的动力是什么？竞争对手能做什么及正在做些什么？

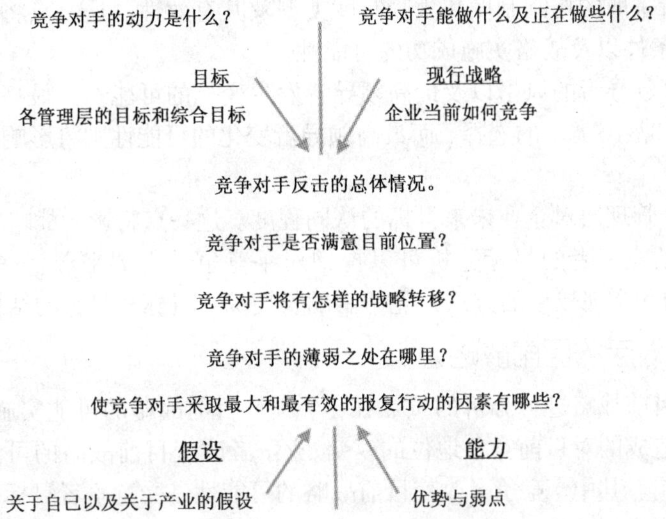

图3－3 竞争对手分析要素

3.4.1 竞争对手的目标分析

1.竞争对手目标分析的意义。主要有以下几个方面：

（1）对竞争对手目标的了解可预测每位竞争对手对其目前位置是否满意，由此，这个竞争对手将如何改变战略以及对于外部事件（如经济周期）或对于其他公司战略行动的反应能力。例如，一个注重销售额稳步增长的公司和一个注重保持投资收益率的公司对经济衰退或另一公司市场占有率提高的反应可能不同。

（2）对竞争对手目标的了解也有助于预测它对战略变化的反应。在其目标及所面临的上级公司的压力的情况下，某竞争对手受到某些战略变化的威胁会比其他对手受到的大得多。这种威胁程度将影响报复的可能性。

（3）对竞争者目标的了解有助于解释竞争对手所采取的行动的严重性。竞争对手为达到它的一个中心目标而采取的战略行动绝非偶然事件。同样，对竞争者目标的了解有助于了解上级公司是否会支持下属公司所采取的行动，确定它是否愿做下属公司对付竞争对手行动的后盾。

2. 竞争对手目标分析的内容。竞争对手目标分析的内容主要包括：

（1）对手的财务目标及财务目标的内部权衡要求。这一目标涉及企业可能设立的有关发展速度和进攻强度的具体目标以及企业业务构成的改变。

（2）对风险的态度，风险与发展目标之间的权衡标准。这一目标将影响企业可能选择的战略类型和实现战略的方式。

（3）企业的行为准则和基本信条及其影响力。这一目标可以提示企业不可能采取的战略类型和实现战略的方式。

（4）对手的组织结构和关键决策结构。不同的组织结构一般对应于不同的业务组合，反映不同的领导方式和资源分配方式。而不同的关键决策结构反映企业内部权势力量的构成及对战略的影响，可以起到影响战略选择的作用。

（5）竞争者所采取的控制制度和激励制度类型及其有效性。这一点将影响企业战略所受到的约束和激励条件以及战略实施成功的可能性。

（6）对手最高领导者的风格以及最高领导者发生变化的可能性。最高领导者的风格将影响对环境的认识和战略类型的选择，而最高领导者变化的可能性则将影响到战略类型和竞争手段的改变。

（7）对手整个管理层对企业未来目标的认同程度。这一点将影响战略实施的效果。

从以上对主要竞争者的目标分析可以得知对手竞争动力的来源、竞争动力的表现形式（不同的战略类型和实现战略的方式）、竞争者的长期综合目标和目标的结构。

3.4.2 竞争对手的目前战略分析

对竞争对手目前战略进行分析的重点在于，预计目前战略的可能实施效果、其目前战略的成功实施可能造成的对目前竞争地位的改变、竞争者改变目前战略的可能性以及由此引起的对本企业的影响。其中，竞争者改变目前战略的可能性是受竞争者目标和假设支配的。通过对竞争者现行战略的分析，我们可以了解竞争对手正在做什么和能够做什么，了解竞争对手的具体竞争方式。

3.4.3 竞争对手的能力分析

竞争对手的目标、假设和现行战略会影响到它反击的可能性、时间性、性质及强烈程度，而其优势与弱点，亦即它的实力将决定它发起进攻或反击的战略行动的能力及应对所处环境或发生事件的能力。

竞争对手能力分析涉及对竞争者有以下五个方面能力的分析：

1. 对手的核心潜力

核心潜力可以表现为竞争者在某项职能活动方面独特的长处，如技术开发能力、研究开发的商品化能力、品牌优势和对品牌的利用能力等。在许多情况下，核心潜力可以由产品或服务的竞争力所反映，但在总和或服务实际上差别不大时，核心潜力就往往来源于不间断的技术创新及对创新成果的恰当的商品化能力，来源于企业长期市场活动形成的信誉，来源于社会对企业特定经营方式的接受和肯定。比如：

(1)竞争对手在各职能部门中业务能力如何？最强处是什么？最弱处在哪里？

(2)随着竞争对手的成熟，这些方面的能力是否可能发生变化？是随时间的推移而增强还是减弱？

2. 对手的竞争能力

竞争能力来源于核心潜力。例如，企业在技术开发的核心潜力可以形成企业在新产品推出上的竞争能力；企业在品牌利用上的核心潜力可以形成企业在市场占有上的竞争能力。竞争能力是一个时点性概念，需要不断强化和调整。从长期发展角度看，了解对手竞争能力变化更为重要。比如：

(1)竞争对手发展壮大的能力如何？

(2)从财务角度看，竞争对手在哪些方面能持续增长？

3. 对手迅速反应的能力

迅速反应能力表现为企业对环境变化的警觉性和立即采取有关反应行动的能力，迅速反应能力强的对手能更早地觉察出环境的变化，也能较早地采取相应的行动。比如：竞争对手迅速对其他公司的行动做出反应的能力如何；或立即组织防御的能力如何；这种能力将由下列因素决定：无约束储备金、保留借贷权、厂房设备的余力、定型的但尚未推出的新产品。需要注意的是，迅速反应能力是否能转化为竞争能力将取决于迅速反应的正确性程度。

4. 对手适应变化的能力

适应变化的能力可以表现在两个方面：一是能正确认识环境变化的趋势并能采取符合环境变化趋势的行动；二是企业内部系统的构成具有足够的弹性，足以使企业能以较低的成本，在不破坏企业基本能力的情况下对环境的变化做出正确的反应。可见，迅速反应能力重在“快”，而适应变化能力重在“正确”。

5. 对手抵抗恶劣环境的持久耐力

持久耐力如：竞争对手支撑住可能使其收入或现金流入承受压力的持久战的能力有多大，这种能力将由如下因素决定：现金储备、管理人员的一致性、长期财务目标、不受股票市场的压力。该项能力使企业在面临恶劣的外部环境时能坚持较长的时间，等待环境的改变，或是等待自己所采取的反应性行动的效果出现。

通过对竞争者能力分析，企业可以更好地了解对手在竞争上的优势和劣势，从而确定自己的市场定位和具体竞争战略。

※ 3.5 市场信号辨识

对市场信号的分析，依据的是信号所传递的对市场可能产生影响的信息。古典经济学认为，市场交易的运作原理来自于“看不见的手”的操纵——人的自利心和人的交易的天性使有效率的经济运作体系成为可能，市场的自动运行是具有自利心的交易者自由交易的结果。古典经济学认为，自由竞争是最有效的交易方式，而自然价格则是有效交易的实质。新古典经济学理论对交易的分析则修正了古典经济学从整体和宏观角度出发的框架，将研究的焦点放在满足交易者个体的欲望、需求和效用计算，效用计算支配着个人的理性决策及这些决策对交易价格的影响上，而交易价格则包含了所有的市场信息。无论是古典还是新古典经济学，其理论体系均是建立在完全信息的假设之上，而现实与假设并不相符。正因为如此，后续的大量研究都关注完全信息假设放宽后，交易有效性受到的影响，由于研究发现此时的交易已经脱离了财富最大化的结果，很多学者便试图找出有效的方法，使现实的交易回到有效的途径上去。在这里，信息问题便凸显出来。经济主体也因此而在经济活动中对市场信号辨识非常重视。

3.5.1 市场信号形式

市场信号能直接或间接地反映出竞争对手的意图动机、目标或内部情况。竞争对手所提供信号的方式是多种多样的，有些是虚假的，有些是某些事件发生的前兆，还有些表示了某些行动的趋势。一般来说，市场信号有以下几种形式：

1. 提前预告

提前预告是一个竞争者使用的正式信号，预告可能被实施也可能不被付诸实行。提前预告的目的，可以表示某种行动意图以抢先于竞争对手占据某种地位；如果某个竞争者坚持执行其预定的计划，则提前预告可能是一种威胁；提前预告是对竞争者意见的试探；提前预告可以是在不断发展的竞争环境中表达高兴或不高兴信息的工具；提前预告作为一种调和步骤，以使即将采取的战略调整对其他企业具有最小的刺激作用；企业可能造成能力过剩时，提前预告可能避免如能力增加等有代价的刺激行动。一个企业可以提前宣布扩展计划，以利于其他竞争企业做好扩展计划，这样可以使行业能力过剩变得很小；提前预告可以向金融机构传送信息，以达到提高股票价格和提高企业信誉之目的。这种做法意味着企业在某种公共关系动机驱使下，将其本身的情况尽可能地公布出去。但这种预告可能将不适当的信息传送给竞争对手因而造成麻烦。

2. 事后宣告

有些企业经常在事实发生之后宣布行动或结果，如新增工厂、销售数据等。当所透露的信息是很不易得到的或其程度使公众吃惊时，这种宣告可能带有某种信号。在事实之后的宣告具有告知其他企业注意这些信息以改变它们行为的作用。一项事后宣告可能是不真实的或更可能是带有欺骗性的，如与数据有关的宣告，像市场份额等，这种战术的一个例子是宣布包括与产品系列相关产品在内的销售数字，这个数字使市场占有率明显地变大。另一种战术是引用一个新建厂的最终能力，甚至将这种办法再做第二次相加，也就是将（包括新建厂在内的）最终生产能力作为最初的能力。

3. 同一产业竞争者的公开讨论

对产业条件进行评论，包括对价格和需求的预测，对未来生产能力和重要的外部变化如原材料涨价等情况的预测等。企业也可能为改善本身的地位而对产业情况进行评论。如果一个企业倾向于让价格下降，那么这样评论产业情况就可以使竞争者的价格显得太高，即使其竞争者确实应保持其价格水平。这种可能性意味着：一个注视着竞争对手评论信号的企业必须依靠自己去证实产业情况，并去寻求在何种情况下按竞争者对事实的解释可使其地位改善，由此而得以明确自己的意图。

4. 竞争者讨论和解释自身的行动

一个企业对其自身行为的解释或讨论可有意识或无意识地服务于三种目的：第一，企图使其他企业理解这一行动的道理，因而追随这一行动，或者付出信息，即这一行动并非要刺激其他企业。第二，对行为的解释和讨论可能是一种抢先占据的姿态。即将推出新产品和进入新市场的企业有时告诉新闻界，其行动代价是如何高昂和如何困难的故事，这个故事会吓住其他企业不敢一试。第三，这种讨论和解释可能企图传达某种承诺。一个竞争者可以强调投入资源的巨大数量和在新领域中的长期目的，因此使对手相信它将驻足在那个领域中，且没有取代对手的意图。

5. 竞争者的战略与其可能采取的战略相比较

如果一个竞争对手所选择的战略行为达到某种程度，以致它可以最严重地损害其他企业的利益，这就是一种强烈的侵略信号。如果一个企业实际上能够更严重地损害其他企业，但它选择了另外一种对其他企业危害较小的战略，这是一种潜在的调和信号。

6. 战略变更的最初执行方式

战略变更所采取的方式可帮助区别一个竞争者的愿望，是进行处罚还是采取一项对整个产业都有益的行动。例如，一个竞争者的新产品可以首先进入边缘市场，也可以直接参与侵略方式而出售给竞争对手的主要顾客；价格变更可以在某些其他企业没有太大兴趣的产品或市场部分进行，也可以首先对相当于竞争对手产品系列中主要产品的某些产品价格进行变更；一项行动可以在每年进行产品类型调整的正常时间进行，也可以在某一正常时间进行等。但是，像通常一样，这类战略行为也有欺骗的可能。

7. 偏离传统目标

当竞争对手偏离传统目标时，企业应在一段时间内对信号给予认真的关注并进行竞争者分析。

8. 偏离产业惯例

偏离产业惯例的行为通常是一种侵略信号。这方面的例子包括：对在产业中从未降过价的产品进行削价销售，在一个全新的地区或国家建立工厂等。

9. 交叉回避

当一个企业在某个领域中开展一项行动，而其竞争者的反应是在对发起者有影响的另一个领域中采取行动，这种情况叫做交叉回避。例如，一个以东部为基地的企业进入西部市场，然后这个企业可能发现一个西部企业的反应是向东部市场进军。

如果交叉回避行动针对入侵者的获利市场，则可能是表示某些事件将发生的信号，但不希望触发未做准备和仓促的反击行动。对入侵者次要市场的行动也可能表示，如果入侵者不撤销行动，防御者将在随后的交叉回避行动中投入更大的力量。上述分析的含义是，在交错的市场中保持一种有节制的姿态，可能是一种有用的潜在威慑力量。

10. 格斗商标

一种与交叉回避相关的信号形式是格斗商标。一个受到威胁或潜在威胁的企业可能采用一种商标，这个商标具有对威胁者进行惩罚或表示要进行惩罚的作用。例如：可口可乐公司在20世纪70年代中期曾采用了一种叫做“皮伯先生”的新商标，这种商标的产品与一种正在侵占其市场的叫做“皮伯博士”的产品非常相似。格斗商标可以作为一种警告或威慑的手段，也可作为一种进攻性的战略武器。

11. 秘密反不正当竞争行为诉讼

如果某企业秘密指控一个竞争对手有不正当竞争行为，这一行动可被认作不满信号。在某些情况下，这是一种骚扰或拖延战术。因此，秘密诉讼与交叉回避战略非常相似。因为秘密诉讼可以在任何时候由提出企业撤回，相当于削价竞争等策略来说，这是一种潜在的温和的不满信号。当一个较弱的企业指控一个较强的企业时，这种指控可能是一种使较强企业警觉的方式，使其在诉讼悬而未决时不采取任何入侵行动。当大企业指控小企业时，诉讼可能是实行处罚的经过粉饰的方法，因为诉讼迫使弱小企业在很长时期中承担极高的法律费用并牵制其在市场竞争中的注意力。

3.5.2 市场信号辨识的分析框架

从严格意义上讲，企业战略管理是辨识各种信号，进而进行决策的动态过程。在企业战略管理理论中，市场信号则是指竞争对手的任何行动。市场信号是市场中信息传递的间接方式，即使竞争者的行为不是全部表达了某种信息，但这些行为至少有助于分析竞争的情况和制定战略。如前所述，国内外企业常用的市场信号有提前预告、事后宣告、同一产业竞争者的公开讨论、竞争者讨论和解释自身的行动、将竞争者的战略与其可能采取的战略相比较、战略变更的最初执行方式、偏离传统目标、偏离产业惯例、交叉回避、格斗商标、秘密反不正当竞争行为诉讼 11 种。从信号博弈的角度，以是否有成本来分，其中前 4 种为声明信号，后 7 种为行为信号。

企业战略分析中的市场信号辨识研究就信号机制而言，一种行为因为其存在成本，只要不同类型竞争对手的行为成本有差异，就可以一定的标准来辨识其类型，进而制定相应的战略。而声明信号因为没有成本，其真实性较难认定，这就增加了辨识的难度。

在声明信号辨识中，竞争对手只是做一个声明，记为“声明方”，企业则采取一个实质性的行动，记为“行动方”。双方存在四种偏好相关类型：偏好一致性，这使得竞争对手愿意企业了解自己的真实信息，因此声明是可信的；部分一致型，声明不完全可信；偏好无关型，企业的行为不受声明影响；偏好冲突型，竞争对手的声明即使是真实的，企业也不敢相信，声明不能作为战略制定的依据。

企业在战略管理过程中，可能为“声明方”，也可能为“行动方”。根据上述分析，企业无论处于怎样的地位，在应用市场信号，尤其是声明信号时，首要的是分析与竞争对手的偏好相关类型。当企业为“行动方”时，可信的声明信号存在于竞争对手与自己偏好一致时。当企业为“声明方”，与竞争对手偏好一致时，鉴于声明的零成本，使用声明信号会有较好的效果。当双方的偏好不一致时，企业作为“行动方”，应将竞争对手的行为信号作为战略制定的依据，而不是声明信号；作为“声明方”，使用行为信号向竞争对手传递信息会有较好效果。

☞**思考题：**

1. 企业宏观环境分析包括哪些因素？
2. 波特“五力”要素分析模型的内容是什么？
3. 如何对竞争对手进行能力分析？
4. 市场信号有哪几种形式？如何进行市场信号辨识？

【案例分析】　　福特汽车公司的外部环境分析

此案例展示了福特汽车公司的外部环境分析，包括竞争分析和环境的监测与预测。首先从总体上说明汽车工业的竞争状况，然后说明汽车工业中六家主要公司对竞争的反应。在作出对环境的监测和预测的估计后，最后在这些外部条件的基础上，得出了福特公司的优势(strengths)、劣势(weakness)、机会(opportunity)和威胁(threats)的分析。

一、行业竞争主要力量

在竞争对手、新加入者的威胁、供应商和顾客的讨价能力及替代品的威胁之中，这些控制行业竞争的主要力量在于争取有利位置。

(一)在竞争对手中争取有利位置

下列几家公司构成了行业中主要竞争对手：三家主要的美国大公司——福特(Ford)、通用汽车公司(GM)、克莱斯勒公司(Chrysler)和三家主要的日本公司——本田(Honda)、丰田(Toyota)、日产(Nissan)。

1. 在20世纪80年代后期和90年代初汽车工业增长较为缓慢，人们采用折扣和其他的优惠政策以刺激消费增长。

2. 日本公司更加质优价廉的产品吸引了许多美国顾客。

3. 与美国三大汽车公司相比较而言，日本的汽车公司使用了高技术从而控制了成本。

然而，美国三大汽车公司却在生产系统的现代化方面进行了大量投资，并与外国公司合作以使公司变得更有效率。例如，福特与马自达合资生产Probe；克莱斯勒与法国雷诺公司合资生产微型车；克莱斯勒与现代公司将生产一种新型的中型车。

4. 美国公司正采取措施收购以国外为基地的小公司，以使产品线更加多样化，并且利用小公司的独立精神和创造力。

5. 日本公司正在大量投资美国工厂以避开进口限制；欧洲的公司也在做类似的事情，来避开在1992年欧共体形成一个真正的共同市场后那些新的严厉的贸易制度。

(二)新加入者的威胁

1. 此时，规模经济限制了任何主要竞争者加入汽车工业。

2. 汽车生产的资金要求极大地增长，使得新进入市场的可能性越来越小。机器人和其他自动化技术的发展有望控制成本。然而，开发和实施这些自动化技术需要巨大的先期项目成本、研究和开发成本以及高精尖的技术人才。

3. 政府对尾气排放及油耗的政策将进一步限制新加入者进入市场的威胁，1990年美国车的平均经济油耗为27.5英里/加仑。

(三)供应商的讨价还价能力

单一供货来源和制造系统中用户与供应商的合作关系保持着增强趋势。

1. 日本、美国和欧洲的主要的汽车零部件供应商纷纷开始在其他国家建厂。

2. 与供应商订立长期合同变得越来越普遍。

3. 通用汽车公司和它的两个主要的资本设备供应商签订了无限期的长期协议。

4. 克莱斯勒公司和几家主要的生产公司已经订立了五年的合同。

(四)客户的讨价还价能力

下列趋势要归因于激烈的竞争、滞销和随之而来的较高存货水平：

1. 为了吸引客户，各厂商竞相降价并给予折扣。

2. 客户在相当程度上可以对售价、担保及其他服务项目进行讨价还价。

3. 公司管理者逐渐采用服务等级来衡量销售绩效，这些等级常常用来决定经销授权的机会、获得广告基金和其他经济优惠的标准。

(五)替代产品或服务的威胁

1. 主要的大公司不能像小的专业汽车公司那样提供一个合适的细分市场。

2. 大城市居民面对日益增长的购车、保险、停车和维修费用等，纷纷转向使用公共交通工具。

近十年来汽车工业竞争越来越激烈，日本公司打入美国市场促使美国三大汽车公司重新评价它们的营销策略，以有在行业中的地位。结果，美国和日本公司都努力使得在工艺上更具竞争力，这种竞争力将使产品低成本、高质量。美国三大公司与主要外国竞争者以物美价廉的产品争夺市场份额的竞争中将继续使消费者受益。

二、环境监测与预测

(一)经济环境

影响汽车工业和福特汽车公司成长的几个经济因素有利率、汽油价格的上涨、美元的值和美国总体的经济大环境。

为了预测经济的变化，福特公司的经济学家和其他的经济分析人士分析了许多经济变量或主要指标，其中一些指标包括批发和消费价格指数、耐用品订货量、消费者负债量、GNP 增长、利率。通常这些变量在复杂的经济预测模型中作因变量来模拟经济以及准确地预测经济趋势。

福特公司主要的几个经济学家预测 1990 年经济以 1.5% 的速度缓慢增长，头半年的状况是通货膨胀和失业率上升，利率下降，美元相对疲软。从长期看，汽油价格预计将持续上涨，生产费用将用于保证安全性、控制污染和油耗上。

在北美装配的日本轿车的数量将有下降的趋势，但对经济的衰退前景以及何时可能发生衰退意见不一。美国商业部预言新车的销售量在 1990 年将下降 1.3%，但此后将逐年增长，直到 1994 年。

(二)政治环境

对汽车制造商们来说，90 年代将标志着一个日益增加的政府管制制度环境上的压力的新纪元，这促使它们提高燃料效率、安全标准和污染控制水平。净化空气的要求、全球变暖及新油耗标准的出台都将给福特公司的新产品计划蒙上阴影。一些分析家预言，到 2000 年油耗标准将达到 40 ~ 50 英里/加仑。

然而，全球还将会有更大的变化发生，如人们所期望的 1992 年欧洲经济统一、东欧剧变、前苏联经济的发展及中国市场经济的巨大潜力。

在欧洲和澳大利亚，福特公司有着巨大的市场潜力，销售网遍布两大陆，并且在英国、德国、比利时和西班牙都有组装厂。为准备在欧洲 1992 年以后的发展，公司在 90 年代初收购了英国的美洲豹股份有限公司，并有意在瑞典的 Saab 汽车公司中获得一部分股份。

福特公司还拥有日本马自达汽车公司 25% 的股份。随着汽车工业变成真正的国际行业，福特公司还将在国外寻求合资伙伴。

东欧政治上的变化可能打开了一个巨大的、未开发的汽车市场，劳动力市场也很有利，贸易、投资和销售的机会将会改进。然而仍有极少一部分人认为事情不会发展那么快，因为政治局势还不稳定，而且基础设施不完善和缺少硬通货也是问题。但美国、欧洲和日本的公司已在筹划和东欧及前苏联的官员谈判，意图分享市场份额。

在中国，汽车工业发展的前景不是很明朗，福特公司在中国这种情况下并未采取任何明显的行动。通用汽车公司放弃了其在中国与富士汽车公司建立合资企业的计划。多数分析家始终认为中国市场中很多行业是有利可图的，但由于中国经济还不够发达，所以汽车工业的获利可能会更慢些。

（三）社会环境

20世纪90年代的社会和经济趋势研究表明，汽车工业总会有大量的购买者，他们有购买的倾向，并有购买新车的财力，其中三种人群对汽车工业来说具有特殊的意义，他们分别是人口快速增长时期出生的人群、妇女和老人。

第一类群体会有更多的自由收入来购买汽车，而且有相当一部分人会购买豪华车或跑车。他们和老人对娱乐型车的需求也将有所增加，而对货车和微型货车的需求有所减少，因为他们的家庭已经成熟。然而，第一类群体中的蓝领阶层细分市场更喜爱美国车和国产的微型货车。将有越来越多的妇女购买新车，并有望在汽车市场上表现出与男人相同的购买力。90年代汽车市场的成功将在于向这类妇女做广告。

最后一个显著的群体是55岁以上的老年人，他们构成了新车消费者的25%，并且这个比例还将升高。老年购买者倾向于驾驶的安全和方便，包括警告欲睡司机的电子系统、刺眼的表盘和简化的电子控制设备。

（四）技术环境

未来的汽车将变得更加容易操作，并装有智能系统：快速敏捷的计算机会使发动机和传送系统的运转更加高效；电子悬浮系统、雷达障碍扫描系统会帮助司机避免车祸；导向系统在荧屏上显示各种可选择的路线，以帮助司机避免交通堵塞。自动变色玻璃和红外系统可提高夜间的可视度，刹车防抱死系统、安全气囊和牵引控制将会标准化。

塑料的使用将会增加，因为其重量轻，相对钢材价格便宜，并且不会腐蚀。通过运用计算机来设计模型和样车，将会成为未来的趋势。并且在未来的五年内，将会有一万辆电动车在南加利福尼亚投入使用。

在生产中，机器人技术的使用将会更加广泛。90年代的汽车生产商将会开发出使用替代燃料的汽车。

三、福特汽车公司的SWOT矩阵分析

在福特公司的外部环境分析的基础上，可以得出以下的SWOT矩阵分析：

1. 优势。

(1)福特是世界上第二大小汽车和卡车的生产商。

(2)1998年，福特公司收益达到历史最高水平(53亿美元，即每股10.96美元)，也是所有汽车公司中最高的。

(3)福特的大规模生产能力使其达到了规模经济。

(4)福特公司的业务组合平衡得很好，其金融服务及产品生产的多样化能使其承受汽车销售的任何下降趋势。

(5)福特公司实施纵向一体化战略，集团中如福特玻璃公司生产了福特在北美的小汽车和卡车所用的全部玻璃，福特信贷公司在1988年为160万辆车提供资金并为分销商和大众消费者提供信贷。

(6)福特公司成功地与外国公司合资经营使产品多样化，更新了技术并提高了产品质量。

(7)通过与马自达和日产公司的合作，福特公司降低了成本并提高了质量。

(8)多数福特公司的产品设计与生产都借助了计算机辅助设计(CAD)和计算机辅助制造(CAM)。

2. 劣势。

(1)与日本竞争者相比,福特公司更多地把收益花费在了养老金、补偿救济金等方面。

(2)福特并没有在生产中全部采用机器人和其他的高精尖技术。

(3)福特不得不出口产品以达到政府的规定,技术上还没有能达到每加仑275英里的燃油效率标准。在法律上,汽车的国产化率低于75%被认为是进口产品。

3. 机会。

(1)在日本有一生产厂。

(2)在汽车的生产和分销方面有降低成本的办法,称为阿尔发工程。

(3)为符合净化空气的提议而生产替代燃料的汽车。

(4)在重新建立的产品质量方面获益,"质量第一"。

(5)借助技术和整体的努力而使合资企业达到质量最佳。

(6)欧洲经济统一使全球市场潜力增大。

4. 威胁。

(1)进口车占有了很大的市场份额。

(2)汽车行业销售缓慢。

(3)日元与美元的汇率。

(4)日本的厂商打入豪华车市场。

(5)日益增加的政府限制。

(6)美国经济的下滑或可能的衰退。

【拓展训练】

请阅读TCL集团2009年年报中关于外部环境分析的部分,总结公司进行了哪些外部环境的分析,分别使用的分析工具和方法是什么,各自的结论是什么,以及公司拟采取哪些应对措施。

第4章 | 企业使命与战略目标

随着知识经济和科学技术的迅猛发展以及社会主义市场经济体制的建建立，明确企业使命与企业战略目标非常重要。企业要做到永远比对手快一步，制定出各项风险战略把风险降到最低，把优势发挥到最大化，让企业朝着一个健康的方向发展。只有把“企业使命、战略目标与战略环境综合分析”三者综合有效的利用在一起，才能使企业真正的朝我们所期待的方向不断发展。

❖ 4.1 企业愿景

4.1.1 企业愿景的内涵

1. 企业愿景的基本概念

企业愿景是企业战略发展的重要组成部分。所谓愿景，由组织内部的成员所制订，藉由团队讨论，获得组织一致的共识，形成大家愿意全力以赴的未来方向。企业愿景是指企业战略家对企业前景和发展方向一个高度概括的描述。由企业核心理念和对未来的展望构成。在企业经营管理过程中，企业愿景应该是根据企业现有阶段经营与管理发展的需要，对企业未来发展方向的一种期望、一种预测、一种定位。并通过市场的效应，及时有效地整合企业内外信息渠道和资源渠道，以此来规划和制定企业未来的发展方向、企业的核心价值、企业的原则、企业的精神、企业的信条等抽象的观念或姿态，和企业的使命、存在意义、经营方针、事业领域、核心竞争力、行为方针、执行力度等细微性的工作。从而让企业的全体员工及时有效地通晓企业愿景赋予的使命和责任，使企业在计划——实行——评价——反馈的循环过程中，不断地增强自身解决问题的力度和强度。

在西方的管理论著中，企业的愿景不只专属于企业负责人所有，企业内部每位成员都应参与构思制订愿景与沟通共识，透过制订愿景的过程，可使得愿景更有价值，企业更有竞争力。在先进企业的经营活动中，很容易发现优秀企业愿景的例子。如重视实际和价值的GE公司的理念、强调人类健康信条的强生公司的理念、尊重革新和创意的3M公司的理念等。综合许多杰出的企业大多具有一个特点，就是强调企业愿景的重要性，因为唯有借重愿景，才能有效的培育与鼓舞组织内部所有人，激发个人潜能，激励员工竭尽所能，增加组织生产力，达到顾客满意度的目标。

2. 企业愿景的层次

企业愿景可以分为三个不同层次:企业对社会的价值处在愿景的最高层，中层是企业的经营领域和目标，下层是员工的行动准则或实务指南。企业对人类社会的贡献和价值是企业赖以存在的根本理由，也是其奋斗的方向，它是最高层次的企业愿景，具有最高的效力;企业的经营领域和目标是低一层次的概念，指出企业实现价值的途径和方式;行为准则和实务指南是在这个过程中应该遵循的经济和道德准则。愿景所处的层次越高，具有更大的效力、延续的时间更长。

愿景形成后，组织负责人应对内部成员做简单、扼要且明确的陈述，以激发内部士气，并应落实为组织目标和行动方案，具体推动。因此，基于企业愿景，企业进一步进行愿景管理，就是结合个人价值观与组织目的，透过开发愿景、瞄准愿景、落实愿景的三部曲，建立团队，迈向组织成功，促使组织力量极大化发挥。

3. 企业愿景的基本内容

企业愿景大都具有前瞻性的计划或开创性的目标，作为企业发展的指引方针。由于企业不仅是企业领导者的企业，也是员工、合作伙伴和社会的企业，随着企业走向发展和壮大，企业必须经历企业迈向社会化的过程。因此，一般来讲，企业的愿景通常包含四个方面的内容:

(1)使整个人类社会受惠受益。这是一个比较宏观的概念，有很多企业会选择这样的内容作为自己的企业愿景。例如，有些企业的愿景就表达出企业的存在就是要为社会创造某种价值。

(2)实现企业的繁荣昌盛。这部分内容主要是针对本企业而言的，其主要愿景就是为了实现企业自身的不断发展。例如，美国航空公司提出要做“全球的领导者”，这就是谋求企业的繁荣昌盛。

(3)为员工谋更大的利益。愿景的这部分内容主要是针对企业的员工而言的，目的是为员工创造更多的利益，实现员工的敬业爱业。

(4)使客户心满意足。客户满意是最基础的愿景，因为客户是企业成功最重要的因素，如果客户对企业的愿景不能认同，那么愿景也就失去了意义。

4.1.2 企业愿景的价值

企业愿景的价值是促使组织的所有部门拥向同一目标并给予鼓励，同时它也是员工日常工作中的价值判断基准。为此，在规定企业愿景时应明确企业的提供价值和目的。企业愿景的另一构成要素企业目的是给企业员工指示发展方向，提供激励的基本框架。因此，企业愿景的内容及其实行方法并不是在企业创立之初就能规定明确，也没有怎样才是最好的标准答案。就是说，企业愿景不是由其内容，而是由其理念的明确性和理念下的整合性的经营活动来规定和强化的。在当今的企业活动中，企业愿景的价值主要体现在以下六个方面:

1. 提升企业的存在价值

企业愿景的终极目标就是将企业的存在价值提升到极限。企业的存在价值是企业本质的存在理由和信念。

传统观念认为，企业的存在价值在于它是实现人类社会幸福的手段与工具，是在促进全社会幸福和寻找新的财富来源的过程中创造出来的。而且急剧变化的企业环境引起企业的生存危机，企业要想摆脱困境，就迫切需要重整企业愿景。如果以危机为借口，不去明确企业愿景，而是在现在状况下随波逐流，采取与企业愿景相违的行动，那么即使能获得高额利润，最终也无法取得社会认同。即使是在危机之中，企业也应在日常的企业活动之中努力遵守源于经济理论、社会道德的企业愿景，如果企业不从企业愿景出发去选择行动方案，就不可能进行真正的危机管理或对策。所以明确的企业愿景是企业活动中，解决问题或进行革新活动的必要条件。

近来由于企业价值观经历全球化和信息时代的变革，企业愿景的概念范围也随之扩大。在以往那些企业活动的基础上增加了与全球自然环境共生和对国际社会的责任和贡献等内容，使企业存在价值这一概念更加完整。

2. 整合个人愿景

现代社会的员工特别是知识员工非常注重个人的职业生涯规划，都有描述自己未来的个人愿景。要使企业员工都自觉、积极地投入到企业活动中，就需要有企业愿景来整合员工的个人愿景。

在现代社会，企业不能仅仅从经济代价或交换的角度去理解个人和企业的关系。当个人能理解和参加到企业愿景中时，就能融进企业里，文字化的企业愿景不应是抽象的概念或只言片语，而应包含具体明确的方针。当提出明确的企业愿景，并传播到每个员工，激发起员工的自觉参与意识时，企业就能获得发展。

在企业发展过程中，相对于经济利益，员工往往更加重视自我价值的实现和个人能力的提升。企业在制定愿景的时候，应当激发员工的自觉参与意识，理解和尊重员工的个人愿景并将它们恰当地融入到企业共同愿景当中。通过这种方式产生的企业愿景能够获得员工的认同和响应，因为他们在充分发挥个人能力去达成企业共同愿景的同时能够实现自我，并在自律的基础上，企业员工充分发挥个人能力去达成企业共同的目标和愿景。

3. 协调利害关系者

对于一个特定的组织来说，利害关系者通常是指那些与组织有利益关系的个人或者群体。如果组织忽略了某个或者某些能够对组织产生影响的群体或者个人，就有可能导致经营失败。正像利害关系者会受到企业的决策、行动的影响一样，这些利害关系者也会影响该企业的决策、行动，两者之间存在着双向的影响和作用力。实质上，企业与利害关系者之间是一种互动的共生关系。企业在制定企业愿景时，必须界定利害关系者的类型，他们的利益诉求以及相应的策略。如何识别各种各样的利害关系者，并通过企业愿景加以反映和协调，是企业高层管理人员的重要任务。如果利害关系者的利益不能在愿景中得到尊重和体现，就无法使他们对企业的主张和做法产生认同，企业也无法找到能对他们施加有效影响的方式。

要协调利害关系者就必需有企业愿景。近来在管理和营销领域，关系性概念受到关注。这是企业在对大量生产、大量销售体制造成个体的人际关系衰退后进行反思产生的概念，许多学者认为这种概念对于曾坚持生产者观念的企业是必要的。关系的概念不但适用于企业和顾客的交往，也适用于企业与内部员工之间关系。经营者和员工之间关系不是指简单的劳动合同，而是指相互信赖和密切联系基础上的关系，即非机械的伙伴关系，这种关系需要通过公司内部沟通创造出共同价值的共同创造观念。另外，这种关系的基础要求由企业成员共享的共同企业愿景。有了共享的企业愿景，就能迅速正确地沟通，企业成员在同一企业愿景、共同的目标下建立关系的话，企业成员就能在相互沟通和活动中创造共享价值。

4. 增强知识竞争力

当前企业愿景受重视的另一个理由是组织知识、应变能力等“知识竞争力”作为企业竞争力要素开始受到广泛关注。这些要素的作用发挥取决于企业愿景这种基于知识资源的管理体系的建立。

传统观念的企业竞争力是由产品或服务的生产能力、销售能力、资本的调配和运营能力等与企业利润直接相关的要素决定的。但随着近年来企业活动领域的巨大变化，企业开始重新审视竞争力的来源，组织知识和应变能力受到广泛关注。而企业愿景有助于知识和能力的获取及其作用的发挥。

许多学者把企业组织看作知识主体，而把它的知识创造力看作企业应当追求的竞争力要素。组织知识是企业多年以来周而复始地开发、应用、总结而形成的，是以往采取的众多战略步骤的结果，存在一种路径依赖性。路径依赖性越高，越不易被对手所模仿，企业的竞争优势就能更长久。企业如能制定明确的、长期的愿景，保持战略的稳定性和连续性，并保证一切战略战术行动均围绕愿景而展开，就能使组织知识拥有长期的战略积淀和深厚的文化底蕴，提高其路径依赖性，增强对手模仿的难度。

在动态竞争条件下，如果不能创造性地、柔韧地应对环境变化，企业本身的生存发展就会出现问题。一般认为，组织取决于战略，战略的张力和柔性决定着组织的灵活程度和应变能力。而企业愿景是战略规划的最终目的和根本依据，其长期性和预见性提供了规避风险的线索。科学明确的愿景决定企业战略的选择范围，在保证战略方向正确性的同时留有回旋的余地，提升企业的应变能力。

5. 累积企业的努力

企业的现状是日积月累的努力的最终结果，而企业愿景就是有选择地、高效地累积这些努力的关键手段。愿景是企业有能力实现的梦想，也是全体员工共同的梦想。愿景能描绘出企业将来的形态，引导企业资源投入的方向。企业因为有愿景，就可以一直朝相同的方向前进，在追求短期目标的同时，也可以为中、长期目标的实现奠定基础。共同愿景还能让每一个人的努力发生累积的效果。

企业没有愿景，就会分散力量，也会导致经营上的问题，即使短期内有不错的业绩，也会因为和长期目标不够一致，各种力量会互相抵消。不管是现在的事业或新事业都是为了达成企业愿景，反过来说企业有了愿景，才有新事业诞生。在动态竞争中，环境要素复杂多变，拥有愿景的企业可以在别人还未看见、尚无感觉的时候，已经开始了对未来的规划和准备。经过长时间努力，当市场机会出现时，企业已经备妥所有的竞争力，从而占据竞争的主动，赢得先动者优势。相反，企业如果没有愿景，只是看着别人的做法亦步亦趋，终究要因为累积的时滞而被淘汰。

6. 应对企业危机

在动态竞争条件下，环境的关键要素复杂多变且具有很大的随机性。企业的生存时刻面临极大挑战，处理不慎就可能演变为致命危机。

企业应对危机、摆脱困境迫切需要愿景，明确的企业愿景是动态竞争条件下企业应对危机的必要条件和准则。一方面，企业不能停留于简单的刺激－反应模式，光顾着解决危机而忘记了抽出时间进行长远规划的必要。如果以未来的不可预测性或情况紧急为托词而不去明确企业愿景，只是在危机到来时被动应付，那么即使能勉强渡过难关，最终也会因迷失方向而无所适从。另一方面，已经拥有远景的企业在制订危机处理方案时，必须努力遵循源于经济理论、社会道德的企业愿景。必须从企业愿景出发去寻找行动方案，考虑所采取的行动是不是与企业一贯的方针和自身承担的使命和社会责任相一致。以愿景为危机处理的基准才能保证企业的长远利益和社会认同。

企业愿景还有可能将危机转化为机遇。本质上，所谓机遇是指同企业环境建立良好的、建设性的互动关系；而危机常以某种方式出现，迫使企业必须处理好环境的问题，否则就会在财务、公众形象或者社会地位方面受到损害。但是危机如果处理得当，就可能转变为企业的机遇。世界上成功的企业在面对危机时，往往为了保证愿景的贯彻而不惜牺牲巨大的当前利益，这些负责任的举动为它们赢得了广泛的尊重，无形中提升了企业形象，提高了在消费者心目中的地位，这些都为以后的市场开拓提供了便利。

4.1.3 企业愿景的设定

企业愿景是企业未来的目标、存在的意义，也是企业之根本所在。它回答的是企业为什么要存在，对社会有何贡献，它未来的发展是个什么样子等根本性的问题。因此，企业愿景的设定一般应该包括以下两个方面：

1. 明确核心经营理念

在企业发展过程中，核心经营理念界定了一个企业的经久不衰的特征，这种特征是一个企业的稳定标志，它超越了产品或市场的生命周期、技术突破、管理时尚和个人领袖。事实上，对于建构远见卓识的企业具有贡献的那些因素中，核心经营理念是最持久、最显著的因素。

核心经营理念包括核心价值观和核心使命。核心经营理念用以规定企业的基本价值观和存在的原因，是企业长期不变的信条，如同把组织聚合起来的黏合剂，核心经营理念必须被组织成员共享，它的形成是企业自我认识的一个过程。核心价值观是一个企业最基本和持久的信仰，是组织内成员的共识，它是一小部分不随时间而改变的指导原则。核心价值观无需外界的评判，它对于企业内部成员有着内在的价值和重要性。在企业发展过程中，企业的核心价值观可以起到凝聚企业全体成员并激励员工积极性的重要作用。强生公司的首席执行官拉尔夫·拉森这样说道："体现在我们经营宗旨中的核心价值观可能是竞争优势，但这并不是我们拥有它的原因。我们之所以拥有它，是因为它界定了我们的支持和主张，即便当它成为竞争劣势时，我们也会坚守它。"

核心经营理念的第二个内容是核心使命。核心使命是一个企业存在的理由。有效的目的反映了人们在组织中从事工作的理想动力。它并不是仅仅描述组织的产量或目标客户，它抓住的是企业的灵魂。

2. 提出企业未来前景

企业未来前景包括两个部分：一个10－30年实现的战略目标，一个对实现目标后将会是什么样子的生动描述。所有的公司都有目标，但在拥有什么样的目标上存在差异：有的公司仅仅是有一个目标而已；有的公司则愿意面对重大、令人胆怯的挑战。真正的愿景目标应该是清楚明确而且引人入胜的，它是一个共同努力的目标，是团队精神的催化剂。它有着明确的终点线，因此，组织能够知道什么时候自己达到了目标。尽管在同一时间里，组织的不同层级上有很多奋斗目标，但愿景规划需要的是一种特殊类型的目标，即可以应用于整个组织中，并要经过10－30年的努力才能实现。在为企业的长远未来而设置目标时，不应该只停留在现有经营能力和现有环境层面上，而要深入下去进行思考。的确，制定这种目标需要高层管理团队具有远见卓识，而不仅仅是在战略或战术上考虑。

除了远景基础上的战略目标之外，生动的未来前景中还需要生动形象的描述，也就是说，用一种形象鲜明、引人入胜和具体明确的描述，来说明实现目标后会是什么样子。例如，亨利·福特用生动形象的描述给“使汽车大众化”这一目标赋予了生命：“我要为大众生产一种汽车……它的价格如此之低，不会有人因为薪水不高而无法拥有它，人们可以和家人一起在上帝赐予的广阔无垠的大自然里陶醉于快乐的时光中……当我实现它时，每个人都能买得起它，每个人都将拥有它。马会从我们的马路上消失，汽车理所当然地取代了它……（我将会）给众多的人提供就业机会，而且报酬不薄。”

※ 4.2 企业使命

4.2.1 企业使命的内涵

1. 企业使命的基本概念

在制定企业战略之前首先应弄清企业应负担什么样的社会责任，是一个什么性质的企业，它应从事什么事业，即要弄清企业的使命。一个企业总是为了满足社会的某种需要和获得一定经济利益动脑筋建立的，从企业建立开始就承担着社会赋予其必须满足一定的社会责任，这个责任就是企业应该对社会履行的历史使命。使命是指对自身和社会发展所作出的承诺，公司存在的理由和依据，是组织存在的原因。所谓企业使命是指企业在社会进步和社会经济发展中所应担当的角色和责任，是企业的根本性质和存在的理由，说明企业的经营领域、经营思想，为企业目标的确立与战略的制定提供依据。企业使命应该包含以下的含义：

⑴企业的使命实际上就是企业存在的原因或者理由，也就是说，是企业生存的目的定位。不论这种原因或者理由是“提供某种产品或者服务”，还是“满足某种需要”或者“承担某个不可或缺的责任”，如果一个企业找不到合理的原因或者存在的原因连自己都不明确，或者连自己都不能有效说服，企业的经营问题就大了，也许可以说这个企业“已经没有存在的必要了”。就像人一样，经常问问自己“我为什么活着”的道理一样，企业的经营者们更应该了然于胸。

⑵企业使命是企业生产经营的哲学定位，也就是经营观念。企业确定的使命为企业确立了一个经营的基本指导思想、原则、方向、经营哲学等，它不是企业具体的战略目标，或者是抽象地存在，不一定表述为文字，但影响经营者的决策和思维。这中间包含了企业经营的哲学定位、价值观凸现以及企业的形象定位。

⑶企业使命是企业生产经营的形象定位。它反映了企业试图为自己树立的形象，诸如“我们是一个愿意承担责任的企业”、“我们是一个健康成长的企业”、“我们是一个在技术上卓有成就的企业”等等，在明确的形象定位指导下，企业的经营活动就会始终向公众明确这一点。

2. 企业使命的内容

一般来说，企业使命的内容主要包括以下两个方面：

⑴经营哲学。经营哲学是指企业在从事生产经营活动中所持有的基本信念、价值观和行为准则，是企业在创造物质财富和精神财富的实践中所体现出来的世界观和方法论，它表明企业对自己承担的使命和所起的作用，以及如何起作用的根本看法。企业经营哲学是企业在

长期的生产经营实践中形成的、被企业全体职工所接受的共同信念、共同价值观等。具体表现为一系列经营观念，反映了企业领导人在经营企业过程中的信念、抱负和所关注的重点，这是企业确定生产经营活动方式的行为准则。正确的经营哲学是对企业成功经验的集中总结和高度概括。它决定了企业经营行为的基本性质和方向，是企业一切行为与活动刻意追求的目标或精神。它对企业经营战略的形成与实施具有重要的作用，能够引导企业走上兴旺发达之路，是一个企业发展过程中必须明确的企业使命的内容。

⑵企业宗旨。经营宗旨是企业经营哲学的具体化，即企业从事什么生产经营活动、达到什么目的和对社会起什么作用的具体表述。具体地说，确定企业宗旨就是确定企业的性质，明确企业的经营范围和服务对象，明确企业今后生产经营活动发展的方向。它反映了企业高层领导者对企业未来的构思和设想，是企业制定战略决策的基础和依据。不同的企业宗旨有所不同，有的侧重于表述企业要干什么，给社会和顾客贡献什么。如联想电脑公司的企业宗旨表述为："为客户利益而努力创新。"有的侧重于表述企业自身生产经营活动的目的或企业要从社会和顾客获得什么。如华为公司的使命表述为："聚焦客户关注的挑战和压力，提供有竞争力的通信解决方案和服务，持续为客户创造最大价值。"

3. 企业使命的构成要素

企业使命的构成要素主要包括以下几个方面：

⑴企业性质的确定。这是指企业从事何种经营事业，在哪一个或哪几个经营事业领域从事经营活动所作出的选择，实际上就是对企业的行业和为之服务的市场定位进行决策，如果企业所从事的行业和为之服务的市场定位准确，那么将为企业长远的发展打下坚实的基础。

⑵企业成长方向的选择。当企业正在从事的经营领域进入成熟期，甚至进入衰退期，现有产品的市场需求已接近饱和或已开始下降，企业就需考虑研究进入新的经营领域和新的市场。究竟进入哪个或哪些新的领域、进入哪个或哪些新的市场，这就应作出决策。

⑶企业经营目的的确定。企业作为一个经济组织，一般有三个经济性目的，即长期生存，持续发展，获得盈利。这三个目的有时会发生矛盾，企业常常为了某些产品的短期利润很高而投入大量资源，放松了对另一些目前看来盈利不显著而长期获利颇丰的产品和技术的投入，严重影响企业自身未来的生存和持续发展。所以，对这三个目的的关系需要妥善地安排和恰当地处理。

⑷企业经营哲学的选择。企业经营哲学是指企业在从事生产经营活动中所特有的基本信念、价值观念和行为准则。其内涵就是企业经营者有广大员工的世界观和方法论。作为世界观，它表明企业经营者和员工群众对企业确定的使命和应起的作用以及如何起作用的总体看法；作为企业的方法论，表明经营者和员工群众对企业与各方面发生的经济关系，出现的经济矛盾所持有的态度和解决矛盾所采用的方法。随着我国社会主义市场体制的确定，企业的经营环境发生了重大变化，企业需确立与社会主义市场经济相适应的基本信念、价值观念和行为准则，与之不适应的经营观念、价值观念、行为准则应变革和扬弃。

⑸企业经营方针的选择。企业经营方针是指企业为贯彻战略思想和实现战略目标，突出战略重点所确定的基本原则、指导方略和行动指针。经营方针是企业经营哲学的具体反映，是企业宗旨的表达方式。如企业在产品和服务质量上的方针，既可表述为"以优取胜"、"以质取胜"的方针，也可表述为"以质量求生存"的方针；在产品品种开发上，既可提出"以新取胜"的方针，也可制定"以品种求发展"的方针；在营销上既可提出"薄利多销"的方针，也可

制定“优质优价”的方针。这些不同的方针都有其适用的条件，应从企业实际和市场供需状况出发，作出正确的选择。

⑹企业社会责任的确定。企业向市场、向顾客提供产品和服务，这是企业应对社会承担的首要责任；同时企业还承担着保护消费者权益，保护生态环境，治理“三废”，提供新的就业机会，为社区的公益事业在力所能及的条件下作出一定的贡献。

4.2.2 企业使命与企业愿景的关系

为了真正挖掘、提炼、运用、发挥好企业愿景和企业使命的文化理念作用，有必要具体分析、理解企业愿景和企业使命的异同点及其之间的关系。

1. 企业使命与企业愿景的密切联系

企业愿景和企业使命都是对一个企业未来的发展方向和目标的构想和设想，都是对未来的展望、憧憬，也正是因为两者都是对未来展望的共同点，人们很容易理解为一个意思或一个概念，因此在很多不同的企业之间或在一个企业内部经常出现企业愿景和企业使命等互相通用或混用的现象。事实上，当企业在设计和展示企业文化理念时，如果一个企业的员工大多数都不能较准确地、清晰地理解两者的概念和内涵的区别，最好是选用一个有关企业未来发展情形的文化理念，或者企业使命，或者企业愿景。为了避免和集团的员工在企业愿景和企业使命的理解上会出现矛盾或记忆难度的现象，可以只用企业使命一个概念来设计或说明企业未来的发展方向、目标、目的、使命，在企业使命里面在具体再分解到“社会使命”、“经济使命”、“产品使命”等三个方面，这样一来，员工理解有关企业未来的文化理念就很清晰了。

2. 企业使命与企业愿景的本质差别

如果一个企业必须要分开表述企业愿景和企业使命才能足以清楚地说明、设计企业未来的发展方向和目标，并对员工产生激励、导向作用，那就首先要在企业愿景和企业使命的概念及其区别上达成统一的理解和认同，尤其是要统一认清企业愿景和企业使命的差别在哪里。

首先，企业愿景是指企业长期的发展方向、目标、目的、自我设定的社会责任和义务，明确界定公司在未来社会范围里是什么样子，这种描述主要是从企业对社会的影响力、贡献力、在市场或行业中的排位、与企业关联群体（客户、股东、员工、环境）之间的经济关系来表述。企业愿景主要考虑的是对企业有投入和产出等经济利益关系的群体产生激励、导向、投入作用，让直接对企业有资金投资的群体、有员工智慧和生命投入的群体、有环境资源投入的机构等产生长期的期望和现实的行动，让这些群体、主体通过企业使命的履行和实现感受到实现社会价值的同时，自己的利益和发展得到保证和实现。

其次，企业使命是在界定了企业愿景概念的基础上，这时就要把企业使命具体地定义到回答企业在全社会里经济领域经营活动的这个范围或层次，也就是说，企业使命只具体表述企业在社会中的经济身份或角色，在社会领域里，该企业是分工做什么的，在哪些经济领域里为社会做贡献。企业使命主要考虑的是对目标领域、特定客户或社会人在某确定方面的供需关系的经济行为及行为效果。

再次，从企业愿景和企业使命等理论概念的关系来讲，企业使命是企业愿景的一个方面，换句话说企业愿景包括企业使命，企业使命是企业愿景中具体说明企业经济活动和行为的理念，如果要分开来表述企业愿景和企业使命，企业愿景里就应不再表达企业经济行为的领域和目标，以免重复或矛盾。

4.2.3 确定企业使命的必要性

企业使命对战略管理来说十分重要。实践表明，一个企业要取得真正的成功，单靠资金、技术、产品等还不够，必须有一套明确的指导思想和价值观念。

1. 明确企业发展方向

明确企业发展方向可帮助企业界定战略的边界，排除某些严重偏离企业发展方向、前景不明的投资领域，从而做到目标明确、力量集中，保证企业内各公司经营目标的一致性。

企业使命反映了企业领导人的企业观，它不仅受企业外部环境等客观因素的影响，更会受到企业高层领导人政策水平、科学知识、实践经验、思想方法和工作作风等主观因素的影响。

明确企业的使命也有利于吸引志同道合的人才。同时，也使公众对企业的政策有清楚的了解，并得到信任、好感和合作，使企业政策能够符合公众的需求，从而企业与公众都能获得利益，使企业更好地承担自己的社会责任。

2. 协调企业内外部矛盾

各个利益主体对企业使命都有不同要求，公众比较关心企业的社会责任，股东比较关心自己的投资回报，政府主要关心税收与公平竞争，地方社团更为关心安全生产与稳定就业，职工比较关心自己的福利及晋升。因此，各利益主体可能会在企业使命认识上产生分歧与矛盾，一个良好企业使命的表述，应当能在不同程度上满足不同利益相关者的需要，注意协调好他们之间的关系。

3. 帮助企业建立客户导向的思想

良好的企业使命应能反映客户的期望。企业经营的出发点就是要识别客户的需要并努力满足客户的需要，这是企业进行使命定义时的根本指导思想。所以，在定义企业使命时，必须明确企业的产品和服务对客户所具有的效用，企业想要生产什么不是最重要的，对企业未来成功最重要的是客户想买什么、珍视什么，而客户所购买的或认为有价值的绝不是产品或服务本身，而是体现在产品和服务所能够带来的效用，即产品或服务所能提供给客户的满足。明确企业应该提供的产品与服务只是一种手段，目的是要满足社会和客户的需求，一定要弄清手段与目的的关系。

4. 企业战略制定的前提

企业使命是确定企业战略目标的前提。只有明确地对企业使命进行定位，才能正确地树立起企业的各项战略目标。其次，企业使命是战略方案制定和选择的依据。企业在制定战略过程中，要根据企业使命来确定自己的基本方针、战略活动的关键领域及其行动顺序等。

5. 企业战略的行动基础

企业使命是有效分配和使用企业资源的基础。有了明确的企业使命，才能正确合理地把有限的资源分配在关键的经营事业和经营活动上。其次，企业使命通过对企业存在的目的、经营哲学、企业形象三方面的定位而为企业明确经营方向、树立企业形象、营造企业文化，从而为企业战略的实施提供激励。

4.2.4 企业使命的表达与制定

1. 企业使命的界定与表达

企业使命是企业生产经营的哲学定位，也就是经营观念。企业确定的使命为企业确立了一个经营的基本指导思想、原则、方向、经营哲学等，它不是企业具体的战略目标，或者是抽象地存在，不一定表述为文字，但影响经营者的决策和思维。这中间包含了企业经营的哲学定位、价值观凸现以及企业的形象定位。因此，确定企业使命是一个复杂的系统过程，除应遵循一定的步骤外，还需把握以下要点：

⑴企业使命表述应简洁、有力。使命的表述应该简洁、有力，令人信服和振奋人心，这样有利于培养管理者的使命感，促使“使命”成为管理者内在的驱动力，进而激发出一种完成“使命”的责任感和成功的强烈欲望。简短有力，富有挑战性的使命能让员工时时记得自己的目标是什么，工作努力的方向在哪里。

⑵企业使命应追求各方利益的和谐。制定使命宣言的信息必须来自于各个方面，如客户、供货商、上级主管部门、工作职责目标等，要追求各方利益的和谐。佛瑞德·大卫认为，企业使命应尽可能包含顾客、产品或服务、技术、公司哲学、自我认知、对公众形象的关心、对员工的关心、对生存、增长和盈利的关心等 9 个要素。此外，企业还应不断审视外部环境的变化，使得使命宣言既具有可行性又具有挑战性，既具有稳定性又具有动态性。

⑶企业使命应与远景、价值观密切结合。使命给出了企业存在的理由，为企业注入了激情和耐心，但并没有告诉员工企业未来的景象。仅有使命，没有远景的组织不能有效地界定组织所希望达到的、最终可以评估的目标是什么。组织的价值观是组织的一套坚定的信念，它指导组织活动的开展。使命与共享的价值观相结合，能够建立起员工之间的协作和信任关系，使得组织更勇于冒险和尝试新方法，更乐于学习和发展。例如，惠普的核心价值观是“信任并尊重个人；追求卓越的成就和贡献；靠团队精神达到共同目标；鼓励灵活性和创造性”，其共享的远景是“让人类驾驭科技的机会”，其使命是“创造信息产品，以加速知识的进步，并从本质上提高个人和组织的效率。”这三者有效地结合在了一起，形成了著名的“惠普之道”，极大地刺激了公司的发展和经营业绩的增长。

⑷企业使命应以增强企业竞争力为出发点。作为一个社会组织，企业应当承担应有的公共责任和使命，但归根结底，要服务于企业竞争力的增强。迈克尔·波特认为，“企业从事公共事业的目标，从表面上看是为了博得更多的认同和社会影响，而实质上，则应该集中于公司竞争力的增强”。因此，在明确企业使命时，还要防止走极端，不要去追逐过多的公共责任，在道德进步和公共利益中有所担当就好。

⑸企业使命应体现企业的独特性、专业性。企业使命必须能表明企业的独特贡献，团队或部门使命必须能表明团队或部门的独特贡献。例如，公司捐赠利润的一定比例给慈善机构或许是一种很大的贡献，但除非这能表明公司的独特性，否则就不能称之为使命。企业使命还应表明企业的专业性，有明确的边界感，不掺杂不可捉摸的、容易被夸大的要素。过去 100 年来企业使命的衍变轨迹表明，企业使命正由“抱负化的使命”向“专业化的使命”衍变，“玫瑰色”被更为理性的“深蓝色”替代。例如，微软公司创办之初，公司的使命被定义为：让每张桌面上和每个家庭里都有一台电脑。2000 年前后，微软公司重新定义了其使命：在微软，我们的使命是创造优秀的软件，不仅使人们的工作更有效益，而且使人们的生活更有乐趣。

2. 企业使命确定应考虑的因素

确定企业使命应综合考虑各方面的因素，具体来说主要包括以下几个方面：

⑴外部环境。外部环境是企业生存和发展的基本条件。外部环境发生变化时，企业使命必须做出相应的改变。特别是对这些变化可能带来的威胁和机遇，企业更要善于发现和及时做出反应。

⑵企业领导者的偏好。企业主要领导者偏好对企业使命的确定有很大影响。企业主要的领导者都有自己的人生观和价值观，对某些问题有着自己独特的偏好，如追求产品的创新、注重产品的品质或顾客服务等，这些偏好对企业使命的确定有很大影响。

⑶企业的发展历史。现实和未来是相连的，不了解过去，就无法规划未来。因此，确定企业使命应考虑企业的发展历史，吸取经验教训。

⑷企业资源。企业资源是企业实现其使命的物质基础，主要包括人力资源、金融资源、物质资源、信息资源和关系资源等。确定企业使命应该从企业资源的实际出发。

⑸企业的核心能力。在确定企业使命时，企业应明确自身的竞争优势，从而指导企业获取较高的市场地位。

⑹其他与企业相关利益者的要求与期望。企业的利益相关者包括：股东、员工、债权人、顾客、供应商、竞争者、政府、社区和公众等。这些利益相关者的要求和期望也应该是确定企业使命必须考虑的因素之一。

3. 企业使命的确定原则

企业使命的重要性是毋庸置疑的，但不是每个公司都真正理解并身体力行。使命就是公司存在的理由。使命是公司事业的价值取向和事业定位。指明了公司对经济和社会应作出什么贡献。使命代表着公司的目的、方向、责任。规定着公司的发展目的、发展方向、奋斗目标、基本任务和指导原则。很多企业都有自己的使命陈述，可同样很多企业的使命都没有转化为公司的自觉行为，没有成为凝聚企业全体成员的感召和动力。因此，确定企业使命一定要遵循一定的原则。

⑴合理性原则。企业使命不是随便任意写的，看看大多数企业使命都是些主观口号性的东西。使命的确立有其方法，但现在的管理教材在谈到企业使命的重要性时，都只谈使命的重要性，或举一些企业的使命陈述作为案例，没有讲述如何去确定适合企业的正确而合理的使命。

⑵可能性原则。使命的形成是在主体和环境之间展开的，是要解决主体意愿和环境可能之间的矛盾，解决其可能性的问题。包括机会利用的可能性和机会实现的可能性。机会利用的可能性涉及环境的供需情况，机会实现的可能性涉及主体的利益包容情况。通过对各类信息的综合分析，了解需求的容许范畴，并对其作出可用与否和能用与否的检验，明确什么时间、什么空间、哪部分人群、干什么事最有意义、最符合客观环境的核心条件。只有既可用（物质性）又能用（能动性）的机会，才是切实的。由此形成的客体使命可能，才有实际意义。使命反映的是组织应当而且可以负有的重大社会责任。只有是组织能胜任而又能被环境所接纳的重大社会责任才形成组织的使命可能。使命要有针对性。使命不是一成不变的，使命是一个历史的范畴、动态的概念，在不同时期有不同的内涵。

⑶真诚性原则。使命是发自组织内心的，是一种自觉的意识。而现在很多企业的使命是写给客户、员工和社会看的，只是为了装饰，不是老板或高层自觉的意识和行为。是虚假的使命，所以起不到应有的作用。一个企业的使命必须是组织能胜任而又能被环境所接纳的责任才是合理的，使命要符合所选择事业发展的趋势，而且使命的确立本身是自觉的、真诚的，并且企业所有的行为都是围绕企业的使命在进行，才能被客户、员工和社会所认可接纳，才能激励企业的员工为实现其使命而奋斗。

4.2.5 企业使命管理

企业使命管理是指企业通过使命的定义和强化来指引和影响企业成员，为实现企业愿景而作出努力的过程。企业使命管理的关键任务，就是通过使命分解、量化、实施等过程实现使命与实践的统一，由此获取企业的竞争优势。企业使命管理的实施，可大致分为以下几个方面的内容。

1. 加强对企业使命基本作用的认识

要认识企业使命的基本作用，即企业使命要体现社会对企业的期望和需求，体现企业道德，集合企业全体成员的意志；激发人的感情和创造力，使每一个人具有使命感，感到自己是事业的一部分；使命能经得起时间的考验，长期支持企业朝既定的方向前进。

2. 将确定下来的企业使命文字化

企业使命通常由企业的创立者确立。可依据企业的现状和职能抽象企业使命的内容，或者从企业的未来趋向推出企业使命宣言。有时，刚起步的公司对使命还难以准确描述，需要逐步积累出企业使命内容。对于按事业部结构组织的大型公司来说，其战略决策者还应关心整个公司、事业部以及职能领域等各个层次的使命表述与战略制定问题，考虑怎样才能有效地推动各个事业部积极开展包括开发使命表述在内的企业战略管理活动。

3. 使命评估

对于制定的使命，组织必须要给予反馈以进行检查。审视使命是否给出了存在的理由，是注重客户和结果导向的吗？能把所有成员的精力集中在一起吗？与远景相互结合了吗？与核心价值观一致吗？等等。

4. 使命的宣传与灌输

企业使命宣言不仅仅是企业的座右铭或标语口号，而且是企业的目标、理想、行为、文化及策略，是企业在经营、道德及财务方面的指导方针。因此，企业使命不能仅仅停留在纸面上，必须传播给每个员工成为人所共知，还要将使命理念传递给顾客、供应商、经销商、债权人、政府管理部门、竞争者、社会公众和舆论界等。当使命变成企业的自律宗旨，并能经常鼓舞员工乃至整个企业时，企业使命才算真正确定下来，也真正能发挥效力。

5. 使命重审

世界上没有一成不变的东西，在科技和资讯发达的今天，环境、顾客以及顾客的需求变化很快。组织的使命也必须随着组织环境的变化而变化，就像我们打开窗户看风景一样，每次只能看到尽可能远的风景，而窗外的风景是会改变的，所以需要每隔一段时间就重新审视一下我们的使命，看看它与窗外的风景是否合拍。

6. 建立起完整的使命管理制度

为了增强使命管理的长效性，必须将使命管理制度化、规范化。首先，要建立起使命管理的培训体系，除了对企业现有员工进行培训外，还要保证对每一位新进员工进行培训；其次，将企业使命转化为部门使命与岗位使命，与日常工作任务结合起来；第三，要建立起围绕使命的绩效考核制度和激励机制。衡量业绩的标准应是企业使命，而不仅仅是利润，这样可以避免企业的短期行为。建立制度的最终目的，是实现企业管理的使命化。

※ 4.3 企业战略目标

4.3.1 企业战略目标的内涵

1. 企业战略目标的概念

企业要制定正确的经营战略，仅仅有明确的企业使命还不够，必须把使命转化成具体的战略目标。企业使命比较抽象，战略目标则是比较具体的业绩目标，是使命的具体化。因此，企业战略目标是指企业在实现其使命过程中所追求的长期结果，是在一些最重要的领域对企业使命的进一步具体化。它反映了企业在一定时期内经营活动的方向和所要达到的水平，既可以是定性的，也可以是定量的，比如竞争地位、业绩水平、发展速度等等。

企业战略目标是企业经营战略的核心，反映了企业的经营思想，表达了企业的期望，指明了企业今后较长时期内的努力方向。从广义上看，企业战略目标是企业战略构成的基本内容，战略目标是对企业战略经营活动预期取得的主要成果的期望值。从狭义上看，企业战略目标不包含在企业战略构成之中，它既是企业战略选择的出发点和依据，又是企业战略实施要达到的结果。

在企业战略管理过程中，企业战略目标是对企业战略经营活动预期取得的主要成果的期望值。战略目标的设定，同时也是企业愿景的展开和具体化，是企业愿景中确认的企业经营目的、社会使命的进一步阐明和界定，也是企业在既定的战略经营领域展开战略经营活动所要达到的水平的具体规定。

2. 企业战略目标的战略定位

企业战略目标是企业使命和宗旨的具体化和定量化，是企业的奋斗纲领，是衡量企业一切工作是否实现其企业使命的标准，是企业经营战略的核心。

在企业发展过程中，企业战略目标有着非常重要的意义和作用。

(1)企业战略目标是企业使命的具体化和数量化。企业使命比较抽象，如果不落实为定量化的战略目标，则企业的战略任务就有落空的危险。战略目标是企业在一段时间内所需实现的各项活动的数量评价。有了战略目标，可以把企业各单位、部门、各项生产经营活动有机地连接成一个整体，能够实现企业外部环境、内部条件和企业目标之间的动态平衡，发挥企业的整体功能，提高经营管理的效率。

(2)企业战略目标对企业的行为具有重大指导作用。正确的战略目标是企业制定战略的基本依据和出发点，战略目标明确了企业的努力方向，体现了企业的具体期望，表明了企业的行动纲领；它是企业战略实施的指导原则，战略目标必须能使企业中的各项资源和力量集中起来，减少企业内部冲突，提高管理效率和经济效益；它是企业战略控制的评价标准，战略目标必须是具体的和可衡量的，以便对目标是否最终实现进行比较客观的评价考核。

(3)企业战略目标为战略方案的决策和实施提供评价标准和考核依据。战略方案是实现战略目标的手段，有了战略目标，就为评价和择优选取战略方案提供了标准，同时，也为战略方案的实施结果提供了考核的依据，从而促进经营战略的实现。

(4)企业战略目标是企业员工积极性和创造性的鼓励。企业战略目标规定了公司行进的方向，清晰了各级组织和每个员工的需求，这对职工是一种鼓动，一种发动，它会鼓励每位职工发扬本人的积极性和创造性，为完结公司使命和使命而尽力。因此，有了战略目标，不只使整个企业有了清晰的发展方向，并且还使企业的各个方面、各个层次有了奋斗目标，从而使企业各方面的资源在这些目标引导下汇集起来，构成一股合力，推进企业不断发展。

3. 企业战略目标的特点

战略目标与企业其他目标相比，具有以下一些特点：

⑴宏观性。战略目标是一种宏观目标。它是对企业全局的一种总体设想，它的着眼点是整体而不是局部。它是从宏观角度对企业的未来的一种较为理想的设定。它所提出的，是企业整体发展的总任务和总要求。它所规定的，使整体发展的根本方向。因此，人们所提出的企业战略目标总是高度概括的。

⑵长期性。战略目标是一种长期目标。它的着眼点是未来和长远。战略目标是关于未来的设想，它所设定的，是企业职工通过自己的长期努力奋斗而达到的对现实的一种根本性的改造。战略目标所规定的，是一种长期的发展方向，它所提出的，是一种长期的任务，绝不是一蹴而就的，而是要经过企业职工相当长的努力才能够实现。

⑶相对稳定性。战略目标既然是一种长期目标，那么它在其所规定的时间内就应该是相对稳定的。战略目标既然是总方向、总任务，那么它就应该是相对不变的。这样，企业职工的行动才会有一个明确的方向，大家对目标的实现才会树立起坚定的信念。当然，强调战略目标的稳定性并不排斥根据客观需要和情况的发展而对战略目标作必要的修正。

⑷全面性。战略目标是一种整体性要求。它虽着眼于未来，但却没有抛弃现在;它虽着眼于全局，但又不排斥局部。科学的战略目标，总是对现实利益与长远利益，局部利益与整体利益的综合反映。科学的战略目标虽然总是概括的，但它对人们行动的要求，却又总是全面的，甚至是相当具体的。

⑸可分性。战略目标具有宏观性、全面性的特点本身就说明它是可分的。战略目标作为一种总目标、总任务和总要求，总是可以分解成某些具体目标、具体任务和具体要求的。这种分解既可以在空间上把总目标分解成一个方面又一个方面的具体目标和具体任务，又可以在时间上把长期目标分解成一个阶段又一个阶段的具体目标和具体任务。人们只有把战略目标分解，才能使其成为可操作的东西。可以这样说，因为战略目标是可分的，因此才是可实现的。

⑹可接受性。企业战略的实施和评价主要是通过企业内部人员和外部公众来实现的，因此，战略目标必须被他们理解并符合他们的利益。但是，不同的利益集团有着不同的甚至是相互冲突的目标，因此，企业在制定战略时一定要注意协调。一般的，能反映企业使命和功能的战略易于为企业成员所接受。另外，企业的战略表述必须明确，有实际的含义，不至于产生误解，易于被企业成员理解的目标也易于被接受。

⑺可检验性。为了对企业管理的活动进行准确的衡量，战略目标应该是具体的和可以检验的。目标必须明确，具体地说明将在何时达到何种结果。目标的定量化是使目标具有可检验性的最有效的方法。但是，由许多目标难以数量化，时间跨度越长、战略层次越高的目标越具有模糊性。此时，应当用定性化的术语来表达其达到的程度，要求一方面明确战略目标实现的时间，另一方面须详细说明工作的特点。

⑻可挑战性。目标本身是一种激励力量，特别是当企业目标充分地体现了企业成员的共同利益，使战略大目标和个人小目标很好地结合在一起的时候，就会极大地激发组织成员的

工作热情和献身精神。

4.3.2 企业战略目标的构成

1. 企业战略目标体系

企业战略目标不止一个，而是由若干目标项目组成的一个战略目标体系。从纵向上看，企业的战略目标体系可以分解成一个树形图。在企业使命和企业宗旨的基础上制定企业的总战略，为了保证总目标的实现，必须将其层层分解，规定保证性职能战略目标；也就是说，总战略目标是企业主体目标，职能性战略目标是保证性的目标。

从横向上来说，企业的战略目标大致可以分成两类。

第一类是用来满足企业生存和发展所需要的项目目标，这些目标项目又可以分解成业绩目标和能力目标两类。业绩目标主要包括收益性、成长性和安全性指标等三类定量指标。能力目标主要包括企业综合能力指标、研究开发能力指标、生产制造能力指标、市场营销能力指标、人事组织能力指标和财务管理能力指标等一些定性和定量指标。

第二类是用来满足与企业有利益关系的各个社会群体所要求的目标。与企业利益关系的社会群体主要有顾客、企业职工、股东、所在社区及其他社会群体。

2. 企业战略目标的结构

企业的战略目标应转化为具体的一系列指标，成为各部门、各单位直至每个人的行动指南。由于对战略目标的认识不同，因而对目标的构成也有不同的看法，分类的角度也不同。按照企业战略的指标体系可以将战略目标的结构分解为以下几个方面：

⑴发展性目标，即提高企业各方面素质，增强其发展能力的目标，如生产规划目标、人员素质目标、技术进步目标、产品开发目标、管理现代化目标、质量水平目标等。

⑵效益性目标，如产出目标、投入目标，产出与投入对比目标，如成本目标、利润目标、资金利润率目标等。

⑶竞争性目标。即在市场竞争中提高自己的竞争地位，争取在行业竞争中取得较高的产品占有率、市场占有率和市场覆盖率。

⑷利益性目标，即在增加对国家贡献和满足顾客需要的前提下，增加对投资者的回报目标，增加企业收益和经营者、劳动者收入的目标。

3. 企业战略目标的内容

企业的战略目标是多元化的，既包括经济性目标，也包括非经济性目标。企业的战略决策者应从以下几个方面来考虑企业战略目标的内容，但不必全部包括下面的所有项内容，找出对本企业发展最关键的指标作为企业战略目标。

⑴盈利能力。企业作为一个经济实体，必须获得经济效益，才能够生存和发展。企业经营的成效在很大程度上表现为具有一定的盈利水平，常用的利润目标包括利润额、资本利润率、销售利润率、投资收益率、每股平均收益率等。

⑵生产效率。企业要不断地提高生产效率，经常用投入产出比率、年产量和设备自动化水平等指标来衡量企业的生产效率，有时也会把产品成本降低率、产品质量和废品率等指标作为企业生产效率指标提出来进行分析。

⑶市场竞争地位。企业经营成效的表现之一是企业在市场上竞争地位的提高。我国的一些大型企业经常把在国际、国内的市场竞争地位列为一个战略目标，以测定其在竞争中的相

对实力。通常以市场占有率、总销售收入、准时交货、增加售后服务项目、顾客满意度以及比竞争对手有更好的企业形象等指标来衡量企业的市场竞争地位。

(4)产品目标。产品目标通常用产量、质量、品种、规格、产品销售额、优质品率、产品盈利能力、新产品开发周期等来衡量。

(5)财务状况。企业财务状况是企业经营实力的重要表现。我国的许多大中型企业财务状况不佳、竞争力低及活力不强，因此应当把企业财务状况作为企业经营的一个重要目标。通常以资本构成、流动资金、新增普通股、红利偿付、固定资产增值、总成本、收益增长、提高资本回报率、获得经济附加价值、良好的证券和信用评价等指标来衡量。

(6)企业建设和发展的目标。企业为适应内外环境变化必须不断发展，因此企业的建设和发展应成为企业战略目标中的一个重要内容。这方面的目标指标有:年产量增加速度、经济效益提高速度、企业生产规模的扩大、生产用工作面积的扩大、生产能力的扩大、生产自动化、数控化、信息化水平的提高以及企业管理水平的提高等。

(7)市场目标。市场是企业竞争的战场，市场目标是企业竞争的重要目标。常用的衡量指标有:市场占有率、市场覆盖率、产品销售额、产品销售量、新市场的开发和传统市场的渗透等。

(8)企业的技术水平。未来战略期内企业在技术上应达到什么水平，往往也是企业战略目标中的重要内容。企业必须从现在行业中的实际技术水平出发，决定在未来战略期内的技术状态。衡量指标有:应完成的开发和创新项目、新产品开发费用占销售额的百分比、新产品开发速度和新产品获得的专利数量等。

(9)人力资源的开发。企业的发展不仅依赖于职工、技术人员的数量增加，还依赖于企业内所有人员素质的提高。衡量指标有:在未来几年内企业培训人数及培训费用、技术人员在全体职工中比例的增长、各种技术职称比例的增加、职工技术水平的提高、人员流动率、缺勤率及迟到率、淘汰率的降低等。

(10)职工福利。职工的福利待遇满足状况对企业生产经营有直接影响，是企业的内在动力，是衡量企业经营效果的尺度。衡量指标有:工资水平的提高、福利设施的增加、住房条件和教育条件的改善等。

(11)社会责任。社会责任目标反映了企业对社会贡献的程度，企业作为社会中的一个子系统，对社会需要承担一定责任，因此企业只履行自身的经营责任是远远不够的，它还要考虑到社区、消费者、相关企业、股东、社会整体以及国家的利益。因此，企业不仅应有经济观念，还应具有社会观念、公众利益观念及人类生存与发展观念。

4.3.3 企业战略目标的制定

1. 企业战略目标的制定过程

一般来说，确定战略目标需要经历调查研究、拟定目标、评价论证和目标决断这样四个具体步骤。

(1)调查研究阶段。在制定企业战略目标之前，必须进行调查研究工作。但是在进入确定战略目标的工作中还必须对已经作过的调查研究成果进行复核，进一步整理研究，把机会和威胁，长处与短处，自身与对手，企业与环境，需要与资源，现在与未来加以对比，搞清楚它们之间的关系，才能为确定战略目标奠定起比较可靠的基础。调查研究一定要全面进行，但又要突出重点。为确定战略而进行的调查研究是不同于其他类型的调查研究的，它的侧重点是企业与外部环境的关系和对未来研究和预测。关于企业自身的历史与现状的陈述自然是有用的，但是，对战略目标决策来说，最关键的还是那些对企业未来具有决定意义的外部环境的信息。

⑵拟定目标阶段。经过细致周密的调查研究，便可以着手拟定战略目标了。拟定战略目标一般需要经历两个环节：拟定目标方向和拟定目标水平。首先在既定的战略经营领域内，依据对外部环境、需要和资源的综合考虑，确定目标方向，通过对现有能力与手段等诸种条件的全面衡量，对沿着战略方向展开的活动所要达到的水平也做出初步的规定，这便形成了可供决策选择的目标方案。前面对企业战略目标包含的内容已经做出了介绍。在确定过程中，必须注意目标结构的合理性，并要列出各个目标的综合排列的次序。另外，在满足实际需要的前提下，要尽可能减少目标的个数。在拟定目标的过程中，企业领导要注意充分发挥参谋智囊人员的作用。要根据实际需要与可能，尽可能多地提出一些目标方案，以便于对比选优。

⑶评价论证阶段。战略目标拟定出来之后，就要组织多方面的专家和有关人员对提出的目标方案进行评价和论证。在评价论证阶段，第一，要论证和评价需围绕目标战略是否正确进行。要着重研究拟定的战略目标是否符合企业精神，是否符合企业的整体利益与发展需要，是否符合外部环境及未来发展的需要。第二，要论证和评价战略目标的可行性。论证与评价的方法，主要是按照目标的要求，分析企业的实际能力，找出目标与现状的差距，然后分析用以消除这个差距的措施，而且要进行恰当的运算，尽可能用数据说明。如果制定的途径、能力和措施，对消除这个差距有足够的保证，那就说明这个目标是可行的。还有一个倾向要注意的是，如果外部环境及未来的变化对企业发展比较有利，企业自身也有办法找到更多的发展途径、能力和措施，那么就要考虑提高战略目标的水平。第三，要对所拟定的目标完善化程度进行评价。要着重考察目标是否明确、目标的内容是协调一致、有无改善的余地等问题。如果在评价论证时，人们已经提出了多个目标方案，那么这种评价论证就要在比较中恰当进行。通过对比、权衡利弊，找出各个目标方案的优劣所在。拟定目标的评价论证过程，也是目标方案的完善过程。要通过评价论证，找出目标方案的不足，并想方设法使之完善起来。如果通过评价论证发现拟定的目标完全不正确或根本无法实现，那就要回过头去重新拟定目标，然后再重新评价论证。

⑷目标选择阶段。在决断选定目标时，要注意从以下三方面权衡各个目标方案：一是目标方向的正确程度；二是可望实现的程度；三是期望效益的大小。对这三个方面宜作综合考虑。所选定的目标，三个方面的期望之都应该尽可能大。目标决断，还必须掌握好决断时机。因为战略决策不同于战术决策。战术目标决策常常会时间比较紧迫，回旋余地很小，而且战略目标决策的时间压力相对不大。在决策时间问题上，一方面要防止在机会和困难都还没有搞清楚之前就轻率决策；另一方面又不能优柔寡断，贻误时机。

2. 企业战略目标制定应考虑的因素

简单来讲，制定企业战略目标就是综合考虑企业经营管理过程中的问题，考虑好这些问题，企业战略目标也就清晰可见了。

⑴企业的定位问题。企业无论大小首先要明确自己的业务对象，即为谁提供产品或服务。业务对象越明确，准备也就越充分，工作也就越有针对性，其成功的概率也就高；业务对象模糊，准备工作很难聚焦，即使碰巧摸到了业务对象，也很难打动对方。因此，制定企业

战略目标，首先要识别自己的客户特征，比如是大企业还是中小企业、新企业还是老企业、中老年还是青少年、男人还是女人等等。只有辨清客户的基本特征，才可以恰当地设计自己的产品或服务，有效区隔竞争对手，抢占市场份额。

⑵企业的利润来源。如何创造利润，指的是企业要设计好产品组合或服务组合。在市场经济日趋成熟的今天，每组产品或服务都要赚钱已经成为一种奢望，成熟的企业必须知道自己的进攻产品（服务）是哪些，防守产品（服务）是哪些，这些产品（服务）仅可能保本甚至亏损，但为了赢得或保护市场而必须继续存在，只有这样才能维护企业核心产品、稳定利润和市场份额。

⑶企业保护利润渠道。高额利润是企业经营者竞争的焦点，如何保护利润自然也是企业战略的核心内容之一。通常自我保护的方法有专利申请、品牌积累、渠道控制等，如可口可乐的配方、奔驰宝马的品牌、沃尔玛家乐福的销售渠道等，正是这些经营策略打造了企业的核心竞争能力，使它们穿越历史和地域，成为经久不衰的标杆企业。

⑷企业经营范围的界定。企业经营讲究“有所为有所不为”，就是企业要清楚自己能做什么，不能做什么；该做什么，不该做什么，这样才能有所作为。许多大型企业垮掉的原因都是主营业务不突出，跨行业过多，最后导致资金链断裂所致。因此，在确定企业战略目标时一定要界定清楚企业的业务范围，持续培养企业的核心竞争能力。

3. 企业战略目标的制定原则

在战略构思的基础上，根据已经确定的企业社会责任、社会定位、市场定位、目标客户群定位，确定企业要做的事业和需要实现的目的，规定组织完成其规划任务需要达到的状况和实现的目标，这就是企业的战略目标。企业战略应该量化或者定性为具体的目标，制定企业战略目标时，应坚持以下原则：

⑴制定企业战略目标应坚持目标系统的协调性原则。制定企业战略目标时应考虑系统的协调性。完成制定的企业战略目标，需要靠每一个层次、各个子系统的协调、配合，一般有三个方面的协调需要：一是目标层次的协调性。要有总的战略目标，分战略目标和必要的指标体系。二是职能目标的协调性。为完成总目标，需要为各个管理职能确立的目标，比如经济效益、技术进步、产品质量、管理水平、团队建设、人才培养、市场培育与市场占有等。在总目标前提下，分目标或者管理职能目标必须相对具体，有量化、权重百分比。三是时间的协调性。把总目标的实现划分成若干个时间阶段，比如长期目标、中期目标和短期目标，使时间上实现衔接和协调。一般房地产公司的中、短期时间目标划分以项目周期为原则，在大项目的前提下，制定年度或者跨年度分期实现目标。

⑵制定企业战略目标应坚持简洁性原则。企业的经营战略的制定，说到底是为了战略目标的实现，这个实现过程应该是全体企业员工共同的努力朝着目标前进的过程，因此，企业战略应该能够让员工理解、明白、易记，知道在这个战略实施过程中自己的作用，把自己的作用自觉地融入企业战略的系统中，这种认识可以激励能动性，而能动性就是变督促工作，为目标指导下的主动工作，进而就有了创新和创新力、执行力，有了在战略促进和约束条件下的行为规范。

⑶制定企业战略目标应坚持“自上而下，再自下而上”原则。在制定企业战略目标过程中，应该把决策层的意志或者决定按层次拿给管理层、直至执行层讨论，充分发挥集体的智慧，把战略制定行为变成全体员工的事，增加员工的“主人公”意识，体现企业对员工的尊

重，同时也是全员参与和有效的宣贯，这个过程是非常必要的。有些领导者，不认可员工在战略制定上的作用，认为战略的制定这仅仅是决策层或者老板的事，忽略了管理层和执行层的作用，往往是推行困难，形成了两张“皮”，甚至被决策层自己无奈地束之高阁。

(4)制定企业战略目标应坚持“全员参与”原则。企业经营战略的制定需要全体员工的参与，这不仅体现在集体的智慧，还是对员工的尊重，也是实施行动执行力的保证。让全体员工明白企业发展的愿景，知道自己伴随企业的进步会不断地改善自己和家人的生活质量，也就有了同舟共济的动力。把全体员工参与制定的战略，细化成实施或者需要实现目标，自上而下的分解，变成管理职能目标和全体员工的行为规则，使大家都知道企业将会怎样发展、向哪个方向发展，自己评估自己对目标过程实现的适应性，决定自己应该努力的方向。

(5)制定企业战略目标应坚持利益一致原则。在现代企业中，员工和老板间的关系实际上就是劳资双方的雇佣与被雇佣关系，薪酬是联系劳资双方的纽带，尊重和激励是企业执行力的促进手段，远景和实现共同的价值观使员工可以长期参与和执行力的保证。如何通过战略目的实现，把劳资双方用利益、尊重、共同价值实现变成具体的执行力，也是企业经营战略的一部分。目标实现光靠制度约束是不行的，必须有责、权、利的统筹，要让员工明白他们可以与企业共享发展成果，这就是促进目标实现的激励机制。

☞ **思考题：**

1. 企业愿景的价值主要体现在哪些方面？
2. 简述企业使命的构成要素。
3. 简述确定企业使命的必要性。
4. 试分析企业愿景和企业使命的异同点及其之间的关系。
5. 企业战略目标制定应考虑的因素有哪些？

【案例分析】 **雪佛隆公司的大脑联网**

要使企业最终达到大脑联网的目的，每个部门、每个团队、每个人都应当参与到组织智商的建设中去，例如人力资源部门可以帮助激励员工共享和使用知识等，在这些过程中参与的部门和人越多,.成功的可能性就越大。

总部位于美国旧金山市的雪佛隆石油公司(Chevron Corp.)近几年来致力于企业知识管理的探索和实践，并取得了显著的成绩。其中，很多的具体做法值得我们借鉴，虽然它不是完全意义上的大脑联网的建设，但其间以包含了很多我们的思想。

这家年销售额达369亿美元、在1997的全美最大500家公司中排名第十九位的大型石油公司，通过有效的企业知识管理活动，期望能在未来15－20年世界石油天然气市场仅以年增长2%～3%的预测情况下达到公司收入增加10%的目标。

雪佛隆石油公司知识管理活动的重点是推出一套企业技术诀窍共享计划。该计划的具体内容有：

一、知识流的集成

企业技术诀窍数据库：利用公司的LotusNotes软件系统，在全司范围内让员工提出问题和解决问题的最优方案，这些方案按关键字和分类目录管理，方便员工共享企业的知识资源。跟踪和评估技术诀窍的效果：企业就节省的费用、客户满意程度、员工的赞成度和减少生产周期等指标对技术诀窍的效果进行评估。

二、知识流的联网

用企业内部网作为通讯平台：内部网上网内容包括公司和行业的最新动态、人才资源信息、在线培训课程等，并与英特网上公司主页相连接。定期举办技术诀窍交流会议：企业员工可就有关技术问题、科技发展的未来趋势和重点展开讨论。

三、实践中决策的应用

制定技术诀窍资源图，雪佛隆石油公司是美国首批开发应用此类图的公司之一。技术诀窍资源图用彩色编码标明企业技术诀窍类知识的资源分布情况，并按管理、战略规划、信息与分析、人力资源开发、过程管理、客户重点与满意等分类，其作用类似公司的“电话号码簿”。最近，雪佛隆石油公司又对该图增加了员工个人电子邮件地址等信息，使其适合公司内部网的上网要求。

技术诀窍共享计划的制定和实施在公司的许多业务领域取得了可喜的成果。如从1992年以来，由于应用技术诀窍共享计划，公司下游产品资本投资项目的开发成本已经节省了1600多万美元。此外，通过评估全公司范围的能源成本，提出提高能源利用效率的技术解决方案，近五年来节省能源成本达6亿多美元。

大脑联网的建设发端于企业已有的各种资源的整合，通过个人和组织的基础建设，企业有了大脑联网的基础，从而使企业能够对外界的变化快速做出反应。

要使企业最终达到大脑联网的目的，每个部门、每个团队、每个人都应当参与到组织智商的建设中去，例如人力资源部门可以帮助激励员工共享和使用知识等，在这些过程中参与的部门和人越多，成功的可能性就越大。

然而，大脑联网并非是组织智商建设的最终环节和目标。或者，我们可以说，在进行了这一系列企业变革之后，我们的组织智商建设工作才刚刚开了一个头。通过大脑联网通讯协议的建立、大脑联网的实施，我们使企业具备了培养外部信息觉察能力、顾客反应感知能力、决策架构效力、内部智慧传播机制、组织聚焦和持续创新能力、大脑联网效力等六个方面的组织智商能力。

【拓展训练】　　　　　没有危机感的企业最可怕

在同样的危机袭击面前，有的企业可以镇定自若，在最短时间内平复危机，而有的企业却应对无措，损失惨重。毫无疑问，对待危机事件的心态、应对的策略、处理危机事件的能力，决定了企业遭遇危机事件之后的结果。

没有人喜欢危机，但危机无处不在。

企业如人，在成长过程中难免遇到各种风浪、起伏与挫折，在各种各样内外部因素的交错之下，危机的种子就此萌芽生长。在同样的危机袭击面前，有的企业可以镇定自若，在最短时间内平复危机，而有的企业却应对无措，损失惨重。毫无疑问，对待危机事件的心态、应对的策略、处理危机事件的能力，决定了企业遭遇危机事件之后的结果。

中国的市场经济发展二十多年，无数的企业家凭着自己的才能，创造了一家又一家业绩惊人的企业。尽管在创业及发展过程中，这些企业都曾遭遇过各种政策、法规、市场准入、竞争对手打压的障碍，也曾陷入于资金、技术、人才匮乏的困境，但他们从未退缩过，而是凭着自己的智慧，以见招拆招的方式，让自己企业越过惊涛骇浪的万水千山，成功抵达辉煌的行业彼岸。与任何国家的企业家相比，中国企业家从来不缺乏发展企业的勇气、智慧与能力。

但是，随着外部环境的复杂化、市场监管的规范化、消费者对产品的要求越来越苛刻，各种各样的危机事件也随之而来：消费者投诉、媒体负面报道、产品质量问题被曝光……许多习惯了成功的中国企业家，并不习惯面对着危机。许多企业在危机来临面前要么惊慌失措应对失当、要么沉默躲避忍受指责。而危机有如星火，错误的应对方式往往有如火上添油，只会使其迅速燎原，最终一发不可收拾。

从三株事件到标王秦池，再到红极一时的中山爱多，这些曾经是各自行业中赫赫有名的大企业，正因为危机管理能力的缺乏，最终都抵挡不住小风波引起的危机侵蚀而倒下。虽然企业发展中起落浮沉乃是常事，但是回看这些企业创业时的艰辛、发展时的意气风发及危机发生后的兵败如山倒，其中的苦涩意味又岂是一句“城头变幻大王旗”可以轻易概括？

中国企业家并不缺少发展企业的智慧，缺乏的是相应的危机意识以及危机管理能力。

在中国这个潜规则异常复杂的社会中，企业要获得真正的成功，除了运营企业的卓越能力之外，还必须有高度的危机意识以及危机管理能力。回顾数年前，中国市场的风云人物顾雏军、杨斌及周正毅、唐万里，哪一个不是长袖善舞叱咤风云？哪一个不是媒体眼中的宠儿？但是，出色的企业运营能力并不能遮蔽他们在危机管理上的失败。当危机全面来袭时，他们失去的不仅是苦心积累的企业，还逃不了被媒体舆论齐声谴责、名誉扫地的命运。

如何读懂中国各种市场规则、民众的消费心理与深刻把握中国媒体舆论的传播特性，以及在危机发生后如何运用“中国式的智慧”去处理危机，是决定危机处理成功与否的关键。

眼界决定高度。一个企业的危机公关意识有多强，企业的抗风险能力就有多强；一个企业对危机的预防与处理的效率如何，就决定此企业能在波浪汹涌的竞争场上行多远。

第5章 ｜企业战略选择

企业战略是为了实现企业整体发展方向和发展目标所需采取的方式，以及为此进行的资源在不同业务之间分配的决策。从财务资源分配、实现财务目标的角度看，企业战略可以分成发展型战略、稳定型战略和收缩型战略三类。其中，发展型战略是最重要的公司战略，受到绝大部分企业的重视，但正确地采取其他类型的战略是企业适应环境变化要求、实现业务重心转移所必不可少的，也是实现企业长期发展的必要方式。

❖ 5.1 企业战略选择概述

随着全球经济一体化的持续发展和市场竞争的日趋激烈，企业将面临更加严重的挑战。企业要在激烈的竞争环境中生存和发展，必须重视经营战略的选择。企业只有具有战略眼光，形成适合自己的发展战略，才能在经济全球化的环境下，看准方向，把握时机，获得更快更好的发展。

5.1.1 企业战略选择的含义

企业战略实际上是一家业务多元化的企业整体上的策略规划，它包括企业为其所涉足的各个业务单元在各自不同的行业中确立相应的地位所采取的各种策略和行动，以及企业用以管理多元化业务相互关系及协调发展的策略和方法。业务战略是指企业某一些业务的策略规划，它所要回答的核心问题是如何建立并加强企业在行业市场上的竞争地位，特别是长期竞争地位。战略的本质是选择，企业之所以要做战略，是因为企业的资源和能力毕竟有限，能力不足，不能所有的都选择。企业战略选择是以市场为主导的，综合考虑市场竞争的多种因素而对企业的战略做出正确选择的过程。

随着世界经济全球化和一体化进程的加快和随之而来的国际竞争的加剧，对企业战略的要求愈来愈高。每一种经营都是根据某种战略来进行的。战略是企业前进的方向，是企业经营的蓝图，企业依此建立其对客户的忠诚度，赢得一个相对其竞争对手持续的竞争优势。战略选择的目的在于建立企业在市场中的地位，成功地同竞争对手进行竞争，满足客户的需求，获得卓越的企业业绩。

企业战略管理是一个不断循环、永远没有终点的过程，而不是一个既有起点又有终点的简单事件。战略管理的任务无论从内容上还是从时间上来讲都不存在完全明确、可以分割的界限，也没有严格的先后顺序，它们之间只是一种概念上的区别。在战略管理的过程中，战略管理的任务必须作为一个整体来进行，而不能人为地将其割裂开来。无论是企业的远景规划和业务使命、目标体系、具体战略，还是战略实施的过程，在外部环境或内部运作发生变化时，都应根据实际需要对其本身作出适应性地调整。而且，作为企业领导者和战略管理者，重要责任之一就是跟踪战略执行进度，评估企业业绩，监测环境变化，并根据需要采取调整性措施，而这种调整可能会涉及战略管理的各个方面，可能需要调整企业的长远发展方向，可能需要重新界定企业的业务内容，可能需要提高或者降低企业的总体目标，也可能需要对企业的战略及实施策略和行动做出修改和调整。

一般来说，企业的战略选择是为了发挥企业内部的资源、能力、知识、文化优势来适应外界环境的变化，从而击败竞争对手获取可持续的竞争优势。外界环境的机遇与威胁、同行业不同企业的战略竞争是企业战略选择的外在动力；企业内部特有的资源、技术、能力、知识、文化等因素是战略选择的内在约束条件。只有与企业内部资源、能力、知识、文化相匹配的战略才能适应外界环境的变化，才能使企业获取可持续的竞争优势。但是，由于外界环境的多变性、信息的不对称性以及人的有限理性，面对同行业不同企业的战略竞争，战略实施的结果并不能完全达到预期的结果，必须重新思索具体的战略实施结果来不断调整企业的战略，因而，企业的最优战略是一个随着高层管理者认知能力的提高而不断适应内外环境的动态的调整过程。

5.1.2 企业战略选择的意义

随着经济的进一步发展，经济全球化已经成为世界经济发展的基本趋势，世界各国或各地区的生产、经营活动都将被纳入全球经济之中，企业的经营环境、市场竞争态势、客户不断变化的需求，一切都充满着变数和风险。企业的管理者殚精竭虑地寻求一条通往成功的道路，努力地朝着设定的企业目标，不断进行创新、变革和演进。这个设定的目标即是基于企业战略选择的企业的生存和发展是竞争中求胜，这种求胜之道即是企业的竞争战略。企业选择什么样的战略，就决定了企业有所为和有所不为，因此，选择正确的企业战略进入市场至关重要。企业战略选择的意义是由企业发展战略本质特征决定的。根据企业战略的本质特征，企业战略选择的意义表现在四个方面。

1. 企业战略选择是谋划企业整体发展的需要

企业是一个由若干相互联系、相互作用的局部构成的整体。局部有局部性的问题，整体有整体性的问题，整体性问题不是局部性问题之和，与局部性问题具有本质的区别。企业发展面临很多整体性问题，如对环境重大变化的反应问题，对资源的开发、利用与整合问题，对生产要素和经营活动的平衡问题，对各种基本关系的理顺问题。谋划好整体性问题是企业发展的重要条件，要时刻把握企业的整体发展。轮船撞上冰川，全部客仓都进水，所有乘客都遭难。不要认为经理们都能把握企业整体发展，只见树木、不见森林的经理到处可见。

2. 企业战略选择是谋划企业长期发展的需要

企业存在寿命，寿命有长有短。投资、经营者应该树立“长寿企业”意识。为了使企业“长寿”，不但要重视短期发展问题，也要重视长期发展问题。企业长期发展问题不是短期发展问题之和，与短期发展问题具有本质的区别。希望“长寿”的企业面临的长期性问题很多，如发展目标问题、发展步骤问题、产品与技术创新问题、品牌与信誉问题、人才开发问题、文化建设问题。希望长寿的企业就要关心未来。对未来问题不但要提前想到，而且要提前动手解决，因为解决任何问题都需要一个过程。为了吃桃子，三年前就要种桃树；为了防老，年轻时就要生孩子。要正确处理短期利益与长期利益的关系。到了夏季，农民不但要忙于夏收，也要忙于夏耕和夏种。预测未来是困难的，但不是不可能的。谁也想象不到未来的偶然事件，但总可以把握各类事物的发展趋势。人无远虑，必有近忧。领导人不关心企业未来，只知道“火烧眉毛顾眼前”，就等于拿企业的寿命开玩笑。应当指出，不关心企业未来的领导人甚多，正是由于这个原因，少则几年、多则十几年就倒闭的企业为数众多。

3. 企业战略选择是把握企业发展基本问题的需要

在企业发展过程中，领导人要集中精力谋划企业发展的基本性问题。假如企业发展的基本问题解决不好，那么即使再发动员工努力奋斗也不会收到成效，甚至越努力奋斗赔钱越多。领导人要增强基本问题意识。不要只注意把决定的事情办好，也要注意决定本身是否有毛病；不要只忙于摆脱困境，也要忙于铲除困难产生的根源。

4. 企业战略选择是研究企业发展谋略的需要

企业发展战略不是常规思路，而是新奇办法。企业发展战略应该使企业少投入、多产出，少挫折、快发展。谋略是智慧结晶，而不是经验搬家和理论堆砌。智慧之中包含知识，但知识本身并不是智慧。智慧与知识具有本质的区别。许多军事家都有“空城计”知识，但没有诸葛亮那样的智慧，先知为智。智慧是对知识的灵活运用，也是对信息的机敏反应。谋划企业发展靠智慧，谋划企业整体性、长期性发展靠大智慧。谋划企业发展固然要借鉴先进理论和先进经验，但如何借鉴还要靠智慧。

5.1.3 企业战略选择应考虑的因素

战略选择是确定企业未来战略的一种决策。关于企业战略选择的决定因素的分析，管理学家和战略管理学家有过很多精辟的论述，总体来看可以分为两条线路：一是从外部环境（特别是产业结构）的视角探讨企业战略选择的决定因素；二是从内部资源和能力的角度研究企业战略选择的决定因素。一般来说，备选战略提出以后，就要进行战略选择。战略决策者经常面临多个可行方案，往往很难作出决断。在这种情况下，影响战略选择的行为因素很多。其中，较为重要的有以下几个方面：

1. 过去战略的影响

在开始进行战略选择时，首先要回顾企业过去所制定的战略。因为过去战略的效果对现行战略的最终选择有极大的影响。现在的战略决策者往往也是过去战略的制造者。由于他们对过去战略投入了大量的时间、资源和精力，会自然地倾向于选择与过去战略相似的战略或增量战略。这种选择与过去战略相似的战略和沿袭过去战略的倾向已渗透到企业组织之中。研究表明，在计划过程中，低层管理人员认为，战略的选择应与现行战略相一致，因为这种战略更易被人接受，推行起来阻力较小。

2. 企业对外界的依赖程度

在战略选择中，企业必然要面对供应商、顾客、政府、竞争者及其联盟等外部环境因素。这些环境因素从外部制约着企业的战略选择。如果企业高度依赖其中一个或多个因素，其最终选择的战略方案就不能不迁就这些因素。企业对外界的依赖程越很大，其战略选择的范围和灵活性就越小。

3. 对待风险的态度

企业如果对风险持欢迎态度，战略选择的范围和多样性便会得到拓展，风险大的战略也能被人接受。反之，企业对风险持畏惧、反对态度，选择的范围就会受到驳制，风险型战略方案就会受到排斥。冒险型管理人员喜欢进攻性的战略，保守型管理人员喜欢防守性的战略。

4. 时间因素

时间因素主要从以下几个方面影响战略选择：一是外部的时间制约对管理部门的战略决策影响很大。如外部时间制约紧迫，管理部门就来不及进行充分的分析评价，往往不得已而选择防御性的战略。二是作出战略决策必须掌握时机。实践表明，好的战略如果出台时机不当，可以带来灾难性后果。三是战略选择所需超前时间同管理部门考虑中的前景时间是相关联的。企业着眼于长远的前景，战略选择的超前时间就长。

5. 竞争者的反应

在进行战略的选择时，高层管理人员往往要全面考虑竞争者对不同选择可能作出的反应。如果选择的是直接向某一主要竞争对手挑战的进攻性战略，该对手很可能用反攻性战略进行反击。企业高层管理人员在选择战略时，必须考虑到竞争者的这类反应、其反应的能量，以及它们对战略成功可能产生的影响。

5.1.4 企业战略选择的原则

在企业发展过程中，如何制定和选择具有自身特色的发展战略是关键中的关键。因此，企业选择战略时一定要遵循一定的原则，并归纳出一个基本的战略选择模式，才能在正确的战略指引下，实现企业又好又快地发展。

1. 合理性原则

企业选择发展战略，首先要使企业的战略与企业的使命、愿景与目标相一致，与组织内各个部门的目标相一致，这是企业战略选择首先应考虑的问题。同时，应考虑以下几个方面，以实现企业战略的合理性：一是要考虑企业发展的长远性；二是要考虑企业的外部适应性；三是要考虑企业的内部可行性；四是要考虑企业相关者的可接受性。一个成功的战略应该是一个合理的战略，只有合理的战略选择才是正确的战略选择，才能不断促进企业的发展。

2. 竞争性原则

现代战略理论的前沿资源基础理论认为，企业的竞争优势主要来源于企业内部优质的、特异的资源。因此，在进行企业战略选择过程中，企业应认真分析自身的优势和劣势，结合外部环境的机会和威胁，找到本企业与众不同的资源，坚持专业化发展，集中企业内部资源，强化核心专长，由此来培育企业长期的竞争优势。那些“各领风骚二三年”的企业可能正是由于盲目多元化带来优势资源的分化，导致企业竞争优势的瓦解，失去了生命力。

3. 有效性原则

企业没有了市场，就等于人没有了生命。但竞争的全球化和消费者需求周期的变短将使得新市场会不断地出现。这意味着对企业而言，不存在有没有市场机会的问题，存在的只是市场机会是什么？它具体在哪儿？如何找到它？这些就是制定战略潜在出发点和目标。德国著名管理学家沃尔夫冈・梅韦斯认为，如果一家公司把全部有限的资源用于解决精心挑选的一个客户群的问题，那么该公司就能兴旺发达。每个企业都不会有足够的能力面向整个市场，在本行业的所有领域进行竞争，故只能集中力量进入一个目标市场，为该市场开发一种理想的产品，实行高度专业化的生产和销售，这就是目标集聚，也称为集中性经营。坚持这个原则通常是为了使企业在一个细分市场上取得较高的、甚至是支配地位的市场份额，而不是追求在整体市场或较大的细分市场上占有较小的份额。

4. 差异性原则

差异化是将企业提供的产品标新立异，形成全产业内具有独特性的东西。差异化的方式可以是设计或品牌形象、技术特点、客户服务、经销网络及其他方面的独特性。坚持差异化原则可以利用客户对品牌的忠诚以及由此产生的对价格敏感性的下降，可以增加利润却不必追求低成本。企业为保持在特定市场上的优势地位，不以扩大市场规模为目标，而是以开发高附加值的、有别于其他企业的产品为方向，力求达到无人可敌的境地，这样做自然可获得丰厚回报。差异化要求企业要有一定的创新能力，这种创新不一定必须是实质性的创新开发，重要的是顾客能感觉到的创新。企业贴近市场，可根据消费需求，采用差异化战略，生产与其他企业产品有差异的特色产品，吸引消费者。企业如果以特色产品和优质服务赢得消费者的信任，就能树立起良好的市场形象，提高消费者或用户对该企业产品的依赖程度和购买频率。

5.1.5 企业战略选择的误区

企业战略选择要结合不同方面的因素进行相关的规划。很多企业由于没有结合自身的实际情况，从而导致其制定出的发展战略脱离了自身的实际需求。企业发展战略在规划过程中，要掌握其有效的实施方法，依据外部分工和专业化协作来获得规模经济效应，要防止出现战略选择的误区。

1. 对竞争环境的错误判断

许多企业错误地认识和判断竞争环境中所发生的变化。尽管它们中有不少曾占据行业领先地位，呼风唤雨，但它们忽视或误解了竞争环境中变化的征兆，最后导致自身的竞争优势遭受严重侵蚀。因此，在竞争环境分析时，必须正确定义自己的竞争空间，不能只局限于现有竞争者，必须将潜在和新生的竞争者纳入视野。另外，必须构建一个行之有效的竞争信息系统，保证相关信息在组织内部的畅通，并使其能得到妥善的处置应用，能为经营战略的正确制定提供可靠有效的信息平台。

2. 有失偏颇的假设前提

有些企业将自己的战略建立在一系列错误的前提条件之上，或者没有随着环境条件的变化而更新战略决策的前提假设。企业要摆脱这种困境，必须时时对自己习以为常的一些假设、前提和理念缜密验证。一些被认作是理所当然的前提条件往往不经推敲便被采用，由此而来的企业经营策略潜藏着极大的风险。另外所有的前提假设应该有很强的一致性，在总体战略框架内彼此能相互映证。同时可以按照对于企业经营战略的重要性的差异，将不同的前提假设分门别类加于区分对待。最后不要忘记对于各种前提假设，随着时间的推移和环境的演变，一定要重新界定以确保它们的有效性。

3. 竞争优势的自我削弱

战略选择的一个重要误区就是源自于采用一成不变的企业战略，或者用静止的观点来看待战略，导致企业不能适应外部环境的变化，企业一时的强势不能成功地转化为可持续的竞争优势。针对这个问题，企业主管必须树立一种全局和动态的意识，把企业活动建立在流程的基础上，注意力集中在企业的价值链上。并要拓展企业活动的范畴使它能涵盖客户和供货商。对于企业价值链的每个环节相对于竞争对手的优劣必须洞若观火，并环绕价值链以多种形式创造价值。应该设法整合企业的各种增值活动，注重竞争环境的动态进程，以创新方式为企业增添独特价值。只有这样，才能使企业在市场上保有可持续的竞争优势。

4. 盲目扩张自损价值

企业往往屈从于不顾自身条件而一味多元化的冲动，盲目进入一些自己并不擅长的业务领域。结果经常是得不偿失，反而削减了企业的价值基础。要使多元化经营有所建树，必须时刻紧扣企业的核心竞争能力。企业的核心竞争能力是企业在市场中的立足之本，是企业竞争优势的源泉。所以在企业多元化的进程中，务必使新的业务领域能得到企业核心竞争能力的有力支持，并在市场上转化为相应的竞争优势，这样才能获取多元化经营中的协同效应。如果从企业价值链的角度出发，新的业务能否成为整个企业现有价值链的自然延伸或有效补充，应该成为多元化经营决策时的重要砝码。

5. 受组织结构制约

在传统的企业组织中，不同部门间泾渭分明，承担不同的职能和责任。而在企业战略的实施过程中，组织结构上的条块分割往往演变为难于逾越的障碍。而要突破此类困境，就需要对传统的组织结构进行脱胎换骨的改造，营造新颖的无边界的组织形态。在这里，同样需要沿用业务流程和价值链的概念和方法。首先要界定战略氛围，找出战略涉及的关键对象以及他们的相互关系。紧接着设计相对应的组织结构，再就是在同一组织内和不同组织间实现协调和整合。只有通过树立明确的目标，有效地沟通，并利用跨职能部门的组织机构，才能突破樊篱，使组织的各个部门珠联璧合，运转自如。

❖ 5.2 发展型战略

5.2.1 发展型战略的概念

发展型战略是企业在现有战略基础上向更高一级的目标发展战略。该战略以发展为导向，引导企业不断地开发新产品，开拓新市场，采用新的生产方式和管理方式，以便扩大企业的产销规模，提高竞争地位，增强企业的竞争实力。发展型战略也称增长型战略或成长型战略，是一种使企业在现有的战略基础水平上向更高一级的目标发展的战略。它以发展作为自己的核心内容，引导企业不断地开发新产品、开拓新市场，采用新的生产方式和管理方式，以便扩大企业的产销规模，提高竞争地位，增强企业的竞争实力。从企业发展的角度来看，任何成功的企业都应当经历长短不一的发展型战略实施期，因为本质来说只有发展型战略才能不断地扩大企业规模，使企业从竞争力弱小的小企业发展成为实力雄厚的大企业。

发展型战略目标按其对发展速度的追求，可分为三种不同类型的发展型战略目标，它们分别是激进型发展战略目标、稳妥型发展战略目标和保守型发展战略目标。

1. 激进型发展战略目标

激进型发展战略目标是指企业对其发展速度的目标大于其行业发展速度许多倍，以其现有的资源与能力来看战略目标实现有非常大的挑战性的发展型战略目标。激进型发展战略目标需要企业投入较大的资本或其他资源的投入，当行业面临绝佳的发展机会时，如行业被众多消费者认知，正进入快速增长阶段时，或者国家政策的重大变化可能改变行业格局时，或者企业自身在某个技术方面取得突破时，当出现这些情况时比较适合激进型发展战略，如果错失这样的机会，企业可能会永远难以找回类似的机会。

2. 稳妥型发展战略目标

稳妥型发展战略目标是指企业对其发展速度的目标大于其行业发展速度，充分发挥其现有的资源与能力基本能实现战略目标的战略目标。稳妥型发展战略目标需要企业进行一定的资本或其他资源的投入，当行业环境未出现重大变故，企业自身能力也未出现重大变化时，比较适合稳妥型发展战略目标。

3. 保守型发展战略目标

保守型发展战略目标是指企业对其发展速度的目标稍微快速其行业发展速度，以其自身拥有的资源与能力及其相应战略性措施的实施，基本能实现目标的战略目标。保守型发展战略目标不需要企业进行过多投入，基本维持现有资本与资源状况，当行业环境和企业自身能力都未出现重大变化时，企业也不想投入过多资源来发展时，比较适合保守型发展战略目标。

5.2.2 发展型战略的特征

与其他类型的战略相比，发展型战略有以下的特征：

1. 扩大企业规模

市场占有率的发展可以说是衡量发展的一个重要指标，发展型战略的体现不仅应当有绝对市场份额的增加，更应有在市场总容量发展的基础上相对份额的增加。因此，发展型战略倡导企业投入大量资源，扩大产销规模，提高产品的市场占有率，增强企业的竞争实力。

2. 立足创新发展

发展型战略指导下的企业经常开发新产品、新市场、新工艺和对旧产品开发新用途等，以把握更多的发展机会，谋求更大的回报。同时，发展型战略强调通过创造新产品和新需求来引导消费，创造消费。

3. 改善经营效果

实施发展型战略的企业往往取得大大超过社会平均利润率的利润水平。由于发展速度较快，制定发展型战略的企业更容易获得较好的规模经济效益，从而降低生产成本，获得超额的利润率。研究表明，奉行发展型战略的公司比那些处在同等环境中的公司销售收入、利润增长具有优势。

4. 主动适应环境

与简单的适应外部环境的变化不同，采用发展型战略的企业倾向于通过创造以前并不存在的某物或对某物的需求来改变外部环境使之适合于自身。这种去引导或创造合适环境的特点是由其发展的特性决定的，要真正实现既定的发展目标，势必要有特定的合适外部环境，并要求企业主动适应环境变化。

5. 非价格手段竞争

采用发展型战略的企业不仅仅在开发市场上下功夫，还在新产品开发、管理模式上寻求优势，因而企业通常很少采用会损伤自身利益的价格战，而是以产品创新、优质服务及高效管理等作为竞争手段。

5.2.3 发展型战略的优缺点

企业的发展要靠发展型战略目标来实现，但企业不能一味地采取发展型战略目标。是否采用发展型战略目标，由企业所处的外部环境和企业自身的实力来决定，发展型战略目标既有优点，也有缺点。

1. 发展型战略的优点

和其他战略相比，发展型战略的优点主要表现在以下几个方面：

(1)发展型战略目标可以使企业通过发展扩大自身规模，实现更大的价值，这体现了经过发展后的公司市场份额和绝对财富的增加，这种价值既可以成为企业员工的一种荣誉，又可以成为企业进一步发展的动力。

(2)发展型战略目标可以使企业能通过不断变革来创造更高的生产经营效率与效益。由于企业的发展，企业可以获得过去不能获得的崭新机会，避免企业组织的老化，使企业总是充满生机和活力。

(3)发展型战略目标能保持企业的竞争实力，实现特定的竞争优势。如果竞争对手都采取发展型战略，如果企业还在采取稳定型战略或收缩型战略，那么在企业发展规模上会落后于竞争对手，就很有可能在未来与竞争对手相比丧失竞争优势。

2. 发展型战略的缺点

发展型战略目标同样存在缺点，发展型战略目标的缺点主要表现在以下几个方面：

(1)发展型战略有可能造成超过企业自身实力的盲目发展。发展型战略目标获得初期的效果后，很可能使企业盲目的发展，导致企业为了发展而扩张，而其发展目标超出了企业自身资源和能力，致使欲速则不达。要克服这一弊端，要求企业在作每一个战略态势决策之前都必须重新审视和分析企业的内外部环境，判断企业的资源状况和外部机会。

(2)发展型战略目标很可能降低企业的综合素质。企业的应变能力虽然表面上不错，而实质上却出现内部危机和混乱。这主要是由于企业新增机构、设备、人员太多而未能形成一个有机的相互协调的系统所引起的。针对这一问题，企业人可以考虑设立一个战略管理的临时性机构，负责统筹和管理发展后企业内部各部门、人员之间的协调，在各方面的因素都融合在一起后，再考虑取消这一机构。

(3)发展型战略可能造成企业重视宏观发展而忽视微观问题。发展型战略目标很可能是企业管理者更多的注重投资结构、收益率、市场占有率、企业的组织结构等问题，而忽视产品的服务或质量，因而不能使企业达到最佳状态。要克服这一弊端，需要企业管理者对发展型战略有一个正确而全面的理解，要意识到企业的战略态势是企业战略体系中的一个部分，因而在实施过程中必须通盘考虑。

5.2.4 发展型战略的适用性

发展型战略是一种最流行、使用最多的战略。虽然发展型战略能够给企业带来某些好处，但并不是所有的企业都适用采取发展型战略。因此，企业在采取发展型战略之前，必须分析自己是否有条件采取该战略。这主要包括以下几个方面：

1. 企业必须分析战略规划期内宏观经济景气度和产业经济状况

这是由企业发展型战略的发展公式所决定的——企业要实施发展型战略，就必须从环境中取得较多的资源。如果未来阶段宏观环境和行业微观环境较好的话，企业比较容易获得这些资源，所以就降低了实施该战略的成本。另一方面，从需求的角度来看，如果宏观和中观的走势都较令人乐观的话，消费品需求者和投资品需求者都有一种理性的预期，认为未来的收入会有所提升，因而其需求将会有相应幅度的发展，保证了企业发展型战略的需求充足。从上面分析可以看出，在选择发展型战略之前必须对经济走势作一个较为细致的分析，良好的经济形势往往是发展型战略成功的条件之一。

2. 发展战略必须符合政府管制机构的政策法规和条例等约束

世界上大多数国家都鼓励高新技术企业的发展，因而这类企业可以考虑用一定的发展战略。例如菲利普·莫里斯公司就将发展的重点放在受政府管制较少的啤酒行业，因此获得了企业总体的发展。

3. 企业必须有能力获得充分的资源来满足发展型战略的要求

由于采取发展型战略需要较多的资源投入，因此企业从内部和外部获得资源的能力就显得十分重要。这里的资源是一个广义的概念：既包括通常意义上的资本资源，也包括人力资源、信息资源等。在资源充分性的评价过程中，企业必须自己问自己一个问题："如果企业在实行发展型战略的过程中由于某种原因暂时受阻，它是否有能力保持自己的竞争地位?"如果回答是肯定的，那表明企业具有充分的资源来实施发展型战略，反之则不具备。

4. 判断发展型战略的合适性还要分析企业文化

企业文化是一个企业在其运行和历史发展中所积淀下来的深植于员工心中的一套价值观念。不同的企业具有各异的文化特质。如果一个企业的文化氛围是以稳定为主旋律的话，那么发展型战略的实施就要克服相应的"文化阻力"，这无疑增加了战略的实施成本。然而，企业文化也并不是一成不变的事物，事实上，积极和有效的企业文化的培育必须以企业战略作为指导依据。这里要强调的只是企业文化有可能会使某种战略的实施带来一定的成本，而并不是认为企业文化决定企业战略。

5.2.5 发展型战略的类型

企业发展战略强调充分利用外部环境所给予的机会，大量投资以求得企业在现有规模基础上向更高一级的期望目标发展。从企业选择发展的经营业务内容和范围来看，我们把发展战略主要归纳为三种类型：密集型发展战略、一体化发展战略、多样化发展战略。

1. 密集型发展战略

密集型发展战略是指企业在原有生产范围内充分利用在产品和市场方面的潜力，以快于过去的增长速度来求得成长与发展的战略。该种战略又称为集中型发展战略或集约型成长战略，是较为普遍采用的一种公司战略类型。这种发展战略往往采用以快于过去的增长速度来增加企业现有产品或劳务的销售额，利润额或市场占有率。这是企业内部战略经营单位或中小企业最常采用的发展战略之一，并且在社会对该产品或劳务的需求日益增大时最为成功。

采用这种战略的前提是对本企业产品或劳务的销售量、利润额或市场占有率的增长潜力做出分析，然后再针对分析的结果，企业可采取相应策略和措施。在具体实施过程中，密集型发展战略主要有以下几种策略：

(1)市场渗透战略。市场渗透战略是以现有产品在现有市场范围内通过更大力度的营销努力提高现有产品或服务的市场份额的战略。一般情况下，当企业的产品或服务在当前市场中还未达到饱和时，即市场处于成长期，采取市场渗透战略具有潜力。当现有用户对产品的使用率还可显著提高时，企业可以通过营销手段进一步提高产品的市场占有率。在整个行业的销售额增长时，竞争对手的市场份额却呈现下降趋势，企业就可通过市场份额的增加获得收益。企业在进行产品营销时，随着营销力度的增加，其销售呈上升趋势，且二者的相关度能够保证市场渗透战略的有效性。企业通过市场渗透战略带来市场份额的增加，使企业达到销售规模的增长，且这种规模能够给企业带来显著的市场优势。

市场渗透战略的主要实现途径包括提高现有顾客的使用频率、吸引竞争对手的顾客和潜在用户购买现有产品。实施市场渗透战略的主要措施包括：增加销售人员、增加广告开支、采取多样化的促销手段或加强公关宣传。

市场渗透战略既可单独采用，也可同其他战略结合使用。这种战略风险一般较小。但如果出现这样四种情况，也可能风险很大：第一，企业在市场上不能处于绝对优势地位；第二，企业管理者把精力放在现有事务处理上，错过了更好的投资机会；第三，顾客兴趣的改变导致企业现有目标市场的衰竭；第四，一项大的技术突破可能会使产品成为废物。

⑵市场开发战略。市场开发战略是密集型发展战略在市场范围上的扩展，是将现有产品或服务打入新市场的战略。比市场渗透战略具有更多的战略机遇，能够减少由于原有市场饱和而带来的风险，但不能降低由于技术的更新而使原有产品遭受淘汰的风险。

实施市场开发战略的一般条件主要有五个方面：一是在空间上存在着未开发或未饱和的市场区域；二是企业可以获得新的、可靠的、经济的、高质量的销售渠道；三是企业拥有扩大经营所需的资金、人力和物质资源；四是企业存在过剩生产能力；五是企业的主营业务是全球化惠及的行业。

市场开发有三种主要方法：一是在当地寻找潜在顾客，这些顾客尚未购买该产品，但是他们对产品的兴趣有可能被激发；二是企业可以寻找新的分市场，使现有产品进入新的细分市场；三是企业可以考虑扩大其市场范围，建立新的销售渠道或采取新的营销组合，发展新的销售区域。

⑶产品开发战略。产品开发战略是密集型成长战略在产品上的扩展。它是企业在现有市场上通过改造现有产品或服务，或开发新产品或服务而增加销售量的战略。从某种意义上讲，产品开发战略是企业成长和发展的核心，实施这一战略可以充分利用现有产品的声誉和商标，吸引对现有产品有好感的用户对新产品产生关注。这一战略的优势在于企业对现有市场有充分的了解，产品开发针对性强，容易取得成功。但另一方面，由于企业局限于现有的市场上，也容易失去获取广大新市场的机会。

实施产品开发战略的一般条件主要有五个方面：一是企业拥有很高的市场信誉度，过去的产品或服务的成功，可以吸引顾客对新产品的使用；二是企业参与竞争的行业属于迅速发展的高新技术产业，在产品方面进行的各种改进和创新都是有价值的；三是企业所处的行业高速增长，必须进行产品创新以保持竞争优势；四是企业在产品开发时，提供的新产品能够保持较高的性能价格比，比竞争对手更好地满足顾客的需求；五是企业具备很高的研究和开发能力，拥有完善的新产品销售系统，可以不断进行产品的开发创新。

实施产品开发战略具体的做法有：利用现有技术增加新产品；在现有产品的基础上，增加产品的花色品种；改变产品的外观、造型，或赋予产品新的特色；推出不同档次、不同规格、不同式样的产品。

2. 一体化发展战略

一体化发展战略是指企业充分利用自身产品（业务）在生产、技术和市场等方面的优势，沿着其产品（业务）生产经营链条的纵向或横向，通过扩大业务经营的深度和广度来扩大经营规模，提高收入和利润水平，不断发展壮大。一体化战略是将独立的若干部分加在一起或者结合在一起成为一个整体的战略。其基本形式有横向一体化和纵向一体化。

⑴横向一体化战略。横向一体化战略是指企业通过购买与自己有竞争关系的企业或与之联合及兼并来扩大经营规模，获得更大利润的发展战略。企业采用横向一体化战略的主要目的是减少竞争压力、实现规模经济和增强自身实力以获取竞争优势。

横向一体化战略是企业在竞争比较激烈的情况下进行的一种战略选择，主要实现途径包括三个方面：一是购买，即一家实力占据优势的企业购买与之竞争的另一家企业；二是合并，即两家相互竞争而实力和规模较为接近的企业合并为一个新的企业；三是联合，即两个或两个以上相互竞争的企业在某一业务领域进行联合投资、开发和经营。

一般比较适宜采用横向一体化战略的情形有五个方面：一是企业所在产业竞争较为激烈；二是企业所在产业的规模经济较为显著；三是企业的横向一体化符合反垄断法律法规，能够在局部地区获得一定的垄断地位；四是企业所在产业的增长潜力较大；五是企业具备横向一体化所需的资金、人力资源等。

⑵纵向一体化战略。纵向一体化战略也称为垂直一体化战略，是指生产或经营过程相互衔接、紧密联系的企业之间实现一体化，按物质流动的方向又可以划分为前向一体化和后向一体化。

前向一体化是指企业的业务向消费它的产品或服务的行业扩展。前向一体化使企业能够控制销售过程和销售渠道，有助于企业更好地掌握市场信息和发展趋势，更迅速地了解顾客的意见和要求，从而增加产品的市场适应性。一般情况下，前向一体化战略的适用条件有四个方面：一是企业现有的销售商销售成本较高或者可靠性较差而难以满足企业的销售需要；二是企业所在产业的增长潜力较大；三是企业具备前向一体化所需要的资金、人力资源等；四是销售环节的利润率较高。

后向一体化是指企业向为它目前的产品或服务提供作为原料的产品或服务的行业扩展。有些企业采取向前一体化或向后一体化战略，是希望通过建立全国性的销售组织和扩大生产规模，来获得规模经济带来的利益，从而降低成本，增加利润。后向一体化战略的适用条件有五个方面：一是企业现有的供应商供应成本较高或者可靠性较差而难以满足企业对原材料、零件等的需求；二是供应商数量较少而需求方竞争者众多；三是企业所在产业的增长潜力较大，具备后向一体化所需的资金、人力资源等；四是供应环节的利润率较高，企业产品价格的稳定对企业十分关键；五是后向一体化有利于控制原材料成本，从而确保产品价格的稳定。

3. 多样化发展战略

多样化战略又称为多元化发展战略、多角化发展战略，是指一个企业的经营业务已超出一个行业的范围，并且生产经营多种不同经济用途的产品和劳务的一种经营发展战略。多样化发展战略主要有如下三种形式：

⑴同心多样化。同心多样化又被称为相关多样化或集中多样化。这种战略是指以企业现有的设备和技术能力为基础，发展与现有产品或劳务不同的新产品或新业务。同心多样化是一种增加与企业目前的产品或服务相类似的新产品或服务的发展战略。这种战略的出发点是充分利用现有资源条件，包括技术、人才、资金、销售渠道和顾客群等。与其他类型多样化相

比，同心多样化的优点是开发成本较低，成功的可能性较大并且较容易形成产品系列，因而是中小企业发展初期的首选方式。但同心多样化相对来说，实施风险仍旧存在，尤其较易受行业衰退的影响。

(2)水平多样化。水平多样化又被称为专业多样化，它是指以现有用户为出发点，向其提供新的、与原有业务不相关的产品或服务。水平多样化基于原有产品、市场和服务进行变革，因而在开发新产品、服务和开拓新市场时，可以较好地了解顾客的需求和偏好，风险相对较小。比较适合原有产品信誉高、市场广且发展潜力大的企业。

(3)复合多样化。复合多样化是一种增加与企业目前的产品或服务显著不同的新产品或服务的发展战略。复合多样化的最大优点在于它能较为有效地分散企业的经营风险，使企业能抗衡较为强烈的行业波动，此外，企业通过复合多样化能把握住更多的机会，使企业能在不同的领域实现非均衡发展，使资源不断向优势行业和市场转移。复合多样化战略的缺点是导致组织结构的膨胀，加大了管理上的难度;同时，一味地追求多样化，企业有可能在各类市场中都不占领先地位，当外界环境发生剧烈变化时，企业会首先受到来自各方面的压力，导致巨大的损失，甚至给企业造成灭顶之灾。

❖ 5.3 稳定型战略

5.3.1 稳定型战略的概念

稳定型战略是企业在内外部环境约束下，准备在战略规划期使企业的资源分配和经营状况基本保持在目前状态和水平上的战略。按照稳定型战略，企业目前所遵循的经营方向及其正在从事经营的产品和面向的市场领域、企业在其经营领域内所达到的产销规模和市场地位都大致不变或以较小的幅度增长或减少。从企业经营风险的角度来说，稳定型战略的风险是相对小的，对于那些曾经成功地在一个处于上升趋势的行业和一个变化不大的环境中活动的企业来说很有效。

稳定型战略目标按其目的，产生了三种不同类型的维持性战略，它们分别是适应型维持战略、失败型维持战略、调整型维持战略。

1. 适应型维持战略

适应型维持战略是企业为了适应外界环境而采取的一种战略。当外部环境面临经济衰退时，或者产业进入成熟期或者衰退期，或者企业产品或服务需求基本无增长，或者外部环境变化不明朗需进一步观察时，在这些情况下，企业可以采取适应型维持战略。适应型维持战略的使用条件就是企业预测到或已经感知到了外界环境对企业采取发展型战略不利时，只能采用维持性战略。

2. 失败型维持战略

失败型维持战略是指企业由于经营失误造成企业竞争地位不稳固、经营状况较差，采用稳定型战略保存现有实力，待度过暂时困难再寻进一步发展的战略。失败型维持战略的使用条件使企业出现一些问题，如产品滞销、财务状况恶化等。

3. 调整型维持战略

调整型维持战略的动机既不是经济衰退，也不是经营的失误，而是为了积蓄能量，以后寻机进一步发展的战略。企业在一段较长时间的快速发展后，企业可能会遇到一些问题使得效率下降，这时就可以采用调整型维持战略，即在一定时期内降低企业的目标和发展速度，将更多精力和资源投入到经营管理基础建设，解决企业快速发展后经营管理体系滞后的问题。调整型维持战略可以充分达到让企业积聚能量，为今后的发展做准备。

5.3.2 稳定型战略的特征

稳定型战略主要依据于前期战略，它坚持前期战略对产品和市场领域的选择，它以前期战略所达到的目标作为本期希望达到的目标。因此，实行稳定型战略的前提条件是企业过去的战略是成功的。由于稳定型战略从本质上追求的是在过去经营状况基础上的稳定，它具有如下特征：

1. 稳定型战略的基础是稳定的业绩水平

企业对过去的经营业绩表示满意，决定追求既定的或与过去相似的经营目标。企业过去的经营目标是在行业竞争中处于市场领先者的地位，稳定型战略意味着在今后的一段时期里依然以这一目标作为企业的经营目标。

2. 稳定型战略所追求的绩效按大体的比例递增

与发展型战略不同，这里的增长是一种常规意义上的增长，而非大规模的和非常规的迅猛发展。稳定型增长可以指在市场占有率保持不变的情况下，随着总的市场容量的增长，企业的销售额的增长，而这种情况则并不能算典型的发展型战略。实行稳定型战略的企业，总是在市场占有率、产销规模或总体利润水平上保持现状或略有增加，从而稳定和巩固企业现有的竞争地位。

3. 稳定型战略的基本思路是坚持原有发展战略

稳定型战略目标使企业准备以过去相同的或基本相同的产品或劳务服务于社会，这意味着企业在产品的创新上较少。稳定型战略主要依据于前期战略，它坚持前期战略对产品和市场领域的选择，它以前期战略所达到的目标作为后期希望达到的目标。

5.3.3 稳定型战略的优缺点

采取稳定型战略目标的企业，一般处在市场需求及行业结构稳定或者较小动荡的外部环境中，因而企业所面临的竞争挑战和发展机会都相对较少。但是，有些企业在市场需求以较大的幅度增长或是外部环境提供了较多的发展机遇的情况下也会采取稳定型战略，这些企业一般来说是由于资源与能力状况不足以使其抓住新的发展机会而不得不因此采用相对保守的稳定型战略目标。稳定型战略目标既有其优点，也有其缺点。

1. 稳定型战略的优点

和其他战略相比，稳定型战略的优点主要表现在以下几个方面：

(1)稳定型战略使企业的经营风险相对较小。由于企业基本维持原有的产品和市场领域，从而可以用原有的生产领域、渠道，避免开发新产品核心市场的巨大资金投入、激烈的竞争抗衡和开发失败的巨大风险。

(2)稳定型战略能避免因改变战略而改变资源分配的困难。由于经营领域主要与过去大致相同，因而稳定型战略不必考虑考虑原有资源的增量或存量的调整，相对于其他战略态势来说，显然要容易得多。

⑶稳定型战略能回避因发展过快而导致的弊端。在行业迅速发展的时期，许多企业无法看到潜伏的危机而盲目发展，结果造成资源的巨大浪费。

⑷稳定型战略能给企业一个较好的修整期，使企业积聚更多的能量，以便为今后的发展做好准备。从这个意义上说，适时的稳定型战略将是增长性战略的一个必要的酝酿阶段。

2. 稳定型战略的缺点

稳定型战略目标同样存在缺点，稳定型战略目标的缺点主要表现在以下几个方面：

⑴稳定型战略的执行是以市场需求、竞争格局等内外条件基本稳定为前提的。一旦企业的这一判断没有得到验证，就会打破战略目标、外部环境、企业实力之间的平衡，使企业陷入困境。因此，如果环境预测有问题的话，稳定型战略也会有问题。

⑵稳定型战略在特定细分市场也会有较大的风险。由于企业资源不够，企业会在部分市场上采用竞争战略，这样做实际上是将资源重点配置在这几个细分市场上，因而如果对这几个细分市场把握不准，企业可能会更加被动。

⑶稳定型战略也会使企业的风险意识减弱，甚至形成害怕风险、回避风险的文化，这就会大大降低企业对风险的敏感性、适应性和冒风险的勇气，从而增加了以上风险的危害性和严重性。

5.3.4 稳定型战略的适用性

一般情况下，企业往往会根据外部环境和企业自身实力来决定是否采取稳定型战略，因此，企业外部环境和企业自身实力对稳定型战略的影响非常大。

1. 外部环境对稳定型战略的影响

外部环境的相对稳定性会使得企业更倾向于稳定型战略。影响外部环境稳定性的因素很多，大致包括以下几方面：

⑴宏观经济状况。如果宏观经济在总体上保持总量不变或总量低速增长，那么企业所处行业的上游、下游产业也往往只能以低速增长，这就势必影响到该企业所处行业的发展，使其无法以较快的速度发展。因此，由于宏观经济的慢速增长会使得某一产业的增长速度也降低，这就会使得该产业内的企业倾向于采用稳定型战略，以适应这一外部环境。

⑵产业技术创新。如果企业所在的产业技术相对成熟，技术更新速度较慢的话。企业过去采用的技术和生产的产品无需经过太大的调整就能满足消费者的需求和与竞争者抗衡。这样使得产品系列及其需求保持稳定，从而促使企业采用稳定型战略。

⑶消费需求偏好。这一点其实是决定产品系列稳定度的另一方面：消费者频繁的偏好转移势必使得企业在产品特性和营销策略上与过去的做法有所不同，否则将会被竞争对手所击败，而这种策略上的变动毫无疑问将影响到企业的经营战略。因为企业若继续采用稳定型战略类型的话，很可能陷入被动。从这点来看，稳定型战略适合于消费者需求偏好较为稳定的企业。

⑷产品生命周期。对于处于行业或产品的成熟期的企业来讲，产品需求、市场规模趋于稳定，产品技术成熟，新产品的开发和以新技术为基础的新产品开发难以取得成功，因此以产品为对象的技术变动频率低，同时竞争对手的数目和企业的竞争地位都趋于稳定，这时提高市场占有率、改变市场地位的机会很少，因此较为适合采用稳定型战略。

⑸行业竞争格局。如果某企业所处行业的进入壁垒非常高或由于其他原因使得该企业所

处的竞争格局相对稳定，竞争对手之间很难有较为悬殊的业绩改变，则企业若采用稳定型战略可以获得最大的收益，因为改变竞争战略带来的业绩增加往往是不尽如人意的。

2. 内部实力对稳定型战略的影响

企业战略的实施既需要与外部环境相适应，又需要有相应的资源和实力。即使外部环境为企业提供了有利的发展机会，也并不意味着所有的企业都适合采用增长型战略。

⑴当外部环境较好时，如果企业资源不够充分，例如可以用来投资的资金不足、研究开发力量较差或在人力资源方面无法满足增长型战略的要求时，就无法采取扩大市场占有率的战略。在这种情况下，企业可以采取以局部市场为目标的稳定型战略，以便有限的企业资源能集中在某些自己有竞争优势的细分市场，维护竞争地位。

⑵当外部环境较为稳定时，资源较为充足的企业与资源相对较为稀缺的企业都应当采用稳定型战略，以适应外部环境，但两者的做法可以不同。前者可以在更为宽广的市场上选择自己战略资源的分配点，而后者则应当在相对狭窄的细分市场上集中自身资源，以求稳定发展。

⑶当外部环境较为不利，比如行业处于生命周期的衰退阶段时，则资源丰富的企业可以采用一定的稳定型战略。而对那些资源不够充足的企业来说，则应视情况而定：如果它在某个细分市场上具有独特的竞争优势，那么可以考虑也采用稳定型的战略类型；但如果本身就不具备相应的特殊竞争优势，那么不妨实施紧缩型的战略，以将资源转移到其他发展较为迅速的行业。

5.3.5 稳定型战略的类型

在具体实施方式上，稳定型战略又可依据其目的和资源分配的方式分为不同类型，概括起来主要有以下几种类型：

1. 无变化战略

无变化战略似乎是一种没有战略的战略。采用这种战略的企业除了每年按通货膨胀率调整其目标外，其他都暂时保持不变。这种战略一般出于两种考虑：一是先前的战略并不存在重大经营问题，二是过去采用的战略确保了企业经营的重大成功。在这两种情况下，企业高层战略管理者认为没有必要调整现行战略，或者害怕战略调整会给企业带来利益调整和资源配置的困难。

2. 暂停战略

企业在持续了一个快速发展的时期后，容易出现效率下降、组织功能弱化的趋势。战略管理者为了进一步优化内部资源配置，谋求今后更大的发展，可能会采用暂停战略。在暂停战略实施期间，企业可以获得储备积聚内在能量的时间，为以后更大发展作好准备。

3. 维持利润战略

这是一种以牺牲企业未来发展来维持目前利润的战略。维持利润战略注重短期效果而忽略长期利益，其根本意图是渡过暂时性的难关，因而往往在经济形势不大景气时被采用，以维持过去的经营状况和效益，实现稳定发展。但用得不当的话，维持利润战略可能会使企业的元气受到伤害，影响长期发展。

4. 谨慎实施战略

谨慎实施战略是当企业所面临的外部经营环境变化短期内无法预测其发展趋势，而一旦错误地判断了环境变化趋势，实施了错误战略后又会给企业带来重大损失。在此情况下，企业将会有意识地放慢战略调整和战略实施的速度，耐心等待环境变化的趋势明朗化。

※ 5.4 紧缩型战略

5.4.1 紧缩型战略的概念

紧缩型战略又称为撤退型战略，是指企业从目前的战略经营领域和基础水平收缩和撤退，且偏离战略起点较大的一种经营战略。与稳定型战略和发展型战略相比，紧缩型战略是一种消极的发展战略。可以说，紧缩型战略是一种以退为进的战略类型。一般地，企业实行紧缩战略只是短期性的，其根本目的是使企业捱过风暴后转向其他的战略选择。有时，只有采取收缩和撤退的措施，才能抵御对手的进攻，避开环境的威胁和迅速地实行自身资源的最优配置。

企业的资源是有限的，既然企业采取了各种方式进入新的产业或是扩大了业务范围，它们就需要在必要时退出某些业务;而且企业的经营环境在不断变化，原本有利的环境在经过一段时间后会变得不那么有吸引力了;原来能容纳许多企业发展的产业会因进入衰退阶段而无法为所有企业提供最低的经营报酬，或是企业为了进入某个新业务领域需要大量的投资和资源的转移等等。所有上述情况的发生都会迫使企业考虑紧缩目前的经营，甚至于退出目前的业务或实施公司清算，即考虑紧缩型战略类型。

采用紧缩型战略目标的企业可能是出于不同的动机，从这些动机来看，其来源于三种不同类型的紧缩型战略:适应型紧缩战略、失败型紧缩战略、调整型紧缩战略。

1. 适应型紧缩战略

适应型紧缩战略的使用条件就是企业预测到或已经感知到了外界环境对企业经营的不利性，并且企业认为采用维持型战略尚不足以使企业顺利度过这个不利的外部环境。如果企业可以同时采用维持型战略和紧缩型战略，并且两者都能使企业避开外界威胁、为今后发展创造条件，企业应当尽量采用维持型战略，因为它的冲击力要小得多，因而对企业可能造成的伤害就要小得多。适应型紧缩战略使企业为了适应外界环境而采取的一种战略。这种外界环境包括经济衰退，产业进入衰退期，对企业的产品或服务的需求减小等种类。在这些情况下，企业可以采取适应型紧缩战略来渡过危机，以求发展。

2. 失败型紧缩战略

失败型紧缩战略是指企业由于经营失误造成企业竞争地位虚弱、经营状况恶化，只有采用紧缩型战略才能最大限度地减少损失，保存企业实力。失败型紧缩战略的使用条件使企业出现重大的问题，如产品滞销，财务状况恶化、投资已无法收回的情况下，就需要对企业的市场、财务、组织机构等方面作一个全面估计，认真比较实施紧缩型战略的机会成本，经过细致的成本 - 收益分析，最后决定实施什么样的紧缩战略。

3. 调整型紧缩战略

调整型紧缩战略的动机既不是经济衰退，也不是经营的失误，而是为了谋求更好的发展机会，使有限的资源分配到更有效的使用场合。因而，调整型紧缩战略的适用条件使企业存在一个回报更高的资源配置点。为此，需要比较的是企业目前的业务单位和实施紧缩型战略后的资源投入的业务单位。在存在着较为明显的回报差距的情况下，可以考虑采用调整型收缩战略。

5.4.2 紧缩型战略的特征

紧缩型战略的特征主要包括以下几个方面：

1. 企业的效益相应地会受到影响

对企业现有的产品和市场领域实行收缩、调整和撤退策略，削减某些产品的市场规模，放弃某些产品系列，甚至完全退出目前的经营领域。因而从企业的规模来看是在缩小的，同时一些效益指标，比如利润和市场占有率等，都会有较为明显的下降。

2. 尽量争取较大收益和资金价值

对企业资源的运用采取较为严格的控制和尽量削减各项费用支出，往往只投入最低限度的资源，因而紧缩型战略的实施过程往往会伴随着大量员工的裁减，一些奢侈品和大额资产的暂停购买等，目标重点是改善企业的现金流量，争取较大收益和资金价值。

3. 紧缩型战略具有短期性和过渡性质

与稳定和发展两种战略类型相比，紧缩型战略具有明显的过渡性。一般说来，企业只是短期内奉行这一战略，其基本目的是使自己摆脱困境，渡过危机，保存实力，或者消除经济赘瘤，集中资源，然后转而采取其他战略。

5.4.3 紧缩型战略的优缺点

1. 紧缩型战略的优点

与其他战略相比，紧缩型战略的优点主要有以下几个方面：

⑴能够在最大程度上帮助企业顺利渡过难关。在衰退或经营不善的情况下实行紧缩型战略，有利于正确判断经营领域的盈亏状况，及时清理、放弃无利可图或亏损的领域，及时而果断地采用转变或撤退战略，可以通过总结经营失败的教训，通过收缩和退却，尽可能地保存企业实力，渡过危机，以便转移阵地或重新进行投资创业。

⑵能够在最大程度上帮助企业有效地降低损失。采用紧缩型战略，可以使企业经受磨练和考验，企业应变能力也得以加强，在经营不善的情况下使损失最小化。如果一个亏损企业始终不愿放弃无可挽回的事业领域，则会给企业造成更沉重的打击。同时，采取紧缩型战略可以避免竞争，防止两败俱伤。同时，改善资金流量，及时清算，还有助于避免发生相互拖欠债款，因到期不能清偿而引起连锁反应，导致出现信用危机，保持一个相对有利的行业结构和竞争局面。

⑶能帮助企业更好地实行资产的最优组合。如果不采用紧缩性战略，企业在面临一个新的机遇时，只能利用现有的剩余资源进行投资，这样做势必会影响到企业在这一发展机遇上的前景。采用转向、放弃战略，使企业有可能更加有效地配置资源，提高经营质量，发挥和增强企业的优势。

2. 紧缩型战略的缺点

与上述优点相对应，紧缩型战略也有可能为企业带来一些不利之处。采用紧缩型战略的缺点有：

(1)采取缩小经营的措施，往往削弱技术研究和新产品开发能力，使设备投资减少，陷于消极的经营状态，影响企业的长远发展。

(2)收缩战略、转移战略、放弃战略的实施，都需要对人员进行调整，如裁减人员、更换高层领导人等，处理不好会导致员工士气低落、工人与管理者的矛盾以及专业技术管理人员的抵制，反而会限制企业扭转不利局面。

(3)当宏观经济或行业处于衰退期时，企业紧缩经营将导致经济总体的供需关系向缩小均衡方向发展，影响经济的回升或者加速行业的衰退，反而抑制企业的发展。

5.4.4 紧缩型战略的适用性

紧缩型战略的适用条件主要有以下几个方面：

1. 适应外部环境的变化

由于外部环境的变化，经济陷入衰退之中，宏观经济调整、紧缩作用于某一行业的供应、生产、需求等方面而引起的突发性、暂时性衰退。行业本身进入衰退期而必然出现的市场需求减少，规模缩小而出现的渐进式衰退，市场需求缩小，资源紧缺，致使企业在现有的经营领域中处于不利地位，财务状况不佳，难以维持目前的经营状况。

2. 企业出现经营失误后的有效应对

由于企业经营失误造成企业竞争地位虚弱、经济资源短缺、财务状况恶化，只有撤退才有可能最大限度地保存企业实力时被迫采取紧缩型战略，使企业转危为安，渡过难关，提高企业经济效益。

3. 利用有利机会谋求更好发展

因为在经营中出现了更加有利的机会，企业要谋求更好的发展机会，需要集中并更有效地利用现有的资源和条件。为此，要对企业那些不能带来满意利润、发展前景不够理想的经营领域采取收缩或放弃的办法，在不断适应市场需要的同时，使自身取得新的发展机会。

5.4.5 紧缩型战略类型

紧缩型战略可以分为三种类型，即转变战略、撤退战略和清算战略。

1. 转变战略

转变战略是针对那些暂时陷入危机境地而又值得挽救的经营业务活动而言的战略。转变战略的目的是通过各种努力，扭转企业财务状况不佳的局面，以成功地渡过难关，争取形势的好转，如削减支出、削减广告和其他促销费用、加强库存控制、催收应收账款，甚至拍卖某些资产、削减非关键性和低附加值的活动、削减管理人员等等。采取这些措施，有时候对企业震动很大，尤其在企业员工的下岗和分流、管理人员的裁减和更换时震动更大。因此，采取转变战略必须十分谨慎小心。只有当企业本身值得挽救时，才应该采取转变战略。企业在采用转变战略时，必须首先考虑以下两个问题：一是该经营业务是否还能长期盈利？主要分析评价企业所在的竞争性市场所具有的吸引力，以及企业在该竞争性市场的地位；二是如果该项经营业务还能盈利，则需要考虑该项经营业务或企业在长期继续经营中所获得的价值比清算的价值。

实现转变战略，有三种战略模式可供选择：

⑴修订现行战略。如果经营业绩的不善是由原有战略不适宜导致的，具体选择何种途径取决于行业状态、与竞争对手相比企业的独特优势与劣势以及危机的严重程度。根据行业结构特点、企业竞争地位及其经营资源、经营能力的状态分析，可通过下列途径设法改变现行战略：一是采取新的竞争手段，重建企业市场地位；二是改变企业或公司内部的事业部层和职能层的策略，为企业的总体战略提供强有力的支持；三是同该经营领域内的其他企业实行兼并，以兼并后的企业优势为基础，重新制定战略；四是与企业能力相匹配，将企业经营的范围压缩为某一主导产品、某一核心市场。

⑵提高收入战略。如果需求没有价格弹性，也可通过提价来提高收入。在费用削减已经很少或没有余地、经营只能保持盈亏平衡的情况下，增加销售收入是必要的战略选择。提高收入战略的目标是通过增加销售总量、增加销售收入来挽救企业经营业务活动。具体说来，有以下几种方法可供选择：一是削减业务经营活动中的费用；二是改进促销手段；三是增强销售力量，如人员、资金的增加；四是增加为顾客服务的项目；五是迅速实现产品的改进。

⑶降低成本战略。企业的成本优势是多种竞争优势的综合反映，成本优势决定了价格优势，因此，当企业的成本结构具有弹性、企业经营接近于盈亏平衡点时，降低成本也就成为处在危难之中的企业转变战略的最佳选择。这方面措施多种多样，从人、财、物等经营资源的有效利用，到设备、技术的现代化以及生产过程的科学化、产品设计合理化等都可以为企业降低成本。

2. 撤退战略

战略撤退能够保存企业实力，等待时机再进攻。当企业现金流量日趋紧张时，企业从整体战略出发，选择撤退战略。其方法包括出卖部分资产、削减支出、削减广告和促销费用、加强库存控制、催收应收账款、削减管理人员，或者撤出一些产品线或部分市场，将企业资源集中到企业的主导产品、核心市场上。企业资产的削减不但可以增加现金来源、摆脱亏损的经营事业，更重要的是还可以通过资金的筹集来加强和巩固保留下来的经营业务。采取撤退战略对经营者来说是个痛苦的选择，它会遇到经济上和管理上的障碍，经营者应当审时度势，具备果断决策的能力。

撤退战略包括两种类型，即放弃战略和分离战略。

⑴放弃战略。放弃战略以现金回收为出发点，企业暂时还留在夕阳产品的市场中，但不再进行任何新的投资，停止一切设备的维修，中止所有广告活动和研究开发，尽量减少产品的型式和种类，停止一切售后服务，缩减产品的分销渠道等。总之，这种战略要从企业的实际出发，以尽快回收现金为目的，最终放弃这一领域。企业遇到很大困难、预计难以通过转变战略扭转局面或采用转变战略失败后，企业可以采用放弃战略，把经营资源从某一经营领域中撤出。

⑵分离战略。分离战略可以采取两种形式：一是将某一事业部单位从公司中分离出去，让此单位在财务和管理上有其独立性，母公司只保存部分所有权或者完全没有所有权；二是找到愿意进入该事业部领域的买主，将这一事业部单位出售。企业采用分离战略的原因多种多样，首先可能是事业部单位的经营内容与企业整体经营的内容状况不协调，不适合企业战略发展的需要，尽管这些单位的经营还能盈利；其次可能是企业财务的需要，如筹集资金，保证企业财务稳定以利于主导产品经营优势的发挥，因而分离某个事业部单位的经营项目以便增加企业的现金流量。

3. 清算战略

清算战略又称清理战略，是指企业受到全面威胁、濒于破产时，通过将企业的资产转让、出卖或者停止全部经营业务结束企业的生命。也就是指企业由于无力偿还债务，通过出售或转让企业的全部资产，以偿还债务或停止全部经营业务，从而结束企业生命的一种战略。

清理分为自动清理和强制清理两种形式，前者一般由股东决定，后者须由法庭决定。清算战略是最不受欢迎的一种战略类型。清算意味着出售企业的某些部分，但这时出售的基本上是有形资产，而不是像退出战略那样，能出售包括企业全部或部分业务能力的整体。清算战略的实施意味着承认经营失败，将给企业内所有人员造成一定打击。特别是当企业只有一种业务时，清算就意味着关门。为此，清算战略是几种公司战略中采用最为谨慎的一种。但在确实毫无希望的情况下，尽早地制定清算战略，企业可以有计划地逐步降低企业股票的市场价值，尽可能多地收回企业资产，减少全体股东的损失，从而把企业经营管理的损失降低到最小化。

☞ **思考题：**

1. 企业进行战略选择应考虑哪些因素？
2. 试分析发展型战略的优缺点。
3. 简述外部环境对稳定型战略的影响。
4. 稳定型战略的实施过程中有哪几种类型？
5. 紧缩型战略的适用条件有哪些？

【案例分析】　　宝洁公司的战略竞争策略

作为领导型品牌，宝洁公司是全美小包装消费品行中的佼佼者。它实行了以下策略来维护其品牌的领导地位。

1. 了解顾客。宝洁公司通过连续不断的市场调查，了解自己顾客的基本情况，同时还设立免费投诉专用电话，顾客能随时直接打电话就公司的产品提出批评意见。

2. 长期展望。宝洁公司对每一个市场机会都倾心研究，从而设计出最佳产品，然后经过长期努力，使产品获得成功。例如，公司普林勒斯牌油炸土豆片虽然屡遭挫折，但他们仍苦心经营，使之日臻完善。

3. 产品革新。宝洁公司是积极的产品革新和按利益进行市场细分的热心者。它不是用大量广告投入推出相同品牌的产品，而是推出新的品牌。该公司花费10年时间，研制出第一种有效防治龋齿的牙膏——克蕾丝。之后又历时数年，研究并推出了第一种有效去头皮屑的洗发精——海飞丝。该公司通过消费者全面彻底检测新产品，只有消费者表示出对该品牌产品真正的喜爱时，它才将新产品推销到全国市场上。

4. 质量策略。宝洁公司设计的是超出一般质量水平的高质量产品，产品一经推出，公司便坚持不懈地长期致力于提高产品质量。

5. 占领产品两翼阵地。宝洁公司生产不同尺寸和不同款式的品牌，以满足顾客的不同偏好。这使其品牌在货架上占据更多的空间，从而防止了竞争者入侵未被占领的市场。

6. 多品牌策略。宝洁公司首创在同类产品中营销几个品牌的策略艺术。例如，该公司产生的洗衣粉一共有10个品牌，每个品牌在消费者心目中的定位都略有差异。有几种品牌在货架上“封锁”了货架的空间，同时也就增强了对经销商的影响。

7. 品牌扩张策略。宝洁公司常常用自己著名的品牌来推出新产品。如象牙牌已经从肥皂发展到液体皂和洗衣粉。用现有的强大品牌推出新产品可节约大量广告预算，使新产品迅速获得认可和信誉。

8. 大做广告。宝洁公司是美国最大的小包装消费品广告客户，它从不惜耗费巨资，在消费者中保持较高知名度，刺激其偏好。

9. 朝气蓬勃的销售人员。宝洁公司有着第一流的市场营销人员，他们卓有成效地获得货架空间，与零售商合作在现场进行展销和促销活动。

10. 有效的促销。宝洁公司设立了一个促销部门，协助各位品牌经理进行卓有成效的促销活动，以便达到其特定目标。该部门研究消费者的信息和贸易成交结果，并就这些信息和结果在各种不同的条件下的有效性提出专家意见。

11. 强硬竞争。宝洁公司总是使用大棒逼迫入侵者就范。为了通过促销活动打垮新的竞争品牌，阻止它们在市场上站稳脚跟，花费巨资也在所不惜。

12. 生产效率。宝洁公司作为著名的营销公司享有盛望，作为生产商它也是声名卓著。该公司花费巨资发展和改善生产经营，使其产品成本在全行业中处于最低水平。

13. 品牌管理系统。宝洁公司首创品牌管理系统。每一个品牌都由一名经理全面负责。许多竞争者仿效这一系统，但是总比宝洁公司逊色一筹。因为该公司多年实行这种系统，以使这种系统大加改善。

由此可见，宝洁公司之所以能保持其领导地位，不是因为它在某个环节上获得成功，而是因为它卓有成效而协调地将市场领导的诸要素组合在一起了。

【拓展训练】　　如何制定公司的战略差异化

耐克的差异化在于品牌实力、公司与顶尖运动员的关系，以及注重性能的卓越产品设计。苹果的差异化包括开发易用软件的强大能力、iTunes 整合系统，以及简洁的设计和产品线。作者研究发现，真正成功的公司都是围绕少数鲜明且稳健的形式来制定战略差异化的，而且这些差异化形式自成体系，并相互加强。

公司最强大业务中的最强大差异化来源，是公司最宝贵的资产。然而，研究显示，大多数公司的管理团队很少讨论或衡量这些来源，因此对于这些来源是什么，更是莫衷一是。

要扭转这种局面，关键是要用一种系统性的方法来认识差异化的来源。一种办法就是回顾分析公司最近实施的 20 项增长投资和计划，从中找出它们的共性。公司在思考自己的关键差异点时，不妨参考一下以下标准：(1) 它们真的与众不同吗？(2) 与竞争对手具有可比性吗？(3) 与你提供给核心客户的服务相关吗？(4) 相互加强吗？(5) 被公司各级员工清楚理解吗？公司对自身模式和成功来源认识得越准确，就越能准确地将创新资源投入到面临威胁最大和变革需求最大的领域。

公司实现增长的最佳途径，通常是在新的领域复制自己最强大的战略差异化优势。而可复制商业模式的强大之处，就在于它将差异化来源转化为人人都能理解和遵循的惯例、行为和活动体系。

尽管差异化处于可复制商业模式的核心位置，但它需要一个高度专注又快速适应的组织来提供支持。作者的研究表明，如果公司能够将差异化转化为几条简单的不容商榷的原则，并传达到一线，如果公司能够建立稳健的学习体系，使自己不断适应变化，强大的差异化就能创造最持久的利润。

不容商榷的原则是可复制性的基石，让所有人能够有统一的认识。不容商榷的原则将公司差异化背后最重要的信念和假设转化为几条规定性陈述，所有员工都能够理解和认同这些陈述，并在做出权衡和决策时加以参照。共同的观点、核心的信念，以及共同的语言，有助于增强每个人的沟通能力，培养自我组织，从而减少层级和工作移交次数，缩短沟通线路。所有这一切都有助于提高企业的效率，也就意味着你能比竞争对手把握更多的增长机会，并在单位时间内取得更多的成果。

稳健的学习体系清晰的差异化在必要原则的支持下，能够给公司带来竞争优势——至少短期内是这样。不过，随着市场的变化，成功的公司还必须能够快速学习，并适应新的形势。在拥有可复制模式的公司中，最常用的学习方法是直接及时的客户反馈。而先锋集团、苹果以及其他许多公司采用的净推介值法，就是最有力的证明。

如果没有建立不容商榷的原则和稳健的学习体系，也没有强有力的管理来保持和保护差异化，那么，可复制的战略差异化就会衰退，甚至荡然无存。诺基亚就是一个令人警醒的例子。它在统治市场长达十几年后，仅一年时间就把市场地位拱手让给了苹果、谷歌和RIM公司。

研究表明，围绕最鲜明的差异化而制定的最简单战略，让公司不仅在客户方面获得隐性优势，在内部一线员工方面也获得隐性优势。当公司员工深刻理解差异化的来源，他们就会快速有效地朝着同一个方向前进，并不断学习和改进商业模式。而且，他们会持续取得非凡的绩效。

第6章 | 企业竞争战略的选择

企业竞争战略是在符合和保证实现企业使命的条件下，在充分利用环境中存在的各种机会和创造新机会的基础上，确定企业同环境的关系，规定企业从事的事业范围、成长方向和竞争对策，合理地调整企业结构和分配企业的全部资源。企业要想在竞争激烈的市场中立于不败之地，获得竞争优势，不仅要考虑目标消费者的需求，还要树立竞争观念，制定正确的市场竞争战略，努力取得竞争的主动权。

❖ 6.1 基本竞争战略

6.1.1 基本竞争战略概述

1. 基本竞争战略的概念

竞争战略是指企业为了获得竞争优势，在市场上处于有利的竞争地位，争取比竞争对手有较大的市场份额和更好的经济效益，所做的长远性谋划和方略。竞争战略属于企业经营单位战略的范畴，是企业正确地分析和界定本企业在竞争中的地位后所形成的战略。这是战略管理中非常重要的问题。

基本竞争战略是由美国哈佛商学院著名的战略管理学家迈克尔·波特提出的，分别为：成本领先战略、差异化战略、集中化战略。他认为，企业要获得竞争优势，一般只有两条途径:一是在行业中成为成本最低的生产者，二是在企业的产品和服务上形成与众不同的特色，企业可以在或宽或窄的经营目标内使用这些战略。企业必须从这三种战略中选择一种，作为其主导战略。要么把成本控制到比竞争者更低的程度;要么在企业产品和服务中形成与众不同的特色，让顾客感觉到你提供了比其他竞争者更多的价值;要么企业致力于服务于某一特定的市场细分、某一特定的产品种类或某一特定的地理范围。基本竞争战略是无论在什么行业或什么企业都可以采用的竞争性战略。这些战略是根据产品、市场以及特殊竞争力的不同组合而形成的。企业可以根据自己生产经营的情况，选择所要采用的竞争战略。每一种战略都有自己的特色，参与竞争的途径与其他战略有着明显的区别，能够获得自己的市场地位。

2. 基本竞争战略的作用

企业有效的实施自身的战略管理体系，可以帮助自身在经济市场中全面的发展。对于初创企业而言，需要了解战略管理对于企业发展的重要作用，从而使其重视其对战略管理体系的实施。企业实施基本竞争战略的具体作用表现如下：

⑴解决企业的定位问题。企业存在的价值是能够提供给消费者有效的需求，通过企业定位形成一种鲜明的“差异化”竞争战略的个性化特征，使企业得以产生巨大的凝聚力。

⑵形成企业的核心能力。企业产品的质量和性能决定了企业的竞争力，但长期而言，起决定作用的是造就和增强企业的核心竞争力。企业的核心能力是企业拥有的资源、技能、知识的整合能力，即组织的学习能力。企业通过本行业的专注和持续投入、精心培育核心竞争力，把它作为企业保持长期充分的根本战略任务，从时间角度看，培育核心竞争力不是一日之功，它必须不断提炼升华才能形成。

⑶通过战略实施形成相对竞争优势。企业必然进入竞争，那么，企业拿什么去竞争呢？必须是自己独有的竞争优势。竞争优势最主要的含义是利用独特的资产、技能、资源或活动，使企业发展出相对于竞争者更具有独特而有利的地位。相对竞争力的参照系是竞争对手的竞争优势。相对竞争力认为，有效益、有市场的竞争力才是企业所需要的竞争力，因而相对竞争力更加重视考察成本。

3. 基本竞争战略的特征

⑴针对性。企业在市场中的竞争优势，主要表现在两个方面：一是本企业与同行竞争者比较具有优越的客观条件；二是本企业的内部条件与竞争对手比较，具有较强的实力和管理水平。所谓优越的客观条件，一般是指企业所在地区的自然条件、资源状况、交通运输、信息交流、通讯工具、经济基础和公共关系等。这种具有优势的客观条件，有的是自然形成的，而更多的是人们经过长期努力而形成的。关于企业内部的实力和管理水平，一般是指企业在开拓市场，争取用户方面的能力和水平。如领导者的决策水平、技术力量、职工素质、产品功能、市场营销技巧、厂房设备、资金实力等等。企业在制定经营战略时，关键在于怎样去认识和分析上述两方面的优势地位。以及怎样才能去充分发挥它的作用。企业竞争战略的制定的目的就是为了获取竞争优势，战胜竞争对手，因而，它制定的目的针对性很强。

⑵动态性。企业的经营过程是一个动态的过程，因而竞争战略也不可避免的具有动态性。企业基本竞争战略架构上差异很大，成功地实施竞争战略需要不同的资源和技能，由于企业文化混乱、组织安排缺失、激励机制冲突，夹在中间的企业还可能因此而遭受更大的损失。因此，企业的竞争战略如何确定，要根据企业所处环境与企业本身的具体情况而定，没有一成不变的格式。各个企业无论是为了保持领先的优势，还是力争后来居上，都无一例外地面临着重新调整在竞争中的行为和观念的问题。从其制定要求看，企业竞争战略就是用机会和威胁评价和未来的环境，用优势和劣势评价企业现状，进而选择和确定企业的总体、长远目标，制定和抉择实现目标的行动方案。因此，为了促进企业的持续发展，应不断加强企业竞争战略的研究与调整。

⑶可操作性。企业竞争战略要解决的核心问题是，如何通过确定顾客需求、竞争者产品及本企业产品这三者之间的关系，来奠定本企业产品在市场上的特定地位并维持这一地位。在激烈的市场竞争中，如何在竞争中求发展，是每个企业都在思考的课题。竞争战略就是一个企业在同一使用价值的竞争上采取进攻或防守行为。由于竞争战略是直接针对某一目标战略，所以它必须要能够指导实践，要具备实施的计划和具体方案，便于管理者的操作。

4. 基本竞争战略的选择

竞争优势往往存在于一定的领域内，这个领域是多维的，包括所提供的产品和所服务的顾客群，以及企业开展竞争的地理市场的范围。通过执行成本领先或差异化战略，企业的竞争优势可以在与竞争对手在多个顾客群的竞争中获得。与此不同，通过执行集中化战略，企业所寻求的则是在一个相对集中的领域或细分市场上的成本领先或差异化优势。最优成本供应商战略是成本领先与差异化整合的战略。这些战略中的每种战略的有效性取决于企业外部环境中存在的机遇和威胁，以及企业基于自身独特的资源、能力和核心竞争力的可能性。

在选择战略时，企业应评价两种竞争优势：比竞争对手更低的成本，或差异化，即有能力采取一种较高的价格以超过为产生差异化所付出的额外成本。比竞争对手更低的成本来自于企业能够以不同于竞争对手的方式开展活动；差异化则表明一种能开展不同于竞争对手的活动能力。因此，企业在选择基本竞争战略时，应根据企业外部环境、内部条件，在成本领先战略、产品差异战略或目标集中战略中选择一种战略，然后制定具体政策，采取相应措施，努力达到目标。在选择具体战略时，应综合考虑以下因素：

(1)企业自身实力。一般而言，若企业规模较小而且生产、营销等方面能力较弱，则采用目标集中竞争战略。若企业生产能力较强，而营销能力较弱，则采用成本领先竞争战略。若企业生产能力较强，而营销能力较弱，则采用差异化竞争战略。企业生产能力和营销能力都较强，则可在生产上采用成本领先竞争战略，而在营销上采用差异化竞争战略。

(2)产品不同时期。一般而言，若企业生产的产品处于投入期和成长期，为了抢占市场和防止竞争对手的进入，则企业宜采用成本领先竞争战略，以刺激市场需求。若企业生产的产品处于成熟期和衰退期，顾客的需求呈现多样化与复杂化，则企业宜采用差异化竞争战略。

(3)产品不同类别。一般而言，若企业的产品属工业品，在质量等级相等的条件下，市场价格是企业竞争的重要因素，则企业宜采用成本领先竞争战略。若企业的产品属消费品，根据市场顾客消费群体的细分，则企业宜采用差异化竞争战略。若对消费品进一步细分，则又可分为日常消费品和耐用消费品两类，则企业可分别采用成本领先竞争战略和差异化竞争战略。随着市场需求的日益提高，高档消费品已为一部分消费群体所青睐，这类产品的功能、外观及服务方面的差异相当大，生产和销售这类产品的企业必须采用差异化竞争战略，才能在市场竞争中保持优势地位。

企业成功地选择基本竞争战略，就意味着投入不同的资源、力量、组织以及形成不同的管理风格。选择的基点始终在于充分利用企业的优势，但同时要使竞争对手难以模仿使用，最终能促进企业经济效益的提升和企业的持续发展。

6.1.2 成本领先战略

1. 成本领先战略的概念

成本领先战略是通过设计一整套行动，以最低的成本生产并提供为顾客所接受的产品和服务。在企业战略管理中，成本领先战略往往是通过有效途径，使企业的全部成本低于竞争对手的成本，以获得同行业平均水平以上的利润。实现成本领先战略需要有一整套具体政策，即要有高效率的设备、积极降低经验成本、紧缩成本和控制间接费用以及降低研究开发、服务、销售、广告等方面的成本。要达到这些目的，必须在成本控制上进行大量的管理工作，即不能忽视质量、服务及其他一些领域工作，尤其要重视与竞争对手有关的低成本的任务。

成本领先战略的有效执行能使企业在激烈的市场竞争中赚取超过平均水平的利润。低成本优势可以有效防御竞争对手的进攻，因为一旦拥有成本领导者的有利位置，竞争对手就很难在价格上与其竞争。于是，竞争对手一般通过一些差异化的途径来与成本领导者竞争。如果竞争对手从价格上进行挑战，低成本的企业仍然可以赚取至少平均水平的利润，而竞争对手的利润则因此要低于平均水平。低成本优势有利于企业在强大的买方威胁中保卫自己，尽管强有力的买方可以迫使成本领导者降低价格，但这个价格一般不会低于行业内竞争者可以赚到平均利润的水平。即使能低于这个水平，他们也不会这样做。否则会迫使竞争者退出该市场，使成本领导者处于更强有力的位置。低成本也构成对强大供方威胁的防卫，因为低成本在对付卖方产品涨价中具有较高的灵活性。强有力的成本领导者还可能迫使供应商维持原价格，从而使供应商的价格降低。导致低成本地位的诸因素通常也以规模经济或成本优势的形式建立起进入壁垒。新进入者不可能赚到高于平均水平的利润，直到它们获得经验来达到和成本领导者同样的效率水平。与行业竞争对手相比，成本领导者在替代品方面也占有比较有利的地位。为了留住客户，可以降低产品和服务的价格。而再低一点的价格和顾客愿意接受的质量大大增加了顾客选择其产品而非替代品的可能性。

成本领先并不等同于价格最低。如果企业陷入价格最低，而成本并不最低的误区，换来的只能是把自己推入无休止的价格战。因为，一旦降价，竞争对手也会随着降价，而且由于比自己成本更低，因此具有更多的降价空间，能够支撑更长时间的价格战。尽管一个成本领先的企业是依赖其成本上的领先地位来取得竞争优势的，而它要成为经济效益高于平均水平的超群者，则必须与其竞争企业相比，在产品别具一格的基础上取得的价值相等或价值近似的有利地位。产品别具一格基础上的价值相等使成本领先的企业得以将其成本优势直接转化为高于竞争企业的利润；产品别具一格基础上的价值近似意味着为取得令人满意的市场占有率所必需的降低幅度还不至于冲销成本领先企业的成本优势，因此，成本领先企业能赚取高于平均水平的收益。

2. 企业采用成本领先战略的动因

在企业所在的市场上，如果购买者对价格具有很高的敏感性，那么，获得行业中总成本最低的优势就是一个有力的竞争途径。从五种竞争力量的角度来分析，企业采取成本领先战略的主要原因是：

(1)形成进入障碍。企业的成本低，就具有削价能力，从而为行业的潜在的进入者设置了较高的进入障碍。那些在生产技术不熟练、经营上缺乏经验的企业，或缺乏规模经济的企业便很难进入此行业。

(2)增强讨价还价能力。企业的成本低，可以在某种程度上应付由于投入因素的变化所引起的投入费用的增长现象，从而提高自身与供应者的讨价还价能力。同时，企业成本低，能够为自己提供部分的利润率保护，从而提高自己对购买者的讨价还价能力，对抗强有力的购买者。

(3)降低替代品的威胁。企业的成本低，可以在与替代品竞争时，通过降低价格来吸引大量的顾客，从而降低或缓解替代品的威胁，使自己处于有利的竞争地位。

(4)保持领先的竞争地位。企业的成本低，在与行业内的竞争对手进行价格战时，可以利用低价格的吸引力从竞争对手那里夺得销售额和市场份额，也可以在其对手毫无利润率的低价格的水平上保持一定的盈利，从而保持绝对的竞争优势。

总之，企业采用成本领先战略，可以有效地面对行业中的五种竞争力量，以其低成本的优势，获得高于行业平均水平的利润。

3. 成本领先战略的优缺点

⑴成本领先战略的优点。只要成本低，企业尽管面临着强大的竞争力量，仍可以在本行业中获得竞争优势。因此，成本领先战略的优点主要表现在以下几个方面：

①在与竞争对手的斗争中，企业由于处于低成本地位上，具有进行价格战的良好条件，即使竞争对手在竞争中处于不能获得利润、只能保本的情况下，本企业仍可获益。

②面对强有力的购买者要求降低产品价格的压力，处于低成本地位上的企业仍可以有较好的收益。

③在争取供货商的斗争中，由于企业的低成本，相对于竞争对手具有较大的对原材料、零部件价格上涨的承受能力，能够在较大的边际利润范围内承受各种不稳定经济因素所带来的影响;同时，由于低成本企业对原材料或零部件的需求量大，因而为获得廉价的原材料或零部件提供了可能，同时也便于和供货商建立稳定的协作关系。

④在与潜在进入者的斗争中，那些形成低成本地位的因素常常使企业在规模经济或成本优势方面形成进入障碍，削弱了新进入者对低成本的进入威胁。

⑤在与替代品的斗争中，低成本企业可用削减价格的办法稳定现有顾客的需求，使之不被替代产品所替代。当然，如果企业要较长时间地巩固企业现有竞争地位，还必须在产品及市场上有所创新。

⑵成本领先战略的缺点。与其他竞争战略相比，成本领先战略的缺点主要表现在以下几个方面：

①投资较大。企业必须具备先进的生产设备，才能高效率地进行生产，以保持较高的劳动生产率，同时，在进攻型定价以及为提高市场占有率而形成的投产亏损等方面也需进行大量的预先投资。

②技术变革会导致生产过程工艺和技术的突破，使企业过去大量投资和由此产生的高效率一下子丧失优势，并给竞争对手造成以更低成本进入的机会。

③将过多的注意力集中在生产成本上，可能导致企业忽视顾客需求特性和需求趋势的变化，忽视顾客对产品差异的兴趣。

④由于企业集中大量投资于现有技术及现有设备，提高了退出障碍，因而对新技术的采用以及技术创新反应迟钝甚至采取排斥态度。

4. 成本领先战略的适用性

成本领先战略的理论基石是规模效益(即单位产品成本随生产规模增大而下降)和经济效益(单位产品成本随累积产量增加而下降)，它要求企业的产品必须具有较高的市场占有率。如果产品的市场占有率很低，则大量生产毫无意义，而不大量生产也就不能使产品成本降低。为实现产品成本领先的目的，企业内部需要具备下列条件

⑴可实现规模经济。通过规模经济生产和分销也许是实现成本领先战略的最重要措施。大量研究发现，对很多行业，利润率和市场份额之间保持正向关系，即利润率随市场份额的扩大而增加。一般来说，市场份额最高的企业往往具有较低的投资、库存、营销和采购成本。如果企业可以通过扩大生产和分销规模来获得规模经济效益，使单件产品的生产成本降低，企业即可考虑选择成本领先战略。

⑵充分利用生产能力。当生产能力过剩时，固定成本必然要分摊在较少的产出上。在诸如化工和钢铁等资金密集型行业，生产能力过剩将显著增加单位产品的成本，在这样一些行

业，能否充分利用生产能力将成为能否取得成本优势的关键。同样，在衰退行业和需求经常有很大波动的行业，调整生产能力以适应需求变化的能力是取得成本优势的关键。由以上分析可以看出，对固定成本比较高的资金密集型行业，要通过各种方法充分利用生产能力，如增加生产线的适应范围，以增加产品线的宽度等；还应通过开发和设计相关产品来降低研究和开发费用，以及尽可能地利用已有的销售渠道等。

⑶产品的再设计。要实现规模经济进而取得成本优势，企业还必须设计出易于制造的产品。可以说，能否利用新的制造技术和工艺来提高劳动生产率的关键在于产品的重新设计。实际上，产品的再设计还可以使企业在规模经济的基础上实现产品差异化。

⑷降低输入成本。在大多数行业，由于各种各样的原因，不同企业输入的成本有很大差异，这种差异往往是其中一些企业取得成本优势的重要原因。造成输入成本差异的原因主要有以下几种：

①由于地域原因造成的输入成本的差异。众所周知，由于不同国家和地区经济发展的不均衡性，不同国家和地区的劳动工资率有很大差异。在劳动密集型行业中，劳动工资率上的差异是一些企业获得成本优势的重要原因。除劳动成本外，与地域有关的输入成本上的差异也可能来源于原材料的运输成本或能源的成本，或不同国家的汇率所至。

②拥有低成本的供应来源是一些企业获得成本优势的重要途径。

③讨价还价能力上的差异也是一些企业取得成本优势的重要原因。当外购原料或零件占产品成本很大比例，同时这些原料或零部件占产品成本很大比例，同时这些原料或零部件又只有少数几家供应商时尤其如此。当某些企业讨价还价能力较强，如购买数量巨大，从而可以以较低的价格购买到这些输入要素时就比较容易获得成本优势。

④稳定与供应商的关系是降低输入成本的又一条途径。随着技术的迅速发展和组织结构的加速演变，越来越多的企业注意与供应商建立密切而长期的关系。例如，随着准时生产制，全面质量管理体系和敏捷制造系统的采用和推广，越来越多的企业已经减少供应商的数量，并鼓励供应商直接参与企业的生产过程和分享有关的技术，这样一种伙伴关系可以显著改善产品的质量，节约时间和费用。

⑸采用先进的工艺技术。在多数商品生产过程中，总有几种或更多种生产工艺技术可供选择。在产出相同的情况下，如果某种工艺技术少消耗某种输入要素，而同时又不多消耗其他输入要素，那么这种工艺技术就有一定的优越性。如果某种生产工艺虽多用了某些输入要素，但同时却少消耗了另一些要素，则这种生产工艺的相对成本效益高低取决于各种输入要素的相对价格。

5. 成功获得低成本领先的关键因素

如果管理者的战略意图是追求低成本，下面几点是成功的关键因素：

⑴建立注重成本的企业文化。成功的低成本企业是通过不厌其烦地寻求整个价值链上的成本节约来获得成本优势的，所以必须建立注重成本的企业文化，节约每一分钱的观念深入人心，成为一种自觉的行动。员工广泛地参与成本控制，不断地将自己的成本同某项活动的最优秀成本展开标杆学习，深入地审查运作费用和预算要求，制定各种不断改善成本的方案，经理人员的额外福利也不多，各种设施充足但不浪费。

⑵准确地把握成本驱动因素。每个行业中的关键成本驱动因素都不尽相同，如规模经济，经验和学习，生产能力的利用率，关键资源投入成本，技术创新(产品或工艺)，工厂的

地理位置，与企业中或行业价值链中其他活动的联系，纵向一体化程度或专业化程度，新产品或新技术的使用时机等等。他们必须能准确地把握关键的成本驱动因素，管理价值链上的每一项活动。他们必须积极地重组价值链，再造业务流程，取消非关键的工作步骤。

⑶积极地投资建立那些低成本所需的资源和能力。虽然低成本企业在提倡节约，但他们又积极地投资建立那些很有希望能够减少成本的资源和能力。例如，沃尔玛在所有的经营运作中使用最现代化的技术，它使用在线计算机系统来从供应商那里订货和管理库存，它的商店装备有先进的销售和检查系统，同时它有一个自己的私人卫星通信网络，用它来每天向数千个供应商传递销售点数据。

⑷严格的成本控制组织体系和管理。追求成本领先的企业必须有结构严密的组织和明确的责任，严格的成本控制制度，以目标管理为基础的激励机制等。

6.1.3 差异化战略

1. 差异化战略的概念

差异化战略是通过设计一整套行动，生产并提供一种顾客认为很重要的与众不同的产品或服务,并不断地使产品或服务升级以具有顾客认为有价值的差异化特征。差异化战略的重点不是成本，而是不断创造被全行业和顾客都视为是独特的产品和服务。差异化战略的方法多种多样，如产品的差异化、服务差异化和形象差异化等。

实现差异化战略，可以培养用户对品牌的忠诚。因此，差异化战略是使企业获得高于同行业平均水平利润的一种有效的竞争战略。差异化战略利用客户对品牌的忠诚度以及由此产生对价格的敏感性下降使企业得以避免来自竞争对手的挑战。它也可以使利润增加而不必追求低成本。产品差异化赚得的高额利润可以在一定意义上使其免受供应商的影响。而且因为买方对提价相对不敏感，企业可以通过提高其特有产品的价格而把供应商的额外成本转嫁给最终消费者。另外，顾客忠诚度和克服差异化产品独特性的要求成为主要的进入壁垒，也有效地抵御了替代产品的威胁。否则，缺少品牌忠诚度会使顾客转向与其现有产品功能相同但有某些差异化特征或更有吸引力的产品上。

差异化战略的企业可以在很多方面使自己的产品不同于竞争对手。而且如果企业的产品或服务与竞争对手之间的相似性越少，企业受竞争对手行动的影响也就越小。如果差异化战略成功地实施，它就成为在一个产业中赢得高水平收益的积极战略，因为它建立起防御阵地对付五种竞争力量，虽然其防御的形式与成本领先有所不同。实现产品差异化有时会与争取占领更大的市场份额相矛盾。它往往要求企业对于这一战略的排它性有思想准备，即这一战略与提高市场份额两者不可兼顾。较为普遍的情况是，如果建立差异化的活动总是成本高昂，那么实现产品差异化将意味着以成本地位为代价。然而，即便全产业范围内的顾客都了解企业的独特优点，也并不是所有顾客都愿意或有能力支付企业所要求的较高价格。

2. 企业采用差异化战略的动因

在顾客需求多样化的情况下，企业很难通过标准化的产品完全满足顾客的需求。因此，差异化战略就成了一个很有吸引力的竞争策略。企业采用这种战略，可以很好地防御行业中的五种竞争力量，获得超过水平的利润。具体讲，主要表现在以下几方面：

⑴形成进入障碍。由于企业产品和服务具有特色顾客对该产品或服务具有很高的忠实度，从而使该产品和服务具有强有力的进入障碍，潜在的进入者要与该企业竞争，则需要克

服这种产品的独特性。

⑵降低顾客敏感程度。由于顾客对企业产品和服务有某种程度的忠实性，当这种产品价格发生变化时，顾客对价格的敏感程度不高，生产该产品的企业便可以运用产品差异战略，在行业的竞争中形成一个隔离地带，避免竞争的侵害。

⑶增强讨价还价能力。产品差异化战略可以使企业获得较高的边际收益，降低企业的总成本，增强企业对付供应者讨价还价的能力。同时，由于购买者别无其他选择，对价格的敏感程度又低，企业可以运用这一战略削弱购买者讨价还价能力。

⑷防止替代品威胁。企业的产品与服务具有特色，能够赢得顾客的信任，便可在与替代品的较量中，比同类企业处于更有利的地位。

3. 差异化战略的优缺点

⑴差异化战略的优点。只要条件允许，产品差异是一种可行的战略。企业奉行这种战略，可以很好地防御五种竞争力量，获得竞争优势：

①实行差异化战略是利用了顾客对其特色的偏爱和忠诚，由此可以降低对产品的价格敏感性，使企业避开价格竞争，在特定领域形成独家经营的市场，保持领先。

②顾客对企业（或产品）的忠诚性形成了强有力的进入障碍，进入者要进入该行业则需花很大气力去克服这种忠诚性。

③产品差异可以产生较高的边际收益，增强企业对付供应者讨价还价的能力。

④由于购买者别无选择，对价格的敏感度又低，企业可以运用产品差异战略来削弱购买者的讨价还价能力。

⑤由于企业具有特色，又赢得了顾客的信任，在特定领域形成独家经营的市场，便可在与代用品的较量中，比其他同类企业处于更有利的地位。

⑵差异化战略的缺点。执行差异化战略有时会与扩大市场份额相矛盾。差异化战略具有一定程度的排他性，与提高市场份额两者不可兼得。因为差异化战略不可避免地以高成本为代价，有些客户不一定愿意或根本没有能力支付高价格，企业将不得不损失一部分市场份额。与其他竞争战略相比，差异化战略的缺点主要表现在以下几个方面：

①保持产品的差异化往往以高成本为代价，因为企业需要进行广泛的研究开发、产品设计、高质量原料和争取顾客支持等工作。新技术的出现和对现有技术的更新都会使某项有效的差异化特征降低或消失。有时，新技术的出现会根本改变对市场的细分方式，或使某一细分市场彻底消失，引起适用于该细分市场的差异化特征的消失。

②并非所有的顾客都愿意或能够支付产品差异所形成的较高价格。同时，买主对差异化所支付的额外费用是有一定支付极限的，若超过这一极限，低成本低价格的企业与高价格差异化产品的企业相比就显示出竞争力。如果价值对手使得顾客认为竞争对手能提供同样的产品或服务，有时还以更低的价格提供，则差异化战略就失去了价值。

③企业提供的差异特征不被市场认可。如果企业提供的某些差异化特征在消费者眼中没有任何意义，或是差异化过度，超出了消费者的要求，以至于混淆了消费者的意识，则消费者就不会接受这样的差异化。

④企业要想取得产品差异，有时要放弃获得较高市场占有率的目标，因为它的排他性与高市场占有率是矛盾的。顾客可能认为差异者与成本领导者的价格之差过于悬殊，此时企业所提供的差异化特征就可能不再是顾客所需要的了。在这种情况下，企业就很难经得住竞争

对手的挑战。

4. 差异化战略的适用性

实行差异化战略，需要具备相应的条件，应该从外部条件和内部条件方面来考察。

⑴外部条件。主要包括以下几个方面：

①可以有很多途径创造企业与竞争对手产品之间的差异，并且这种差异被顾客认为是有价值的。

②顾客对产品的需求和使用要求是多种多样的，即顾客需求是有差异的 差异化战略。

③采用类似差异化途径的竞争对手很少，即真正能够保证企业是“差异化”的。

④技术变革很快，市场上的竞争主要集中在不断地推出新的产品特色。

⑵内部条件。除上述外部条件之外，企业实施差异化战略还必须具备如下内部条件：

①具有很强的研究开发能力，研究人员要有创造性的眼光；企业具有以其产品质量或技术领先的声望。

②企业在这一行业有悠久的历史或吸取其他企业的技能并自成一体。

③企业应有很强的市场营销能力；同时研究与开发、产品开发以及市场营销等职能部门之间要具有很强的协调性。

④企业要具备能吸引高级研究人员、创造性人才和高技能职员的物质设施.

5. 企业实施差异化战略的途径

企业实现差异化战略常见的途径有以下三个方面：

⑴有形差异化。有形差异化主要涉及产品和服务的可见的特点，这些特点影响顾客的偏好和选择过程。它们包括产品的尺寸、形状、颜色、体积、材料和所涉及的技术。除以上因素外，有形差异化还包括产品或服务在可靠性、一致性、口味、速度、耐用性和安全性上的差异。实际上，延伸产品的差异化也是有形差异化的重要来源，这些延伸产品包括售前售后服务、交货的速度、交货方式的适用性以及将来对产品进行更新换代的能力等。对于一般消费品，以上差异化因素直接决定了顾客从产品获得的利益。而对生产资料，上述差异化因素影响购买企业在其业务领域赚钱的能力，因此，当这些因素降低购买企业的成本或增强其差异化的能力时，它们将成为差异化的重要来源。有形差异化是实现差异化战略的第一个途径，也是比较简单的途径。

⑵无形差异化。当某种产品或服务是为了满足顾客的较复杂的需求时，差异化的关键在于企业产品的整体形象，这一点对那些质量和性能在购买时难以度量的“经验”产品或服务尤其重要。这些产品包括化妆品、医疗服务或教育等。当顾客感觉产品或服务的价值并不取决于其有形的特性时，企业可以通过无形差异化取得竞争优势。实际上，顾客仅仅通过可见的产品特性或性能标准选择的产品数量是非常有限的，社会因素、感情因素以及心理因素都会影响产品或服务的选择。对于一般消费品，人们对专有性、个性化和安全性的追求往往是强有力的刺激因素。换句话说，差异化不仅与产品的物理特性有关，而且可以扩展到产品或服务的很多方面，只要提供的差异能为顾客创造相应的价值。这意味着差异化包括企业与其竞争对手在所有方面的差异。

⑶维持差异化优势。维持差异化优势也是企业实施差异化战略的重要途径。通过加大研究与开发的力度，潜心研究顾客消费需求的特点，维持企业创造独特产品的能力来维持差异化优势，可能是一种有效的建立相对竞争优势的方法，尤其是在竞争不断加剧，人们的生活

水准越来越高，同时更加追求多样化和个性化的经济和社会环境，在这种情况下，维持差异化优势就会使得企业更有竞争力。

6.1.4 集中化战略

1. 集中化战略的概念

集中化战略是通过设计一整套行动来生产并提供产品或服务，以满足某一特定竞争性细分市场的需求的战略。集中化战略是主攻某个特殊的顾客群、某产品线的一个细分区段或某一地区市场。正如差别化战略一样，集中化战略可以具有许多形式。虽然低成本与差别化战略都是要在全产业范围内实现其目标，集中化战略的整体却是围绕着某一特殊目标服务的，它所开发推行的每一项职能化方针都要考虑这一中心思想。

集中化战略依靠的前提思想是企业业务的专一化能够以高的效率、更好的效果为某一狭窄的战略对象服务，从而在较广阔范围内超过竞争的对手们。企业这样做的结果是通过满足特殊对象的需要而实现了差别化，或者在为这一对象服务时实现了低成本，或者二者兼得。这样的企业可以使其盈利的潜力超过产业的普遍水平，这些优势保护了企业抵御各种竞争力量的威胁。但集中化战略常常意味着限制了可以获取的整体市场份额。集中化战略必然地包含着利润率与销售额之间互以对方为代价的关系。

企业可以采用两种集中化战略:以低成本为基础的集中成本领先战略和以差异化为基础的集中差异化战略。集中成本领先战略是从某些细分市场上成本行为的差异中获取利润，企业要做到服务于某一细分市场的成本比竞争对手低，此战略取决于是否存在这样一个购买者细分市场，满足他们的要求所付出的代价要比满足整体市场其他部分的要求所付出的代价要小。集中差异化战略是从特定细分市场中客户的特殊需求中获得利润，此战略取决于是否存在这样一个购买者细分市场，他们想要得到或需要特殊的产品属性。两种集中化战略能使企业成功应对五种竞争力量，其方式分别与成本领先战略和差异化战略相仿。它们唯一的区别在于竞争范围从整个行业变成了一个狭窄的行业细分市场。

2. 企业采用集中化战略的动因

集中化战略与前两个战略一样，可以防御行业中各种竞争力量。这种战略可以用来防御替代品的威胁，也可以针对竞争对手最薄弱的环节采取行动，从而使企业在本行业中获得高于一般水平的收益。

(1)以特殊的服务范围来抵御竞争压力。集中化战略往往利用地点、时间、对象等多种特殊性来形成企业的专门服务范围，以更高的专业化程度构成强于竞争对手的优势。企业选择适当的产品线区段或专门市场是集中化战略成功的基础。如果选择广泛市场的产品或服务而进行专门化经营，反而可能导致企业失败。

(2)以低成本的特殊产品形成优势。企业可以利用其特殊的工艺和技术开形成低成本，在竞争市场长期保持其竞争优势。这一优势的实质是差别化优势，能同时拥有产品差别化和低成本优势则一定可以获得超出产业平均水平的高额利润。

(3)以主动竞争的姿态增强竞争能力。当企业受到强大的竞争对手全面压迫时，采取集中化战略以攻代守，往往能形成一种竞争优势，特别是对于抵抗拥有系列化产品或广泛市场的竞争对手明显有效。

应当指出，企业实施集中化战略，尽管能在其目标细分市场上保持一定的竞争优势，获得较高的市场份额。但由于其目标市场相对狭小，该企业的市场份额总体水平是较低的。集中化战略在获得市场份额方面常存在着某些局限性。因此，企业选择集中化战略时，应在产品获得能力和销售量之间进行权衡和取舍，有时还要在产品差异化与成本领先之间进行权衡。

3. 集中化战略的优缺点

⑴集中化战略的优点。实行集中化战略具有以下几个方面的优势：经营目标集中，可以集中企业所有资源于一特定战略目标之上；熟悉产品的市场、用户及同行业竞争情况，可以全面把握市场，获取竞争优势；由于生产高度专业化，在制造、科研方面可以实现规模效益。这种战略尤其适用于中小企业，即小企业可以以小补大，以专补缺，以精取胜，在小市场做成大生意。同其他战略一样，集中化战略也能在本行业中获得高于一般水平的收益。主要表现在：

①集中化战略便于集中使用整个企业的力量和资源，更好地服务于某一特定的目标。

②将目标集中于特定的部分市场，企业可以更好地调查研究与产品有关的技术、市场、顾客以及竞争对手等各方面的情况。

③战略目标集中明确，经济成果易于评价，战略管理过程也容易控制，从而带来管理上的简便。根据中、小型企业在规模、资源等方面所固有的一些特点以及集中化战略的特性，可以说集中化战略对中、小型企业来说可能是最适宜的战略。

⑵集中化战略的缺点。集中化战略也包含风险，主要是注意防止来自三方面的威胁，并采取相应措施维护企业的竞争优势：

①以广泛市场为目标的竞争对手，很可能将该目标细分市场纳入其竞争范围，甚至已经在该目标细分市场中竞争，它可能成为该细分市场潜在进入者，构成对企业的威胁。这时企业要在产品及市场营销各方面保持和加大其差异性，产品的差异性愈大，集中战略的维持力愈强；需求者差异性越大，集中化战略的维持力也愈强。

②该行业的其他企业也采用集中化战略，或者以更小的细分市场为目标，构成了对企业的威胁。这时选用集中化战略的企业要建立防止模仿的障碍，当然其障碍的高低取决于特定的市场细分结构。另外，目标细分市场的规模也会造成对集中化战略的威胁，如果细分市场较小，竞争者可能不感兴趣，但如果是在一个新兴的、利润不断增长的较大的目标细分市场上采用集中化战略，就有可能被其他企业在更为狭窄的目标细分市场上也采用集中化战略，开发出更为专业化的产品，从而剥夺原选用集中化战略的企业的竞争优势。

③由于社会政治、经济、法律、文化等环境的变化，技术的突破和创新等多方面原因引起替代品出现或消费者偏好发生变化，导致市场结构性变化，此时集中化战略的优势也将随之消失。

4. 集中化战略的适用性

一般来说，企业服务于目标小市场的专业化能力是其能够有效防御目标市场上竞争力量的基础。如果企业拥有了服务于该目标小市场的独特能力，就会形成一种有效的进入障碍，进入目标细分市场就变得更加困难。因此，提高目标市场上的专业化水平可以阻止潜在的新进入者。同样，替代产品生产商要想进入这一小市场，也面临着上述专业化服务能力的障碍。对于购买者来说，由于他们不愿意转向那些不能如此满足自己期望和要求的企业，从而在某种程度上削弱了讨价还价的能力。

集中化战略有以下几个方面的适用条件：一是企业具有完全不同的用户群，这些用户对企业的产品有独特的需求。二是在相同的目标市场群中，其他竞争对手不打算实行重点集中的战略。三是企业的资源不允许其追求广泛的细分市场，或者企业还没有打算进入其他细分市场。四是行业中各细分部分在规模、成长率、获得能力方面存在很大的差异。

企业实施集中化战略的关键是选好战略目标小市场。一般的原则是，企业要尽可能选择那些竞争对手最薄弱的目标和最不易受替代产品冲击的目标小市场。一般情况下，企业往往在下列情况下能够取得最好的效果：一是目标小市场足够大，可以盈利；二是小市场具有很好的成长潜力；三是小市场不是行业主要竞争企业成功的关键，也没有其他竞争对手试图采取集中化战略；四是企业有相应的资源和能力，能够比竞争对手更好地满足目标市场的；五是企业能凭借其建立的顾客商誉和服务来防御行业中的挑战者。

5. 实现集中化战略的途径

集中化战略的基础在于一家企业可以比业内的其他竞争对手更好、更有效率地服务某一特定细分市场，且服务于小市场的成本比竞争对手的成本低，或者能够更好地满足用户的需求。此战略的成功需要企业去发现的需求非常独特并且专业化，以至于业内一般竞争对手根本未去服务的细分市场，或者找到业内竞争者做得很差的细分市场。采用集中化战略的企业必须能够以一种优于竞争对手的方式完成一系列主要及辅助活动，以获取战略竞争力。集中化战略的实施方法包括单纯集中化、成本集中化、差别集中化和业务集中化等。

(1)单纯集中化。单纯集中化是企业在不过地考虑成本差异化的情况下，选择或创造一种产品、技术和服务为某一特定顾客群体创造价值，并使企业获得稳定可观的收入。

(2)成本集中化。成本集中化是企业采用低成本的方法为某一特定顾客群提供服务。通过低成本，集中化战略可以在细市场上获得比较领先者更强的竞争优势。实际上，绝大部分小企业都是从集中化战略开始起步，只是并不一定都能意识到它的战略意义，并采取更具有战略导向的行动。对我国的中小物流企业而言，面对世界经济一体化的趋势，提高对集中化战略的认识和运用能力具有重要的现实意义。

(3)差别集中化。差别集中化是企业在集中化的基础上突出自己的产品、技术和服务的特色。企业如果选择差别集中化，那么差别集中化战略的主要措施都应该用集中化战略中来。但不同的是，集中化战略只服务狭窄的细分市场，而差别化战略要同时服务于较多的细分市场。同时，由于集中化战略的服务范围较小，可以较之差别化战略对所服务的细分市场的变化作出更为超迅速的反应。

(4)业务集中化。企业物流业务集中化是企业在不过多考虑成本的情况下，按照某一特定客户群的要求，集中较好企业物流中的某一个项业务，如准时制配送、流通加工、仓储等。对于一些非专业性的物流企业如制造企业，如果将物流竞争战略定为物流业务集中化，那么企业物流的其他业务可能就是相对弱化，可能不能满足企业需求，为保证企业发展战略的顺利实施，企业可能会考虑物流外包。当然。对于专业化的物流企业如第三、四、五方物流企业，业务集中不失为一种不错的选择，因为企业的竞争力要可能会因此加强。

❖ 6.2 不同行业环境中的竞争战略

基本竞争战略使企业建立了自己的竞争优势，有力量抗击五种竞争力，在行业中处于有利地位。但不同行业在其特点、竞争状况等方面的差异使企业在竞争战略制定、选择时要依据具体的行业环境。同一竞争战略在不同行业环境中实施效果是不同的。

6.2.1 新兴行业中的竞争战略

新兴行业是新形成的或重新形成的行业，其形成的原因是技术创新、相对成本关系的变化、新的消费需求的出现，或其他经济和社会变化将某个新产品或服务提高到一种潜在可行的商业机会的水平。新兴行业往往是随着技术创新、消费者新需求的出现以及促使新产品和潜在经营机会产生的经济和社会的变化而产生的行业。社会、技术、文化的进步使新兴行业会在任何时候不断被创造出来。新兴行业形成的原因是技术的发明、相对成本关系的变化、新的消费需求的出现，或经济和社会的变化将某种新产品或新的服务提高到一种现实的发展机会。从战略制定的观点看，新兴行业的基本特征是没有游戏规则，新兴行业的竞争问题是全部规则都必须建立，并使企业可以遵循并在这些规划下发展繁荣。

1. 新兴行业的行业特征

由于新兴产业是刚出现或初建不久，而只有为数不多的创业企业投资于这个新兴的产业，由于初创阶段行业的创立投资和产品的研究、开发费用较高，而产品市场需求狭小，销售收入较低，因此这些创业企业往往面临很大的投资风险。同时，新兴行业市场增长率较高，需求增长较快，技术变动较大，产业中各行业的用户主要致力于开辟新用户、占领市场，但此时技术上有很大的不确定性，在产品、市场、服务等策略上有很大的余地，对行业特点、行业竞争状况、用户特点等方面的信息掌握不多，企业进入壁垒较低。在新兴行业发展后期，随着行业生产技术的提高、生产成本的降低和市场需求的扩大，新行业便逐步由高风险低收益的初创期转向高风险高收益的成长期。具体来说，新兴行业的行业特征主要有以下几个方面：

⑴行业技术和战略的不确定性。因为新兴行业中的企业的生产技术还不成熟，有待于继续创新和完善，企业的生产和经营也没有形成一整套的方法和规程，也不明确什么产品结构是最好的，何种生产技术将是最有效率等都不能确定。因此，新兴行业中通常存在着很高程度的技术不确定性。与技术不确定性相联系，由于更广泛的原因，新兴行业存在战略不确定性。因为行业内的企业对于竞争对手、顾客特点和处于新兴阶段的行业条件等只有较少的信息，从具体的经营活动来看，新兴行业生产规模小，但生产成本高。随着生产规模的扩大，经验的积累，生产组织的趋于合理以及规模经济的形成，成本才会下降。同时，企业缺乏制定战略所必需的信息，不了解竞争对手的数目，竞争对手的分布状况，其优势和劣势状态，购买者的需求规模和偏好以及市场成长的速度和将实现的市场规模等。在相当一段时间里，该新兴行业的参与者只能在探索中寻求适当的战略与成功的机会。新兴行业在产品市场定位、市场营销和服务等方面不同的企业经常采用不同的战略方法，行业战略存在着明显和不确定性。

⑵行业成本的迅速变化。小批量和新产品常在新兴行业中共同形成相对于行业能够获得的潜在收益的较高成本。然而随着生产过程和工厂设计的改进、工作熟练程度的提高、销售额的增长导致的规模与累积产量的大幅度增加，企业生产效率会大幅度提高。按照某些常见的情况，当处于新兴阶段行业的技术在开始时比最终情况劳动密集程度更大时，这些因素的作用更加明显。如果在新兴行业增长时能不断增加获得规模经济的机会，则成本下降会更快。这样，就造成了新兴行业成本的大幅变化。

⑶行业发展的风险性较大。新兴行业的发展往往具有一定的风险性。在新兴行业中，许多顾客都是第一次购买者，还有许多顾客持等待观望态度，期待新一代产品的出现。在这种情况下，市场营销的中心活动是诱导初始购买行为，避免顾客在产品的技术和功能等方面与竞争对手的产品发生混淆。同时，还有许多潜在顾客对新兴的行业持观望的态度，认为第二代或第三代技术将迅速取代现有的产品，他们等待产品的成熟与技术和设计方面趋向标准化。

⑷行业内部竞争对手迅速增加。由于新兴行业往往会伴随着高利润，行业新兴阶段伴随着极大比例的新成立企业。新成立企业是相对于已立足企业中新成立单位的新企业。同时，由于在迅速发展和充满机会的环境中，与已立足企业工资相比，权益投资的收益更具有吸引力。同时由于新兴阶段技术和战略的流动性，使立足企业的雇员具有良好的条件去获得新的更好的想法，并能充分利用其对行业的接近，这些想法在原有企业可能由于转换成本过大而无法实现，如可能会与不愿意采用他们想法的上级发生冲突，或可能会对企业过去已投资的资金造成损失。因此，新兴行业还往往会产生许多另立门户企业，即从那些已立足企业中出去的雇员创立的新企业，这些新企业往往会形成现有企业的强劲竞争对手。

2. 新兴行业的发展障碍

在新兴行业发展过程中，由于新兴行业的新兴、发展对经济实体以外的其他因素的依赖，以及其发展过程中需要引导购买者购买其产品作为替换而引起的外在性，因此，新兴行业往往会不同程度地面临着一些限制或问题。

⑴新兴行业的原材料和零部件相对短缺。在新兴行业发展早期阶段，由于行业发展的需要和不能适应的供给，重要原材料价格会大幅度上涨。而一个新兴行业的发展要求出现新供应商或现存的供应商增加产出或修改原材料和零部件以满足行业需要。一个新兴行业的发展往往要求开辟新的原材料供应来源，或现存的供应商扩大规模以增加供应，或要求供应商更改原材料或零部件以满足行业的需要。而事实上，在这一过程中却往往会出现原材料和零部件短缺，对新兴行业的发展产生了较为不利的影响。

⑵新兴行业经常遇到顾客困惑问题。新兴行业发展中常常存在众多产品方案、技术种类及竞争者互相冲突或相反的宣传，这些现象是技术不确定的象征及缺乏技术标准和行业的参与企业间总的技术协议，这些方面的情况可能增加顾客的购买风险并限制行业销售额。同时，由于存在许多新建企业、缺乏标准、技术不确定等，新兴行业的产品质量经常不稳定，即使是少数现象，也会给全行业的形象和信誉造成不利影响，从而使得新兴行业的顾客经常会对行业的产品和服务产生种种困惑。

⑶新兴行业的产品和技术标准缺乏。由于新兴行业中仍存在产品和技术高水平的不确定性，产品和技术没有统一标准，加剧了原材料和互补产品的问题，并可能阻碍成本下降。同时新兴行业经常面临由于缺乏基础设施而引起的问题，如分销渠道、服务设施、专业技巧等问题同时，由于存在缺乏标准和技术不确定等，在新兴行业中产品质量经常出现不稳定的情况。

⑷新兴行业的行业内部竞争较大。在新兴行业发展过程中，老产品生产企业为了减少新产品替代威胁，会通过增加投资降低成本等各种有效的方法降低替代产品的威胁，这可能新兴行业的发展增加了难度。同时，不断增加的新的竞争对手往往会不断降低新兴行业的利润水平，最终使得新兴行业的竞争风险不断加大。

⑸新兴行业的外部环境较为不利。新兴行业在获得有关规章制度管理部门的承认和批准方面经常遇到困难，如果新兴行业的要求与规章制度现在所用的条款与方式不大相同时，会更加难以获得正规的批准。同时，由于新兴行业存在的不确定性、顾客困惑和不稳定的质量等因素，使得新兴行业在金融界的形象和信誉可能较差，这种情况往往会影响到企业的筹资能力，从而会影响到新兴行业的进一步发展。

3. 新兴行业的战略选择

新兴行业还没有公认的竞争对策原则，尚未形成稳定的行业结构，竞争对手难以确定，行业结构动荡不定而且还可能发生变化，这些不确定的关系都使行业发展过程的新兴阶段成为战略自由度最大、战略影响程度最高的阶段，并且在确定行业业绩方面也是通过良好的战略选择所产生的杠杆作用达到最高的时期。因此这一阶段制定战略主要是处理好风险和不确定性，在行业初期多变的环境中做出正确的战略选择。

⑴促进行业结构的形成和稳定。在新兴行业的战略选择过程中，压倒一切的战略问题是企业使行业结构成形的能力。企业通过其战略选择能够尽力在像产品政策、销售方法，以及订价战略等领域内确定竞争规则。从长期来看，在行业根本的经济实力及财力的约束下，企业应该以形成其最强有力的地位的方式来寻求制定行业内的竞争规则。在行业的基础经济性和资源的限制范围内，企业应以某种方式建立有利于发展的行业法则，以获得长远的行业竞争地位。

⑵营造良好的行业发展环境。在新兴行业的发展阶段，企业在争取自身的市场地位时，常常会损害行业发展。行业形象、可信性、行业吸引力、顾客困惑、与其他行业的关系及与政府、金融业的关系等都与企业发展状况有关，而行业内企业的发展也依赖于与其他企业的协调及行业的发展，因此，企业应该在行业宣传和追求其本身的狭隘私利两者之间达到平衡。行业应该引入替代品并且吸引首期买主，在这个阶段内帮助促进标准化、整顿不合规格的产品质量及无信用的生产商往往是符合企业利益的，还可以形成针对供应商、客户、政府以及金融界的统一战线。领先这些对行业发展有利的举措，不断促进行业进一步的发展。

⑶正确处理与竞争对手的关系。在某一新兴行业内对付竞争对手可能是一个难题，特别对那些作为先驱者的企业和已享受到主要市场占有率的企业来说尤其如此。新形成的进入者以及脱离母企业的企业的激增会引起先驱者的不满，从而企业必须会面临先前提到的外部因素，这些因素使其为了行业的发展而部分地依赖于竞争对手。新兴行业的一个共同的问题是先驱者花费过多的财力来保卫其高的市场占有率，并且会对那些从长期来看几乎没有什么机会能形成市场势力的竞争对手作出反应。这可能部分是出于感情的反应。虽然有时在新兴阶段内对竞争对手作出严厉的反应是合适的，但是更有可能的情况是企业的努力最好还是放在建立其自身实力以及发展行业方面。或许通过发放许可证或其他手段来鼓励某些竞争者的进入可能是合适的。给定新兴阶段的一些特征，企业往往可通过其他企业拼命地出售行业产品并援助技术发展而受益。企业还可以同以产量著称的竞争者打交道，随着行业的成熟还可以放弃保持自身大的市场占有率的做法，而通过主要的已立足的企业去邀请竞争对手进入行业。

⑷注意行业机会与障碍的转变。新兴行业的迅速发展可能会使原有的障碍和机会发生变化。如当行业在规模上有所发展，企业也证明了自身价值时，供应商和销售渠道在方向上可能会发生变化。供应商可能会希望满足企业某些方面的需要，如产品规格、服务和交货期等；销售渠道可能变得更乐于作为企业的伙伴投资于广告或其他促销活动。尽早发现这些变化会

给企业提供战略机会。另外新兴行业早期的进入障碍也可能发生变化，当行业在规模上发展、在技术上成熟时，企业不会永远依靠专有技术或独特产品种类等进入障碍保卫自身行业地位，可能会出现其他障碍。同时行业的发展会吸引更有规模、资金和市场营销实力的企业进入，甚至购买者和供给者也可能以纵向一体化的方式进入。

(5)选择适当进入领域和时机。新兴行业领域选择是一个重要的战略问题。新兴行业具有许多共同特征，如发展迅速，行业内现有企业多数盈利，最终行业规模注定会很大等，这些吸引着企业进入新兴行业。但不同领域的市场发展趋势、发展速度、竞争对手与状况存在差别，因此行业整体盈利水平就存在差异。总的思考是如果一个新兴行业的最终结构是与高于平均水平回报相一致的，并且如果企业能够在行业中建立长期防御性地位，这样的领域企业就可以考虑进入。同时，企业应该选择适当的时机进入新兴行业，早期进入新兴行业可能获得高收益，但是也往往面临的是高风险。

在下列一般情况存在时，早期进入是合适的:一是企业的形象及声誉对买主来说是重要的，该企业能够通过作为一名先驱者把一种已提高了的誉加以发展;二是早期进入能够在一个营业单位内发动学习过程，在该营业单位内的学习曲线是重要的，经验是难以模仿的，连续几代的技术决不会使这种学习过程无效;三是客户忠实度很大，因此首先对客户出售的企业可以自然地得到好处;四是通过对原材料供应、销售分配渠道等早期承诺能够获得绝对的成本优势。

在下述情况下，早期进入特别有风险:一是早期竞争及市场细分化是在不同的、但对行业发展后期是重要的基础上进行的，这样企业会建立起错误的技能，还可能面临高的更改成本;二是开辟市场的费用很大，包括诸如客户培训、规章制度的批准，以及技术开拓之类的费用，但是开辟市场的好处却不能为企业所独占;三是与那些小型的、新开办的企业进行早期竞争将是耗资巨大的，但在后期代替这些企业的将是更加难以对付的竞争;四是技术变革将使早期投资过时，并且使那些后期进入的、具备最新产品及工艺的企业拥有某种优势;五是对原材料供应的早期承诺在短缺时期将产生有利的优先权。

6.2.2 成熟行业的竞争战略

当行业从迅速发展逐步走向比较缓慢的增长时，行业就进入了成熟期。在成熟期内，在需求量增长缓慢的情况下，行业内的各企业要保持自身的增长率就必须努力扩大市场占有率，从而使竞争加剧。而如果有新的竞争者的强势进入，则由于生产能力扩大，竞争将更加激烈。由于行业在产品技术上趋于成熟，各主要竞争对手的产品差异化减少，同质化严重，竞争的焦点主要集中在价格和服务等方面，价格战将成为各主要竞争对手之间采用最为普遍的手段。在行业进入成熟期后，往往伴随着价格的下降和特色的减少，不论企业是采取成本领先战略还是差异化战略，降低成本都显得非常重要，甚至关系到企业生存。在行业成长期里为追求较高利润而进入行业的大多数企业，因为成本上升利润大幅度下降甚至出现亏损而逐渐退出本行业，余下的企业则为争夺市场份额而进行更加惨烈而持久的竞争。

1. 成熟行业的行业特征

行业的成熟阶段是一个相对较长的时期。在这一时期里，在竞争中生存下来的少数大企业垄断了整个行业的市场，每个企业都占有一定比例的市场份额。由于彼此势均力敌，市场份额比例发生变化的程度较小。具体来说，成熟行业的行业特征主要有以下几个方面:

⑴行业竞争加剧。进入成熟期的行业由于行业不能保持过去的增长速度，市场需求有限，企业一方面保持自身原有的市场份额，同时将注意力转向争夺其他企业的市场份额。竞争的加剧要求企业对自身市场占有率、市场地位等目标做根本性的重新定位，并重新分析评价竞争对手的反应及行动。

⑵行业竞争趋向成本和服务。产品在质量、性能等各方面已稳定，技术日益成熟，客户在知识和经验方面也日益丰富，已经购买或多次购买过，客户的注意力从决定是否购买产品转向在不同品牌之间进行选择，购买者对企业产品的选择越来越取决于企业所提供的产品的价格与服务的组合。这种市场需求的变化使竞争趋向成本导向和服务导向，企业要重新评价其竞争战略的适应性。

⑶企业间的兼并和收购增多。在成熟的行业中，一些企业利用自己的优势，兼并与收购，产生行业集团。同时，这种行业也迫使一些企业退出该经营领域。伴随着行业的不断成熟，即使是强有力的竞争企业也常因战略与环境的不适应而遭到淘汰。所有这些变化都迫使企业重新审视其经营战略，进行战略调整和转移。

⑷企业的市场营销策略发生变化。在成熟行业中，企业面对所出现的更为激烈的市场竞争、更为成熟的技术、更为复杂的购买者，必然要在供、产、销等方面进行调整，将原来适应高速增长时期的经营方式转变为与缓慢增长相协调的经营方式。

2. 成熟行业的发展障碍

在行业成熟阶段，产业内行业增长速度降到一个更加适度的水平。在某些情况下，整个产业的增长可能会完全停止，其产出甚至下降。由于丧失其资本的增长，致使产业的发展很难较好地保持与国民生产总值同步增长，当国民生产总值减少时，产业甚至蒙受更大的损失。具体来说，成熟行业在发展过程中往往会存在着以下几个方面的问题和发展障碍：

⑴行业利润率下降。企业进入成熟期，一般就意味着企业的主要产品在市场上出现了较多的竞争者，同类产品或替代性产品大量涌现，企业不能继续凭借现有产品获得较高的利润水平。一方面，市场竞争的加剧导致产品价格的下降，有时其下降幅度甚至很大；另一方面，本企业产品所占有的市场份额也会被竞争者挤占。其结果，便是本企业市场销售收入和利润均呈大幅度下降趋势。

⑵生产能力过剩。当新兴行业逐渐走向成熟时，增长速度减慢，生产能力需求增长降低，企业在设备、人员等生产能力方面的发展目标应与行业状况相适应。但许多企业在行业转变阶段生产能力投入过度，加剧了成熟行业的价格、广告服务等方面的竞争。因此，行业低速增长，企业的生产能力缓慢增加，有可能产生过剩的生产能力，企业需要在行业成熟期中裁减一定的设备和人力。

⑶员工流出率增大。从员工角度来看，企业进入成熟期，一般意味着员工已在本企业工作了一定时间，取得了一定的工作经验，而此时企业的组织结构已经相对稳定，员工一般不会有更大的纵向空间，于是，一部分员工开始出现流动意愿，希望寻求更大的成长空间；而且，由于企业处于成熟期，一旦企业不能研发出新产品并打开市场，则必然走向衰退期，在这种不确定状态下，员工的流动意愿进一步增强。在上述内外因素的共同作用下，成熟期企业中会有相当一部分员工选择“跳槽”，尤其是成熟期的中后阶段。

⑷管理出现困境。经过艰难的初创期和追求高速成长的发展期后，企业的组织体系已经稳固下来，各项规范也日臻成熟，企业制度化工作逐步走上正轨，然而，此时往往也是企业

出现管理困境的开端:此时,高层领导的权威已在企业内得到普遍承认,为着不同的目的,一些中下层管理者开始故意隐瞒一些事实,高层领导者逐渐出现思路僵化等现象,官僚作风、经验至上、多头管理等问题也逐渐滋生并蔓延;当初共同创业的伙伴往往也会因权力等问题而出现内部分裂,经营权和所有权的矛盾成为关注的焦点等。所有这些问题都可能影响企业的进一步发展。

3. 成熟行业的战略选择

成熟行业在基本结构的主要方面较新兴阶段都发生了变化,新兴阶段行业的高速发展为多种战略的有效实施提供了条件,而到了成熟期,战略选择上的问题就显露了出来。企业应该根据行业具体情况和企业自身的优劣势,选择上述其中一种或几种战略形式。同时,企业也要注意战略运用的难点。企业不要为短期利益而牺牲长期利益,不要为了一时的销售额增长而做出过分的投资,要对削减价格做出积极的反映,要在需求出现停滞趋势时减少生产能力。此时,企业要自身的竞争战略进行科学的选择。

(1)转变观念,重视创新。随着行业的发展成熟,企业要注重以生产为中心的技术创新。在新兴阶段可以选择众多的产品系列和型号,有利于企业快速发展。但在成熟期,竞争转向成本和市场份额,因此企业要削减产品种类,将注意力集中于在技术、成本和形象等方面有利的产品,因此在产品成本计算方面的改进有利于产品组合合理化。通过创新,企业推出低成本的产品设计、更为经济的生产方法和营销方式,力争在买方价格意识日益增强的市场中具有独特的竞争优势。

(2)调整产品系列。在以价格为主要竞争手段、以市场份额为目标的成熟行业中,为提高在成熟行业中的市场竞争地位,企业需要进行产品结构分析,原有的产品结构必须调整,企业要缩减利润低的产品,将生产和经营能力集中到利润高或者有竞争优势的产品上。

(3)提高现有顾客的购买量。在成熟行业获得新客户意味着与竞争对手争夺市场份额,代价昂贵,因此增加现有顾客购买比寻求新顾客更有利,可以通过提供外围设备和服务、产品升级、扩展产品系列等方法来扩大现有顾客需求范围。这种战略可使企业迈出原行业而进入相关行业,并且与发现新顾客相比,代价通常较低。

(4)通过降低成本提高经济效益。在行业成熟期,由于产品价格竞争的加剧,要求企业日益加强对单个产品成本进行衡量的能力并制定出相应的价格。通过从供应商处获得更优惠的供价、使用更低廉的零部件、采用更经济的产品设计、提高生产和销售的效率以及削减管理费用等方法,企业可以获得低成本优势,从而在竞争中发挥价格优势。

(5)发展国际化经营。在国内行业已经成熟时,由于行业在各国的发展是不平衡的,在一国处于成熟期的行业,可能在其他国家处于迅速成长期。这样技术成熟、产品标准化以及寻求低成本战略等需求使企业竞相投资于具有经营资源优势的国家和地区,从事全球性的生产和经营活动。企业进行国际化经营,可以避免饱和市场上的竞争,充分利用各国的经营资源,使自己的生产经营更为经济,最终不断促进企业的持续发展。

6.2.3 分散行业的竞争战略

分散行业是指在行业环境中有许多企业在进行竞争,没有任何一个企业占有显著的市场份额,也没有任何一个企业能对整个行业的结果具有重大的影响,即不存在能左右整个行业活动的市场领袖的行业。一般情况下分散型企业由很多中小型企业构成,存在于许多领域,如服务业、零售业、农产品、汽车修理、饭店、计算机软件开发、服装制造和服装零售等。

1. 分散行业的行业特征

分散行业具有进入障碍低，缺乏规模经济，产品的差别化程度高，讨价还价的能力不足，运输成本高以及市场需求多元化等特点。因此，分散行业往往通过连锁经营、特许经营以及横向合并以形成规模经济效益或全国市场。具体来说，分散行业的行业特征主要有以下几个方面：

⑴行业进入壁垒低，中小企业众多。分散行业的行业进入障碍低，企业就比较容易进入这种行业，结果，大量的中小企业成为该行业中竞争的主导力量。大量中小企业的涌入几乎是所有分散行业形成的前提。如果行业存在退出障碍，则收入持平的企业倾向于在行业中维持。除经济性的退出障碍外，还存在管理性退出障碍，因为有些竞争者的目标可能不是利润导向的，某些行业的独特吸引力使一些竞争者进入，即使是无利可图。

⑵市场需求多样化，产品高度差异化。分散行业的消费者往往需求多种多样，就是因为在某些行业中，顾客的需求是零散的，每一个顾客希望产品有不同式样，也可能为这种要求付出代价，并且不愿接受更标准化的产品。这种需求的多样性在大众日常消费行业中表现得非常明显。因此，对某一特殊产品式样的需求很小，这种数量不足通过支持某种程度的生产、批发或市场策略以使大企业发挥优势。这样，造成产品的差别程度较高，限制了企业规模，使效率不同的小企业得以生存发展。大的规模可能不会符合某种排他的形象或使某种商标只为个人所有的愿望。与这种情况密切相关的还有产业主要供应商认为其产品或服务的渠道所具有的排他性和特殊形象有价值。

⑶行业分散性强，不存在规模经济。大部分分散行业在其运营活动的每个主要环节不存在规模经济。即使有些行业存在规模经济，也由于各种原因难以达到经济规模而不能实现。由于库存成本过高或市场销售不稳定使企业产量波动而不能实现规模经济，此时大规模企业的灵活性不如小规模、低专业化的企业。

2. 分散行业的发展障碍

分散行业的回报可能比较高，其原因在于按照分散行业的特点，进入这一产业的成本低，而且竞争者都较弱小。但是事实上，在分散行为发展过程中却往往存在许多发展障碍，具体包括以下几个方面：

⑴现有企业缺乏资源或技能。有时企业具有克服分散的潜力，如可以发展规模经济，但缺乏资金或专业技能等战略资源，无法建立大规模设备体系及发展分销机构、服务网络、设备等可能促进行业集中的手段。

⑵企业眼光短浅或自我满足。即使企业具有促进行业集中的资源条件，也可能仍然留恋支持分散结构的传统行业实践，或感觉不到行业变化的机会。

⑶运输成本高。分散行业一般不存在规模经济，尽管存在规模经济，高运输成本仍限制着效率高的工厂规模及生产地点。抵消规模经济性的运输成本决定了工厂可以经济地运行着服务半径。在有些产业，如水泥、液体钙、高腐蚀化工等，运输成本都较高。在许多服务业中，为了以顾客为前提，或顾客必须前往提供服务之地，其运输成本也相当高。

⑷讨价还价的能力不足。在分散行业里，供应方与购买方的结构决定了行业中的企业在与相邻的企业或单位进行交易时不具备讨价还价的能力。同时，供应方与购买方也有意识的鼓励新企业进入该行业，使行业保持分散状态，并使企业维持小规模。

⑸高库存成本或不稳定的销售波动。虽然在生产过程中可能存在内在的规模经济性，这种经济性可能会因为库存成本较大或销售波动而无法获得。在这种情况下生产只能忽高忽低，这与大规模、资本密集、要求连续运行的设备的要求是相反的。同样，如果销售极不稳定且大幅度波动，拥有大规模设备的企业则不比较小的、更灵活的企业更有效。

3. 分散行业的战略选择

分散行业有许多企业在进行竞争，没有任何企业占有显著的市场份额，也没有任何一个企业能对整个产业的发展具有重大的影响，因此克服分散集中行业将会有较高的回报。实现其可能性源于分散行业本身也是一个内部互相联系的系统。

⑴克服行业分散。造成行业分散的原因是多方面的，既有历史的原因，也有经济的原因。根据行业分散的原因，克服行业分散应该从以下几个方面入手：战胜一个造成分散的经济因素，会引起整个行业结构改变。

①创造规模经济或经验曲线。通过技术变化造成规模经济或重要的经验曲线来实现行业集中。有时，在经营范围的某一部分创造出规模经济可能造成的好处超过另一部分的不经济性。

②创造规模经济。通过技术创新引起投资增加与集中及机械化自动化，成为行业集中的基础。营销创新也可以克服分散，如电视网。

③使多样的市场需求标准化。迄今为止，产品或市场营销方面的创新可使多样的市场需求标准化。一种新产品的生产可能引起顾客一致的兴趣，一项设计变化可能戏剧性地改变某标准式样的成本，并导致顾客对标准产品给予比昂贵的、定做式样的产品更好的评价。将产品模块化可以使部件实现大量生产由此得到规模经济性或降低经验性成本，同时保持最终产品的多样性。这样变革的能力很明显受到一个产业基本经济特征的限制，但在许多产业中，对集中的限制因素似乎又是一种发现对付零散因素办法的创造性天地。

④特许经营或连锁经营。某些行业分散的原因主要是由于生产规模的不经济性或分散的顾客口味，对于此行业集中分散的战略思想是使这些方面与其他方面分离，采取特许经营或连锁经营。如快餐业，其特点是要保持严密的本地控制和良好的服务，通过特许经营向业主出售各个独立地点来克服分散，实现规模经济。如麦当劳、必胜客。

⑤尽早发现行业趋势。有些行业在产生发展成熟过程中自然形成集中，因此如果分散原因是由于行业处于开发期和成长期则随着行业的演变会产生集中。如计算机服务部门正面临小型机或微型机的竞争，这种新技术意味着小型或中型企业可以拥有自己的计算机。这样，计算机服务部门必须对大的、多的地区企业提供服务，以求不断发展，或在最初仅提供机器的基础上，提供复杂的程序或其他服务。这种发展增加了计算机服务产业的规模经济并导致了集中。

⑵实行专门化经营。在一些情况下，造成行业分散的行业基本经济因素是不可克服的，此时企业要通过实行专门化经营取得竞争优势。其基本思想是在分散行业环境下寻求实现成本领先、差异化、集中化等基本竞争战略的方法，使每一种方法都更好地使企业的战略姿态与分散行业中特殊的竞争性质相匹配，或者使在这种行业中一般存在的激烈竞争力量中性化。

①产品类型的专门化。当产品链中存在多项不同产品时，一种有效的实现高于平均水平的结果的方法是使一组严格限制的产品专门化。它可以使企业通过使其产品达到足够大的规模来增加与供应商的价格谈判实力。它还可以因专家们具有的专门技巧而提高针对顾客的差异化，并提高在某一产品领域的形象。集中差异化战略使企业在产品领域信息更灵，并可使企

业具有引导顾客的能力得到提高。但这种战略的代价可能是对企业的发展前景形成某些限制。

②顾客类型专门化。企业专注于行业中一部分特定顾客也可以获得潜在收益。如果因为零散结构而造成激烈竞争，企业可专注于产业中的一部分特定顾客而从中获得潜在效益，可能这些顾客因购买量小或规模小而造成讨价还价能力低下；或可专注于一部分对价格很不敏感的顾客或需要企业随基本产品或服务而提供附加价值的顾客。

③订货类型专门化。在零散产业中，企业可以专注某一特殊订货类型去对付严峻的竞争压力。一种方法是仅服务于小订单，而顾客要求立即交货并对价格不甚敏感；或企业近接受定做产品订货，以易用其他对价格不敏感并建立转换成本。与前述一样，专门化的代价是产品销售量的限制。

④地理区域专门化。有些行业在行业范围内达不到显著的市场份额或不能实现全国性的规模经济。但在某一地区范围内可能得到重要的经济性。其方法是集中设备、市场营销注意力和销售活动，如选择更有效率的广告，使用唯一的经销商等获得经济性。如在食品行业，区域覆盖战略绩效非常好，尽管存在一些大型全国性企业，但食品行业仍具有分散行业的特点。

(3)注重战略运用。分散行业可以为企业的选择带来战略机会，也可以给企业带来失误。在战略的使用过程中，企业应该注意以下几点：

①避免全面出击。在分散行业中，企业要面对所有的顾客，生产经营各种产品和提供各种服务是困难的，很难获得成功，反而会削弱企业的竞争力。因此，分散性行业的企业应避免全面出击反而陷入困境。

②避免随机性。企业在战略实施过程中，不要总在调整以往的资源配置。在短期内，频繁的调整可能会产生效果，但在长期的发展中，战略执行过于随机，会破坏自身的资源，削弱自身的竞争力。因此，分散行业的战略应坚持相对稳定性。

③避免过于分权化。在分散的行业中，企业竞争的关键是在生产经营上对需求的变化做出反应。因此，在组织结构上，企业应当作出适当的选择，集权性组织结构对市场反映较差，经营单位的管理人员主动性小，难以适应分散的行业竞争。

④避免对新产品做出过度的反应。在分散行业中，新产品会不断出现。但是由于分散行业需求的多样性与缺乏规模经济，企业对新产品做出的大量投资在该产品的成熟期并不容易收回或很难获得较高收益。企业如果不考虑自身的实力，做出过度的反应，结果会削弱自身的竞争力。因此，企业应量力而行，防止由于过度进行新产品的追求而陷入经营困境。

6.2.4 衰退行业的竞争战略

衰退行业是指在相当长的一段时间里，行业中产品的销售量持续下降的行业。当行业进入衰退期后，销售收入和利润都会大幅减少，大部分企业都退出了市场，只剩下几家大企业和少数拾遗补缺者。由于市场上仍然具有一定的需求，再加上退出障碍等原因，行业内的剩余企业对是否退出行业摇摆不定。而由于市场规模已经大幅度缩小，为争取剩余的市场份额，价格竞争甚至会出现长期亏本销售的壮烈局面，留存企业为生存下去必然采取各种竞争战略来拼命挣扎。

1. 衰退行业的行业特征

在产品生命周期中，衰退阶段特征是市场销售量降低、产品种类减少、研发和广告费用降低及竞争者减少。具体地说，衰退行业的行业特征主要有以下几个方面：

(1)行业衰退的原因多种多样。衰退行业往往不是由于经营周期或者一些短期例外事件所造成的，而主要是由于技术革新创造了替代产品或通过显著的成本与质量的变化而产生了替代产品；或者由于社会或其他原因改变了买主的需求和偏好，使得顾客对某种产品的需求下降，行业利润下滑。

(2)衰退的方式和速度不确定。企业对未来需求继续衰退的估计，存在不确定性。如果企业认为需求有可能回升，将会继续保持其市场地位，在该行业中继续经营。如果企业确信该行业需求将继续衰退，则要转移其生产能力，有步骤地退出该经营领域。有时，由于衰退缓慢，又被某些短期因素所干扰，企业更难以估计未来的衰退状况。

(3)充分挖掘行业中成长的细分市场。停滞或衰退的市场和其他的市场一样，也包括众多的细分市场或小的市场点。竞争会出现这种情况，虽然整个行业处于停滞或衰退的状态，但是其中的一个或多个细分市场去会快速的增长。敏锐的竞争企业往往能够首先集中于有吸引力的成长细分市场上，从而能够避免出现销售和利润的停滞状态，同时还可能在目标市场上获得竞争优势。

(4)退出行业存在壁垒。衰退行业的恶性竞争使许多企业处于低利润率甚至负利润率的状态，但由于存在各种困难，这些企业并不从这个行业中退出。同时，在考虑退出时，企业要妥善处理与退出障碍有关的事宜。因此，衰退行业也存在退出障碍，会迫使经营不佳的企业继续留在行业中从事生产经营活动，使全行业低利润率或负利润率的状态持续下去。

2. 衰退行业的发展障碍

行业衰退是产业从兴盛走向不景气进而走向衰败的过程。产业衰退是客观的必然，是产业发展过程和产业兴衰的最后一个阶段。产业衰退就是创新能力不足或衰退，它导致了该产业竞争力的下降。产业衰退也是生产要素的退出过程，在理论上，产业衰退与要素退出是紧密相联的，但在实际中产业衰退并不意味着要素退出，衰退与退出之间的关系中还有许多因素在起作用。而在衰退行业维持发展过程中，却往往存在着许多发展障碍，主要有以下几个方面：

(1)产品需求增长率下降，市场需求变化具有不确定性。衰退行业生产的产品一般是传统产品，产品需求增长率下降较快，其产业所提供的产值在GDP中的比重呈下降或者加速下降的趋势，因而新进入企业不断减少，原有企业不断退出。企业无法确定其发展趋势，而且不同企业对需求的变化认识也不相同。企业在行业中的位置和它的退出壁垒影响它对行业需求下降可能性的认识。有些企业预计市场需求将回升或平稳而继续坚持，在销售量下降的情况下努力保持现有地位。如果大部分企业都确信市场需求肯定继续下降，企业从行业撤出的速度将加快。

(2)行业竞争更加激烈，行业利润低甚至亏损。衰退行业的需求状况使竞争更加激烈，集中体现为价格战。全行业效益很低甚至全行业亏损。由于生产能力严重过剩，企业之间竞争激烈。企业为了生存下去，不惜采取低价竞争手段，致使在相当一部分企业停产半停产的同时，产品有销路、能够维持正常生产的企业也因产品价格低而处在收益率很低的境地，使全行业长期处在微利甚至亏损状况。

(3)资金投入减少，优秀人才流失。低收益率使这些行业难以吸收新的投资，大量的人才流失，使得衰退行业的发展更加雪上加霜。在这种情况下，衰退行业要进行结构调整，需要大量的投资，而事实上却很少有企业愿意再进行资金投入。

3. 衰退行业的战略选择

针对衰退行业一般的战略思想是：不要在增长缓慢或负增长的不利的市场投资，而应从中抽取现金。实际上此阶段行业环境使企业的战略选择较复杂，不同行业、不同企业有不同的竞争战略。因此，在行业衰退期，要迅速认清行业的衰退状况，然后根据企业自身的内部条件，选择最有力的竞争战略，获取尽可能多的利益，避免对企业的今后发展带来不利的影响。需要注意的是，在衰退期，企业要尽早确定自身的战略选择并进行实施，迟疑不决的最终选择只能是被迫放弃，会造成更大的损失。在行业衰退阶段，可供企业选择的战略主要有以下几个方面：

⑴领导地位战略。领导地位战略的目标在于利用衰退中行业的结构，在这些结构中留存下来的某家或某些企业拥有获得高于平均水平的获利能力的潜力，而针对竞争对手要确立领导地位也是可行的。企业的目的是成为留存在行业内的唯一一家企业或几家企业之一。一旦获得这种地位，企业将根据随后的行业销售模式转向保持地位或控制性收获战略。这种战略的根本前提是比起采用其他战略来这种获取领导地位的方式能使企业处于更优越的位置来保持地位或取得收获。

⑵合理定位战略。这种战略的目标是要识别衰退中的行业内的某个市场面，这种市场面不仅足以保持稳定的需求或延缓衰败，而且具有获得高收益的结构特点。然后，企业为在这种市场面内建立其地位而进行投资。也许可以认为，为了要降低竞争对手的退出障碍或减少与这种市场面有关的不确定性而采取罗列在领导地位战略栏下的某些行动是合乎需要的。最终，企业有可能要么转向收获战略，要么转向放弃战略。

⑶及时收割战略。即实施有控制的撤出投资，从优势中获利。采用收割战略，企业会力图优化业务现金流，取消或大幅度削减新的投资，减少设备投资，在后续销售中从业务拥有的任何残留优势上谋取利益，以提高价格或从过去的商誉中获利。收割战略的前提是过去存在企业能赖以生存的真正优势，同时衰退阶段的行业环境不至于恶化为战争，如果不具备任何优势，提高价格、降低质量减少广告将使销售下降。

⑷迅速放弃战略。这种战略是基于这样一个前提，即企业在衰退的初期早就把其营业单位卖掉，则还能够最大限度地获得净投资额的回收，而不是实行收获战略而到后期才出售营业单位，或其他战略之一。尽早地出售营业单位通常能最大限度地提高企业从出售营业单位中实现的价值，因为营业单位出售得越早，则对需求是否将会随之而下降这一不确定性也就加大，于是像其他国外资产市场得不到满足的可能性也会越大。企业何时放弃其经营单位，取决于企业对未来需求的估计。

※ 6.3 不同竞争地位的竞争战略

竞争地位是指企业在目标市场中所占据的位置，它是企业规划竞争战略的重要依据。企业的竞争地位不同，其竞争战略也不同。处在行业里的每一个企业都具有一定的地位，根据企业在行业里的竞争力和影响力的不同，可以把企业所处的竞争地位分类为行业领导者、行业挑战者、行业追随者和行业补缺者四类。处在不同市场竞争地位的企业，应采取不同的市场竞争者策略。

6.3.1 行业领导者的竞争战略

所谓行业领导者是指在相关产品的市场上市场占有率最高的企业。作为行业领导者，行业的标准，有着先天的优势，行业领导者对所在行业有领航的作用。一般说来，大多数行业都有一家企业被公认为行业领导者，它在价格调整、新产品开发、配销覆盖和促销力量方面处于主导地位。它是市场竞争的导向者，也是竞争者挑战、效仿或回避的对象。行业领导者已取得市场地位与竞争优势，但仍然面临众多竞争对手的挑战。因此行业领导者要依据环境状况进一步采取合适的竞争战略，防止竞争对手的攻击，继续采取一系列进攻性和防御性战略措施加大市场份额，巩固已有地位。

竞争地位并不是一成不变的，今日的行业领导者不一定是明天的行业老大，因此，行业领导者竭力维护自己的领导地位，其他竞争者则拼命往前赶，努力改变自己的地位。正是这种激烈的市场竞争，促使企业争创竞争优势，占据市场有利位置，从而推动行业和社会的发展。一般来说，行业领导者为了维护自己的优势，保持自己的领导地位，通常可采取三种策略：一是设法扩大整个市场需求；二是采取有效的防守措施和攻击战术，保护现有的市场占有率；三是在市场规模保持不变的情况下，进一步提高市场占有率。

1. 扩大市场需求量

一般来说，当一种产品的市场需求总量扩大时，受益最大的是处于行业领导地位的企业。行业领导者应努力从开发产品的新用户、寻找产品的新用途和增加顾客使用量三个方面扩大市场需求量：

(1)开发产品的新用户。每一种产品都有吸引顾客、增加用户数量的潜力，因为有些顾客或者不知道这种产品，或者因为其价格不合适或缺乏某些特点等而不想购买这种产品，这样，企业可以从三个方面发掘新的使用者：一是转变未使用者；即说服那些尚未使用本行业产品的人开始使用，把潜在顾客转变为现实顾客；二是进入新的细分市场，即该细分市场的顾客使用本行业的产品，但是不使用其他细分市场的同类产品和品牌；三是地理扩展。指寻找尚未使用本产品的地区，开发新的地理市场。

(2)寻找产品的新用途。企业也可通过发现并推广产品的新用途来扩大市场。每项新用途都使产品开始了一个新的生命周期。这一切都归功于该企业为发现新用途而不断进行的研究和开发计划。同样，顾客也是发现产品新用途的重要来源，企业必须要留心注意顾客对本企业产品使用的情况。

(3)增加顾客使用量。促使使用者增加用量也是扩大需求的一种重要手段。主要有三个方面的途径：一是设法使顾客更频繁地使用产品；二是提倡顾客增加使用量；三是增加使用场所。

2. 保护市场占有率

处于行业领导地位的企业，在努力扩大整个市场规模时，必须注意保护自己现有的业务，防备竞争者的攻击。因此，行业领导者不应满足于现状，必须在产品创新、提高服务水平和降低成本等方面，真正处于该行业的领先地位，同时，应该在不断提高服务质量的同时，抓住对方的弱点。

防御战略的目标是，减少受攻击的可能性，使攻击转移到危害较小的地方，并削弱其攻势。虽然任何攻击都可能造成利润上的损失，但防御者的措施如何，反应速度快慢，其后果就大不一样。有六种防御战略可供市场主导者选择：

⑴阵地防御。阵地防御指围绕企业目前的主要产品和业务建立牢固的防线，根据竞争者在产品、渠道和促销方面可能采取的进攻战略，制定自己的预防性营销战略，并在竞争者发起进攻时坚守原有的产品和业务。

⑵侧翼防御。侧翼防御是指行业领导者除保卫自己的阵地外，还应建立某些辅助性的基地作为防御阵地，或必要时作为反攻基地。特别要注意保卫自己较弱的侧翼，防止对手乘虚而入。

⑶先发防御。这种防御政策是在竞争者对自己发动进攻之前，先发制人，抢先攻击。具体做法是，当竞争者的市场占有率达到某一危险的高度时，就对它发动攻击；或者是对市场上的所有竞争者全面攻击，使得对手人人自危。有时，这种以攻为守是着重心理作用，并不一定付诸行动。如行业领导者可发出市场信号，迫使竞争者取消攻击。

⑷反攻防御。反攻防御指在竞争对手尚示构成严重威胁时或帮向本企业采取进攻行动前抢先发起攻击以削弱或挫败竞争对手。这是一种先发制人的防御，企业应正确判断何时发起进攻效果最佳以免贻误战机。有的企业在竞争对手的市场份额接近于某一水平而危及自己市场地位时发起进攻，有的企业在竞争对手推出新产品或推出重大促销活动前推行发动进攻，如推出自己的新产品、宣布新产品开发计划或开展大张旗鼓的促销活动，压倒竞争者。当行业领导遭到对手降价或促销攻势，或改进产品、市场渗透等进攻时，不能只是被动应战，应主动反攻。

⑸运动防御。运动防御要求领导者不但要积极防守现有阵地，还要扩展到可作为未来防御和进攻中心的新阵地，它可以使企业在战略上有较多的回旋余地。市场扩展可通过两种方式实现：一是市场扩大化，这是企业将其注意力从目前的产品转移到有关该产品的基本需要上，并全面研究与开发有关该项需要的科学技术；二是市场多角，这是向彼此不相关连的其他行业扩展，实行多角化经营。

⑹收缩防御。收缩防御是指放弃某些薄弱的市场，把力量集中用于优势的市场阵地中。当企业无法坚守所有的市场领域，并且由于力量过于分散而降低资源效益的时候，可采取这种战略。

3. 提高市场占有率

行业领导者也可以通过进一步增加它们的市场份额来实现销售的增长。但市场份额的扩大是否有利于利润的增加，则取决于企业为扩大市场份额而具体采取的战略。采用此战略要特别注意以下问题：一是只有企业在促销费用开支上的增长快于市场规模的增加，才会得到市场占有率的较快增长；二是在一定的市场占有率水平上，市场迅速扩张行动会使产品成本超过可能得到的利润，使得企业盈利受损，带来规模不经济现象；三是企业产品的大幅度降价并不能获得市场占有率的显著增长；四是只有在相对质量方面占优势的企业才能得到市场占有率的真正提高。因此，行业领导者应该着重从以下几个方面提高市场占有率：

⑴实行总成本领先。由于行业领导者享有规模经济的优势，由于规模成本的下降从而使其价格也能相应下降，使更多的顾客愿意购买其产品，这样市场占有率就会提高，但其利润却不受影响。

⑵提高产品质量。通过优质优价来获得更多的利润，因为随着产品质量的提高可以减少废品损失、售后服务等开支，但不会增加太多的成本费用，而优质产品能够更好地满足顾客的需要。

⑶增加新产品。研制新产品是提高市场占有率的重要手段。根据有关调查资料，新产品在销售额中所占的比例比竞争对手比例增加时，企业市场占有率就会增加。无论是对已经形成的或者开始形成的产品市场，革新产品都是广泛使用的战略。

⑷增加开拓市场费用。增加开拓市场费用包括推销员费用、广告费用、促销费用。消费品和工业企业的促进销售费用扩大是扩大市场占有率的关键。但在经营原材料的企业，促进销售费用的作用就不太明显。广告费用对消费品企业扩大市场占有率可以做出很大的贡献。在生产资料和原材料的工业企业，广告费用在市场费用中所占比例不大，只是竞争的一种手段而已。促进销售活动的方法多种多样。

6.3.2 行业挑战者的竞争战略

行业挑战者是指在市场上紧追行业领导者的企业，一般也是具有强大竞争实力的企业，它在行业经营中也有很大的力量，往往是名列前几名的企业。行业挑战者在制定企业发展战略的时候，要分析市场真正的领导者，确立领导者就是跟随，对市场的领导者要研究，研究行业领导者的企业文化、市场渠道、广告投放、资金的运用、产品的开发、核心的战略、产品的定价、产品的受众目标、产品的包装、市场营销等，这些都是针对行业领导者的主要核心的品牌价值，分析出自己企业应该做好什么，放弃什么。

行业领导者往往在行业内很强势，让竞争者觉得高不可攀，其实这只是表面现象，强势的行业领导者，因为是市场的标准，那么就会端架子，这个架子不是空架，指的是行业的最高标准，也就是他必须要比竞争者多出很多的努力，做到精确，行业的最高领导者，为了维护市场的地位，永远处于被研究攻击的对象，也就有很多值得攻击的地方。而行业挑战者可以对其市场策略和定价策略和服务进行强烈的攻击，对一个挑战来说，这种方式是非常有效的，因为挑战者如果自身不是实力很强，行业领导者是不会全力以赴的对挑战者进行攻击，当然挑战者的这种攻击也不意被领导者发现并作出策略的改变。

1. 确认战略目标和竞争对手

行业挑战者首先必须确定其战略目标。大多数行业挑战者的战略目标是增加自己的市场占有率，并且认为增加市场占有率将会获得更大的利益。目标的决定不管是要击跨竞争者或者降低竞争者的市场占有率，都应该考虑谁是竞争者。因此，选择竞争者与选择目标是相互关联的。如果攻击的对象是针对行业领导者的，则其目标可能是夺取某些市场占有率。若所攻击的对象是地方性的小企业，则其目标可能是将此一些小企业逐出市场。不论是在何种情况下，最重要的原则依然是:每一项战略行动都必须指向一个明确规定的，决定性的以及可以达到的目标。一般情况下，一个竞争者可在下列三种类型的企业种选择一种进行攻击:

⑴攻击行业领导者。而且如果行业领导者的地位不是特别稳固，且无法为市场服务时，这种策略就更具有意义。但是这是一种具有高风险但是由具有潜在高报酬的策略。挑战者应该了解消费者的需要或者是不满之处，如果有一种实质的需要尚未被满足或者未能获得完全满足时，则就给挑战者提供了一个战略性的目标市场。

⑵攻击实力相当的竞争对手。主要对象是那些与自己规模相当但经营不良且财务状况不佳的企业。攻击者必须时时刻刻地调查消费者的满意程度，以及潜在的创新的机会。假如其他企业资源有限，那么即使采取正面的攻击亦能奏效。

⑶攻击区域性小型企业。主要对象是地方性的或者区域性的营运与财务状况均不佳的企

业。很多大企业之所以有今日的规模，并非靠彼此争夺顾客而来的，主要是靠着争取一些“小企业”或者“小公司”的顾客而日渐壮大的。

2. 选择适当的挑战战略

确定了战略目标和进攻对象之后，挑战者还需要考虑采取怎样的进攻战略。选择挑战战略时应把优势兵力集中在关键的时刻和地点以达到决定性的目的。行业挑战者有五种战略可供选择：

⑴正面进攻战略。正面进攻就是集中全力向对手主要市场阵地发动进攻，即进攻对手的强项而不是弱点的进攻策略。这种企业策略是选择竞争对手的最强的部分发动攻击，而非选择弱点加以攻击。正面进攻的胜负结果当视谁有较强的实力而定，在一个纯粹的正面进攻中，进攻者可对其竞争者的产品、广告与价格等方面采取进攻。正面进攻的另一种措施是投入大量研究与开发经费，使产品成本降低，从而以降低价格的手段向对手发动进攻，这是持续实行正面进攻战略最可靠的措施之一。另一种价格挑战的策略是挑战者通过巨额投入以实现更低的生产成本，然后以此来向对手发起价格攻击。

⑵侧翼进攻战略。侧翼进攻战略是寻找和攻击对手的弱点进行进攻的策略。一个等待受攻击者往往是最强大的，但是它必然也会有弱点，它的弱点自然就会成为竞争对手的目标。寻找对手弱点的主要方法是分析对手在各类产品和各个细分市场上的实力和绩效，把对手实力薄弱或绩效不佳或尚未覆盖而又有潜力的产品和市场作为攻击点和突破口，侧翼进攻可以沿用两种策略角度来攻击竞争者：一是分析地理市场，即选择对手忽略或绩效较差的产品和区域加以攻击；二是选择对手尚未重视或尚未覆盖的细分市场作为攻占的目标。这是一种更具有潜在威力的侧翼攻击，可以通过分析其余各类细分市场，按照收入水平、年龄、性别、购买动机、产品用途和使用率等因素辨认细分市场并认真研究，选择对手尚未重视或尚未覆盖的细分市场作为攻占的目标。从这一意义上说，侧翼进攻策略是辨认市场区划细分的基础，以及使目标市场转换的另一个名称，它是指及时发现本行业尚未提供服务的市场区划的空隙，并积极的弥补此空隙，把它作为本企业的目标市场，侧翼策略可以引导各企业对整个行业市场中的各种不同的需求提供更为完整的服务，以避免两个或者两个以上的企业在同一市场区划中做激烈的竞争。

⑶包围进攻战略。包围进攻是对敌人的各个方面发动进攻，迫使敌人必须同时防御其前后左右的战线。这是一种全方位、大规模的进攻战略。采取包围进攻的进攻者可能提供竞争者所提供的每一项产品，并且比竞争者提供得更多、更好，以使其所提供的服务不会遭到拒绝。这种策略的适用条件是两个方面：一是通过市场细分未能发现对手忽视或尚未覆盖的细分行业补缺空档不存在，无法采用侧翼进攻；二是与对手相比拥有绝对的资源优势，制定了周密可行的作战方案，相信全方位进攻能够摧毁对手的防线和抵抗意志。这里需要强调的是，选用间接进攻方法的关键在于以市场区划细分为基础，如果补缺空隙目前不存在，或者不能用区划细分来创建市场空隙，那么，在进攻者心中的侧翼进攻方法就会逐渐消失，而转为市场上直接的正面进攻的方法。当然，正面进攻要求进攻者有优于竞争者几倍以上的优势才能成功。

⑷迂回进攻战略。迂回进攻是避开对手的现有业务领域和现有市场，进攻对手尚未涉足的业务领域和市场，以壮大自己的实力的策略。这是最间接的进攻战略，它避开了对手的现有阵地而迂回进攻。具体办法有三种：一是发展无关的产品，实行产品多元化经营；二是以现

有产品进入新市场，实现市场多元化；三是通过技术创新和产品开发，以替换现有产品。在高科技行业中，技术跃入经常采用迂回策略。这种策略并不去模仿竞争者的产品或者从事劳民伤财的正面进攻，而是耐心地从事研究发展更新的技术，一旦企业经由该项新技术而取得优势地位的条件时，便可以展开进攻。也因此便可以将战场转移至自己占有优势地位的市场，从而获得实质的利益。

(5)游击进攻战略。游击进攻主要适用于规模较小力量较弱的企业，目的在于通过向对方不同地区发动小规模的、间断性的攻击来骚扰对方，使之疲于奔命，最终巩固永久性据点。游击进攻可采取多种方法，包括有选择的降价，强烈地突袭式的促销行动等。应予指出的是，尽管游击进攻可能比正面围堵或侧翼进攻节省开支，但如果要想打倒对手，光靠游击战不可能达到目的，还需要发动更强大的攻势。

3. 采取特殊的营销策略

行业挑战者在战略进攻中，必须把几个特定的策略组成一个总体战略，应用于市场营销活动中。下面列举适用于进攻竞争地位的几种特定的营销策略。

(1)产品策略。主要有以下几个方面的策略可供选择：一是廉价品策略，即提供中等或者质量稍低的但是价格低得多的产品；二是名牌产品策略，即努力创造一种名优产品，虽然价格也很高，却更有可能把领袖者的同类产品和市场份额挤掉一部；三是产品扩张策略，即挑战者紧步领袖者之后尘，创制出许多不同种类的新产品，此即产品创新策略的变相形式；四是产品创新策略，主要是向深度发展的产品策略，即企业在期和新产品方面不断创新，精益求精。

(2)价格策略。主要有以下几个方面的策略：一是价格折扣策略，即挑战者可以用较低的价格提供与领导者品质相当的产品；二是降低制造成本的策略，是一种结合定价策略和成本管理以及技术研究等因素的产品发展策略。

(3)分销渠道策略。可以通过发现或发展一个新的分销渠道，也可以通过给予经销商更多的利益或自主权来调动其销售积极性，也可以找到一些新的或者更好的服务方法来为顾客服务，最终不断增加市场份额。

(4)促销策略。主要是通过密集广告促销的策略来进行。有些挑战者可以依靠他们的广告和促销手段，想领导者发动进攻，当然这一策略的成功必须基于挑战者的产品或者广告信息有着某些能够胜过竞争对手的优越之处。

6.3.3 行业追随者的竞争战略

行业追随者是指安于次要地位，不热衷于挑战的企业。在大多数情况下，企业更愿意采用市场跟随者战略。市场跟随者的主要特征是安于次要地位，在“和平共处”的状态下求得尽可能多的收益。在资本密集的同质性产品的行业中，如钢铁、原油和化工行业中，市场跟随者策略是大多数企业的选择。其主要是由于行业和产品的特点所决定的。行业追随者虽然占有的市场份额比领先者低，但它们可能赚钱，甚至赚更多的钱。它们成功的关键在主动地细分和集中市场、有效地研究和开发，着重于盈利而不着重市场份额以及有坚强的管理组织。

企业之间保持相对平衡的状态，不采用从对方的目标市场中拉走顾客的做法。在行业中形成这样一种格局，大多数企业跟随市场领先者走，各自的势力范围互不干扰。一个行业追随者必须知道如何保持现有的和如何争取有新顾客参加的令人满意的市场份额。每一个追随者要努力给它的目标市场带来有特色的优势。追随者是挑战者攻击的主要目标，因此，行业追随者必须保持它的低制造成本和高产品质量或服务。追随者必须确定一条不会引起竞争性报复的成长路线。追随战略可以分为三类：紧密跟随、保持一段距离的跟随、有选择追随。

1. 紧密跟随战略

追随者在尽可能多的细分市场和营销组合领域中模仿领先者。追随者往往几乎以一个行业挑战者面貌出现，但是如果它并不激进地妨碍领先者，直接冲突不会发生。有些追随者甚至可能被说成是寄生者，他们在刺激市场方面很少动作，他们只希望靠市场领先者的投资生活。

2. 距离跟随战略

追随者保持某些距离，但又在主要市场和产品创新、一般价格水平和分销上追随领先者。市场领先者十分欢迎这种追随者，因为领先者发现他们对它的市场计划很少干预，而且乐意让他们占有了一些市场份额，以便使自己免遭独占市场的指责。保持距离的追随者可能获取同行业的小企业而得到成长。

3. 有选择跟随战略

这类企业在有些方面紧跟领先者，但有时又走自己的路。这类企业可能具有完全的创新性，但它又避免直接的竞争，并在有明显好处时追随领先者的许多战略。这类企业常能成长为未来的挑战者。

6.3.4 行业补缺者的竞争战略

行业补缺者是指选择某一特定较小之区隔市场为目标，提供专业化的服务，并以此为经营战略的企业。在市场经济发展中，人们非常关注成功的企业，往往忽略每个行业中存在的小企业，却正是这些不起眼的星星之火，在大企业的夹缝中求得生存和发展后，成为燎原之势，这些小企业就是所谓的行业补缺者。由于这些中小企业集中力量来专心致力于市场中被大企业忽略的某些细分市场，在这些小市场上专业化经营，因而获取了最大限度的收益。这些可以为中小企业带来利润的有利市场位置称为“利基”，因而行业补缺者又被称为行业利基者。

有利的行业补缺不仅对于小企业有意义，而且对某些大企业中的较小业务部门也有意义，它们也常设法寻找一个或多个既安全又有利的补缺。一般来说，行业补缺者的竞争战略应着重考虑以下几个方面：

1. 寻找理想的补缺基点

为了更好地确立企业的竞争优势，行业补缺者应首先找到合适的补缺基点。一般来说，一个理想的补缺具有以下几个特征：

⑴理想的补缺基点应该有足够的市场潜力和购买力。这种市场应该拥有众多的人口，他们具有很强的需求欲望，有为满足这种需求的极强的购买能力，缺一不可。只有三者结合起来才能决定市场的规模和容量，才能组成有潜力的大市场。如果人口众多，但收入很低，则购买力有限；虽然购买力大，但人口少，也不是大市场；有足够潜力和购买力的市场是上述三个因素的统一，如果补缺基点具备了这些条件，剩下的是企业应该生产足以引起人们的购买欲望的产品，使其成为理想的补缺基点，使潜在市场转变为现实的市场。

⑵理想的补缺基点应该有利润增长潜力。这个潜力是利润增长的速度要大于销售增长的速度，销售增长的速度大于成本增长的速度。它应该由企业来发掘，即企业将潜在的市场需求转变为现实的市场。值得注意的是必须讲究经济核算，加强管理，改进技术，提高劳动生

产率，降低成本，在判断理想的补缺基点是否具有利润增长潜力时，预先考虑利润发生的时间，考虑资金的时间价值，考虑风险问题，克服短期行为。

⑶理想的补缺基点对主要竞争者不具有吸引力。作为企业应该建立竞争情报系统，从产业、市场两个方面识别自己的竞争者，确定竞争对象；判定竞争者的战略、战术原则与目标；评估竞争者的实力与反映，从而推断出自己选定的补缺基点是否对竞争者具有吸引力，以此预测这个补缺基点对企业的理想程度。

⑷理想的补缺基点应该是适合企业自身发展。企业发掘补缺基点时，需要考虑自身的突出特征；周围环境的发展变化及会给企业造成的环境威胁或市场机会；企业的资源情况和特有能力、信誉。只有掌握资源，企业才能确定以市场为导向，寻找切实可行，具体明确的理想的补缺基点。

2. 实现专业化发展

行业补缺者发展的关键是实现专业化，主要途径有：

最终用户专业化。企业可以专门为某一类型的最终用户提供服务。

垂直专业化。企业可以专门为处于生产与分销循环周期的某些垂直层次提供服务。

顾客规模专业化。企业可以专门为某一规模的顾客群服务，行业补缺者专门为大企业不重视的小规模顾客群服务。

特殊顾客专业化。企业可以专门向一个或几个大客户销售产品。许多企业只向一家大企业提供其全部产品。

地理市场专业化。企业只在某一地点、地区或范围内经营业务。

产品或产品线专业化。企业只经营某一种产品或某一类产品线。

产品特色专业化。企业专门经营某一种类型的产品或者产品特色。

客户订单专业化。企业专门按客户订单生产特制产品。

质量价格专业化。企业只在市场的底层或上层经营。例如，惠普公司在优质高价的微型电脑市场上经营。

服务专业化。企业向大众提供一种或数种其他企业所没有的服务。某家庭服务企业专门提供上门疏通管道服务。

销售渠道专业化。企业只为某类销售渠道提供服务。

3. 不断扩大补缺市场

企业不断开发适合特殊消费者的产品，这样就开辟了无数的补缺市场。每当开辟出这样的特殊市场后，针对产品生命周期阶段的特点扩大产品组合，以扩大市场占有率，达到扩大补缺市场的目的。最后，如果有新的竞争者参与时，应保住其在该市场的领先地位，保护补缺市场。作为补缺者选择行业补缺基点时，多重补缺基点比单一补缺基点更能增加保险系数，分散风险。因此，企业通常选择多个补缺基点，以确保企业的持续发展。

☞ 思考题：

1. 企业在选择具体战略时应综合考虑哪些因素？
2. 试分析成本领先战略的优缺点。
3. 企业实行差异化战略需要哪些相应的条件？
4. 分散性行业的战略选择有哪些？

5. 行业领导者应采取什么样的竞争战略？

【案例分析】 破解阿迪达斯的竞争战略

企业竞争战略的成功实施，与其他战略的配合是分不开的。在经济体系中有很多战略可以供企业来选择，但是企业需要根据自身企业的发展需要及竞争对手来选择可实施的竞争战略。阿迪达斯的成功与其所制定的竞争战略是不可分割的。而企业竞争战略的成功实施与其他战略的完美配合是分不开的。

一、阿迪达斯公司的产品创新

阿迪达斯公司开发出100多种不同风格的跑鞋，阿道夫在跑鞋开发方面进行了许多创新，如四钉跑鞋、尼龙底钉鞋、既可插入也可拔出的鞋钉，他还发明了30多种鞋钉排列组合的鞋，可使运动员适应室内外跑道及天然地面或人工地面等多种需要，并为各类跑步者和各种跑步风格的运动员制造各种各样的跑鞋(包括各种竞赛用鞋与训练用鞋)。公司不仅生产供各类体育活动使用的鞋，而且还增加了与体育有关的其他用品，如短裤、运动衫、便服、田径服、网球服和泳装、各类体育用球、乒乓球拍和越野雪橇以及流行的体育挎包。功能第一是公司的主旋律,给予运动员们最好的成为公司的口号。从公司成立开始，阿迪达斯就以产品创新为发展动力，诞生了世界上第一双冰鞋、第一双多钉扣鞋、第一双胶铸足球钉鞋……特别是阿迪达斯的旋入型鞋钉是个非常革命性的概念，人们甚至认为它为德国足球队1954年获得世界杯立下了汗马功劳。最值得追朔是1956年的墨尔本奥运会，当时阿迪达斯导入附属品牌——“墨尔本”，推出了改进型的多钉扣运动鞋，穿阿迪达斯运动鞋的选手那一年打破了33项纪录，获得72枚金牌。他们建立了一个新的技术创新团队，每年至少投放一个大的创新。2003年，阿迪达斯建立了大众定制系统，可以根据顾客脚的不同情况、个人喜好和要求设计特别的鞋，领先者的优势使阿迪达斯在这一领域处于第一位。

二、阿迪达斯公司的营销策略创新

阿迪达斯公司长期以来一直把国际体育竞赛当作检验产品的基地，公司与专业运动员签订背书合同，让他们使用公司的产品，同时还将国际性体育比赛和奥林匹克运动会作为猎获对象，与相关体育协会签订背书合同。运动员反馈的信息对公司改进鞋的设计起到了重大指导作用。阿迪达斯与运动员签订背书合同已很普遍，背书合同的费用已从500美元提高到15万美元以上。运动员在各种公开场合必须穿用公司的某一种产品。各制造商发明的独特标记是这些背书合同发生效力的关键，这种标记能使人们立即辨认出这是哪家公司的产品。因而，著名运动员对产品的实际使用情况可被体育爱好者和可能的消费者耳闻目睹。阿道夫·达斯勒的长子霍斯特·达斯勒具有非凡的营销天赋，他开创性的为阿迪达斯品牌建立了金字塔型推广模式，率先将品牌在视觉上与运动员、运动队、大型比赛以及相关体育活动联系起来。在他的倡导下，阿迪达斯成为第一个向优秀运动员免费赠送运动鞋的公司、第一家与运动队签订长期提供球鞋与球袜合同的公司，使人们在许多世界级的比赛中看到优秀运动员们脚上穿着阿迪达斯新推出的产品。阿迪达斯始终坚持邀请名人作产品代言人，并赞助体育联赛。科比、布赖恩特、安娜、库尔尼科娃、贝克汉姆都是阿迪达斯旗下的超凡的天才。在巴塞罗那奥运会、欧洲足球冠军杯赛、法国足球世界杯、美国女子足球世界杯等，阿迪达斯总是最大的赞助商之一。阿迪达斯在品牌构建方面将品牌分成三大系列，包括阿迪达斯运动表现系列以前的“运动无止境”系列，运动传统系列以前的经典系列和运动时尚系列。这一划分从根本上改变传统的体育用品公司按服装和鞋类划分的方法。阿迪达斯给予每个系列以自己的标志，分别定位不同人群，均以独立品牌形式分别展示于卖场的不同区域，从而实现终端覆盖。通过市场印证：由于不同系列产品均代表不同运动风格，阿迪达斯产品十分深刻地迎合了现今运动爱好者的消费心理，为阿迪达斯品牌信仰者提供了更广阔了选购空间。从2004年开始，阿迪达斯建立于三大系列产品构建基础上，同时进行了销售网络的扩张运动。阿迪达斯尝试发展关键客户的模式来积极进行销售网络的扩张，这个模式类似于召集合作伙伴进行加盟连锁。只是他们的关键词在于"合作"而并非仅仅指向"加盟"。

三、阿迪达斯公司的制造模式创新

为尽快增加产量，阿迪达斯公司在南斯拉夫等国家寻找能够大批量、低成本制作运动鞋的工厂。公司与这些国家的企业签订了特许生产协议，让它们按公司的图纸制造产品。这样，公司节省了建造工厂和购置设备的巨大开支，从而使成本保持在适当水平。他们的生产公司分布于中国大陆、越南、台湾地区以及拉丁美洲。他们的外包策略对团体的成功至关重要，并被整个领域仿效。这种策略可以转移风险，降低劳动力成本并可将主要精力集中到市场营销和研发上。

【拓展训练】　　透过微信看如何布局竞争战略

微信在发展到一定程度的时候，开始布局自身的海外市场。对于中小来说，同样需要制定出自身的竞争战略规划，以促进企业不断的拓展自身的目标市场。企业竞争战略规划的要点有：稳定战略需要规范结构，稳定性的战略是组织在市场条件和竞争环境很少发生重大变化的时候，所普遍采用的一种战略。竞争战略需创新结构，在竞争日趋激烈的市场环境下，一个企业的成败愈来愈取决于其战略制订与实施的成败，以至于战略已成为构成企业核心竞争力的关键要素之一。

随着微信的不断创新，其用户量在不断的扩大。对于朝阳项目来说，同样需要不断的增强自身的核心竞争力，以确保其可以在经济市场中长远的发展下去。企业规划竞争战略的要点如下：

一、稳定战略需要规范结构

稳定性的战略是组织在市场条件和竞争环境很少发生重大变化的时候，所普遍采用的一种战略。这种战略包括持续地向同类型的顾客提供同样的产品或服务，维持市场份额，并保持组织一贯的投资报酬记录。相对应于这种战略的组织结构应具有规范性和正规化的特征，即通过职务专门化，制订非常正规的制度和规则，以职能部门划分工作任务，实行集权式决策，控制跨度狭窄，通过"命令链"进行经营决策来维持日常的组织运行。其优点是能够实现规模经营，使组织资源充分利用；对中低层管理人员的创新能力，决策水平，工作经验要求较低，可以节约沟通和协调成本；易实行标准化操作和高度的正规化经营；决策权的集中可在某种程度上提高决策的时效性。

二、竞争战略需创新结构

在竞争日趋激烈的市场环境下，一个企业的成败愈来愈取决于其战略制订与实施的成败，以至于战略已成为构成企业核心竞争力的关键要素之一。正因为如此，美国著名管理学家罗宾斯才说"创新能够成为一种竞争优势"。通用的竞争战略概括起来有三种，即总成本领先战略，差异化战略和专业化战略。要实施好这三种竞争战略并形成竞争优势，除了须运用好已有的各种组织结构，为其提供可靠保障外，最主要的还是应创造一些灵活、高效的组织结构，以满足为实施这些战略的过程中的一些特殊要求。

三、动态战略需调适结构

战略一经确立就具有相对的稳定性，以此来明确目标、配置资源、统一步调和凝聚人心。但外界的各种环境却是在不断变化中的，因此，随着顾客需求、市场条件、竞争方式、社会环境等的改变，战略也必须随之进行相应的调整。

第7章｜国际经营战略

经济全球化是世界经济发展的必然趋势，它对整个世界的经济发展产生了深刻影响。自从20世纪50年代以来，世界经济发展的一个显著特点是各国企业经营活动的国际化。在很长的一段时间内，全球经济、区域经济、国家经济和跨国经济同时存在并持续发展。国际化经营已成为当今企业经营的主导趋势之一。面对国内外错综复杂的经济形势给企业生产经营带来的严峻挑战，制定并实施正确的国际经营战略对企业抓住全球化机遇和迎接全球化挑战、提高国际竞争能力具有十分重要的意义。

※ 7.1 国际经营战略概述

7.1.1 国际经营战略的概念

根据行业生命周期理论，在行业的不同发展阶段，企业应该采取不同的竞争战略来参与竞争，以便获得更大的发展，而进入国际市场就是一种比较有效的战略选择。在全球化的环境中，一个仅在国内配置生产要素的企业，面对许多在全球范围内调配生产要素的竞争企业，是难以生存和发展的，国际经营已成为企业成长的一般方式。企业面临的已经不是能否国际经营的问题，而是在全球化的市场竞争中如何赢得优势的问题。国际经营是企业以母国企业为基地，通过对外直接投资，在其他国家和地区建立子公司或分支机构，并以此为基础所展开的跨国界的以盈利为目的的生产经营活动。

国际经营战略是指企业从国内经营走向国际经营，从国内市场进入国外市场，在国外设立多种形式的组织，对国内外的生产要素进行配置，在一个或若干个经济领域进行经营的活动的战略。从事国际化经营的企业通过系统评价自身资源和经营使命，确定企业战略任务和目标，并根据国际环境变化拟定行动方针，根据国际环境变化拟定行动方针，以求在国际环境中长期生存和发展所作的长远的总体的谋划。

跨国公司经营战略的制定是跨国公司最高决策层的主要任务，如果公司不能把它拥有的人才、技术、经营诀窍、资金等资源有效地协调组织起来，组成一个完整的全球经营的战略体系就无法实现公司全球利润最大化。目前，由于跨国公司的经营管理进入了一个崭新的时期，跨国公司的经营管理正从传统的战术经营走向新的战略经营，从生产外贸型管理转向全球战略型管理，世界上越来越多的跨国已经把企业战略作为一种不可缺少的经营管理工具，用于控制和协调部门之间及企业内部的资源关系。

7.1.2 国际经营战略的意义和特点

1. 国际经营战略的动因

不同的企业走向国际化的具体原因千差万别，出于各自不同的考虑，受到各种不同因素的驱使。但是，无论出于何种原因，企业的国际化经营从根本上说都是出于整体战略的考虑，即为了寻求更大范围的竞争优势。企业实施国际经营战略的动因包括三个：

(1)更好地适应外部经营环境的变化。当今世界的政治、经济形势瞬息万变，特别是跨国公司所面对的是不同主权国家的政治、经济、法律、文化等形式各异的经营环境，这种环境随时充满了众多不稳定的因素和各种风险，这些不稳定的因素主要通过市场变化表现出来。造成市场需求千变万化和竞争对手层出不穷的主要原因是由于当今科学技术的迅猛发展，一方面推进了新兴产业的出现、兴起和发展，这些新兴产业中的企业，通常拥有强大的技术和竞争优势，并且具有强烈的参与竞争和寻求市场机会的意识，很快成为市场上不可小视的竞争对手；另一方面，高新技术带来了产品升级换代的高速度，缩短了产品的寿命周期，也培养和造就出新型的消费群体和消费心理，而这种新型的市场需求在相当大的程度上在不断改变着企业所处的市场环境，营造出新型的市场氛围。制定经营战略就是用发展的眼光洞察世界，并在此基础上，预先作出未来的行动安排，使无论是跨国公司总公司还是子公司都能够对未来的发展变化有充分的思想和行为准备。

(2)为现有的产品和服务寻找新的顾客。企业从事国际化活动最直接的动因是开发海外市场，在国内市场趋于饱和时为现有的产品和服务寻找新的顾客。随着经济全球化的发展，不同国家的消费者在需求偏好和消费习惯上有趋同的倾向，这使得企业有可能将产品和服务推向更广阔的市场。

(3)寻找低成本的资源。企业在海外市场寻找更优质和更低廉的资源，以降低生产成本，获得低成本优势。很多企业在更多的国家进行产品或服务的销售，其原因在于他们自己国内的市场上销量不足以实现企业规模制造的经济性；而且，在那些劳动力、原材料或者技术成本比较低的国家布置企业的生产工厂和经营运作常常可以大大提高企业的成本竞争力。

(4)打造核心竞争力。核心竞争力是企业竞争优势的源泉，是企业比竞争对手更优秀的根本性的原因。企业将经营活动领域从单一的国内市场扩展到海外市场，可以在更大的范围内学习新的技术、管理经验，积累对顾客需求的认识，由此打造出更强的核心竞争力。

(5)在一个更为广泛的基础商分散商业风险。企业往往可以通过在很多不同的国外市场商进行经营运作而不是完全依靠自己的国内市场来分散企业的商业风险。

2. 国际经营战略的意义

进入21世纪，中国企业活动的国际化是国际经济发展的必然趋势和必然选择，然而即使中国加入了WTO，世界市场留给中国企业跨国发展的战略空间仍然是非常有限的，如何在非常有限的市场空间内“突出重围”，扩展企业发展的战略空间，是企业必须面对和认真选择的重要课题。只有以全球性的可持续发展来带动企业的增长，才能使企业真够能够突破国内市场的禁锢，突出重围，冲出亚洲，走向世界，在全球经济的大市场中获得更大的发展。企业国际经营战略的意义主要有以下几个方面的意义：

⑴国际经营有利于扩大出口份额。相比较而言，国内生产出口成本高，受制于人，而且难以避免非关税壁垒，到海外建立生产经营实体就能很好地扩大出口份额。

⑵国际经营有利于获得稀缺资源。我国虽然地大物博，但人均占有资源在世界上是很低的，特别是稀缺资源就更少，走向海外后，中国企业可利用海外经营机构，在当地获得国内短缺的资源，从而支持国内经济的发展。通过国际经营，还有利于维护企业所需要资源供应的稳定性。如果企业关键性的资源来源于海外，那么企业的正常经营就可能会由于资源供给的不确定性受到影响。这种不确定性往往表现在原料资源供给的数量、质量、价格和时间等方面。为了消除这种不确定性，企业往往选择在资源供应地投资建厂的方式加以控制。

⑶国际经营有利于获得先进的技术。在国际上，技术转让有一个规律：一流技术只在本土使用；当这个技术变为二流技术或有更新技术替代它时，发达国家才会将这一技术转移到发展中国家投资兴办独资企业；当这一技术变为三流技术时即当发展中国家也出现了竞争性技术时，发达国家开始办合资企业，让发展中国家接触到这一技术，但核心技术仍控制在发达国家；当这一技术变为四流技术时，它才会完整地将这一技术卖给发展中国家。因此，我们如果仅仅在国内吸引投资，满足于兴办各种三流企业，那么，我们最多只能获得三四流技术，长此以往，中国与世界的差距会越来越大！而要获得真正的一二流技术，最好的办法是到其技术发源地直接投资办厂，这是国际经验。如日本，原本其半导体技术不如美国，日本就直接去硅谷大量投资办厂，吸引当地人才就业，从而获取半导体技术，甚至不惜让高级工程师办餐馆，来吸引硅谷人就餐，为的是获取各类技术情报。正是通过这一渠道，日本的半导体技术一下赶超了美国。中国企业欲获得国际一流技术，必须走国际经营这条路。

⑷国际经营能发挥企业潜在的生产能力。在我国经济结构调整过程中，很多传统企业存在生产能力过剩问题，造成工人下岗失业，设备停产闲置，可以通过海外投资办厂把闲置的生产力发挥出来。抓住世界经济大调整的机遇，将劳动密集型、资本密集型产品输出，对于缓解国内生产能力闲置意义重大。

3. 国际经营战略的特点

跨国公司的经营管理不同于非跨国公司的一个突出特点是起管理的层次多，部门分工细，总部与分支机构的管理客观上存在很大的困难。经营战略的制定和实施在很大程度上克服了上述诸多不便，通过经营战略确定企业的经营范围和根本任务，便会使企业海内外的生产经营活动有一个明确的纲领和奋斗目标，并在各自的经营范围内为完成企业的根本任务服务。通过经营战略，企业高层管理人员还可以进一步形成不同层次的承诺机制，维护和遵守经营战略的总体部署，有效地提高了企业内部经营管理的水平。具体来说，企业国际化经营战略的特点主要有以下几个方面：

⑴经营空间广泛。即在获取资源、产品生产、销售、研发等方面的经营活动扩大到世界范围。

⑵经营环境复杂。表现为环境因素的多样性、不可控性和不确定性，其影响因素远比国内复杂。

⑶竞争更加激烈。国际化经营的企业面向的是国际市场，而国际市场都是买方市场，各国商品销售者之间的竞争十分激烈。

⑷信息管理难度大。由于经营空间距离较大，信息的传递和交流不如国内方便。语言与文字的差异、商业习惯的不同，以及不同国家政府的政治倾向等，都使得企业进行市场调查，获得经营信息的困难比国内要大得多，所花的费用也高得多。

(5)计划和组织要周密。经营空间的广泛性、经营环境的复杂性和信息管理难度大队国际化企业的经营活动的计划和组织提出了更高的要求，包括原料供应、产品生产、销售、运输等方面的计划和组织。因此，对国际化经营的企业来说，在原料供应、产品生产、销售、运输过程的计划和组织上要比国内经营的企业投入更多的经营力量，对管理工作要求更高。

7.1.3 国际经营战略的类型

企业实行国际化经营，离不开经营战略的指导。按不同的标准，可将经营战略分为不同的类别。

1. 战略覆盖的地域范围分类

根据国际化经营所覆盖的地域范围，国际经营战略可以分为国内战略、地区战略和全球战略三种。国内战略是指国际企业在母国的经营战略。地区战略指的是国际企业在世界某一区域范围内的经营战略。全球战略是指国际企业着眼于全球范围的经营战略。国内战略和地区战略都应当服从于全球战略。

2. 战略的指导与约束作用分类

按经营战略对子公司的指导与约束作用，国际经营战略可以分为简单一体化战略和复杂一体化战略两种。

简单一体化战略是指子公司的经营活动高度服从母公司的经营战略，母公司的经营战略对子公司具有“硬约束”，以保持整个国际企业行动上的“一体化”。子公司一些关键的经营决策活动和一些重要的管理职能必须依赖母公司，同时母公司总体价值的实现依赖各子公司。

复杂一体化战略是指随着现代化通讯技术和交通工具的发展，母公司有可能在更广阔的范围内协调更多的子公司的生产经营活动，这种协调更多的是采用“软约束”的办法，即给子公司以较大的自由度。母公司将子公司的活动视为实现其总体价值的潜在组成部分，而不是直接组成部分，在集团内部复杂的利益格局中寻求几个主要目标的一体化。

3. 企业对外部环境的反应方式分类

按企业对外部环境的反应方式，国际经营战略可以分为规模扩展战略、市场竞争战略、风险回避战略、行为合理化战略等。

规模扩展战略又称产出增长战略，具体可细分为地域扩展战略和市场渗透战略。

市场竞争战略包括市场领袖战略、市场挑战者战略和市场跟随者战略等。

风险回避战略包括产品市场分布战略、多样化经营战略、收购与兼并战略等。

行为合理化战略可细分为适度规模战略、主动收缩战略、降低成本战略、主动撤退战略等。

4. 企业发展趋势分类

按企业追求的发展趋势进行分类，国际经营战略可以分为扩张型战略、巩固型战略和紧缩型战略三种。

扩张型战略是企业通过国际化经营，提高市场占有率和市场覆盖率，从而实现企业进一步扩张的战略。

巩固型战略是企业通过国际化经营来巩固已有的经营成果，并适时进一步发展的战略。

紧缩型战略是企业在国际化经营过程中，维持现有的利润，并适时从目前的战略经营领域和基础水平收缩和撤退的战略。

※ 7.2 企业国际化战略选择

企业的国际化战略是公司在国际化经营过程中的发展规划，是跨国公司为了把公司的成长纳入有序轨道，不断增强企业的竞争实力和环境适应性而制定的一系列决策的总称。国际化经营企业要实现战略规划中提出的各种目标，必须全面考量公司在国际竞争中所具有的优势与面临的威胁，合理选择进行国际化经营时的企业总体战略和竞争战略，形成完善的战略体系。

7.2.1 企业国际化经营的环境因素分析

随着我国对外开放的进一步深入发展，在外国跨国公司进入中国市场的同时，越来越多的企业开始走出国门，参与国际竞争，在促进产品和服务的出口和国民经济向国际经济迈进的过程中发挥出日益突出的作用。然而经营活动国际化的企业面对着的是一个比国内市场竞争更为激烈且远为复杂的国际市场，希望进行国际化的企业在制定战略计划和战略措施的过程中，不仅要认清自身的战略优势和劣势，还必须充分了解国际环境的特点和各种环境因素，才能制定出适本合企业特点的国际竞争战略，在国际化经营活动中立于不败之地。

1. 国际化经营的形势性因素

国际化经营的企业面临着复杂多变的国际环境，企业在决定将业务向国际市场扩展之前，必须全面而充分地了解国际环境的现状和发展动态，这是国际化经营战略获得成功的前提和基础。因此，需要从国际贸易体制、政治法律环境、经济环境、社会文化和自然环境、行业环境等方面，对国际化经营时的环境因素进行分析，明确国际市场存在的机遇和威胁。

不管进行国外经营和运作的动机是什么，进行国际竞争的战略都必须是以具体形式为推动因素的。公司必需特别关注国内和国外购买者的需求、分销渠道、长期的增长潜力、市场驱动因素以及竞争压力等方面的差异。除了要考虑国家之间的基本差异之外，还要考虑其他四个国际竞争所度有的形势性因素：国家之间的成本变化、外汇汇率的变动、东道国的贸易政策、国际竞争的模式。

(1)国家之间的成本变动。工资率、劳动生产率、通货膨胀率、能源成本、税率以及政府管理条例等因素往往会导致国家之间在制造成本方面的巨大优势，其原因是下面一些因素的作用：投入成本低（尤其是劳动力成本），宽松的政府管理条例，独特的自然资源。在这种情况下，成本低的国家就会成为主要的生产基地，其中的绝大部分出口到全球的其他地方。设施布置在这种地点的公司（或者从这些国家的合同制造商外购产品的公司）有一种竞争优势。低制造成本所起的作用在一些低成本的国家或地区体现得最为明显。

国际竞争中另一个重要的制造成本的因素是制造份额的概念，这个概念与份额或市场份额的概念有着明显的区别，他指的是在某一国际市场上销售的特定产品的零配件的生产由某一国家（或地区）来完成的比例（注意是产品的零配件而不是最终的产品，比如说，在美国的市场上，日本的录像机的市场份额不到40%，但它的制造份额却是100%，即美国市场上所有的录像机的零部件都是由日本制造的，而不管这个录像机的最后是属于那个国家的。）。制造份额非常重要，因为对于行业的低成本生产商来说，这是一个比市场份额更加重要的指标。在竞争范围遍及全球的行业中，有些公司非常注重在国际上的统治地位，那么，成为一个低成本的生产商可以获得一种强大的竞争优势。获得低成本的地位要求一家公司拥有最大的制造份额，其中将产品的生产集中在几个超高效率的工厂来进行。当然，与多国经营运作相关的市场营销和分销的经济性也可以换来低成本的领导地位。

(2)外汇汇率的变动。外汇汇率的多变性使的区域性成本优势变得复杂化了。汇率常常会发生20% ~40%的变动，这么大的变动可能会将一个国家的低成本优势完全抵消，也可能使原来成本很高的地方变成一个有竞争力的地方。

(3)东道国的贸易政策。政府制造各种政策和措施来影响国际贸易以及在它们的国家市场上进行经验和运作的外国公司。东道主国政府可能设置进口关税额度，对那些外国公司在国内生产的产品设置一些当地的要求，对进口的商品进行管制。另外，外国公司还可能面临一系列有关技术标准、产品证书、投资项目的批准事宜。有些国家还会给与本国公司以补贴和低利息的贷款来帮助本国公司与外国公司展开竞争。其他一些国家，急于要在国内建立新的生产工厂和创造工作机会，往往会以如下一些形式帮助外国公司:补贴、市场进入优惠，以及技术帮助等。

(4)多国竞争和全球竞争。行业之间的国际竞争方式之间存在着一些重大的差别。一个极端是多国竞争，其中的每一个国家都是自我封闭的——不同国家的购买者有着不同的期望与喜好不同的款式和特色，这个国家的竞争和那个国家的竞争是相互独立的，随着国家市场的不同，其市场的竞争对手也存在着很大的差别。

另一个极端是全球竞争，国家之间的价格和竞争环境之间有着很强的联系，国际或全球市场才有着真正的含义。对于一个全球的行业来说，其公司在一个国家的竞争地位既影响着他在其他国家的竞争地位，也受其在其他国的竞争地位的影响。竞争对手之间的竞争会发生在不同的国家，但是在这种国家竞争对手之间的竞争尤为明显，销量很大，在这些国家拥有竞争力的地位对于公司在行业之中建立强大的全球地位具有重要的战略意义。在国际竞争的情况下，一家公司的整体优势来自于公司全球的经营和运作，公司在本土拥有的竞争优势同公司来自于其他国家的竞争优势有着紧密的联系。一个全球竞争厂商的市场强势和以国家为基础的竞争优势组合成正比。

2. 国际化经营的政治法律环境

(1)国际政治环境。国际政治环境指各种直接或间接影响和制约国际营销的政治因素的集合，包括全球的国际政治环境和东道国的政治环境，它们对企业的国际经营战略产生重大的影响和制约作用。一国的政治制度、政府类型和政党体制影响了其政府政策的稳定性，与世界经济一体化是相对立的经济的民族主义是企业从事国际营销最关键的政治影响因素。

(2)国际法律环境。国际法律环境主要包括国内法律、国际法律、东道国法律、解决国际营销争端的途径等方面。国内法律主要有出口控制，即限制、管制、管理出口许可证制度;进口控制，即通过关税、非关税、配额制严格控制进口产品和数量，国际收支赤字国这方面的控制尤其严格;外汇管制，即外汇供需和使用管制，包括限制本国出口商所能持有和获得的外汇数额，限制国外投资者所能汇出的利润数额等。

国际法是调整交往中国家间相互关系并规定其权利和义务的原则和制度，国际法的主体即权利和义务的承担者是国家，依据是国际条约、国际惯例、国际组织的决议、有关国际问题的判例。对国际市场营销活动影响较大的国际经济法有保护消费者利益的立法(国际产品责任法)，确定生产者和销售者对其生产或出售的产品所应承担的责任，保护消费者的合法权益；保护生产制造者和销售者的立法（工业产权法），包括专利法和商标法；保护公平竞争的立法如国际反托拉斯法、限制性商业惯例、保护竞争法；调整国际间经济贸易行为的立法，包括各种国际公约、条约、惯例、协定、议定书、规则等。

东道国法律是影响国际市场营销活动最经常、最直接的因素，东道国法律对国际营销的影响主要体现在产品标准、定价限制、分销方式和渠道的法律规定和促销法规限制。

3. 国际化经营的经济环境

国际经营的经济环境是各种直接或间接影响和制约国际经营战略的经济因素的集合，是国际经营经济环境的重要组成部分，具有国际经营环境的各种特征。分为三个不同层次，一是从全球的角度出发，考察整个世界经济的基本状况，及对国际经营效应的全球层面的经济环境（国际金融环境、国际贸易环境、经济周期、世界经济结构）；二是从一个国家角度出发考察某个具体国家的经济状况，及其对国际经营的效应的国别层面的经济环境（即本地经济环境）；三是从世界区域性范围及区域性组织出发考察某些文化背景相似、经济发展水平相当、关系往来密切的一系列国家和地区的区域性层面的经济环境。

(1)本地经济环境。本地经济环境是指企业所在国的经济环境，它对企业的行为及消费者的消费行为发生直接的影响。在国际化过程中首先要加强对本地经济环境的分析与研究。

(2)区域经济环境。区域经济环境是由一定地理区域范围而结成某一特定经济联盟的国家或地区的经济环境，是国际经营者跨国经营所面临的重要经济环境，对企业国际经营产生直接影响。

(3)全球经济环境。当前全球经济环境主要体现为，国际投资予国际贸易迅速发展，各国经济相互依赖性加强，市场竞争程度提高，各国关系的复杂性提高。

(4)全球市场环境。企业在分析全球市场环境时主要分析目标市场的发展阶段，人口规模、人口分布和人口结构以及消费者收入状况；各国消费支出结构与消费储蓄信贷状况；并需要对国际市场竞争者进行分析，才能确定具体的国际经营策略组合。

4. 国际化经营的文化环境

国际化经营的文化环境是指对企业国际化经营产生影响和制约作用的各种文化因素的总和，是企业从事国际化经营的重要的外部条件。

(1)物质文化。物质文化质量的高低和完善程度直接影响了国际化经营的方式、规模，如运输、能源、沟通媒体包括广告促销策略、商业设施包括分销渠道选择等。国际化经营者在把握东道国的物质文化时，要注意到各国不同的物质文化水平直接影响购买者对其所需产品的质量、品种、使用特点及其生产、销售方式的要求。

(2)价值观念。价值观念是一种信仰，它阐明什么是正确的，什么是错误的，或说一种总的偏爱。不同的国家、不同的民族，在价值观念上常常存在着较大的差异。如在时间观上，美国人崇尚“时间就是金钱”，“今天能做的事不要推到明天”，因而他们谈生意的安排得紧，常常是一见面就谈，而且是今天来，明天走。然而这在阿拉伯国家却可能视为傲慢无礼、不尊重人，他们喜欢慢慢来，掌握世界各国的时间观念有利于国际化经营决策的制定，把时间观念和办事效率结合在一起。美是一种高层次的人类心理需求，是关于美、审美认识的观念，是文化的重要组成部分，在不同的文化环境中，美有不同的评价标准，人的审美活动如对数字、色彩、图案、形体、运动、音乐旋律与节奏、建筑式样等艺术表现形式的喜好和忌讳，对产品设计和营销有很大影响，是国际化经营活动的重要工具，国际化经营者对自己的产品、包装、广告、工厂布置应敏感于当地的审美偏好，设计产品和包装、广告等方面应准确理解和把握各国的美学观。

(3)语言和教育。语言是思想、文化和信息交流的工具，要进入国际市场，就必须了解各国的语言文字，并掌握它，这对于沟通思想、掌握市场信息、做好产品介绍和广告宣传工作，有着重要的作用。在国外市场做广告时，语言方面会受到很大的制约，因为几乎世界各国都有自己的语言，有的国家还使用多种语言。由于广告语言要求简洁、精炼，这也给翻译工作带来了很大的困难。为了克服语言方面的障碍，应尽量选用当地的语言做广告，或请当地的经销商、代理商协助把本国的广告信息以当地顾客可以理解和愿意接受的语言传达出去。教育是技能、思想、态度的传授和专门知识的学习和培训，与经济发展水平密切相关，越是经济发达的地区和国家教育越受重视、教育水平也越高。教育状况影响国际营销表现在这样几个方面，其一，受教育水平影响人们的消费行为；其二，受教育水平制约国际市场营销活动；其三，教育状况影响当地市场的商品构成；其四，受教育水平影响国际营销活动在当地可利用的人力资源状况。

(4)宗教信仰。宗教信仰是文化的一个重要方面，对国际化经营的影响不可低估。因为宗教信仰与社会价值观念的形成密切相关，对人们的生活习惯、生活态度、需求偏好及购物方式等都有重要影响。比如在拉丁美洲的一些国家，宗教已经渗透到个人、家庭、社会群体的各个方面，甚至对某种食物、衣物的接受，对于某种消费行为的认可，都会受到宗教的影响。企业要在其国际化经营活动中充分认识到宗教信仰对企业生产经营的影响，尊重目标市场各方的宗教信仰和观念，充分利用经营契机、巧妙规避风险。

(5)社会组织。在对社会组织的考察中，分析社会阶层、家庭规模和特点、妇女的角色和地位、群体行为等对国际化经营活动的开展很有意义。社会阶层是一个社会具有相对同质性和持久性的群体，按等级排列，同阶层成员具有类似的价值观、兴趣爱好、行为方式乃至产品偏好和品牌偏好，经济收入、购买力相似。家庭的作用在不同的社会中具有差异，亲属关系是社会组织的最基本组成部分，农业社会的家庭是最重要的社会中心，为家庭成员提供衣食住行、教育、文化传承，浓厚的家庭观念使家庭成员之间联系紧密，购买决策以家庭为主，家庭成员的消费受家庭的影响很大。与共同区域相类似的是特殊利益集团，它是社会中因职业、政治、宗教、爱好等的共同点而形成的不同特殊利益集团，他们对产品及服务会有一些共同性的要求，针对这类特殊利益集团也要采取相应的营销措施，以期取得预期的营销效果。相关群体是与消费者具有社会关联的亲友、同学、同事、邻里等，因相互之间有观念、爱好等方面的影响，也需要采取有针对性的经营措施。

(6)文化变化和文化变化阻力。文化不是一成不变的，是随着社会、经济和科学技术的飞速发展不断发生变化的，文化变化的过程中总是文化借鉴和文化融合的现象，从总体来看，文化变化总是向着有利于社会发展的方向变化。文化变化有时为企业从事国际化经营带来机会，有时却造成企业国际化经营的威胁。

7.2.2 企业国际化战略的类型

对于认可一个国际化经营的企业来说，选择一个有效的国际战略是一项复杂而困难的决策。这种战略选择是基于国家的比较优势和特定企业的竞争优势。国家的比较优势影响着企业在那生产以及在那销售产品的决策；竞争优势则影响着企业沿着附加价值链，将其资源集中于什么样的活动和什么样技术的决策。

1. 国际化企业总体战略

企业的国际化战略将在很大程度上影响企业国际化进程，决定企业国际化的未来发展态势。企业应用三种基本战略进入国际环境：即本国中心战略、多国中心战略、全球中心战略和。各种战略各有优缺点，其适用性取决于降低成本和地区调适压力的程度大小。

⑴本国中心战略。本国中心战略是在母公司的利益和价值判断下做出的经营战略。其目的在于以高度一体化的形象和实力在国际竞争中占据主动，获得竞争优势。这一战略的特点是母公司集中进行产品的设计、开发、生产和销售协调，管理模式高度集中，经营决策权由母公司控制。这种战略的优点是集中管理可以节约大量的成本支出，缺点是产品对东道国当地市场的需求适应能力差。

⑵多国中心战略。多国中心战略是在统一的经营原则和目标的指导下，按照各东道国当地的实际情况组织生产和经营。母公司主要承担总体战略的制定和经营目标分解，对海外子公司实施目标控制和财务监督；海外的子公司拥有较大的经营决策权，可以根据当地的市场变化做出迅速的反应。这种战略的优点是对东道国当地市场的需求适应能力好，市场反应速度快，缺点是增加了子公司和子公司之间的协调难度。

⑶全球中心战略。全球中心战略是将全球视为一个统一的大市场，在全世界的范围内获取最佳的资源并在全世界销售产品。采用全球中心战略的企业通过全球决策系统把各个子公司连接起来，通过全球商务网络实现资源获取和产品销售。这种战略既考虑到东道国的具体需求差异，又可以顾及跨国公司的整体利益，已经成为企业国际化战略的主要发展趋势。但是这种战略也有缺陷，对企业管理水平的要求高，管理资金投入大。

2. 国际化企业经营战略方案

进行国际化经营的企业具有多种可供选择的战略方案，经常应用的战略选择有以下几个方面：

⑴产品标准化战略。通过产品标准化，可以大批量的生产同一产品，降低产品的生产成本，从规模经济和经验效益中获益。

⑵广泛产品线国际战略。采取这一战略的益处在于，所有产品之间可以共享技术方面的投资以及分销渠道。企业可在世界市场的范围内，取得产品差异化或成本领先的战略地位。

⑶国际集中化战略。选择行业的特定部分，在此企业可取得产品差异化的地位或成为最低产品成本的制造商。同样，在国际集中化战略中也可采用产品标准化战略。

⑷国家集中化战略。企业为了利用不同国家市场的不同特点，将其经营活动集中于特定的国家市场。从而企业即可获得产品差异化的地位，又可成为成本领先者。

⑸受保护的空位战略。寻求那些东道国政府的政策可以排除许多国际竞争者的国家市场，该国政府排除国际竞争者方式可能有多种，如要求产品有较高的国产化水平、高关税、配额等。

3. 国际化企业竞争战略

在企业国际化经营过程中，利用国内的生产工厂作为将产品出口到外国市场的生产基地是追求国际销售的最佳初始战略。这样做即降低风险又降低投资，同时他还是测试国际市场的一个保守的方式。在出口战略下，制造商可以可以同那些在进口业务中久经考验的批发商签订合同，让他们来处理它们国家或地区的所有分销和市场营销，这样，制造商可以减少在外国市场上的卷入程度。如果控制功能更好，制造商就可以在一些或所有的目标市场上建立自己的分销和销售组织。另外，一家公司也可以因为公司采取本国生产外部出口的战略而在国际市场上直接投资。公司所追求的这种战略能否长期的取得成功取决于本国生产的成本竞争力。在有些行业之中，如果在一个或几个巨型的生产工厂中进行集中生产，那么，公司就有可能获得额外的规模经济性和经验曲线效应方面的利益，这些巨型工厂的生产能力往往超过任何一个国家的市场需求，很显然，要抓住这种经济性，公司必须将产品出口到其他国家的市场。一般来说，参与国际竞争的企业还有以下几种竞争战略可供选择：

⑴给国外的公司发放许可证，让他们使用公司的技术生产和分销公司的产品。如果一家公司的技术诀窍很有价值或者其专利产品很独特，但是既没有内部能力也没有内部资源，去外国市场上进行有效的竞争，那么，进行许可经营就很有意义。通过发给外国的技术或产品生产许可，公司至少可以通过版税的形式实现收入。

⑵维持一个国家的生产基地，然后将产品出口到国外市场，其方式是利用公司自己拥有的或者国外公司所控制的分销渠道。

⑶采纳多国家的竞争战略，为了适应不同的购买者需求和竞争环境，在不同的国家采取不同的战略方式(其差异程度可能不大，也可能很大)。公司可能运用相同的竞争主题(低成本、差别化、最优成本)，另一方面，公司也可能为满足购买者的需求和期望而对产品和服务进行定制，目标顾客群在有些国家可能很广，而在其他国家则可能聚焦于一个狭窄的市场。而且，这个国家所采取的战略行动同在另一个国家采取的战略行动互相独立，将公司的战略同东道国的市场和竞争环境匹配起来要优先于跨国家的战略协调。

⑷采取全球低成本战略，竭尽全力成为全球绝大多数或所有具有战略重要性的市场上的购买者的低成本供应商。公司的战略行动必须在全球范围内进行协调，以获得相对所有竞争对手的低成本地位。同时，也可以采取全球最优成本供应商战略，竭尽全力在全球范围内，在相同的产品属性上能够与竞争对手相匹敌，在成本和价格上打败竞争对手，公司在每一个国家的战略行动必须在全球范围内进行协调，以在全球范围内获得一致的最优成本地位。

⑸采取全球差别化战略，对公司的产品在一些相同的属性上进行差别化，以创造一个全球一致的形象和全球一致的主题。公司的战略行动必须在全球范围内进行协调，以获得全球一致的差别化。

⑹采取全球聚焦战略，在每一个有着重要有意义的市场上为同一个相同的清晰的小市场点服务，公司的战略行动必须在全球范围内进行协调，以在全球范围内获得一致的低成本或差别化策略。

7.2.3 国际战略联盟

当公司的全球竞争规模增大的时候，战略联盟和合作协议就可以成为同一行业中公司竞争的很有潜力的竞争手段，同时还可以保持公司独立性。一般来说，这种协议涉及到：建立合资合同，技术分享，联合使用生产设施，相互销售对方的产品，或者联合生产零配件或者装配成产成品。从历史来看，工业化国家以出口为导向的公司往往寻求同不太发达的国家的公司建立联盟让它们进口并在当地销售这些出口公司的产品——在某些情况下，公司要想获得当地政府的批准让它进入那些不太发达的国家市场或者公司,不得不遵守政府关于当地所有权的规定，签订这种协议常常是必要的。最近，全球各地的公司开始组建战略联盟和合作伙伴关系来加强合作或联盟双方的能力，为整个市场服务，提高全球市场的参与度。

研究表明，联盟越来越成为当代企业国际化、全球化发展的一道亮丽的风景线。这一亮丽的风景线，越来越表现出它替代二战后重在并购扩张发展的新特点。从另一视角上看，跨国公司之潮涌般地进入中国，绝大部分企业采取了同中国企业跨国公司合作即联盟形式的运作。大致分为以下几种模式：

1. 技术开发联盟

这种联盟的具体形式有多种，如在大企业与(中)小企业之间形成的技术商业化协议。即由大企业提供资金与市场营销力量等，而由小企业提供新产品研制计划，合作进行技术与新产品开发。又如合作研究小组，将各方研究与开发的力量集中起来，在形成规模经济的同时也加速了研究开发的进程。与此类似的还有联合制造工程协议，即由一方设计产品，另一方设计工艺。

2. 合作生产联盟

合作生产联盟即由各方集资购买设备以共同从事某项目生产。这种联盟可以使加盟各方分享到生产能力利用率高的益处，因为各参与方既可以优化各自的生产量，又可以根据供需的不同对比状况及时迅速地调整生产量。

3. 市场营销与服务联盟

合作各方共同拟定适合于合作者所在国或某地特定市场的市场营销计划，从而使加盟各方能在取得当地政府协助的有利条件下，比其他潜在竞争对手更积极、更迅速地占领市场；加盟各方也可经由这种联盟形成新市场，使竞争不至于因各方力量相差悬殊而趋于窒息。

4. 多层次合作联盟

这种联盟实际上是上述各种联盟形式的组合，即由加盟各方在若干领域内开展合作业务。企业加入这种联盟可采取渐进方式，从一项业务交流发展到多项合作。

5. 单边与多边联盟

它是按所处地域以及合作网络的形式而区分的战略联盟。市场营销与服务联盟大多为单边 联盟，即两国、两企业的联合，因为市场营销协议总是针对某个特定国家的消费及其市场的。

❖ 7.3 企业进入国际市场的方式

随着经济生活国际化趋势的日益增强与我国对外开放向纵深发展，必然会有越来越多的企业介入国际经济生活，进入国际市场。为此，比较和研究企业进入国际市场的基本模式，对于企业更好地参与国际经济生活无疑具有十分重要的意义。

7.3.1 进入国际市场的战略要素

企业决定进入国际市场，就必须实施国际化经营战略，并且要尽可能地降低国际化经营的风险，从而获得良好的经营收益。而企业在实施国际化进程中，必须对目标市场的选择、进入国际市场的途径以及国际化扩展的速度等等问题做出正确的决策。在这些问题中，最重要的就是进入国际市场的途径选择，即国际市场进入模式的选择问题。企业国际化的市场进入模式选择问题根源于经济全球化对企业生存和发展的冲击以及市场作为资源配置手段的局限性，是企业国际化的核心问题之一。

进入国际市场战略是一项综合性规划。它包括进入国际市场的目的、目标、资源和方针，是为了引导企业在世界市场上持续发展和开展国际经营活动。一般说来，进入战略的规划期间为三至五年。

一般都把企业进入国际市场战略视为一项规划，然而，实际上它是几项单独的产品与市场规划的组合。每个企业需要为每一项产品进入每个国际市场规划进入战略，然后将这些规划集中起来并加以协调，从而形成企业进入国际市场战略。

每一项单独产品进入国际市场的战略具体包括如下决策：一是目标产品或目标市场的选择；二是进入目标市场的目的与目标；三是进入目标市场的进入模式的选择；四是进入目标市场的营销规划；五是监测目标市场的经营活动的控制制度。

进入国际市场战略的规划过程是一个连续无止境的过程，从选择目标产品与市场到确定目标市场的经营目标，接着选择进入市场模式，然后制定营销规划，进入目标市场，最后通过控制制度，根据存在的问题分别对上述战略因素进行修正，如此循环不断，保证企业进入战略的成功。

7.3.2 进入国际市场的模式类别

所谓进入国际市场的模式，是指企业对进入外国市场的产品、技术、技能、管理诀窍或其他资源进行的系统规划。进入模式的选择是企业最关键的战略决策之一，因为它将直接影响到企业进入外国市场以后的经营活动以及一定数量资源的投入，因而如果开始选择不当，就会造成损失。而且从一种模式转换到另一种模式需要付出转换成本，有时候这种成本还会相当高昂。这就要求企业在选择进入模式时要进行深入的分析和准确的判断。

企业可以有多种模式进入外国市场，这些模式包括：出口进入模式，包括间接出口、直接出口；契约进入模式，包括许可证、特许经营、管理合同、合同制造、交钥匙工程；投资进入模式，包括合资经营和独资经营。选择特定的进入模式反映出企业在目标市场上想获得什么利益、如何获得这种利益等战略意图。因而，对于进行国际市场营销的企业来说，了解各种进入模式的特点有利于进行正确的选择。以下对各种进入模式分别介绍。

1. 出口进入模式

长期以来，出口一直被作为企业进入国际市场的重要方式。从宏观角度看，由于出口有利于增加国内就业、增加国家外汇收入、提高本国企业的国际竞争力，因此出口一直受到各国政府的鼓励。同时，从企业的角度看，为了降低国内竞争所带来的风险和进行自身扩张，各国的企业也都将扩大出口作为进入国际市场的重要方式。出口模式有许多优点。首先，由于出口面临的政治风险最小，它常被企业作为进入国际市场的初始方式。其次，当母国的市场潜量未能准确探知时，出口方式可以起到投石问路的作用。第三，当企业发现目标市场具有吸引力时，可以利用出口为将来直接投资积累经验。第四，当目标市场的政治、经济状况恶化时，可以以极低的成本终止与这一市场的业务关系。出口模式也有一些缺点。例如，汇率的波动和政府贸易政策的变动会给出口企业的收益带来负面效果。除此之外，出口企业也常常会发现难以对目标市场的变动作出迅速的反应，对营销活动的控制也较差。

出口可分为间接出口和直接出口两种方式。

间接出口是指企业使用本国的中间商来从事产品的出口。通过间接出口，企业可以在不增加固定资产投资的前提下开始出口产品，开业费用低，风险小，而且不影响目前的销售利润。况且，企业可借助此方式，逐步积累经验，为以后转化为直接出口奠定基础。

直接出口是指不使用本国中间商，但可以使用目标国家的中间商来从事产品的出口。在直接出口方式下，企业的一系列重要活动都是由自身完成的，这些活动包括：调查目标市场，寻找买主，联系分销商，准备海关文件，安排运输与保险等。直接出口使企业部分或全部控制外国营销规划；可以从目标市场快捷地获取更多的信息，并针对市场需求制定及修正营销规划。

2. 契约进入模式

契约进入模式是国际化企业与目标国家的法人单位之间长期的非股权联系，前者向后者转让技术或技能。

(1)许可证进入模式。国际营销活动的深入发展使得许可证已成为一种被广泛采用的进入模式. 在许可证进入模式下，企业在一定时期内向一外国法人单位（如企业）转让其工业产权，如专利、商标、产品配方、公司名称或其他有价值的无形资产的使用权，获得提成费用或其他补偿。许可证合同的核心就是无形资产使用权的转移。

许可证进入模式是一种低成本的进入模式。其最明显的好处是绕过了进口壁垒，如避过关税与配额制的困扰。当出口由于关税的上升而不再盈利时，当配额制限制出口数量时，制造商可利用许可证模式。当目标国家货币长期贬值时，制造商可由出口模式转向许可合同模式。许可合同的另一个长处是其政治风险比股权投资小。当企业由于风险过高或者资源方面的限制而不愿在目标市场直接投资时，许可证不失为一种好的替代模式。

许可证模式同时也有许多的不利方面。企业不一定拥有外国客户感兴趣的技术、商标、诀窍及公司名称，因而无法采用此模式。同时，这种模式限制了企业对国际目标市场容量的充分利用；它有可能将接受许可的一方培养成强劲的竞争对手；许可方有可能失去对国际目标市场的营销规划和方案的控制；甚至还有可能因为权利、义务问题陷入纠纷、诉讼。鉴于许可证进入模式存在的这些弊端，企业在签订许可证合同时应明确规定双方的权利和义务条款，以保护自身的利益。

(2)特许经营进入模式。这种模式是指企业（许可方）将商业制度及其他产权诸如专利、商标、包装、产品配方、公司名称、技术诀窍和管理服务等无形资产许可给独立的企业或个人（特许方）。被特许方用特许方的无形资产投入经营，遵循特许方制定的方针和程序。作为回报，被特许方除向特许方支付初始费用以外，还定期按照销售额一定的比例支付报酬。

特许经营进入模式与许可证进入模式很相似，所不同的是，特许方要给予被特许方以生产和管理方面的帮助，例如提供设备、帮助培训、融通资金、参与一般管理等。特许进入模式的优点和许可证进入模式很相似。在这种模式下，特许方不需太多的资源支出便可快速进入外国市场并获得可观的收益，而且它对被特许方的经营具有一定的控制权。它有权检查被特许方各方面的经营。如果被特许方未能达到协议标准和销售量或损其产品形象时，特许方有权终止合同。另外，这种模式政治风险较小，且可充分发挥被特许方的积极性，因而它是广受欢迎的一种方式。特许进入模式的缺点是：特许方的盈利有限；特许方很难保证被特许方按合同所约定的质量来提供产品和服务，这使得特许方很难在各个市场上保证一致的品质形象；把被特许方培养成自己未来强劲的竞争对手。

(3)合同制造进入模式。合同制造进入模式是指企业向外国企业提供零部件由其组装，或向外国企业提供详细的规格标准由其仿制，由企业自身保留营销责任的一种方式。

利用合同制造模式，企业将生产的工作与责任转移给了合同的对方，以将精力集中在营销上，因而是一种有效的扩展国际市场方式。但这种模式同时存在如下缺点：一是有可能把合作伙伴培养成潜在的竞争对手，二是有可能失去对产品生产过程的控制，三是有可能因为对方的延期交货导致本企业的营销活动无法按计划进行。

⑷管理合同进入模式。这种模式是指管理公司以合同形式承担另一公司的一部分或全部管理任务，以提取管理费、一部分利润或以某一特定价格购买该公司的股票作为报酬。这种模式可以保证企业在合营企业中的经营控制权。

管理合同进入模式具有许多优点，企业可以利用管理技巧而不发生现金流出来获取收入，还可以通过管理活动与目标市场国的企业和政府发生接触，为未来的营销活动提供机会.但这种模式的主要缺点是具有阶段性，即一旦合同中约定的任务完成，企业就必须离开东道国，除非又有新的管理合同签订。

⑸交钥匙承包进入模式。这种模式是指企业通过与外国企业签订合同并完成某一大型项目，然后将该项目交付给对方的方式进入外国市场。企业的责任一般包括项目的设计，建造，在交付项目之后提供服务，如提供管理和培训工人，为对方经营该项目作准备。交钥匙合同除了发生在企业之间外，许多是就某些大型公共基础设施如医院、公路、码头等与外国政府签订的。

交钥匙进入模式最具吸引力之处在于，它所签订的合同往往是大型的长期项目，且利润颇丰。但正是由于其长期性，也就使得这类项目的不确定性因素增加，如遭遇政治风险。对企业来说，预期外国政府的变化对项目结果的影响往往是很困难的。

3. 直接投资进入模式

随着经济全球化及各国经济开放的发展，越来越多的企业将对外直接投资作为进入外国市场的主要模式。对外投资可分为两种形式：合资经营和独资经营。

⑴合资经营。它是指与目标国家的企业联合投资，共同经营，共同分享股权及管理权，共担风险。联合投资方式可以是外国公司收购当地的部分股权，或当地公司购买外国公司在当地的股权。也可以双方共同出资建立一个新的企业，共享资源，共担风险，按比例分配利润。

合资经营的好处是：投资者可以利用合作伙伴的专门技能和当地的分销网络，从而有利于开拓国际市场；同时还有利于获取当地的市场信息，以对市场变化作出迅速灵活的反应；当地政府易于接受和欢迎这种模式，因为它可以使东道国政府在保持主权的条件下发展经济。但这种模式也存在弊端，例如双方常会就投资决策、市场营销和财务控制等问题发生争端，有碍于跨国公司执行全球统一协调战略。

⑵独资经营。这是指企业独自到目标国家去投资建厂，进行产销活动。独资经营的标准不一定是100%的公司所有权，主要是拥有完全的管理权与控制权，一般只需拥有90%左右的产权便可以。独资经营的方式可以是单纯的装配，也可以是复杂的制造活动。其组建方式可以是收买当地公司，也可以是直接建新厂。

独资经营的好处是：企业可以完全控制整个管理与销售，经营利益完全归其支配；企业可以根据当地市场特点调整营销策略，创造营销优势；可以同当地中间商发生直接联系，争取它们的支持与合作；可降低在目标国家的产品成本，降低产品价格，增加利润。其主要缺陷是：投入资金多，可能遇到较大的政治与经济风险，如货币贬值、外汇管制、政府没收等。

7.3.3 影响企业进入国际市场方式的因素

选择正确的国际市场进入方式对于一个企业来说是一个复杂的系统工程。需要考虑各种影响因素，即国际经营环境，是企业开展国际化经营活动中各种内外部因素和条件的总和。与国内经营环境相比，具有更多的不确定性、不可控性和高风险性。

选择正确的进入方式应充分考虑企业外部和内部因素：外部因素包括目标国家市场因素、环境因素、生产因素和本国因素；内部因素包括企业产品因素和资源投入因素。

1. 影响进入国际市场方式的外部因素

⑴目标国家或地区的市场因素。主要包括以下几个方面：

①目标国家现有和潜在的市场容量。较小的市场适合于低保本点销售额的进入方式（如间接出口、特许经营或其他契约型进入）。反之，销售潜力很大的市场则应选择高保本点销售额的进入方式（如直接出口、投资进入、当地装配或生产等）。

②目标国家或地区的市场竞争结构。更具竞争程度可将市场分为分散型（各参与企业都不占支配地位）、寡头垄断型（绝大部分的某种产品由少数几家企业提供）以及垄断型（杜家企业控制市场）。

③目标市场营销基础结构的质量与可利用状况。例如，如果当地合适的代理商或经销商都在为其他企业展开经销或代理业务，或者根本没有合适的代理商或经销商，则企业只有通过直接出口方式来打进目标市场。

⑵目标国家或地区的生产因素。一般来说，生产成本低的目标国家或地区有利于采用投资方式进入，生产成本高的国家则会阻碍投资型进入而适宜采用出口贸易型进入。目标国家或地区的生产因素主要包括以下几个方面：

①交通、通信设施等基础结构的完善状况影响货物流转速度、成本、生产进度以及企业管理。

②原材料、劳动力、能源等生产要素的成本、质量与可供应程度则直接影响产品的成本与质量。

③企业外部采购、销售等方面的协作条件也对企业生产经营有重要影响。

⑶目标国家或地区的间接环境因素。主要包括以下几个方面：

①目标国家的政治、经济、法律、社会文化、自然环境等特点都会对进入方式的选择有重要影响。

②政治稳定、经济运行有序、有关法规较为完备、社会结构和文化特征与本国接近，都会促使企业选择直接投资的进入方式。反之，则会促使企业倾向于采取出口贸易型进入或合同型进入。

③两国的地理阻隔程度（相互距离远近和交通运输的便捷程度）对进入方式的选择起相反作用，即相距遥远或者交通运输不畅时，如果选择出口贸易型进入就会面临产品运输成本高、缺乏市场竞争力的问题，这时，企业更倾向于采用生产型或装配型的进入方式。

⑷本国环境因素。主要包括以下几个方面：

①市场容量与竞争态势。当企业规模受制于或将要受制于国内市场时，通常会寻求海外扩张。当企业在国内发展到一定规模和实力时，则开始倾向于采用投资型方式进入国际市场。相反，如果国内市场容量小，则企业会较早地寻求外向发展，此时限于企业规模与实力，则多半以对外贸易方式进入目标国家或地区的市场。

②生产要素与成本状况。本国生产成本高于目标国家或地区时，企业往往采用生产型进入方式，如合同制造或直接投资。一般来讲，生产成本是经济发展水平和生产要素状况的函数，因而本国与目标国家或地区在这两方面的对比状况会影响到企业海外市场进入方式的选择。

③经济政策导向。本国政府对出口和海外投资的政策对企业进入方式也会造成影响。一般来讲，政府出口鼓励政策会刺激企业采用出口型或合同型进入，相应地抑制投资型进入。相反，鼓励海外投资的政策，如补贴、贷款优惠或其他优惠政策则会刺激企业的海外投资活动。

2. 影响进入国际市场方式的内部因素

(1)企业产品因素。主要包括以下几个方面：

①产品要素密集度。劳动密集型和资源密集型产品主要以具有丰富的廉价劳动力和自然资源的国家或地区为进入目标，且偏向采取投资型进入，而资本密集型产品宜以发达国家或地区为目标。

②产品的差别性。差别产品与普通产品相比，在技术、设计、专利保护、定价等方面具有特定的竞争优势，因而可选择出口贸易型进入方式。相反，无明显优势的低优势产品则宜以生产方式进入。同时，以投资方式进入时对差别较大的产品倾向于采取独资型进入方式，如医药行业等；而差别较小的产品则多采用合资方式进入，如电子类消费品、汽车行业等。

③产品技术含量与产品年龄。通常技术密集型产品或研究开发密集型产品，因其“高、精、尖”技术的专有性，本身具有特定优势，故大多采取投资方式进入。因为产品年龄长短反映了产品本身的成熟程度及其技术专有性的强弱，因而年龄短的产品通常采取投资方式进入，而随着产品年龄的增长和专有技术的相对扩散而逐渐转向非投资型进入。

④产品地位。企业的主线产品和核心技术在进入目标国家或地区时，大多采取投资方式，且以独资为主；而非主线产品、边缘技术则通常采用非投资方式进入。

⑤产品的服务性。要求有一系列售前、售后服务的产品，特别是许多工业产品的出口，会给出口企业提供销售服务带来困难。因而对服务密集型产品倾向于采取在当地成立分公司或子公司方式进入，或者通过在当地生产进入。

⑥产品的适应性。产品在销往海外市场时需要做出大量适应性修改与变化时，较适宜于采取那些能使公司贴近海外市场的进入方式或在当地生产的进入方式。当适应性变化需要开发新的生产设施或修改后的产品不能在本国市场上出售时，宜采取当地生产的进入方式。

(2)企业的资源投入要素。企业在管理、资本、技术、工艺和营销等方面的资源越充裕，在进入方式选择上的余地就越大。反之，资源有限的企业只能勉强采取投入较小的进入方式。企业在国际化经营中的实力等级是通过企业在国际市场整合战略中相应角色、在国际组织中的地位以及管理者的态度等来体现的。对大多数企业而言，投身国际市场的决心是随着实践经验的增加而增长的。国际化经营的成功鼓励企业进一步增加海外投入，海外投入的增加又能够获得更多的国际化经营经验，从而为成功创造前提条件。

❈ 7.4 中国企业的海外市场进入模式

国际化是经济全球化时代企业通向国际级大企业的必经之路。只有国际化经营才能使企业在全球范围内配置资源，也只有全球化的市场才会给企业提供足够的成长空间。因此，借鉴国外大企业国际化经营的有益做法，总结我国企业以往国际化经营探索中的经验与教训，对于我国企业在“十二五”时期，更好地开展国际化经营，提升企业的国际竞争力，转变发展方式无疑是大有裨益的。

7.4.1 我国企业国际化经营的模式

国际化是企业实现发展战略的手段。不同企业的国际化战略和模式不尽相同。一家企业在不同阶段会采取不同模式，亦可能同时采取多种模式。不管模式如何变化，成功的企业国际化都是与企业的战略目标、独特的资源条件相适应的。根据国际化战略的主要目的，国务院发展研究中心“中国企业国际化研究”课题组将中国企业的国际化经营归纳为四大类22种基本模式。

1. 市场国际化战略的基本模式

(1)国内名牌自建销售网络走出国门。国内消费品名牌企业，通过境外自建销售网络扩大海外市场销售。企业在海外建销售渠道和网络，可以将产品直接销往海外市场，直接建立客户关系，减少中间环节。目前，建海外营销渠道是中国企业海外投资的主要模式。据商务部统计，境外贸易性企业占中国境外企业半数以上。

(2)收购企业获得海外销售渠道。由于市场结构、消费习惯和文化的差异，企业自建销售网络有时很难迅速融入当地成熟的市场。并购海外下游企业可以迅速获得渠道，但要经历重组整合的考验。

(3)国内优势企业先建销售网络、再建生产基地，开拓国际市场。有了销售网络之后是否投资建立生产基地，主要取决于产品特征。如果产品直接出口有贸易壁垒限制，在当地生产成本更低或更能适应当地市场，那么就有必要在海外生产。

(4)自建研发基地开发适合当地市场产品。研发国际化目前只是少数企业的国际化模式，但却是中国企业在海外市场实现本地化的最终落脚点。

(5)国内领先企业并购重组跨国公司业务全球资源整合，成为跨国公司。实行该模式的企业往往是所在领域的国内领先者；并购对象为国际知名跨国公司业务；目标是同时获得技术、品牌、渠道、人力资源等，全球资源整合，开拓包括欧美发达国家在内的全球市场。该模式对企业要求高，又要有市场机会，同时存在整合风险。

(6)全球专业化的OEM制造商。贴牌生产是企业产品从国内走向国际的重要桥梁。进行贴牌生产的企业必须在生产技术、工艺流程、企业管理、员工素质、质量控制、生产效率等方面达到国际市场的要求和水准。通过从事贴牌生产，中国企业逐渐掌握了国际竞争规则，在国外建立了信誉，建立了大批量产品外销的渠道。

(7)工程承包和劳务输出。工程承包和劳务输出是我国一些大型建筑企业国际化的基本模式，是自身业务的海外延伸。国际工程承包是一种综合性的国际经济合作方式，是国际技术贸易的一种方式，也是国际劳务合作的一种方式。

⑻全球化视角下的业务拓展。该模式主要发生在网络型行业中，如银行、电信等。受网络经济技术特点的影响，这类企业向海外延伸服务，不仅能扩大客户规模，而且更能提升原有网络的价值。

⑼全球采购与销售。计划经济时代建立的外贸公司都为外贸专营公司，以收取“过路费”为生。这些外贸公司中的部分在改革以后，成功转型，建立起全球采购与销售网络，成为有同时做进口和出口业务及第三国贸易实力的国际贸易商。

⑽境外设厂。伴随我国进出口贸易总额逐年增长，我国已是遭受贸易保护措施最多的国家。截至2004年，已有30多个国家或地区对我国采取反倾销、反补贴和保障措施共计679起。在这种情况下，中国许多企业开始进行以绕开贸易壁垒为目的的海外投资。TCL收购汤姆逊和在越南建厂的目的之一就是为了减少反倾销的威胁。目前许多轻纺企业亦开始加速以出口为目的的境外设厂投资。

2. 技术国际化战略的基本模式

过去中国企业多通过在国内合资、合作，以“市场换技术”的方式获得技术。随着中国企业参与国际分工的逐步深入，一些企业，尤其是高新技术类企业，开始通过主动走出去的国际化方式获得技术。

⑴高新技术企业通过跨国购并获得技术进入新领域。企业进入新的业务领域，可以自己组织力量，从零开始做起；或是收购行业内已有企业，包括研发、生产、销售等各个类型的资产。在技术要求高、建设周期长、产品生命周期短、成长性好，尤其是技术进步快的行业，企业往往用购并的方式进入新领域。

⑵传统企业通过跨国购并获得技术提高国内市场竞争力。此模式主要发生在比较传统的行业，如汽车、电力、煤炭开采、机械制造等。尽管技术比较成熟，但市场正在放大和升级，同时竞争激烈。企业掌握先进技术对于提高企业国内竞争力非常有益。在国际市场上，该行业很多企业在转型、转移或升级，一些老牌的国际著名企业由于经营不善，财务状况欠佳，往往积极寻求新的投资者，给国内企业进行跨国并购获得技术提供了机遇。

⑶技术型企业境外建立研发机构不断引进新技术和新产品。采用此国际化模式的企业广泛，有传统行业企业，亦有高新技术企业；有优势企业，亦有一般性企业。设立的境外研发机构有信息功能，可以是与境外研发力量合作的平台，亦可以利用当地资源自主进行研发。

⑷高新技术优势企业境外建立研发机构，实行研发业务的全球化运作。在全球化程度日益提高的今天，不同国家和地区各有技术、人才优势的产业，如信息产业。具有一定能力的企业重视用这种模式建立全球研发体系，具体手段包括自建、收购、合资、合作等。华为、中兴等国内通讯设备制造企业是该模式的代表。

3. 资源国际化战略的基本模式

随着中国经济的快速增长以及全球制造业向中国转移，一些重要自然资源的对外依赖性越来越强。当一般贸易不能满足国内资源需求时，国际化就成为资源型企业发展战略。石油等战略资源，多元化的资源供给不仅是企业战略问题，也是国家能源战略问题。这类企业国际化的主要内容是获得或控制境外自然资源，战略目的是满足国内市场需求，提高企业在国内的资源供给能力；引进海外资源，利用国内生产能力，满足国际市场的需求；利用海外资源和海外生产能力，开拓海外市场。根据手段和目的不同，此类国际化主要有五种基本模式。

⑴国家能源公司收购海外油气资源满足国内需求。中国是能源净进口国，中国能源公司

收购海外油气资源，主要目的是满足国内需求，某种程度上说是以市场换资源；其次是因为上游利润较高；第三是有利于提高企业的储量接替率，提升企业的竞争能力；对于上游资源偏弱，中下游能力庞大的能源企业来说，还有利于企业一体化协调发展。

⑵国家能源公司收购海外石油公司获取系统性资源。在目前高油价情况下，油气资源和石油公司收购成本都比较高。但一些石油公司因多种原因财务状况欠佳，或主要股东有各种考虑准备出售，收购者又认为收购具有战略意义，且自己的财力可以承受时，公司收购就有可能发生。

⑶能源外贸企业收购海外炼油资产实现业务转型。国际经验表明，油源型的中型石油企业（包括上游企业或能源贸易公司）有两种主要发展方向：业务向上游集中，做大原油规模；按产业链延伸，一体化发展。在我国目前石油行业背景下，国内能源外贸企业收购海外炼油资产实现业务转型显得非常有必要。

⑷国内优势资源型企业利用海外资源开拓资源所在国市场。此类国际化模式主要发生在电力产业。电力企业国际化发展模式有非一体化和一体化两种。非一体化模式是只介入电力产业链某环节，如开发煤炭或发电或售电；一体化模式即进入全产业链。国内电力企业海外发展的优势在于技术和资金，但对电力销售市场缺乏经验，目前多选择非一体化的国际化发展模式。

⑸国内优势企业利用海外资源和国内生产能力满足国际需求。钢铁产业这种情况较多。中国铁矿资源丰而不富，品位及开采企业的技术力量制约了中国铁矿业的开采，要支持国内3亿多吨的产能，必须更多地利用国际资源。全球铁矿石分布相对集中，主要在巴西、澳大利亚和印度等地，因此我国企业采用与境外矿业公司合资、合作方式（以合资为多数），开始进入或扩大这些地区的采矿业。

4. 资本国际化战略的基本模式

中国企业在高速成长过程中需要不断补充资本资源。1993年青岛啤酒率先开启了内地企业海外上市的大门。以后中国国有企业和民营企业各种方式的海外上市日益增加，并呈逐年递增趋势。根据企业背景和上市目的不同，中国企业资本国际化的主要模式有三种。

⑴大型国企海外上市融资。该模式是中国大型国有企业在特定背景下将改制、融资和国际化结合起来的特殊模式，既包括一些包袱沉重的老国企，也包括一些新国企。常用的上市方式有，境内注册企业在海外上市，最典型的方式是发行H股，即在大陆注册的企业直接在香港市场发行股票；境内公司在海外注册并上市，典型方式是在香港发行红筹股，即国有企业在海外注册新公司并在香港联交所上市。有些企业在境内外都上市。

⑵民企绕道海外上市融资。中国民营企业海外上市基本都是市场化运作的，主要是境外注册企业上市，和海外借壳上市。民营企业倾向采用“绕道”途径，与过去国内上市给民营企业机会不多有关。境外注册企业直接上市的路径是：实际控制人先明确哪些业务、资产到海外上市；然后造壳，即在境外如避税岛注册一个或若干相互关联的壳公司；接着实施资产跨境转移，即境内企业将所控制的境内资产从法律上全部转由壳公司所控制，然后壳公司将境内资产证券化，在境外上市募集资金；最后，上市公司以外商投资或外债形式将大部分募集资金调回境内使用。

⑶成立新技术公司，与海外资本共成长。互联网、新型能源领域的一批新技术公司，往往是在风险投资的支持下成长的，因此其上市和公司成长密切相关：首先，在成长的不同阶

段有不同的风险资本参与，这些资本一般倾向上市退出，多种原因使得它们对境外上市尤其青睐；这些公司具有新技术特征，一般都处于新兴行业；这些公司具有特定的商业模式，一般在国外可以找到比较对象，海外投资者容易理解；公司有特定的商业概念，该概念是资本市场尤其是海外资本市场当前的热点，资本市场对其估值较高，但错过了热点周期，公司的市场价值就会大打折扣。这些新技术公司从创立时的风险投资，到最终海外上市，始终与国外资本共舞。

7.4.2 我国企业参与国际化经营特点与面临的问题

随着国内市场国际化，国际市场国内化的格局的出现，企业已完全处在一个国际经济一体化的环境中，企业要在竞争中取胜，就必须认真分析企业内外优势和劣势，做好正确的战略定位，把握挑战与机遇，摒弃等、靠、要的思想，在国际经济的大循环中去争资源、争资本。

1. 我国企业参与国际化经营的特点

⑴产权主体多元化。技术的飞速发展和市场的日益全球化造就了一个新的竞争环境，在这个环境中，单一的依靠企业自身的资源和资本的原始积累参与竞争，已经难以在市场中取得优势。对此，许多企业以开放的思维，通过引进外来战略投资者、组建战略联盟、购并参股等多种方式，实现产权主体的多元化，将自身的利益与多个股东的利益捆绑在一起，以提升企业自身在资金、营销网络、制度、管理、技术创新等领域的竞争力。

⑵专业化程度提高。为了提高企业所处行业的竞争能力，应对开放市场的竞争，许多企业不断提升自身经营的专业化水平，采用专业化或高度相关的多元化策略，加大对企业主营业务的投入，保持了主营业务的绝对优势和可持续发展，以提高核心竞争力，形成以效益为根本、以核心业务和客户为中心的经营战略。

⑶企业激励机制的升华。越来越多的企业从重视资本设备转为重视人力资源的引进和开发，将对员工成本的关心转移到员工产出的关心上来，在传统的物质激励制度、精神激励制度、竞争激励制度、人才开发制度基础上，创新了产权激励制度，通过给予高管、研发人员以及营销人员期权和持股，进一步激活人力资本的效能。

⑷不断完善创新机制。企业在市场上胜负的不仅竞争规则已经发生了重大变化，而且竞争的内容和本质也发生了深刻的变革，已由单一的以降低成本为核心的批量生产模式转变为以创新为核心的柔性化生产模式。创新能力决定着企业的发展方向和前途，只有具备创新能力的企业，才能在市场竞争中立于不败之地，培养创新能力已经成为企业的核心战略之一。

⑸不断加强信息化建设。在企业国际经营过程中，信息成为财富增长的重要源泉。成功企业已经将信息化建设作为一项重要议程，目前，管理信息系统已经得到广泛的应用，企业资源规划、客户资源管理等也已经开始在许多企业中推广，信息化建设对于我国企业经营管理水平的提高，将发挥不可估量的作用。

⑹经营规模和品牌经营。经营是企业的龙头和导向，经营是企业最重要环节，经营规模不再是企业生产能力的扩张，企业以商品经营为主正逐步实现资产经营、资本经营提升商品经营规模，而这一重要载体就是品牌，每一个品牌都是一个系列的产品门类。企业要把品牌作为一种资产来投资和经营，发挥其扩散力和增值力，使其成为一企业规模扩张的一种强有力利器。

⑺市场机制和产品营销体系。市场机制进一步显现，竞争变得更加激烈，游戏规则愈透

明化和规范化。符合市场规律运作的企业会成功，不符合市场规律运作企业会失败。市场的有限性、客观性、强制性、信息不对称性决定企业必须建立产品营销体系，通过有效的定位和细分，进行全方位网络建设和电子商务平台，建立市场发展战略，用价格、质量、效用等各种因素应对市场。

2. 我国企业参与国际化经营面临的问题

改革开放以来，我国许多企业积极投身于国际市场竞争，拓展对外贸易，发展跨国经营，使我国经济国际化程度不断提高。随着外贸体制改革的深入，越来越多的企业获得外贸经营权，大大地促进了我国外贸的发展。但总体看，出口创汇依然是对外投资的最大动因，而“厂商利润最大化”还处于次要地位。因此，我国现有的跨国企业在国际化经营过程中不可避免地产生一些难以克服的问题。

(1)没有清晰的国际化战略。在中国企业近年的国际化实践中，有的企业由于投资决策失误，不仅没有获得预想的收益，反而付出了巨大代价。很多企业根本没有考虑清楚自己的跨国经营行为要付出多大成本，就贸然行事。因此，现在我国的企业战略虽然做得不少，但真正达到国际水平，能够按照现代战略理论、结合中国国情，把成为跨国公司、超越竞争对手作为目标的企业发展战略，还不多见。

(2)管理体制落后是最大障碍中国企业的海外投资管理体制，是改革开放以来随着海外投资事业从无到有、从小到大的发展历程逐步形成的，已经远远不能满足目前海外投资和企业跨国经营业务发展的需要。近些年来海外投资经济效益较低、重大投资损失事件时有发生，正是管理体制落后的直接反映。因此，我国企业“走出去”面临的最大风险不在外部环境，而在自身管理。一家国际化的企业与一家本土化的企业，两者的企业组织架构图和管理方式，是完全不同的。企业国际化，必须全部打乱旧有秩序，重新调整。我国已经提出了要建立现代企业制度，但中国的企业在决策、资源配置等方面与发达国家企业差距很大，中国企业正处于经济转型的时期，大多数企业还没有按照一个国际惯例建立起来的现代企业制度，在组织方式、管理方式、经营方式上都落后于发达国家的企业。

(3)面临艰难的文化整合风险。中国企业在国际化兼并过程中所面临的另一项巨大挑战则是文化无法兼容的风险。在跨国并购中，这包含了企业文化的不同和跨国、跨地域文化的巨大差异。并购后整合过程绝不可能仅仅是一小部分领导参与便可以完成的，必须要大量人员的积极参与才能成功，因此企业又不得不面临突破文化障碍的艰巨任务。

(4)人才缺乏成为国际化软肋。人才问题是中国企业走向世界所面临的最大瓶颈。由于缺乏具有国际贸易、投资、金融等方面的专业知识和技能的人才，企业很难有效实施国际化战略。据调查报告显示，由于缺乏高素质的管理人才，中国企业国际化的战略到目前为止很多以失败告终。人才问题是中国国际化面临的一个难题。国际运作相当复杂，而国内的企业经理人普遍缺乏相关的财务和法律经验，更缺少这方面的专业人才，往往过于依赖国外的银行、律师和一些国外中介机构，这往往会影响到中国企业的正确、及时、科学的决策，从而造成一些不必要的损失。

7.4.3 我国企业参与国际化经营的战略对策

伴随我国经济发展和国际地位的提升，当前我国企业国际化经营已步入一个新的阶段。面对复杂的国际环境，中国企业国际化经营增长模式亟需转型升级，这不仅是有效应对环境的挑战，更是内在发展本质的客观要求。因此，参与国际化经营过程中，我国企业要加快转变国际化发展方式，调整国际化经营结构，创新国际化经营模式，提升国际化经营层次，使我国企业国际化经营能力跃上新台阶。

1. 注重制定或调整企业国际化经营战略

“转型升级，调整发展”是未来一段时期我国企业国际化经营战略思路的必然选择。目前我国企业还缺乏清晰、可行的国际化经营战略。大多数企业的国际化经营仅作为一项业务管理，尚未提升到战略层面。这难以适应国际化经营的长远发展要求。面对国内外新形势及未来的变化趋势，企业应注重制定或调整国际化经营战略，将国际化经营战略与国内经营战略统筹规划、协调推进、相互支撑，为“转型升级，调整发展”在体制、研发、人才、销售、资金等重要资源配置上提供战略支撑和有效保障。

2. 逐步建立和完善适应国际化经营的法人治理结构

目前我国企业法人治理结构建设虽取得了一定进展，但与适应国际化经营要求比，还存在较大差距。一方面，我国企业国际化经营能力严重受到高端经营管理人才短缺的制约，尤其是具有国际经营经验、懂国际经营运营的国际型人才。另一方面，国际型经营管理人才的引进又受到现有体制、人才引进政策的不同限制。从企业角度，应进一步深化体制改革，加快引入国际战略投资者，推进产权主体多元化，逐步建立和完善适应国际化经营要求的法人治理结构及运行模式。

3. 进一步强化开发培养国际化经营复合型人才

企业国际化经营，不仅需要金融、法律、财务、技术、营销等方面的专业人才，更需要有战略思想和熟悉现代管理的经理人才。人才不足是我国企业进行对外直接投资、扩大国际化经营规模、提高国际化管理水平的主要制约因素。因此，要大力开发和培养符合国际化要求的复合型人才，在目前国内比较缺乏熟悉国际规则和东道国的市场法律的人才的情况下，可通过招聘优秀的国际人才来弥补靠自身培养的不足。同时，对外直接投资企业可以通过公开招募人才、建立培训中心或者委托专业机构从事相关活动等方式，加强对人才的培养。

4. 建立高效、创新、不拘一格的研发机制

实现我国企业国际化经营转型升级的重要支撑是研发创新、技术领先，逐步培育和形成具有企业特色的、别人难以模仿的核心竞争力。实践表明，依靠合资合作或引进技术无法掌握核心技术。借鉴成功企业的经验，建立企业技术研究院所，搭建企业、高校、科研机构为主体的联合研发平台，构建开放式的研发模式，实行“特区式”的研发激励机制，聘请引进国际顶尖行业专家，打造国际一流的研发团队，实现技术研发跨越式突破发展，有效推进企业技术、产品、管理，以及经营模式的转变。

5. 增强环境责任意识，自觉承担环境责任

在当今国际化经营中，对企业承担环境责任的要求日趋强化。企业作为国际化经营主体，不断增强环境意识，注重规范环境保护行为，顺应全球化环境责任的发展要求，是顺利开展国际化经营的必然选择。首先，需要增强承担环境责任意识，提高环境道德水平。在企业决策中体现自身、社会、自然协调发展的原则，努力强化自身环境保护的素质，注重提高企业管理层和内部员工的环境保护意识。其次，应严格承担约束性环境责任。一方面，应当依法承担法定环境责任；另一方面，应依约承担合同环境责任。第三，加强内部环境管理。制定企业自身的环境政策和管理体系，完善内部环境管理制度，减少经营环境风险。第四，主动发

布环境责任报告。在以实际行动采取各项环境保护措施、承担各种环境保护责任的同时，企业应积极编制和发布企业环境责任报告。扩大报告影响力，提升企业环境责任的社会形象。

☞ **思考题：**

1. 简述企业实施国际经营战略的意义。
2. 国际化经营的形势性因素对企业国际化经营有哪些影响？
3. 进行国际化经营的企业有哪些可供选择的战略方案？
4. 国际战略联盟的模式有哪些？
5. 简述影响企业进入国际市场方式的因素。

【案例分析】 **联想公司的跨国经营策略**

从11名员工、20万元人民币贷款起家，历经10余年时间，联想公司不仅享誉中国市场，而且还走出国门，成为一个年出口创汇超过5000万美元、拥有20多个海外分公司、累计盈利近亿元的跨国横向经营计算机集团，这在计算机发展起步晚，相关产业落后的我国不能不算是一个奇迹。随着世界经济的逐渐一体化，企业走向国际市场已成为一种潮流，分析联想公司跨国经营的成功经验，对我国正在或打算从事跨国经营的企业，都具有非常重要的意义。

联想公司是由中国科学院创办的科技开发企业，成立于1984年11月，主要从事计算机生产、维修、技术服务以及计算机软件开发，公司的跨国经营始于1988年，最初只是在香港设立了分部，到1991年，公司已发展成为一个全球性的跨国公司，除了包括北京联想和香港联想两大部分外，还在美国的洛杉矶、费城，加拿大的多伦多，德国的柏林、德斯多夫，澳大利亚的悉尼，新加坡以及中国国内设有24个分公司，年度经营额达10亿元人民币，累计盈利超过8000万元。联想公司的跨国经营之所以能取得如此的成就，起决定作用的是其正确的跨国经营策略，具体来说，主要有以下几点：

一、"取长补短，优势互补"——选择正确的合作伙伴

联想公司以中国科学院为后盾，有着雄厚的技术开发实力，这是其主要长处；但在计算机国际市场营销方面，联想公司既缺"硬件"——海外销售渠道和关系，又缺"软件"——国际营销经验和优秀的国际营销人才，所以这无疑是其薄弱环节。为了扬"技术"之长，避"国际营销"之短，联想公司进军海外市场的第一步，并不是贸然投资创建自己的销售渠道和关系，而是在香港寻找到合适的合作伙伴：香港导远公司和中国技术转让公司，于1988年初，建立了一个合资经营的计算机销售公司——香港联想电脑公司。

香港导远公司和中国技术转让公司都不是实力雄厚的大公司，联想公司选择这两家作为合作伙伴，可以充分发挥自己已形成的技术优势，而不会受制于人；同时，两家合作伙伴的优势，又可以弥补联想公司自己的不足：中国技术转让公司是中国银行、华润集团公司、中国保险公司等几家大公司投资经营的，有财政实力和信誉，可以保证合资公司得到贷款。香港导远公司是由几名毕业于英国伦敦大学计算机专业的年轻人创办的，其资本并不雄厚，技术开发实力也不能与联想公司相比，但这家公司有一个重要的优势，即它有在国际市场上进行计算机销售的经验，熟悉海外市场，有一定的渠道和关系。这样，香港导远公司的优势恰好弥补了联想公司"国际营销"的短处，再加上中国技术转让公司的资金支持，使得三方各出资30万港元创办的、以海外贸易为主的香港联想电脑公司取得了极大的成功，该合资公司开办当

年，营业额就达到1.2亿港元，不仅收回了全部投资，而且还拿出100万港元购买了香港一家有生产能力的Quantum公司，为香港联想公司自行研制开发产品建立了一个基地。

二、“两头在外，中间在内”——合理的价值链地理布局

企业跨国经营，实际也是企业的价值链在地理上的拓展。价值键的地理布局，即决定企业内部的价值活动，哪些应当安排在国内，哪些应当安排在国外，它直接影响到企业跨国经营的业绩。联想公司根据计算机产业的价值链构成特点以及大陆和香港的经营环境特点，采取了“两头在外，中间在内”这一合理的价值链地理布局。

所谓“两头在外”，是指联想公司将价值链的最上游环节和最下游环节，即产品开发和产品市场销售这两大环节，设置在香港联想。香港同大陆相比，市场更为完善也更为国际化，信息渠道也更为畅通，将产品研制开发和产品市场销售这两大环节放在香港，使得联想公司的技术人员可以及时获得市场信息和技术信息，了解市场和技术两方面的进展，从而缩短公司产品的开发周期，使公司的计算机产品可以紧跟国际潮流。

“中间在内”，则是指联想公司将价值链的中间环节，即计算机产品的批量生产环节放在大陆如深圳等地的生产基地进行。大陆的劳动力成本、房地产价格都远低于香港，将生产环节放在大陆，可以大大降低生产成本。联想公司除厂自己在深圳等地投资建设批量生产工厂外，还同国内其他厂家发展委托加工的合作关系，这样既避免了大量投资与基建，又能在订货量增大时保证供应。

三、“田忌赛马，以上对下”——正确的产品定位

自1988年底买下香港Quantum公司后，联想计算机公司就利用Quantum的厂房设备着手搞产品开发。此时香港联想虽然已取得厂较大的成功，但是，同当时国际市场上已有的大型计算机生产厂商，如IBM、COMPAQ、AST等相比，联想公司无论是在技术、资金实力还是品牌声誉上都相去甚远，为此，公司决定避开这些实力强劲的厂商，而以台湾、香港的厂商作为竞争对手，采取所谓“固忌赛马，以上对下”的策略，将自己的产品定位于档次较低的国际通用产品。

联想公司以中国科学院计算机研究所作为后盾，拥有40多名高级研究人员和工程师，有多年的丰富经验，因此，在技术实力上同众多的港台厂商比，可以说是一匹名副其实的“上等马”。但在产品定位上，联想公司却以“下等马”自居，选择了档次较低的国际通用产品为开发目标:在产品技术层次上，选择技术层次较低，但应用面广、市场大、易于商品化的微型机产品，而不是搞大型机、小型机等高层次产品;在微机机型上，先选择微机产品中的低档机型286，而不是先搞高档机型;在产品形式上，从开发板级产品入手，而不是一开始就开发整机。这种以“上马对下马”的策略，确保了联想公司产品的竞争优势，使得联想公司在与港台厂商的竞争中“游刃有余”，为公司今后的进一步发展奠定了坚实的基础。

四、“放长线，钓大鱼”——高质低价的销售策略

巨大的市场潜力，吸引了越来越多的厂商进入到微机领域，使得微机市场的竞争愈演愈烈，与此同时，微机的生产技术也日趋成熟，这两方面因素造成微机厂商之间的竞争越来越以品牌为重。联想公司认识到，要想在激烈的竞争环境中生存并且获得发展，没有品牌支持是不可能的。为此，公司决定“放长线，钓大鱼”，采取“高质低价”的销售策略，不惜牺牲短期利益，以提高公司的知名度，创立自己的牌誉。

本着“以上对下”的策略，联想公司在产品开发上首先选择了286机型，在开发和生产联

想286产品时，联想公司高度重视质量管理，严格要求采购、制造及外加工每一个环节，使其产品质量在同类286产品中雄居上乘。由于严格的质量要求，以及采用高档的元器件，使得公司产品的成本超过了台湾和香港的厂商。但公司并没有因此将产品的价位定得很高，而是采取了低价策略，每件产品比香港市场同类产品的价格低1－2美元。这种“高质低价”策略在实施之初，使联想公司蒙受了较大的损失，公司每月销售8000块板，不但不能盈利，还要亏损1万多美元，连续几个月，共赔了近10万美元。这些亏损由香港联想公司的贸易盈利来弥补。然而，由于286产品的市场寿命期很短，这种亏损的态势并没有持续很久，而联想公司却因此创立了自己的声誉，吸引了一大批忠诚的用户。当286产品逐渐被淘汰，联想公司推出了自己中高档的386和486微机，凭借已创立的良好品牌形象，联想公司产品的销售获得了极大的成功。香港联想集团董事局主席柳传志曾经对记者透露，该公司生产出口的主机板和显示卡1993年达到500万块，居世界第三位，因此而获得的丰厚利润也很快弥补了早先低价销售286微机的亏损。总之，正确的经营策略是联想公司跨国经营取得成功的关键，我国其他企业在从事跨国经营时，应汲取联想公司的经验，立足长远，制定正确的经营策略：在投资方式上，资金实力不足时，应以合资经营为主；采取合资经营时，应认清自身的优劣势，选择合适的合作伙伴，做到既不受制于人，又能取长补短；应做好价值链的合理布局；应掌握竞争对手之所在、之所为，采取合适的竞争战略；应采取合适的策略，力争创立自己的品牌等。

【拓展训练】 **国际化经营四大策略**

世界越变越小，市场越来越大，世界经济一体化的进程正加速发展，全球的贸易、金融、投资等经济要素日益融合，中国复关之后，面对新的竞争条件，中国企业必须重新定位，分析外部环境的机遇与威胁，结合企业内部的优势与劣势，选择适合自身发展的更具潜力的市场；随着经济全球化进程的加快，跨国经营已经成为越来越多企业的必然选择，那么跨国经营都有哪些成功的模式呢？

国际著名跨国经营策略专家Fayerweather和Kapoor经过长年对众多跨国公司的跟踪研究发现，大多数跨国经营的公司在充分考虑外部环境，竞争因素和企业自身资源的情况下，都较重点地采用以下的一种或一种以上的国际经营策略。

一、高新技术导向策略（Dynamic High－Technology Strategy）。

在某些行业，企业能够通过技术的创新建立独特的竞争优势从而成为市场领导者。由于对国际高新技术的引进需要，大多数国家的企业非常欢迎和支持这类企业在当地投资，甚至不惜提供诸多优惠待遇。微软、IBM、西门子等就是全球化高科技企业的典型例子。

二、低端或稳定的技术策略（Lowor Stable Technology Strategy）。

这类策略模式以松下、伊莱克斯、Caterpillar等众多全球化经营，以耐用品为主的企业居多。采用这类策略的企业必须具备这些优势，如企业良好的信誉和知名品牌、专有生产技术、较大的经营规模、以及全球化生产的能力等等。由于行业不同，进入的障碍大小各异，所以在全球范围松下和三菱空调是竞争对手，但是在不同的地区性市场都有不同的竞争品牌，如中国的海尔、科龙等。

三、先进管理技术策略（Advanced Management Skill Strategy）。

不少地区性和全球性的企业都会采用这种策略。典型的有宝洁、联合利华等全球消费品企业。通常，在企业战略规划、营销、财务管理、人力资源等方面过人的管理技术优势，加上其通过管理体系和人力资源向其他国家输出它们这些管理优势的能力，形成了这类企业策略在全球范围内的独特竞争优势。

四、全球化生产策略(Production - Market Rationalization Strategy)。

应用全球性化生产策略的企业必须满足以下四个关键因素：一是产品的价值/重量(体积)比相对较高，因此可以抵消了从产地运到消费地增加的运输成本。二是产品的部分生产过程应该是劳动密集型的，而且可以安排在低劳动成本的国家进行。三是生产流程的控制非常关键，以确保各种生产部门之间的有效协调和统一检验标准以保障产成品的质量水平。四是企业需要紧密地协调国际营销和相关物流配送机构以确保产品及时送达世界各地市场。

综观这些主要的跨国经营策略模式，中国企业的全球化策略规划初期应用较多地考虑低端或稳定的技术策略和全球化生产策略，前者比较适合于“华为”、“珠江钢琴”等具有一定技术含量和品牌优势的企业，而全球化生产策略则适用于较多中国现有的出口型制造商，如“美的”，“格兰仕”以及其他大量的外向型企业。事实上，这些企业已经基本完成了“出口策略”阶段，正逐步向“国际化策略”发展，即从单纯的出口向国际营销过度，形成企业自己规划和控制的销售渠道，品牌推广，特别是市场信息管理和相应的研发策略。

把握经济全球化是一个大趋势，对发展中国家来说，参与经济全球化，有机遇，也有风险，只有积极地参与，才能尽快改变落后面貌，迎头赶上。积极开展国际化经营是必然选择，也是企业提升国际竞争力的必然途径。中国的企业应该学会如何“与狼共舞”，才能在大浪淘沙中生存并发展壮大。

第 8 章 | 职能战略

企业战略管理体系包括企业总体战略、竞争战略和职能战略三个层次。企业的总体战略要得到贯彻实施，必须将其分解成为更为具体、更有可操作性的职能战略。企业总体战略和竞争战略确定后，必须要有各种职能战略来支撑。因此，职能战略的制定是战略实施的一项首要任务。

❈ 8.1 职能战略概述

8.1.1 职能战略的基本内涵

一个企业的业务战略包括管理者为获得某一业务领域的成功而制定的各种经营策略和行动方案。在单业务企业，其业务战略实际上就是其企业战略。职能战略是指管理者为对业务战略起关键作用的特定的职能活动、业务流程或业务领域内的重要部门所制定的策略规划。职能战略的首要任务是支持的业务战略和竞争策略，企业中每一个对业务战略起关键作用的业务活动和组织单元都应有一个职能战略：如市场营销、客户服务、产品研发、生产、财务、人力资源、信息系统、仓储等等。根据这些行动计划，职能部门的管理人员可以更清楚地认识到本职能部门在实施总体战略中的责任和要求。

职能部门的战略必须在市场营销、财务会计、研究开发、生产作业、人力资源开发等企业主要职能部门中制定，即制定出市场营销战略、财务投资战略、研究开发战略、生产战略以及人力资源开发战略等。由于各职能部门主要任务不同，不可能归纳出一般型战略。各职能部门的关键变量也是不同的，即使在同一部门里，关键变量的重要性也会因为经营条件的不同而不同，因此职能部门的策略必须分别加以制定。

职能战略是按照总体战略或业务战略对企业内各方面职能活动进行的谋划。职能战略一般可分为生产运营型职能战略、资源保障型职能战略和战略支持型职能战略。

1. 生产运营型职能战略

生产运营型职能战略是企业或业务单元的基础性职能战略，从企业或业务运营的基本职能上为总体战略或业务战略提供支持，包括研发战略、筹供战略、生产战略、质量战略、营销战略等。

2. 资源保障型职能战略

资源保障型职能战略是为总体战略或业务战略提供资源保障和支持的职能战略，包括财务战略、人力资源战略、信息化战略、知识管理战略、技术战略等。

3. 战略支持型职能战略

战略支持型职能战略是从企业全局上为总体战略和业务战略提供支持的战略，包括职能战略组织结构战略、企业文化战略、公共关系战略等。

8.1.2 职能战略的重要性

职能战略是为贯彻、实施和支持公司战略与竞争战略而在企业特定的职能管理领域制定的战略，其重点是提高企业资源的利用率，使企业资源的利用最大化。加强职能部门策略的制定工作，有助于企业总体战略的实施，是企业总体战略实施的重要环节，其重要性表现为以下三点：

1. 进一步丰富和完善总体战略

职能部门策略是具体而丰富的，职能部门的战略为负责完成年度目标的管理人员提供具体的指导，使他们知道应如何实现年度目标。因而在企业总体战略中增加了实际的内容，明确了企业内部职能部门必须完成的工作，从而丰富、完善甚至发展了企业总体战略。

2. 增加高层管理人员实施与控制总体战略的信心

具体的职能部门策略是向企业高层管理人员阐明了各职能部门准备如何实施总体战略，可以增加高层管理人员实施与控制总体战略的信心。

3. 促进各职能部门间的协调

具体职能部门的策略可以说明职能部门间相互依赖的战略关系，以及潜在的矛盾，有利于促进各职能部门间的协调，也有利于总体战略的实现。

8.1.3 职能战略的特点

职能战略企业为实施总体战略和竞争战略而制定出来的，与企业的总体战略和竞争战略相比，职能战略具有以下特点：

1. 专业性

企业职能部门战略是在事业部级战略指导下，按照专业职能将事业部级战略进行具体落实和具体化，它的制定是将企业总体战略转化为职能部门具体行动计划的过程。根据这些行动计划，职能部门的管理人员可以更清楚地认识到本职能部门在实施总体战略中的责任和要求。由于企业职能战略的划分是以专业化分工为基础的，因此职能战略具有很强的专业性。

2. 附属性

职能部门战略是企业总体战略实施的重要环节，因为职能战略对企业的总体战略和竞争战略起支撑作用，具有局部性和附属性的特点，所以它必须服从于企业的总体战略和竞争战略。职能部门战略具体而丰富，增加、完善了企业总体战略的实际内容。具体的职能部门战略向企业高层阐明了各职能部门准备如何实施总体战略，增强了高层实施与控制总体战略的信心。具体的职能部门战略说明了职能部门间相互依赖的战略关系，并暴露出存在的潜在的矛盾，有利于促进各职能部门间的协调，进而有利于总体战略的实现。

3. 短期性

职能部门的策略用于确定和协调短期的经营活动，它的期限较短，一般在一年左右。职能部门策略较短的原因：一是职能部门管理人员可以根据总体战略的要求，把注意力集中于当前需要进行的工作上；二是职能部门管理人员可以更好地认识到职能部门当前的经营条件，及时地适应已经变化的条件，相应地做出调整。

4. 具体性

企业战略为企业的生存和发展确定了目标，指明了方向。企业总体战略是笼统的，欠精确的，职能部门的策略要比总体战略更加具体，更加精确，更加明确。总体战略为企业指出了一般性的战略方向，而职能部门的策略则为负责完成年度目标的管理人员提供了具体的指导，使他们知道应该实现的年度目标。另外，具体的职能策略还可以增强职能部门管理人员实施战略的能力。

5. 参与性

企业高层管理人员负责制定企业长期经营目标和总体战略，职能部门的管理人员在总部的授权下负责制定年度经营目标和部门策略。这些策略最后要得到总部的核准。职能部门的管理人员参与制定职能策略，可以更加自觉地实现自己的年度经营目标和职能策略所需要进行的工作，从而增强他们实施战略的责任心。

※ 8.2 市场营销战略

8.2.1 市场营销战略的基本内涵

市场营销战略是企业市场营销部门根据战略规划，在综合考虑外部市场机会及内部资源状况等因素的基础上，确定目标市场，选择相应的市场营销策略组合，并予以有效实施和控制的过程。

市场营销战略计划的制定是一个相互作用的过程；是一个创造和反复的过程。一般来说，市场营销战略包括市场细分、目标市场选择及目标市场定位战略几个方面。

现代企业营销战略一般包括战略思想、战略目标、战略行动、战略重点、战略阶段等。营销战略思想是指导企业制定与实施战略的观念和思维方式，是指导企业进行战略决策的行动准则。它应符合社会主义制度与市场经济对企业经营思想的要求，树立系统优化观念、资源的有限性观念、改革观念和着眼于未来观念。企业战略目标是企业营销战略和经营策略的基础，是关系企业发展方向的问题。战略行动则以战略目标为准则，选择适当的战略重点、战略阶段和战略模式。而战略重点是指事关战略目标能否实现的重大而又薄弱的项目和部门，是决定战略目标实现的关键因素。由于战略具有长期的相对稳定性，战略目标的实现需要经过若干个阶段，而每一个阶段又有其特定的战略任务，通过完成各个阶段的战略任务才能最终实现其总目标。

8.2.2 市场细分战略

市场细分理论是由美国营销学专家温德尔·斯密在 20 世纪 50 年代提出的。所谓市场细分就是企业根据消费者需求的不同，把整个市场划分成不同的消费者群的过程。其客观基础是消费者需求的异质性。进行市场细分的主要依据是异质市场中需求一致的顾客群，实质就是在异质市场中求同质。市场细分的目标是为了聚合，即在需求不同的市场中把需求相同的消费者聚合到一起。

1. 市场细分的基本要求

细分一个市场的方法非常的多，然而并不是每一个区划方法对企业都有实际的意义，对不同行业，不同类型的企业来说，实施市场细分化应该遵循以下基本要求，市场区划才能发挥最大的作用。

⑴有明显的区划特征，并且可以衡量。明显的区划特征是市场细分的基本要求，细分后的小市场必须有明显的区别，各子市场内都有明确的顾客，这些顾客应该具有共同的需求特征，表现出类似的购买行为。

⑵细分后的区划要有充足的需求量和发展潜力。在市场细分中，被企业选中的子市场还必须具有一定的规模。区划内要有充足的需求量，这样才能保证企业获得足够的经济效益。因此，子市场被细分得过大或者过小都是不妥当的。另外，在细分市场时，企业还必须注意子市场的发展潜力问题。细分出一个正处于饱和或者即将饱和的市场，对企业来说是没有多大意义的。

⑶可行动性和可接近性。在市场细分中，企业所选择的目标市场，必须是企业有可能进入并占有一定份额的子市场。如果缺乏足够的能力或者自己无法与许多竞争者抗衡，硬要开拓这个市场，则会白白浪费企业资源。另外，有些市场由于自然条件、法律和道德规范的限制，而无法接近并为之服务的，也不能作为市场细分的依据，更不能选为目标市场。例如迷信用品、毒品等，虽有市场需求，有厚利可图，但是不能作为市场细分的依据。

2. 市场细分的意义

为选择有效的目标市场，确定产品结构和服务方向，首先必须对市场进行细分。市场细分的意义主要表现在以下几个方面：

⑴市场细分化有利于企业制定最佳的营销战略。企业可以根据市场竞争状况，分析各细分市场的消费需求满足程度，从而发现那些尚未得到满足或满足不够的需求。在细分市场的情况下，企业为不同的消费者提供不同的商品，制定特定的营销战略，较容易观察和估计顾客的反应，一旦市场情况发生变化，企业就有较灵活的应变能力，可及时调整战略。

⑵市场细分化有利于发掘市场机会，开拓新市场。通过市场细分，企业可以对每一个细分市场的购买潜力、满足程度、竞争情况等进行分析对比，探索出有利于本企业的市场机会，使企业及时作出投产、移地销售决策或根据本企业的生产技术条件编制新产品开拓计划，进行必要的产品技术储备，掌握产品更新换代的主动权，开拓新市场，以更好适应市场的需要。

⑶市场细分化有利于企业集中人力、物力投入目标市场。任何一个企业的资源、人力、物力、资金都是有限的。通过细分市场，选择了适合自己的目标市场，企业可以集中人、财、物及资源，去争取局部市场上的优势，然后再占领自己的目标市场。

⑷市场细分化有利于企业提高经济效益。企业通过市场细分后，企业可以面对自己的目标市场，生产出适销对路的产品，既能满足市场需要，又可增加企业的收入；产品适销对路可以加速商品流转，加大生产批量，降低企业的生产销售成本，提高生产工人的劳动熟练程度，提高产品质量，全面提高企业的经济效益。

3. 市场细分的程序

市场细分作为一个比较、分类、选择的过程，应该按照一定的程序来进行，通常有这样几步：

⑴正确选择市场范围。企业根据自身的经营条件和经营能力确定进入市场的范围，如进

入什么行业，生产什么产品，提供什么服务。

⑵列出市场范围内所有潜在顾客的需求情况。根据细分标准，比较全面地列出潜在顾客的基本需求，作为以后深入研究的基本资料和依据。

⑶分析潜在顾客的不同需求，初步划分市场。企业将所列出的各种需求通过抽样调查进一步搜集有关市场信息与顾客背景资料，然后初步划分出一些差异最大的细分市场，至少从中选出三个分市场

⑷市场筛选。根据有效市场细分的条件，对所有细分市场进行分析研究，剔除不合要求、无用的细分市场。

⑸为细分市场定名。为便于操作，可结合各细分市场上顾客的特点，用形象化、直观化的方法为细分市场定名，如某旅游市场分为商人型、舒适型、好奇型、冒险型、享受型、经常外出型等。

⑹进一步复核。进一步对细分后选择的子市场进行调查研究，充分认识各细分市场的特点，本企业所开发的细分市场的规模、潜在需求，还需要对哪些特点进一步分析研究等。

⑺决定细分市场规模，选定目标市场。企业在各子市场中选择与本企业经营优势和特色相一致的子市场，作为目标市场。没有这一步，就没有达到细分市场的目的。

4.消费品市场细分

消费品市场可以按照如下几个维度来进行划分：

⑴地理细分。企业可以决定在一个或者多个市场区域中经营者在所有的地理区域经营，但是必须密切注意各地理区域的不同需求和偏好，不同地理位置的消费者，对同一类产品的需求和偏好往往有所不同。

市场细分可以将市场区分为不同的地理单位。按行政区划分为国家、省、地区、县、市或者是临近区域；按照经济状况划分有经济发达地区、经济较发达地区、经济落后地区等；按照地形来细分有沿海地区、内陆地区，平原、丘陵、高原等；按照气候来划分有多雨地区、干旱地区、多雾地区等。还可以根据不同的民族和风俗习惯划分区域。

地理因素相对来说是一种静态因素，比较容易辨别，所以已经久为企业划分市场时所使用，往往也被自然的作为细分市场的第一步，但是还需要注意的是，统一区域的消费者需求往往还有极大的差异。因此，在这第一步的细分基础上还要按照其他因素进一步细分。

⑵人口细分。人口细分就是按照人口调查统计资料反映的内容，如年龄、性别、家庭规模、收入、职业、文化水平、宗教信仰等“人口变数”来细分市场。由于消费者的欲望和使用程度与人口变数有因果关系，而且人口变数比其他变数更容易衡量，所以，人口变数一直是细分市场的重要依据。

①性别细分。由于生理上的差别，男性与女性在产品需求与偏好上有很大不同，例如在服饰、化妆品等方面均有性别差别。

②年龄细分。不同年龄的消费者有不同的需求特点，年龄一般可以分为学龄前，小学生，中学生，大学生或者青年、中年、老年。

③收入细分。低收入和高收入消费者在产品选择、休闲时间的安排、社会交际与交往等方面都会有所不同。

④职业与教育细分。消费者职业的不同、所受教育的不同也会导致所需产品的不同。

⑤家庭生命周期细分。一个家庭，按年龄、婚姻和子女状况，可分为单身、新婚、满巢、空巢和孤独五个阶段。在不同阶段，家庭购买力、家庭成员对商品的兴趣与偏好也会有很大的

差别。

(3)心理细分。心理细分是以社会阶层、生活方式以及性格特点作为变数来划分消费者群。

①社会阶层细分。处于不同阶层的消费者，由于生活方式、消费人特征和价值观念有很大的区别，因此，他们在家用设备、服装、闲暇活动、阅读习惯、零售商品等方面的偏爱上有明显的差异。反之，同一社会阶层的人，他们的消费心理更为相似。从而形成了市场细分的基础。

②生活方式的细分。生活方式是人们对消费，工作和娱乐的特定习惯和倾向性的方式。生活方式影响人们对各种产品的兴趣，而消费的产品不同也反映人们生活方式的差异。

③性格细分。有时企业使用性格变数来细分市场。当本企业产品和其他竞争企业的产品非常相似，而其他因素又不能用来细分市场时，对消费者按照性格划分就能够起到一定的作用，但是，使用性格变数来划分市场往往难以掌握。

(4)购买行为细分是以购买者对产品的知识、态度、使用及反映为基础来划分消费者群的。以下一些变数一般被认为是消费者市场有效细分的最佳依据。

①时机细分。即根据购买者的需要的发展购买产品或使用产品的时机，来区分不同的购买者群。时机细分可以帮助企业开拓产品的使用率。除了寻找产品的特定时机外，企业也可以专注于人的生命历程中的很多日子，想想是否有某种需要伴随着这些日子，而某些产品与服务组合恰好可以满足这些需要。这种方式有时也称为重要时间区划法。

②寻求利益。消费者购买产品是为了取得某种使用价值。但是每种产品给每个消费者带来的利益是因人而异的。有的消费者追求商品的经济性，有的消费者追求商品的名望，有的追求商品的耐用性等等。企业可以根据购买者对产品的追求的利益的不同，作为市场细分的依据。不同的利益侧重点，反映了消费者购买产品时的不同动机。动机有感性动机和理性动机之分。了解消费者的利益偏好和动机，不仅有助于推销商品，也将有助于企业设计新产品，开发空缺产品。

③使用者状况。许多市场可以被划分为未使用者、曾使用者、潜在使用者、初次使用者以及经常使用者。市场占有率高的公司，特别有兴趣于将潜在使用者转变为实际使用者。而小型公司则尝试将竞争者的使用者，转变为自己的使用者，对潜在使用者和经常使用者，需要采取不同的行销方式。

④使用量状况。即根据消费者对产品的使用量来划分市场。一般可区划为少量使用，中量使用和大量使用者。由于使用者人数在使用量上的分布不同，例如，大量使用者通常仅占有市场的很小的比率，但是使用量却占总消费量的很大的部分，因此，企业在选择消费对象时应该予以综合考虑。

⑤忠诚度状况。市场也可以按照消费者对的忠诚度来区划。消费者对的忠诚度一般可以分成以下四类:一是绝对忠诚者，消费者自始自终止购买一种，对该忠贞不二;二是中度忠诚者，即忠诚于几种的消费者;三是转移型忠诚者，即从偏爱一种转移到偏爱另一种的消费者;四是游离者，即消费者对任何都不具有忠诚度，有什么就买什么。上述四种不同忠诚度的消费者群，在每种产品市场上都会有不同的数量构成。企业经常分析这些构成会获得大量的信息和经验。

⑥购买者准备阶段。在任何时候，人们皆处于购买产品的各个不同的阶段。有些人不知道该项产品的存在;有些人知道;有些人相当清楚;有些人感到有兴趣;有些人想要去购买;有些人已经决定要购买。这其间相对人数的多寡，对行销方案的拟定有很大的影响。企业可以

按照不同的购前阶段对消费者进行细分，然后运用适当的市场营销措施，并且随着购前阶段的进展而随时修改营销方案。

⑦对产品的态度状况。消费者对产品的态度，一般可以分为五种：热爱、肯定、冷淡、否定和怀有敌意。企业对待不同态度的消费者应该采取不同的营销措施。如热爱和肯定者，应该感谢他们的支持；对冷淡者，通过适当的媒体介绍进行宣传，使他们转为关心；对否定和怀有敌意者，也应该进行必要的宣传和解释，以缓和他们的情绪和改变他们的态度。

5. 工业品市场细分

工业品市场细分的变数很多，除引用消费品市场使用的区划变数外，还有其自己的特点。成功的工业品市场细分方法不仅具有独创性，而且还要能对具体以市场做出具体判断，下面介绍几种工业品细分市场的细分变数。

(1)最终使用者。工业品市场常常按照最终使用者的需要来进行细分。工业品在销售时，尤其是经过批发商销售，如果企业对最终用户的情况不清楚，即不了解自己真正的服务对象，往往会造成损失。划分最终使用者的最简单的方法，是以产业作为细分的标准，以次划分出子市场。

(2)产品用途。由于一种产品常常有若干不同的用途，产品用途细分就是按照产品的不同用途细分市场。工业品一般可以分为原料、半制成品零件、工业设备和附属设备四种，不同种类的工业品其客户也不一样。

(3)客户的规模。购买量的大小是企业作为细分工业品市场的一个重要变数。很多企业往往采用不同的接待方式，大客户主要由业务负责人接待，一般中小客户主要由推销员接待。

(4)采购方式。在某一目标产业与顾客规模之下，企业还可以根据采购方式来细分市场。不同的顾客追求不同的利益，有的注重价格，有的注重服务，有的更加重视质量。

8.2.3 目标市场选择战略

企业在划分好细分市场之后，可以进入既定市场中的一个或多个细分市场。目标市场选择是指估计每个细分市场的吸引力程度，并选择进入一个或多个细分市场。在对整体市场做出必要的细分之后，就可以觉察到，并非所有的细分市场对企业都具有吸引力，且各个细分市场之间往往互相存在着矛盾，若同时去满足它们的需求，将会引起资源浪费、效率下降。为了更有效地发挥企业现有资源，即人力、财力、物力和信息的优势，争取最大获利机会，企业应在市场细分化的基础上选择一个或几个细分市场作为营销对象，这个过程就是目标市场选择过程。

1. 目标市场选择标准

(1)有一定的规模和发展潜力。企业进入某一市场是期望能够有利可图，如果市场规模狭小或者趋于萎缩状态，企业进入后难以获得发展，此时，应审慎考虑，不宜轻易进入。当然，企业也不宜以市场吸引力作为唯一取舍，将规模最大、吸引力最大的市场作为目标市场。大家共同争夺同一个顾客群的结果是，造成过度竞争和社会资源的无端浪费，同时使消费者的一些本应得到满足的需求遭受冷落和忽视。

(2)细分市场结构的吸引力。细分市场可能具备理想的规模和发展特征，然而从盈利的观点来看，它未必有吸引力。决定整个市场或其中任何一个细分市场的长期的内在吸引力的主要有五个方面，即同行业竞争者、潜在的新参加的竞争者、替代产品、购买者和供应商。他们具有如下五种威胁性：一是细分市场内激烈竞争的威胁；二是新竞争者的威胁；三是替代产品的威胁；四是购买者讨价还价能力加强的威胁；五是供应商讨价还价能力加强的威胁。

⑶符合企业目标和能力。某些细分市场虽然有较大吸引力，但不能推动企业实现发展目标，甚至分散企业的精力，使之无法完成其主要目标，这样的市场应考虑放弃。另一方面，还应考虑企业的资源条件是否适合在某一细分市场经营。只有选择那些企业有条件进入、能充分发挥其资源优势的市场作为目标市场，企业才会立于不败之地。

2. 目标市场营销策略

企业确定其目标市场涵盖战略有三种选择：无差异市场营销、差异性市场营销和集中性市场营销。前两种营销策略都是以整个市场作为目标市场，属于为整个市场服务的策略；而第三种策略中是集中力量为一个选定的细分市场服务的策略。

⑴无差异市场营销策略。无差异市场营销策略是指企业只推出一种产品运用一种市场营销组合，试图吸引尽可能多的顾客，为整个市场服务。无差异市场营销策略的优点是可降低成本，提高质量，达到规模经济；缺点是不能满足消费者的差别需求和爱好，易受到竞争冲击。

⑵差异性市场营销策略。差异性市场营销策略指在市场细分的基础上，企业选择两个或以上细分市场作为自己的目标市场，并为每个选定的细分市场制订不同的市场营销组合方案，多方位地开展有针对性的市场营销活动，尽可能最大限度地满足消费者不同层次的需求。差异性市场营销策略的优点是能大幅度增加企业的营业额；缺点是增加生产成本、管理费用、营销费用，经营管理难度大。

⑶集中性市场营销策略。集中性市场营销策略是指企业集中力量设计生产一种或一类产品，采用一种市场营销组合，为一个细分市场服务。集中性市场营销策略的优点是专业化生产，可降低生产成本、营销费用；缺点是风险较大。

3. 影响目标市场营销策略选择的因素

⑴企业资源。如果企业资源雄厚，可以考虑实行差异市场营销；否则，最好实行无差异市场营销或集中市场营销。

⑵产品同质性。产品同质性是指产品在性能、特点等方面的差异性的大小。对于同质产品或需求上共性较大的产品，一般宜实行无差异市场营销；对于异质产品，则应实行差异市场营销或集中市场营销。

⑶市场同质性。如果市场上所有顾客在同一时期偏好相同，购买的数量相同，并且对市场营销刺激的反应相同，则可视为同质市场，宜实行无差异市场营销；反之，如果市场需求的差异较大，则为异质市场，宜采用差异市场营销或集中市场营销。

⑷产品生命周期阶段。处在介绍期的新产品，市场营销的重点是启发和巩固消费者的偏好，最好实行无差异市场营销或针对某一特定子市场实行集中市场营销；当产品进入成长期和成熟期时，市场竞争剧烈，消费者需求日益多样化，可改用差异市场营销战略以开拓新市场，满足新需求，延长产品生命周期；当产品进入衰退期时，为保住原有市场，延长产品生命周期，可采用集中性市场营销策略。

⑸竞争对手的战略。一般说来，企业的目标市场涵盖战略应与竞争者有所区别，反其道而行之。如果强大的竞争对手实行的是无差异市场营销，企业则应实行集中市场营销或更深一层的差异市场营销；如果企业面临的是较弱的竞争者，必要时可采取与之相同的战略，凭

借实力击败竞争对手。

8.2.4 目标市场定位战略

目标市场定位是为适应消费者心目中的某一特定地位而设计企业产品和营销组合的行为。即从各方面为产品培养一定的特色，树立一定的市场形象，在未来顾客的心目中确定一个适当的位置。现代企业要使自己经营的产品保持稳定的销路，不仅要慎重地选择它的顾客目标，还要考虑它的竞争目标，即明确企业的竞争对手，从而考虑将为选定的目标市场提供些什么，企业将凭什么同竞争者较量。

1. 目标市场定位的方法

(1)根据产品的特性定位，目标市场定位可以归纳为如下几种方法：

①根据特定的产品特性来定位。特别是新产品，产品的某些特性往往是竞争对手无暇顾及的。这种定位往往容易收效。

②根据特定的产品用途来定位。如果使老产品找到一种新用途，也是为该产品创造定位的好方法。

③根据特定的产品使用者定位。企业常常试图把某些产品指引给适当的使用者或者某个细分市场，以便根据那个细分市场的特点建立起恰当的形象。

④根据特定的产品档次定位。产品可以定位为与其相似的另一种类的产品档次，或者强调与其同档次产品并具有某些方面的差异特点。

(2)根据市场定位的特点，目标市场定位可以分为初次定位、重新定位及心理定位。

①初次定位。初次定位是指企业对尚未投放市场的产品，即在投放前确定其市场地位的活动。

②重新定位。重新定位是指的企业为已在某市场销售的产品，重新确定某种形象，以改变消费者原有的认识，争取有利的市场地位的活动。

③心理定位。心理定位是根据消费者的心理需求，突出产品的某些属性以争取有利的市场地位的活动。

(3)根据市场定位的针对性，目标市场定位有针对式定位与创新式定位两种方法。

①针对式定位。针对式定位是企业选择靠近于现有的竞争者或与其重合的市场位置，争夺同样的目标顾客。

②创新式定位。创新式定位是企业避开与竞争者直接对抗，将其位置定于某处市场“空隙”，发展目前市场上没有的某种特色的产品，开拓新的市场领域。

2. 目标市场定位的战略选择

企业进行目标市场定位，一般有三种战略可供选择。

(1)发掘战略。即通过发掘市场上未重叠的新区来定位。当企业对竞争者的位置、消费者的实际需求和自己的产品属性等进行评估分析后，发现现有市场存在缝隙或者空白，这一缝隙或者空白有足够的消费者而作为一个潜在的区划而存在。并且企业发现自身的产品难以正面匹敌，或者发现这一潜在区域比老区域更有潜力。在这种情况下可以采取发掘定位战略。

(2)跻身战略。当企业发现目标市场竞争者众多，但是细加分析，发现该区划内市场需求的潜力很大，而且企业也有条件适应这一区划环境，企业就可以采用跻身战略，进入该区划，与众竞争者分享市场。

⑶取代战略。即把对方赶下现坐的市场位置，由本企业取而代之。采用这一战略定位，企业必须比竞争对手具有明显的优势，必须提供更优于对方的产品，使大多数消费者乐于接受本企业的产品，而不愿意接受竞争对手的产品。

3. 目标市场定位战略的实施步骤

实施目标市场定位战略应该有以下几个方面的步骤：

⑴识别可能的竞争优势。消费者一般都选择那些给他们带来最大价值的产品和服务。因此，赢得和保持顾客的关键是比竞争者更好地理解顾客的需要和购买过程，以及向他们提供更多的价值。通过提供比竞争者较低的价格，或者是提供更多的价值以使较高的价格显得合理。企业可以把自己的市场定位为：向目标市场提供优越的价值，从而企业可赢得竞争优势。

⑵选择合适的竞争优势。假定企业已很幸运地发现了若干个潜在的竞争优势。现在，企业必须选择其中几个竞争优势，据以建立起市场定位战略。总的来说，企业需要避免三种主要的市场定位错误。第一种是定位过低，即根本没有真正为企业定好位。第二种错误是过高定位，即传递给购买者的公司形象太窄。最后。企业必须避免混乱定位，给购买者一个混乱的企业形象。

⑶传播和送达选定的市场定位。一旦选择好市场定位，企业就必须采取切实步骤把理想的市场定位传达给目标消费者。企业所有的市场营销组合必须支持这一市场定位战略。

❖ 8.3 财务战略

作为一种重要的企业职能战略，财务战略是根据总体战略和业务单元战略的要求来制定的，为企业战略的实现提供财务保障的战略。置备战略要根据企业总体战略和各业务单元战略的选择，对财务的各个主要方面作出决策。

8.3.1 财务战略的基本内涵

1. 财务战略与财务管理的概念

财务战略是主要涉及财务性质的战略，因此是属于财务管理范畴的战略。财务战略主要考虑资金的使用和管理的战略问题，并以此与其他性质的战略相区别。财务战略主要考虑财务领域全局的、长期发展方向问题，并以此与传统的财务管理相区别。

财务战略概念的出现，使得企业战略分为财务战略和非财务战略两类，并把非财务战略称为经营战略。如果说经营战略主要强调与外部环境和企业自身能力相适应，那么财务战略主要强调必须适合企业所处的发展阶段并符合利益相关者的期望。

财务管理为企业战略提供资金支持，是为提高经营活动的价值而进行的管理。财务管理的方式是决定企业战略能否成功的一个关键问题。有效的财务管理不一定能使经营灾难转变为企业的成功，失败的财务管理却足以使成功的经营战略一无所获，甚至使优秀的企业毁于一旦。财务管理对于企业的长期生存和健康发展具有重要意义。

财务管理应支持企业的总体战略，但并不意味着没有自己的战略。重要的财务决策总是由企业最高当局作出的，甚至要经过董事会决议。大多数企业组织以财务目标作为整个企业的主要目标，两者目标的直接一致使得财务管理不同于其他职能管理。重要的财务决策总会涉及企业的全局，带有战略的性质。

财务管理可以分为资金筹集和资金管理两大部分，相应地，财务战略也可以分为筹资战略和资金管理战略。狭义的财务战略仅指筹资战略，包括资本结构决策、筹资来源决策和股利分配决策等。资金管理涉及的实物资产的购置和使用，是由经营战略而非财务职能指导的。资金管理只是通过建议、评价、计划和控制等手段，促进经营活动创造更多的价值。资金管理的战略主要考虑如何建立和维持有利于创造价值的资金管理体系。股东价值是由企业长期的现金创造能力决定的，而现金创造能力又是由企业对各种因素（包括资金因素）进行管理的方式决定的。

2. 财务战略的重要性

企业财务管理战略关注的焦点是企业未来财务活动的发展方向、目标以及实现目标的基本途径和策略，这是财务管理战略不同于其他各种战略的特性。企业财务管理战略的总体目标是合理调集、配置和利用资源，谋求企业资金的均衡、有效的流动，构建企业核心竞争力，最终实现企业价值最大化。这一目标的几个方面是相互联系的。从长期来看表现为，谋求企业财务资源和能力的可持续增长，实现企业的资本增值并使企业财务能力持续、快速、健康地增长，维持和发展企业的竞争优势。企业战略管理在构建企业核心竞争力时，需要企业财务管理的支持。把企业资金管理作为重要内容的财务管理也必须要反映企业战略的要求，保证其战略的实施。实施企业财务管理战略管理的价值就在于它能够保持企业健康的财务状况，有效控制企业的财务风险。因此，财务战略作为企业整体战略的一个子系统，具有重要意义：

第一，通过对企业内外环境分析并结合企业整体战略的要求，它提高了企业财务的能力，即提高了企业财务系统对环境的适应性。

第二，财务战略注重系统性分析，这提高了企业整体协调性，从而提高了企业的协同效应。

第三，财务战略着眼于长远利益与整体绩效，有助于创造并维持企业的财务优势，进而创造并保持企业的竞争优势。

3. 财务战略的特征

企业财务战略是基于战略管理思想而对财务管理进行的一种新的认识，这决定了其具有以下特征：

一是从属性。财务战略要体现企业整体战略的要求，为其筹集到适度的资金并有效合理投放，只有这样，企业整体战略方可实现。若不接受企业战略的指导或简单地迎合战略要求都将导致战略失败，而最终使企业受损。

二是系统性。运用系统的观点进行企业管理，需要考虑企业作为一个系统必然与外界进行长期的、广泛的资源及信息等的交换，从而使系统与外界保持一致。财务战略作为企业战略的一个子系统必然与企业其他战略之间也存在着长期的、全面的资源与信息交换。为此，要始终保持财务战略与企业其他战略之间的动态的联系，并试图使财务战略也能支持其他子战略。

三是指导性。财务战略是对企业资金运筹的总体谋划，它规定着资金运筹的总方向、总方针、总目标等重大财务问题。正因为如此，财务战略一经制订便具有相对稳定性，成为财务活动的行动指南。

四是复杂性。财务战略的制订与实施较企业整体战略下的其他子战略而言，复杂程度更大。最主要的原因在于“资金固定化”特性，即资金一经投入使用后，其使用方向与规模在较短时期内很难予以调整。因此，财务战略对资金配置稍有不慎，就将直接导致企业资金周转不灵或陷入财务危机而很快导致企业破产。此外，企业筹资与投资都直接借助于金融市场，而金融市场复杂至极，变幻无常，这也增加了财务战略制订与实施的复杂性。

4. 财务战略目标

财务战略目标通常有持续盈利能力目标、长期现金流量现值目标、企业可持续成长目标和经济增加值最大化目标等。财务战略目标既从属于企业发展战略目标，也从属于企业财务管理目标。通常来讲，财务管理目标包括利润最大化、每股收益最大化、股东财富最大化等。财务战略目标是财务管理目标的具体化，而且更加侧重于长远目标和可持续发展。

⑴持续盈利能力目标。创立企业的主要目的是盈利，盈利是反映一个企业综合能力的一项重要指标。持续盈利能力目标要求企业把持续获利作为其财务战略的目标，企业赚取的利润越多，就表明企业财富增加得越多，就越接近企业的发展目标。

⑵长期现金流量现值目标。在长期现金流量现值目标下，企业财务战略决策者的工作核心是有效管理现金流量，其财务战略目标是促使归属于企业所有者的预计未来现金流量现值最大化。企业的长期所有者不仅关心企业的盈利能力，更关心企业长期净现金流量，因此，长期现金流量越充裕，表明企业财务实力越强，所有者的真实回报就越高。

⑶企业可持续成长目标。企业可持续成长目标认为，在现代市场经济中，企业发展的可持续性比管理效益和效率更为重要，企业财务战略的基本目标应当是追求企业的可持续成长。成长是企业存在和发展的基础和动力，追求成长是财务战略管理者精神本质的体现。从财务角度看，企业的成长性是提高盈利能力的重要前提，是维持长期现金流量的基础，是实现企业价值最大化的基本保证，成长能力往往成为财务能力体系中最为核心的能力。

⑷经济增加值最大化目标。现代企业战略财务管理要求企业建立以价值管理为核心的战略财务管理体系。价值管理是一个综合性的管理工具，它既可以用来推动价值创造的观念，深入到公司各个管理层和一线职工中，又与企业资本提供者（包括企业股东和债权人）要求比资本投资成本更高收益的目标相一致。经济增加值最大化目标可以满足价值管理的要求，有助于实现企业价值和股东财富的最大化。

8.3.2 企业融资战略

一般来说，企业有四种不同的融资方式：内部融资、债权融资、股权融资和资产销售融资。

1. 内部融资

企业可以选择使用内部留存利润进行再投资。留存利润是指企业分配给股东红利后剩余的利润。这种融资方式是企业最普遍采用的方式。但企业的一些重大事件，比如并购，仅仅依靠内部融资是远远不够的，还需要其他的资金来源。内部融资的优点在于管理层在做此融资决策时不需要听取任何企业外部组织或个人的意见，比如并不需要像债权融资那样向银行披露自身的战略计划或者像股权融资那样向资本市场披露相关信息，从而可以节省融资成本。当然不足也是存在的，比如股东根据企业的留存利润会预期下一期或将来的红利，这就要求企业有足够的盈利能力，而对于那些陷入财务危机的企业来说压力是很大的，因而这些企业就没有太大内部融资的空间。

2. 股权融资

股权融资是指企业为了新的项目而向现在的股东和新股东发行股票来筹集资金。股权融资也可称为权益融资。这种融资经常面对的是企业现在的股东，按照现有股东的投票权比例进行新股发行，新股发行的成功取决于现有股东对企业前景具有较好预期。股权融资的优点在于当企业需要的资金量比较大时，股权融资就占很大优势，因为它不像债权融资那样需要定期支付利息和本金，而仅仅需要在企业盈利时向股东支付股利。这种融资方式也有其不足之处，比如股份容易被恶意收购从而引起控制权的变更，并且股权融资方式的成本也比较高。

3. 债权融资

债权融资大致可以分为贷款和租赁两类。从银行或金融机构贷款是当今许多企业获得资金来源的普遍方式，特别是在银行业对企业的发展起主导作用的国家更是如此。年限少于一年的贷款为短期贷款，年限高于一年的贷款为长期贷款。企业需要定期支付贷款利息，短期贷款利率相对于长期贷款的利率要高些，不过长期贷款通常需要企业的资产作抵押。资产抵押意味着企业如不按期偿还贷款，债权人就有权处置企业所抵押的资产。企业可以选择不同的贷款合同，比如选择固定的或是浮动的利率和贷款期限。一般额度较高的贷款会附加较多的合同条款，条款的苛刻程度取决于企业对贷款的需求程度，这类贷款一般都会要求资产抵押，一旦企业违约，资产的所有权就归债权人所有。也正因为有资产作抵押，债权融资的成本一般会低于股权融资，但是无论企业的盈利状况如何，即便是亏损，企业也需要支付合同规定的利息费用，而股权融资在此时可以选择不发放股利。每个企业的贷款额度都是有限的，债权人会从风险管理的角度来评价需要贷款的企业，从而作出最优的贷款决策。例如，债权人会分析企业过去的经营业绩、未来前景、抵押资产的质量以及与企业长期培养的合作关系。债权融资方式与股权融资相比，融资成本较低、融资的速度较快，并且方式也较为隐蔽。但是不足之处也很明显，当企业陷入财务危机或者企业的战略不具竞争优势时，还款的压力会增加企业的经营风险。

租赁是指企业租用资产一段时期的债务形式，可能拥有在期末的购买期权。比如，运输行业比较倾向于租赁运输工具而不是购买。租赁的优点在于企业可以不需要为购买运输工具进行融资，因为融资的成本是比较高的。此外，租赁很有可能使企业享有更多的税收优惠。租赁可以增加企业的资本回报率，因为它减少了总资本。不足之处在于，企业使用租赁资产的权利是有限的，因为资产的所有权不属于企业。

4. 销售资产融资

企业还可以选择销售其部分有价值的资产进行融资，这也被证明是企业进行融资的主要战略。从资源观的角度来讲，这种融资方式显然会给企业带来许多切实的利益。销售资产的优点是简单易行，并且不用稀释股东权益。不足之处在于，这种融资方式比较激进，一旦操作了就无回旋余地，而且如果销售的时机选择不准，销售的价值就会低于资产本身的价值。

8.3.3 企业投资战略

1. 投资产业方向

虽然投资项目主要是由经营者来决定，但股东对拟投向的产业应该做出明确规定。投资产业方向和企业准备采取的经营战略有关，如果准备采取多角化经营，则产业方向可能会有多个，即便如此，股东对拟投资的产业方向也应该予以明确规定。当然，对于不准备采取多角化经营的企业，投资的产业方向更应该明确规定。

2. 投资地区方向

涉足什么产业确定之后，接下来的问题是投资到什么地方。不同的地方有不同的投资环境，也就会有不同的收益和风险。例如，国外和国内有不同的风险和收益特点；沿海和内地有不同的风险和收益特点；经济特区及经济开发区与一般地区有不同的风险及收益特点。所以，为了维护自己的利益，股东应该对投资地区方向做出原则性的规定。

3. 投资限额

投资产业方向及地区方向确定之后，股东还应该规定经营者有权决定的最高投资限额，这样可以一定程度上降低股东的风险。在这个限额之内，由经营者决定投资与否，超出这个范围，则应该由股东大会决定投资与否。当然，这个投资限额究竟为多少，这要视企业拟投资的产业方向和地区方向而定，没有一个统一的标准。

4. 投资收益率

投资的最终目标是为了取得收益。对股东来说，无收益的投资是无意义的。所以，股东应该对投资项目整个寿命周期的投资收益率作些规定，只有当预期收益率超过要求的投资收益率时，方能接受这个投资项目。一般来说，股东应该参考以下数据来确定要求的最低投资收益率：一是同期银行贷款利率；二是同行业平均投资收益率。

5. 特殊资产配置

这里的特殊资产使用主要指与个人享受相关的资产，主要包括小汽车、个人住宅、办公设备配置及办公室装修、移动电话配置等。这些资产具有两个特点：一是和个人享受密切相关；二是相似功能的不同产品之间价格差异很大。股东为了维护自己的利益，防止“经理主义”，必须对上述特殊资产的配置做出明确规定，不能由经营者自行决定自己的享受水平。当然，股东在决定上述特殊资产之配置时，不能一味地向低标准看齐。如果标准过低，一方面会有损于企业形象，另一方面可能会影响经营者的工作积极性，对股东反而不利。所以，股东应该本着与企业规模相适应原则来决定特殊资产配置。

8.3.4 企业股利分配战略

企业理财者应从企业的实际情况出发，以股利及其政策理论为基础，考虑股利的限制因素，以制订企业的具体股利及其政策，这就是股利及其政策模式，简称股利模式。企业股利分配战略有不同的股利模式可供选择。

1. 剩余股利模式

剩余股利模式主张企业的盈利首先是满足净现值投资目的资金需要，在此之后还有剩余的，才能作为股利发放给股东，这种模式的股利及其政策要经过以下三步：

一是确定最佳投资规模，一般是边际收入与资金综合边际成本相等点。

二是根据投资规模，确定适当的筹资方案和结构，以降低所需权益资金数额。

三是对权益资金的需要，最优先考虑留存收益。若留存收益不足，则可发行新股。若留存收益充裕，则剩余部分可以作为股利发放给股东。

剩余股利模式的优点是有利于公司保持理想的资本结构，充分利用筹资成本最低的资金来源，使综合资金成本降至最低。股东所得资金是满足投资需要之后的一个“剩余”，若无剩余，则无股利可分。从企业价值最大化出发，理财者是否推荐这种模式，关键要看企业面临的投资机会如何。如果企业确实面临着很有利的投资机会，并且从优化财务结构的角度来看，也需要增加权益资金，则可以采用这种股利模式及其政策。否则，就不宜采用这种股利模式。

2. 固定股利支付率模式

固定股利支付率模式是固定地按某一比例将盈利在股利和投资之间分配。主张这种股利模式的企业认为，只有这样，才能真正公平地对待每个股东。在这种模式下，股利水平将随企业盈利的变动而变动。

固定股利支付率政策的优点主要有以下两个方面：

一是采用固定股利支付率政策，股利与公司盈余紧密地配合，体现了多盈多分、少盈少分、无盈不分的股利分配原则。

二是采用固定股利支付率政策，公司每年按固定的比例从税后利润中支付现金股利，从企业支付能力的角度看，这是一种稳定的股利政策。

这种股利及其政策是以股利无关论为基础的。如果企业的盈利水平较稳定，则不会对股票价格产生不利影响。相反，如果企业盈利水平相差较大，则采用这种股利模式会对企业的股票价格产生不利影响。

3. 稳定增长模式

稳定增长模式是将每股股利稳定在某一水平上，即使盈利水平降低，也不降低每股股利，当确定盈利水平已提高时，可以提高每股股利，提高后，再不降下来。近年来，为对付通货膨胀的影响，某些企业采用稳定增长率及其政策，即每年按一定的增长率来发放股利。这也是稳定增长模式的一种形式。

稳定增长模式是以股利及其政策相关论为基础的，这种股利及其政策有如下优点：

第一，稳定增长股利及其政策表明企业的经营前景会更好。有利于消除投资者内心的不确定性，增加其对企业股票的信心。

第二，许多需要和依靠固定收入的投资者偏好这种股利及其政策。同时，这种股利也有利于某些机构投资者购买，如退休基金、信托基金和人身保险等。

第三，有利于降低权益筹资成本。所以，这种股利及其政策下的股票价格会较高，具有较大的吸引力。但是，这种股利及其政策需要有稳定的盈利增长来支持，否则，将会招来灭顶之灾。

4. 低正常股利加额外股利模式

低正常股利加额外股利模式是指企业每年只支付数额较低的正常股利，只有在公司繁荣时期才向股东发放额外股利的一种鼓励政策。低正常股利加额外股利政策是企业事先设定一个较低的经常性股利额，一般情况下，企业每期都按此金额支付正常股利，只有企业盈利较多时，再根据实际情况发放额外股利。低正常股利加额外股利政策主要适用于经营状况和利润不稳定的企业，和盈利水平随着经济周期而波动较大的公司或行业。低正常股利加额外股利政策的优点主要有两个方面：

第一，低正常股利加额外股利政策赋予企业一定的灵活性，使企业在股利发放上留有余地和具有较大的财务弹性，同时，每年可以根据公司的具体情况，选择不同的股利发放水平，以完善企业的资本结构，进而实现企业的财务目标。

第二，低正常股利加额外股利政策有助于稳定股价，增强投资者信心。由于企业每年固定派发的股利维持在一个较低的水平上，在企业盈利较少或需用较多的留存收益进行投资时，企业仍然能够按照既定承诺的股利水平派发股利，使投资者保持一个固有的收益保障，这有助于维持企业股票的现有价格。而当企业盈利状况较好且有剩余现金时，就可以在正常股利的基础上再派发额外股利，而额外股利信息的传递则有助于企业股票的股价上扬，增强投资者信心。

可以看出，低正常股利加额外股利政策既吸收了固定股利政策对股东投资收益的保障优点，同时又摒弃其对公司所造成的财务压力方面的不足，所以在资本市场上颇受投资者和企业的欢迎。

❖ 8.4 人力资源战略

8.4.1 人力资源战略的基本内涵

在外部环境不断变化的今天，人力资源管理的重要性日益增强。许多企业已经认识到人力资源是最具有竞争优势的资源。企业要想取得可持续竞争优势，就不能仅仅依靠传统金融资本的运营，还必须靠人力资源战略来维持和培育竞争力。

人力资源战略是科学地分析预测组织在未来环境变化中人力资源的供给与需求状况，制定必要的人力资源获取、利用、保持和开发策略，确保组织在需要的时间和需要的岗位上，对人力资源在数量上和质量上的需求，使组织和个人获得不断的发展与利益，是企业发展战略的重要组成部分。

1. 企业人力资源战略特征

⑴企业人力资源战略是企业发展战略的重要组成部分。企业战略可分为三个层次:企业总体发展战略、战略单元战略和职能战略。企业人力资源战略是企业一项重要的职能战略。企业总体发展战略是企业人力资源的前提和基础，企业人力资源战略为实现企业总体发展战略提供有力的人力资源支撑平台。

⑵企业人力资源战略是确保人力资源供需平衡的调节器。企业人力资源供给和需求总存在一定的差距，特别是在质的方面，高层次人力资源对于企业来说，往往供不应求;而低层次人力资源又总是供过于求。人力资源供求平衡不会自发地形成，需要通过有针对性地制定人力资源战略规划来加以调节。否则，就会出现一方面企业需要的关键人力资源短缺，另一方面又存在大量人力资源过剩的尴尬局面，不利于企业发展战略的实现。

⑶企业人力资源战略为企业人力资源管理开发提供指引。人力资源管理的主要目的，是为了推动人力资源开发与管理工作的发展。因而要把企业人力资源战略与企业人力资源管理开发工作紧密结合起来，并作为企业人力资源管理与开发工作的重要一环牢牢地把握住。企业人力资源管理开发的具体工作如招聘、调配、培训、绩效考核、薪酬制度等都应该以企业人力资源战略为指导，为实现人力资源战略服务。

⑷企业人力资源战略强调具有可操作性。战略不是用来看的，是用来做的。制定人力资源战略必然具有一定的超前性，但这种超前性是建立在对企业现实的科学分析和未来发展准确预测的基础之上，能够指导企业人力资源管理和开发工作，否则，便失去了存在的意义。

⑸企业人力资源战略具有相对稳定性。企业人力资源战略是对企业人力资源方向性、全

局性、根本性和长远性的规划。要贯彻执行企业人力资源战略，必须确保人力资源战略的相对稳定性，不能朝令夕改，一届领导一个战略，否则人力资源战略便没有意义。人力资源战略是企业对人力资源未来的一种谋划，而未来总是变动不已的，总有一些预料不到的情况，这就要求企业人力资源战略具有一定的弹性空间，使之对未来人们的头脑之中，体现于战略家们对客观世界固有的认识方式。

2. 人力资源战略的目标

人力资源战略是为实现企业总体战略服务的，因此，必须以企业总体战略的要求，来确定人力资源战略的目标。这些目标包括：

第一，根据企业中长期发展的要求，保证其对人力资源总量的需要。

第二，优化人力资源结构，形成合理的人力资源结构，满足企业各层次、各专业对人力资源的需要。

第三，提高每个劳动者的素质，使之与其岗位工作的要求相适应，提高职工队伍的整体素质，发挥人力资源的整体效能。

第四，努力把人力转化为人力资源，促进每个劳动者都能成才，发挥他们的积极性、进取性和创造性，为企业发展和进步做出应有的贡献。

3. 人力资源战略的作用

⑴人力资源战略是企业战略的核心。在企业竞争中，人力资源是企业的核心资源，人力资源战略处于企业战略的核心地位。企业的发展取决于企业战略决策的制定，企业的战略决策基于企业的发展目标和行动方案的制定，而最终起决定作用的还是企业对高素质人力资源的拥有量。有效地利用与企业发展战略相适应的管理和专业技术人力资源，最大限度地发掘他们的才能，可以推动企业战略的实施，促进企业的飞跃发展。

⑵人力资源战略可提高企业的绩效。员工的工作绩效是企业效益的基本保障，企业绩效的实现是通过向顾客有效的提供企业的产品和服务体现出来的。而人力资源战略的重要目标之一就是实施对提高企业绩效有益的活动，并通过这些活动来发挥其对企业成功所做出的贡献。过去，人力资源管理是以活动为宗旨，主要考虑做什么，而不考虑成本和人力的需求；经济发展正在从资源型经济向知识型经济过渡，企业人力资源管理也就必须实行战略性的转化。人力资源管理者必须把他们活动所产生的结果作为企业的成果，特别是作为人力资源投资的回报，使企业获得更多的利润。从企业战略上讲，人力资源管理作为一个战略杠杆能有效地影响公司的经营绩效。人力资源战略与企业经营战略结合，能有效推进企业的调整和优化，促进企业战略的成功实施。

⑶有利于企业形成持续的竞争优势。随着企业间竞争的日益白热化和国际经济的全球一体化，很难有哪个企业可以拥有长久不变的竞争优势。往往是企业创造出某种竞争优势后，经过不长的时间被竞争对手所模仿，从而失去优势。而优秀的人力资源所形成的竞争优势很难被其他企业所模仿。所以，正确的人力资源战略对企业保持持续的竞争优势具有重要意义。人力资源战略的目标就是不断增强企业的人力资本总合。扩展人力资本，利用企业内部所有员工的才能吸引外部的优秀人力资源，是企业战略的一部分。人力资源工作就是要保证各个工作岗位所需人员的供给，保证这些人员具有其岗位所需的技能，即通过培训和开发来缩短及消除企业各职位所要求的技能和员工所具有的能力之间的差距。当然，还可以设计与企业战略目标相一致的薪酬系统、福利计划、提供更多的培训、为员工设计职业生涯计划等来

增强企业人力资本的竞争力，达到扩展人力资本，形成持续的竞争优势的目的。

⑷对企业管理工作具有指导作用。人力资源战略可以帮助企业根据市场环境变化与人力资源管理自身的发展，建立适合本企业特点的人力资源管理方法。如根据市场变化确定人力资源的长远供需计划；根据员工期望，建立与企业实际相适应的激励制度；用更科学、先进、合理的方法降低人力成本；根据科学技术的发展趋势，有针对性地对员工进行培训与开发，提高员工的适应能力，以适应未来科学技术发展的要求等等。一个适合企业自身发展的人力资源战略可以提升企业人力资源管理水平，提高人力资源质量；可以指导企业的人力资源建设和人力资源配置，从而使人力资源效益最大化。将人力资源由社会性资源转变成企业性资源，最终转化为企业的现实劳动力。

⑸人力资源战略是实现企业战略目标，获得企业最大绩效的关键。研究和分析人力资源战略，有利于提升企业自身的竞争力，是达到人力资本储存和扩张的有效途径。人力资源战略在企业实施过程中必须服从企业战略，在企业战略形成的实际中也必须积极考虑人力资源因素，二者只有达到相互一致、相互匹配，才能促进企业全面、协调、可持续发展。

8.4.2 企业人力资源招聘战略

人力资源招聘是企业采取一些相应的科学方法寻找、吸引人力资源到本企业应聘，并从中选出适宜人员予以聘用的过程。企业规模的扩大、业务的调整、不合格人力资源的解聘以及现有人力资源的晋升、退休、辞职等因素都会导致对人力资源的需求，满足企业对人力资源需求的途径有两条：一是在企业内部寻找人力资源和进行人力资源开发；二是从外部招聘人力资源。人力资源招聘事关重大，它直接关系着企业人力资源素质的高低、企业人力资源结构是否合理以及人力资源的培养开发工作。为保证人力资源招聘工作科学有序地进行，企业就应当制定人力资源招聘战略。

人力资源招聘战略是企业在未来一段时间对人力资源招聘工作所作的整体规划，它以企业对人力资源需求的预测为基础，内容包括人力资源招聘原则、人力资源的基本标准、人力资源招聘的一般程序以及人力资源识别方法等。

1. 人力资源需求预测

人力资源需求预测，是指以企业的战略目标、发展规划和工作任务为出发点，综合考虑各种因素的影响，对企业未来所需人力资源的数量、种类、质量和时间等进行估计的活动。它是企业制定人力资源招聘战略以及开发战略的起点，其准确性对人力资源发展战略规划的成效有决定性的影响。

要进行人力资源需求预测，首先应分析影响人力资源需求的因素。我们可把这些因素分为如下三大类：一是企业外部环境因素，外部因素会影响到企业的生产经营活动，从而引起企业对人力资源需求的变化；二是企业内部因素，包括企业的战略目标、发展规划决定了企业的发展方向、发展速度、新产品开发、产品市场占有率等是企业内部影响人力资源需求的最重要因素；三是人力资源自身因素，如现有人力资源的年龄结构、素质结构、种类结构是否适应企业生产经营的需要以及人力资源退休、辞职、休假的多少等都直接影响企业对人力资源的需求量。

对人力资源需求的影响因素进行分析之后，下一步就是选定具体的预测方法，以估计企业对各类人力资源的需求量。人力资源需求预测方法较多，常用的有德尔菲法、回归预测法、趋势外推法、生产函数模型法、劳动定额法、经验比例法、计算机模拟法等。这些方法各有利弊和适用范围，企业在选择时，应以本企业规模大小、预测的人力资源种类以及预测要求的准确性等因素而定。

2. 人力资源招聘的程序

为了能够按人力资源招聘的原则办事，规范人力资源招聘工作，以确保能够招聘到合适的人力资源，企业应制定人力资源招聘的一般程序。具体的招聘工作应以一般程序为基础和参考来制定相应的具体程序。人力资源招聘的一般程序大致包括以下几个阶段：

⑴制定招聘计划。人力资源招聘计划的内容包括五个方面：一是所聘人力资源的类型、规模、数量；二是招聘时间及区域；三是录取人力资源的具体标准；四是人力资源招聘的方式；五是人力资源招聘所需的费用，如电报、电话费、差旅费、广告费、体检费、招聘人员的工资、福利及加班费以及其他与招聘有关的费用等。

⑵组建人力资源招聘班子。在大规模招聘人力资源时，需要组建一个专门的班子。它一般由主管人事的副总经理挂帅，吸收有关方面人员参加，若有必要也可请企业外一些专家学者参加。在人力资源作用日益重要的今天，企业总经理亲自挂帅的情况越来越多。我们认为这种做法非常好，它可以充分表达企业对人力资源的重视，使招聘人员更加认真地工作，保证招聘工作的高质量。

⑶寻找应聘者。寻找应聘者的方法很多，如号召员工推荐、引荐；通过“专门机构”介绍，专门机构是指各种职业介绍所、人力资源交流中心、各种教育机构等；广告招聘；同业推荐，这是指与同行业企业建立人事部门联谊及合作组织，彼此推荐人力资源的活动；参加人力资源交流会等等。这些方法各有利弊，企业可根据人力资源招聘的具体情况加以选择。

⑷挑选人力资源。挑选人力资源就是对应聘者进行全面的考察和评价，并从中挑选出合适的人选。挑选人力资源的程序大致如下：

①初步接触。招聘人员与应聘者直接接触，以进行初步的相互了解，对应聘者进行初步筛选。

②测验。即对通过初步筛选的应聘者进行知识、技能、心理素质等方面的测试。通过测验可以初步评估出应聘者适应工作的能力。

③审查。即对应聘者的申请材料和推荐材料进行审查，以推测应聘者适应工作的可能性。

④调查。即对应聘者的经历、社会背景、责任感、事业心等进行调查。对应聘特殊岗位的人员如财务、审计等或在审查时发现疑点的一般岗位应聘者，都应进行调查。

⑤面试。这是挑选人力资源的重要手段，借此可以收集大量关于应聘者的信息，对于重要岗位的应聘者必须由该部门主管亲自面试以决定是否录用。

⑥体检与聘用决策。面试过关后可以安排招聘人员体检，体检合格后由招聘工作委员会做出录用决定。

⑸签订聘用合同。聘用合同是企业与应聘者通过协商达成的规定双方责任、义务、权利的协议。它是企业依法对人力资源实施管理的重要依据，也是处理双方关系的基础。

⑹试用。试用是人力资源招聘中最后检验人力资源的关口。如果试用合格，试用期满便可按合同规定，享有正式职工的权利并尽相应的责任。

3. 人力资源招聘的原则

人力资源招聘原则是企业制定的用于指导招聘活动的基本准则。人力资源招聘是一项社会性、政策性较强、且对企业发展有重大影响的活动，为保证其有序高效地进行，企业制定相应的原则是非常必要的。不同企业的理念不同、需要不同、所处环境不同，人力资源招聘原则肯定会存在一定差异，但一些基本原则是所有企业在人力资源招聘中都应遵循的。

⑴双向选择原则。双向选择原则，是指企业根据生产经营的要求自主选择所需要的人力资源，同时人力资源根据自己的条件和志愿自由地选择企业和职业。遵循这一原则是市场经济的要求，同时也是企业优化人力资源结构、充分发挥人力资源作用的重要保证。如果企业在招聘人力资源时受到人情、关系、权力的干扰而不能完全自主地选择人力资源，那么就会导致急需的适宜的人力资源进不了企业，使企业人力资源结构劣化。另一方面，企业在招聘人力资源时应将企业基本情况、所从事工作的情况及待遇全面、准确地告诉前来应聘者，使他们在占有充分信息的基础上做出是否接受本企业聘用的决定，而不能用欺骗、诱导的方式来招揽人力资源，否则将会影响人力资源工作的积极性和创造性，因为，人力资源与企业之间是一种自愿的协作关系，只有人力资源选择了符合其志愿和条件的工作，才会心情舒畅、满怀热情施展才华，努力为企业工作。

⑵效率原则。这一原则是指在人力资源招聘活动中要力争以尽可能少的费用，录取到高素质或适应企业需要的人力资源。效率原则是企业管理的效益原理在人力资源招聘方面的具体体现。

⑶全面考察原则。全面考察原则要求对备选人力资源进行全方位的考察和评价，以期真正识别出优秀人力资源。全面考察是人力资源素质结构的复杂性所要求的。一个优秀人力资源需具备各方面的良好素质，包括政治思想、道德品质、专业知识和技能、相关知识及心理、身体条件等等。其中任何一个方面欠缺，都会不同程度地影响工作成效。

⑷德才兼备原则。德才是人力资源素质结构中最为重要的两项内容。德才兼备原则，是指在选聘人力资源时既要重视人力资源的知识、才能，又要重视人力资源的政治觉悟、道德品质。有德无才，无法胜任工作；有才无德，则可能不愿很好地工作，甚至会扰乱工作。德才缺一不可，但相对而言，德更为重要。有德无才，可以通过学习和摸索积累才干。有才无德则有可能给企业造成巨大损失。

⑸试用原则。这是指对通过全面考察的人力资源在正式聘用前要试用一段时间。识别人力资源是一项复杂困难的工作，尽管人们已经发明了各种识别人力资源的方法，但在准确性方面仍存在一定缺陷。因此需要把人力资源放在实际工作中试用一定时间，以检验初选好的人力资源是否真正具备工作所要求的资格和条件。

8.4.3 企业人力资源开发战略

企业人力资源开发，是指通过各种方法和途径开发和挖掘企业现有人力资源潜力、强化他们创新意识的一系列活动。人力资源开发包括两个方面的内容：一是通过对普通员工的教育培训，使其中具有人力资源潜质者成为企业的人力资源；二是通过教育和其他方式提高现有人力资源的能力，挖掘他们的潜力。

人力资源开发的重要性及艰巨性要求企业必须制定人力资源开发战略，以指导人力资源开发工作有序而高效地展开。人力资源开发战略包括人力资源开的战略目标、人力资源开发的重点和人力资源开发的模式。

1. 人力资源开发的战略目标

人力资源开发的战略目标，是指在未来中长期内企业人力资源开发应达到的预期成果。其制定的依据是企业的总体战略目标，企业对人力资源需求的预测和未来的竞争形势。人力资源开发的战略目标从总体上为人力资源开发指明了方向，明确了任务，同时也是衡量、评价具体开发方案、计划的重要依据。

人力资源开发战略目标的具体内容包括下列几个方面：

一是对未来人力资源素质的总体阐述。通过人力资源开发战略，对企业未来的人力资源素质做出总体阐述。

二是规定开发规模和范围。开发规模是指在战略规划期内开发对象的数量，即开发涉及的人力资源数量。开发范围是指在战略规划期内人力资源开发涉及的人力资源层次和种类，是局限于管理人员还是面向全体员工。

三是规定开发应达到的标准。即拟定出各类、各层次的开发对象经过开发应达到的品德、知识、能力标准。

四是规定开发效果。开发效果是指人力资源开发的成效。它可用开发对象在战略规划期末达到开发标准的比例来衡量，也可用工作效率的提高程度来衡量。

2. 人力资源开发的重点

企业资源的有限性使得企业不可能无节制地在人力资源开发上进行投入。这就要求企业在人力资源开发上选择重点，以使有限的投入发挥最大的效用。在选择开发重点时需考虑的因素有：各类人力资源的外部供给状况、本企业人力资源的结构、本企业未来对人力资源的需求结构等。

3. 人力资源开发的模式

人力资源开发的具体形式和方法非常多，如企业办学、联合办学、委派进修、自学、上级指导、工作轮换、参加专业会议、担任助理等等。各种形式和方法的特点、适用对象、费用、效果存在着较大的差别，因此，企业有必要根据自身的情况和条件，为各类人力资源的开发精心选择和组合相应的开发形式和方法，以提高开发效率和效果。人力资源开发模式指的就是用于开发某类人力资源的主要开发形式和方法及其组合。显然，不同类型的人力资源应采取不同的开发模式，如某企业对中级管理人员的开发采取工作轮换和定期举办培训班的模式，而对工程技术人员则采取参加专业会议和到大专学校进修的模式。

企业在制定人力资源开发战略时应规定各类人力资源开发的模式，至少应规定重点开发对象的开发模式。这样有利于保持开发工作的统一性、连续性和高效性。开发模式作为人力资源开发战略中的一项内容，它为各类人力资源的开发规定了主要的形式或方法，这并不排斥在具体开发工作中根据需要采取其他的开发形式或方法。

8.4.4 人力资源使用与管理战略

1. 人力资源使用的战略

人力资源的使用战略是企业人力资源战略的重要组成，人力资源的开发与培训实际上也是在使用中进行的。因此，人力资源的使用，不仅仅是为其提供一个发挥其才能的舞台，也是人力资源开发与培训工作的一种方式。许多企业都有新员工的轮训制度，让新员工轮流到车间及各职能部门工作一段时间，这一方面有利于了解企业的整体情况；另一方面更是为了他们在今后的工作中发挥更大的作用。人力资源使用战略包含的内容大致有：

⑴遵循“人尽其才，物尽其用”的原则。企业战略和组织设计所需要的岗位责任必须和担任这一职务的人的才能相匹配，使在位的人员既能胜任，又有一定的挑战性，这样最能发挥人的才能。工作太容易，不利于激法人的创造性和积极性；工作太难，又会妨碍工作的顺利完成。

⑵遵循“疑人不用，用人不疑”的原则。重视对人力资源的全方位考评，一旦任命某人担任一定的职务，就应该放手让它充分施展才能，企业可以有监督、考核手段，但是不能在其职权范围内横加干涉。

⑶坚持“用人所长，集体配合”的原则。人不可能是全才，必然有其相对优势和劣势存在，用人之使用其所长，即让他从事有利于发挥他长处的工作。若是要全才，可以通过集体讨论的方式，把领导班子搭配好，发挥各人的长处，形成优势互补，通过相互配合，弥补个人的不足。

⑷采取“岗位轮换，激发创新意识”的做法。对于一些比较程序化的工作，或者是较基层的工作，可以通过岗位轮换，防止出现工作中的厌倦情绪，使人常常充满了热情和新鲜感，这样既能激发出创新意识，避免老的工作模式的束缚，又不会影响工作任务的完成。对于人力资源的使用培训来说，轮岗培训更是一种普遍的做法，但这要以不影响企业正常的工作为前提，因此，干部轮岗一般在部门副职上轮换。另外，对于一些特别重要的、容易产生舞弊行为的岗位，或者很容易得罪人的工作，轮换制能够避免矛盾，防止错误。

⑸坚持使用与考核相结合的原则。企业在重视人力资源的培训的同时，还要重视人力资源的考评。实际上，人力资源的使用、培训、考核是一个有机的整体，人力资源的使用过程本身就是对其进行评价的依据，除此之外，不应该再有其他基本依据。制度化、规范化的严格的人事考核制度是人力资源管理的重要内容。

2. 人力资源管理的战略

由于人力资源的特殊性，人力资源管理的重点在于创造人力资源发展的优良环境，不但使人力资源的素质、能力提高，更要有利于其才能的发挥。因而，人力资源管理是一项综合性的活动，也是一种高层次的活动。人力资源管理应该注意以下几方面的内容：

⑴人事制度公开化、程序化。首先要有良好的人事制度，诸如注重年轻人的选拔、培养，较多的个人发展机会和公平竞争的制度等。然后，人事制度一定要公开化、程序化。公开化，使得所有员工都明确努力工作的好处和不努力工作的后果，从而有了前进的方向，激发出工作的积极性。程序化，是为了保证人事决策民主、科学，防止出现任人唯亲，任人唯利的现象。如果人事管理制度不明确，决策程序任意化，就会影响企业员工的积极性，给企业的正常管理造成一些不良的后果。

⑵创造人力资源的合理流动，在报酬，职务上形成阶梯状分布，给员工创造更多的晋升机会。人力资源流动除了能够给企业增加活力，还可以形成职位空缺，给员工以更多的晋升机会，激发他们的工作积极性。另外，在薪金等级、职位上有一定的层次感，形成合理的阶梯分布。差别太大，难度加大，可以晋升的人数减少，激励因素就会显得不够，这不利于调动员工的积极性。

⑶遵循行为科学理论和人力资源发展规律，合理使用激励因素。人的激励因素来自很多

方面，有的看重短期的激励因素，有的注重长远的发展机会；有的看重工作待遇，有的看重工作成就，事业上的满足感；其中，薪金的激励是最为普遍的一种形式。薪金与企业的现实的效益结合起来的情况比较多，但是随着市场竞争的激烈，企业长远发展的后劲显得尤为重要，为避免企业或者部门的短期行为，把薪金和企业长远发展的后劲结合起来，显得非常必要。

⑷动态的实施人力资源战略的管理。人力资源战略是服从于企业战略的，并受到客观条件的影响，随着企业的发展，企业所需的人力资源类型、结构、专业、素质等均会有变化，而且战略也会处于不断的调整过程之中，企业应该善于在客观条件的变化中掌握变化的脉搏，实现自身的变革。

☞ **思考题：**

1. 企业职能战略与总体战略相比有哪些不同的特点？
2. 企业进行市场细分的意义有哪些？
3. 影响目标市场营销策略选择的因素有哪些？
4. 试分析比较各种筹资方式的优缺点。
5. 企业人力资源招聘过程中应该注意哪些问题？

【案例分析】　　康芝药业的目标市场定位战略

“专注儿童药品的战略目标其实是一个逐渐清晰的过程，有着偶然性，它成为一种使命，推动我前行。”洪江游在介绍自己开创儿童药事业时如此说道。

据介绍，康芝药业(300086)定位儿童药市场始于2002年。一次偶然的机会，洪江游发现公司内部某些员工购买自己药厂的产品止咳橘红颗粒给家里的小孩服用，并且反映效果很好。当时，止咳橘红颗粒一直主推老年人市场。这一发现让洪江游深受启发，将目光投向儿童市场。

在洪江游的带领下，康芝药业对儿童市场进行了深入调研。他们发现，一旦发生季节性或流行性疾病时，儿童的发病率最高，但当时我国的儿童专业用药市场却几乎处于空白状态。在流通的药品中，说明书有明确规定儿童用法用量的药物只占整个药物制剂品种的7%左右。由于儿童药品研发生产存在新产品开发投入大、周期长、药物评价难度大及生产销售风险大等诸多困难，许多企业对于该领域用药的研发生产望而却步，儿童用药市场几乎被国外品牌垄断。

经过一系列的分析，洪江游力排众议，果断将市场重心定位在儿童用药方面。他认定，只有细分市场，将有限的资源和精力集中在一处，才能更具差异化，提升竞争力。通过一年多在医院市场的实践摸索，康芝药业避开了在医院中与强势大品牌的正面激烈竞争。2003年，洪江游毅然调整营销方针，将目标市场定位在当时药企较少介入的第三终端市场(当时称农村市场)。此后，洪江游亲自与市场部、招商部组成“四驾马车”，深入各县市进行推广，召开代理商动员会、医生学术推广会等。同时，制订了一套针对医生培训的教材，邀请高水平的医生主讲。在当时，农村的医生很少有机会参加这样的会议，故效果立显。企业以“瑞芝清”为核心产品，通过首创的专业化合作代理模式，建立起一支在全国拥有近千家代理商和超过3万个销售终端的第三终端儿童用药营销网络，迅速打开了销售局面，在第三终端市场开发中占据明显的先发优势。

2005年，康芝药业经过系统调研，作出重大决策，将企业的使命定为“专注儿童健康”，提出专注于儿童药的研发、生产和销售，并以“做儿童医药精品，做专业市场”为经营理念，成为行业内最早发掘儿童用药市场商机并主动深度介入的屈指可数的专业厂商之一。

【拓展训练】 **企业财务战略的六大误区**

对于在经济市场中发展的企业，需要做好自身的财务战略管理工作，来预防其因为财务问题而在经济市场中退出。对于企业财务战略管理人员，要充分地了解在财务战略管理过程中容易出现的误区有哪些。本拓展训练对财务战略管理的六大误区进行了详细的汇总。

一、资本增值重点在资本扩张

资本的本质属性是追求价值增值，于是很多企业把资本扩张放在其经营的首要地位，特别是一些新的公司或新上市公司，其扩张的渠道主要是通过收购、兼并或大比例送转股票，把大量资产装进上市公司，以求获得更高估值。但当企业扩张时，业绩增长应当与资本增长同步或者应当超过资本扩张的步伐。近年来不少上市公司大比例送转股票后，每股收益所表现的业绩出现同比例但反方向的滑坡，从而使其股价由“贵族”沦落为“垃圾”。由此可见，资本扩张虽然是必要的，但必须有限度，企业必须在业绩增长有保障的前提下，根据自身的情况决定扩张的步伐。

二、只要是现金都可以用来理财

有些企业认为，只要是手中有的现金，不管是储备的流动资金，还是向银行贷款的资金，只要没有花出去，都可以当作“闲置资金”拿来理财。事实上，在决定对外投资之前，企业要分析手头的富裕资金是否“自由”，这笔钱的抽出会不会对公司运营和未来发展构成不利影响。比如，一个饭馆年终结算净利润达50万元，但明年要花费20万进行局部装修及添置厨具(属于追加投资)；考虑农副产品的上涨和人工成本提高，还需增加10万流动资金(属于追加运营资金)。所以，这家饭馆老板年终可以放心拿回家的钱只有20万元。“自由现金流”是指未分配利润扣除追加投资和追加运营资金之后的部分，通俗地说，自由现金就是与企业正常经营无关的闲置资金。当年史玉柱将资金 从“脑黄金”保健品公司抽离去建巨人大厦，动用的就不是自由现金，最终导致整个公司被拖垮。而后来他将从“脑白金”赚取的丰厚利润的一部分(约3亿元)购入民生和华夏两家银行上市前的“原始股”，就是用闲置资金来理财，获得超过百亿的收益。

三、自己参与管理的项目比投资理财产品更放心

第一代企业家，很多都是靠自己的勤奋，将企业做到一定的规模，一旦他们在某一个领域成功了，就相信在别的领域也会成功，于是宁愿自己投资项目，也不会将企业的钱去炒股、买基金、做风投，因为那是请他人操盘，不放心。但事实上，这样做的风险比投资理财的风险更大。比如公司今年投资一个1000万元、与主业无关的项目，第二年起每年有2000万元产值、150万税后净利润，项目续存期为10年。那么这个项目的内部收益率为8%。可以用5年期国债5.74%的年息作为项目的机会成本——1000万投入 项目就不能买国债吃利息了。在做出项目决策时不可忽视机会成本。比如在上面的例子中不能只看到8%的年收益率，扣除5.74%的机会成本，项目最多可带来2.23%的额外收益，也就是每年22.3万元。

四、筹资比用资更重要

现实中，企业的财务经理总将“资金紧张”挂在嘴边，并常常为筹资疲于奔命，认为企业

的理财目标就是筹资，只要筹到资金便是见到了效益。但事实上，很多企业的资金并不缺乏，缺乏的是营运资金以及保值增值的能力。这必然导致优质资产少，劣质资产多，资产流动性差，变现能力不强。一个企业应拥有多少资金，必须与其自身的经营规模、投资方向相适应，一味追求取得增量资金而盘活存量资产，往往是其经营失败的祸根。另外，任何从筹资渠道融来的钱都不是免费的"唐僧肉"，而很可能是一块"烫手的山芋"，因为资金的提供者总要获得期望中的收益。企业没有好的投资项目，或投资收益远低于筹资成本时，不如不筹资。"企业是在为银行打工"，形象地反映了某些经营者的这种状态。

五、发股票比借贷好

不少企业的大股东将股权融资视为"不需要还的钱"，这是因为小股东对公司的经营和分红都没有发言权，但这种转型期的特有现象不会持久。1993年，广西玉柴为了融资曾向新加坡丰隆出让了不到30%的股权，后者历年得到的分红早已超过当年的投资。但为了维护自己在玉柴的权益不被稀释，丰隆在玉柴美国再融资、回归A股等方面顽强抵抗。玉柴奋斗了十几年，仍无法摆脱丰隆股权这道"紧箍咒"。事实上，欧美成熟企业在融资中严格遵从所谓的"啄食顺序"：先内部融资后外部融资，先债权融资后股权融资。因为股权融资必须让渡公司的一部分控制权，综合比较是最昂贵的融资方式，越是效益好的公司越应当避免这种融资方式。

六、举债经营可以充分利用资源

当公司的净资产收益率高于借贷利率时，举债经营可以发挥财务杠杆的作用。这样也能尽可能多地占用资源。举债经营的另一个好处称为"税收档板儿"。各国的税收法规都允许企业将债务利息在税前扣除。假设某公司以自有的1亿元作为流动资金，当年取得2000万元税前利润、需交纳所得税660万元，税后净利润为1340万元。如果该公司举债1亿用作流动资本，当年息税前利润达4000万元，支付年息500万元（产生165万元的"税务档板儿"），需交纳所得税1155万元，税后净利润为2345万元。但举债经营也增加了企业经营的风险，一旦企业通过举债获得的资金所创造的利润连债务成本也负担不了，企业就会面临相当大的还款压力，甚至被逼破 产。还看上面的例子，如果因市场变化公司本年没有利润，如果年初举债1亿元就不得不偿付500万元利润。所以，一般公司都会将资产负债率控制在50%以内。

第9章 | 企业战略联盟

随着经济全球化的到来和技术进步的加速发展，任何一个企业的力量都是有限的，而且经营中存在很大的风险，因此企业既合作又竞争的方式愈发受到企业界和学术界的重视。一般来讲，这种可以形成规模经济的方式存在着三种形式：并购、卡特尔和企业战略联盟。其中战略联盟是最重要的一种形式。

※ 9.1 企业战略联盟概述

9.1.1 战略联盟的概念

在市场经济条件下，由于各企业之间存在着竞争，使得企业不得不考虑战略决策问题，而战略决策的最终结果，不仅是战略选择，而且也包括战略联盟的选择。目前对于战略联盟的理解主要有两种观点：一种观点认为战略联盟是由很强的平时本是竞争对手的公司组成的企业或伙伴关系，是竞争性联盟。如联合生产、联合采购、联合研究开发等，联合双方做出的贡献是类似的而不是互补的；另一种观点认为战略联盟是不同国家的公司之间达成的，即超出正常的市场关系又没有达成合并程度的长期联合协议。即市场与公司之间的某种交易方式，其中包括洽谈、许可证、供应协议、营销协议和其他各种协议。

可以看出，人们对战略联盟有不同的理解。但前者过于狭窄，不仅强烈竞争对手之间需要联盟，强者与其他企业之间由于各有特色，同样也可以存在联盟；而后者过于宽泛，不仅不同国家的企业之间存在战略联盟，同一个国家的企业之间同样也需要战略联盟，以实现企业的战略目标。战略联盟指的是由两个或两个以上有着共同战略利益和对等经营实力的企业，为达到共同拥有市场、共同使用资源等战略目标，通过各种协议、契约而结成的优势互补、风险共担、生产要素水平是双向或多向流动的一种松散的合作模式。战略联盟与同样形成规模经济的并购、卡特尔形式相比，有着明显的竞争优势。

1. 战略联盟与并购的比较

并购是指一家企业用现金、债券或股票等购买另一家或几家企业的股票或资产，以获得对该企业的控制权行为。由它的定义即可以看出并购存在着大量融资与文化整合方面的风险。战略联盟由于其独特的合作形式则具有一定的竞争优势。

(1)资金投入分析。收购是一项高投入的决策，需要大宗资本投入支持。在大多数企业并购都是通过举债来实施并购的，虽然达到了扩大企业规模的目的，但是由于增加了负担，涉及的风险比较大；战略联盟的竞争力则表现为它节约了大量的并购整合成本，从而增强企业的竞争优势，结成同盟企业不必通过产权交易就可以把分散的优势组合起来，形成综合优势，可以在各方面、各部分之间取长补短，实现互补效应，降低交易成本进而实现发展的能力。

(2)文化整合分析。企业的并购带来的是思维模式的强烈变革，不同企业文化的巨大撞击，并购后如果文化整合处理过于草率，缺乏有效的管理沟通，其结果必然造成并购后企业内部更大的摩擦与消耗；联盟一般是强强联手，是利益的联合体，各自的文化都有着其先进的一面，虽然联盟企业之间也存在着公司企业组织文化方面的差异，但是建立充分的信任机制，联盟企业就很容易对各自的文化进行比较，发掘出各自的优势与不足，互相学习，选择适当的切入点和目标模式，重构融合了各自的优势并形成新的公司文化。

2. 战略联盟与卡特尔的比较

所谓卡特尔一般指限制竞争性行为的产业组织。企业结成卡特尔的动因通常和产业市场的结构有关，是市场失灵的产物。战略联盟与之相比有着明显的竞争优势。

(1)竞争形式分析。卡特尔是一维竞争模式，这种企业关系仅仅是企业在同类产品市场上的限制性竞争行为，主要机理是通过公开或暗中的协议，造成产业市场壁垒的威胁，目的在于分配已有的利润份额；而结成联盟是多维竞争模式，它并不限制合作伙伴之间的竞争或在整体市场上的竞争，只是改变了竞争的方式，并加大了与联盟以外的对手的竞争力度，目的在于扩大竞争空间，创造出更大的价值。

(2)利润生成机制分析。卡特尔通过秘密的串谋或公开的合谋来获得垄断利益，包含巨大的市场管制成本，对社会提供的产品数量却远小于完全竞争市场的产品均衡量；战略联盟是对企业创造利润，根据市场竞争的存在和发展格局，发展双赢或者多赢的局面，它的利润基础是企业在历史过程中形成的包括生产知识和技术知识在内的知识体系，扩大了企业在未来的竞争空间。

(3)资源利用分析。结成卡特尔的企业仅仅是利用在市场上的强大垄断影响力来提高产品价格，并不存在对资源的整合，或有效配置利用，在一定程度上甚至会浪费消耗某些宝贵的资源；但是，建立企业战略联盟则是在巩固企业原有的资源的基础上共享外部资源，相互交换企业经济活动所需但缺乏的资源，维持甚至可能创造新的企业资源优势，因此，战略联盟企业是实现资源的优化配置，发挥双方的互补和协同优势，创造出新的利润空间。

9.1.2 战略联盟的理论解释

传统的内部化方式通过所有权关系的扩张（兼并、收购或创建）形成深层一体化，以加强对价值链中的所有环节进行控制；而战略联盟则是针对选定的项目，按照优势互补的原则，共享各自价值链上某些优势环节，以集中优势的经营资源和能力，克服彼此的薄弱环节。战略联盟不是单个企业的内部化，但却实实在在地扩大了单个企业的边界。那么，企业究竟为何要采用战略联盟的方式，而不去致力于企业内部化的发展或纯粹利用市场？

1. 价值链理论的解释

企业是一个综合设计、生产、销售、运送和管理等活动的集合体，其创造价值的过程可分解为一系列互不相同但又相互关联的增值活动，总和即构成“价值系统”。其中每一项经营管理活动就是这一“价值系统”中的“价值链”。企业的价值系统具体包括供应商价值链、生产单位价值链、销售渠道价值链和买方价值链等。

价值链由两种价值活动构成，即基本活动和辅助活动。基本增值活动是指一般意义上的生产经营环节，包括物料储运、生产加工、成品储运、市场营销和售后服务等。这些活动与产品的实体流转直接相关。辅助性增值活动包括管理基础工作、人力资源管理、科技管理和采购管理等。"价值链"各环节之间的相互联系、相互影响，一个环节的运行质量直接影响到其他环节的成本和效益。各环节对其他环节的影响程度与其在价值链上的位置有很大的关系。

依照产品实体在价值链各环节的流转程序，企业的价值活动可分为"上游环节"和"下游环节"两大类。企业的基本价值活动中，原材料供应、产品开发、生产运行可被称为"上游环节"；成品储运、市场营销和售后服务可被称为"下游环节"。上游环节价值活动的中心是产品生产，与产品的技术特性紧密相关；下游环节的中心是满足顾客，与市场紧密相连。

价值链各环节所要求的生产要素各不相同。产品开发环节要求受过高等教育、具有专业技术和首创精神的科技人员，宽松自由的组织环境以及鼓励创新、提倡独立思考的企业文化。产品的装配环节则需要大批普通工人和严格的劳动纪律、全面的质量管理和成本控制。任何企业都只能在"价值链"的某些环节上拥有优势，而不可能拥有全部的优势。在某些价值增值环节上，本企业拥有优势，在其余的环节上，其他企业可能拥有优势。为达到"双赢"的协同效应，彼此在各自的关键成功因素——价值链的优势环节上展开合作，可以求得整体收益的最大化，这是企业建立战略联盟的原动力。

2. 网络理论的解释

网络理论认为，具有网络型组织的企业，对于增强企业组织的活力和形成企业之间的价值连锁起着很大的作用。网络理论并不要求形成严格的层级结构，而是将组织的各部分松散地结合起来。这有利于保持组织的灵活性，能够较好地适应市场因产品和技术周期缩短、竞争激烈所导致的动态发展要求。网络结构在协作群体企业的共同防御和相互配合中发挥重要作用。网络组织既有利于提高各成员企业的自律性，又有利于在相互协调、共同运作的基础上促进彼此的交流，从而不断提高企业对环境、技术和市场急剧变化的适应能力。

战略联盟是连接市场与企业的中介，发挥着"组织化市场"的功能，因而较好地体现了信息化时代把市场竞争和组织管理关联一体、综合运作的要求。传统的市场机制往往根据竞争者之间相互关系分配资源，而传统的组织则是根据企业组织管理的目标来配置资源，两者都不能使资源的获取成本降至最低。而战略联盟能发挥乘数效应，通过对联盟内资源进行有效组织，实现要素的共享，从而保证从投入到产出全过程的"节约"。当这种多主体和多组织相结合的联盟形式跨越行业界限时，联盟的出现有可能改变竞争的性质，产生更为复杂而难以预见的多行业综合竞争，这意味着企业必须从工业化时代的预测系统走向网络化时代的学习系统。

战略联盟作为企业间的网络化系统，其最大着眼点是在经营活动中积极地利用外部规模经济。当企业内不能充分利用已积累的经验、技术和人才，或者缺乏这些资源时，可以通过建立战略联盟实现企业间的资源共享，相互弥补资源的不足，以避免对已有资源的浪费和在可获得资源方面的重复建设。战略联盟的建立，使企业对资源的使用界限扩大了，一方面可提高本企业资源的使用效率，减少埋没成本，另一方面又可节约企业在可获得资源方面的新的投入，降低转置成本，从而降低企业的进入和退出壁垒，提高了企业战略调整的灵活性。

3. 交易成本理论的解释

交易成本包括市场搜寻的成本、谈判的成本、拟定合同和监督合同执行的成本，它是市场机制运行的“磨擦力”。在交易成本经济学中，交易成本概念总是和市场失灵联系在一起，即市场中存在不完全竞争、信息不对称、不确定性和机会主义行为等。这些因素的存在，迫使企业试图以内部组织替代外部市场，以行政安排替代市场交易来配置资源，进而提高交易的确定性，降低交易成本。

战略联盟具有稳定交易关系和便于监督的特点，能够自主地解决市场的内部化问题。尤其在企业间的战略联盟:理论与演变高技术领域和中间产品市场上，为满足高技术领域的保密性要求，克服中间产品市场的不完全，战略联盟是一种理想的选择。

4. 战略管理理论的解释

企业的竞争能力由几种力量共同决定，具体包括:新进入厂商的威胁、供应者厂商的讨价还价能力、客户的讨价还价能力、替代品的威胁等四类。依此形成三种企业战略:成本领先、别具一格和集中一点。战略联盟可以从这三个方面提高企业的竞争优势，如来自联盟规模经济的低成本;联盟内分工与协作的深化，提高了产品的差别化(别具一格);细分市场能够促进需求增长等。战略联盟还可使联盟内企业在技术发展、新品开发、使产品标准化、共同开发市场等方面取得便利。

随着技术和产品寿命周期的不断缩短、市场竞争的日趋激烈，决定了谁掌握了时间的主动权，谁就掌握了市场的主动权。速度是企业关键成功因素之一。在高科技行业，速度往往是决定性的因素。为此，企业必须借助联盟的资源共享效应，尽可能将研究开发、生产和服务的周期压缩到最低限度，从而以比竞争对手快半拍的优势在激烈的市场竞争中立于不败之地。

5. 资源依附学说的解释

在这一理论中，资源是个广义的概念，包括:营销(市场进入的知识和能力等)、技术、资金、信息、人力资源、原材料等。当企业所需的某种稀缺资源被其他企业所独占，资源的可获得性较差。或者由于企业的过度经营而将资源消耗殆尽时，企业往往要求与拥有这一资源的其他企业建立合作关系，借助战略联盟，获得所需的经营资源。

9.1.3 战略联盟组建的动因

战略联盟的组建动因主要包括以下几个方面:

1. 增强企业实力

企业在激烈的竞争环境之中，要想获得持久的竞争优势，在市场上利于不败之地，就必须善于利用各种竞争力量，以提高竞争能力，企业通过与和自己有共同利益的单位建立战略联盟，彼此之间可以通过加强合作而发挥整体优势，尤其是对竞争者的看法上，战略联盟理论与传统的管理理论有很大的不同，传统上，企业都是与竞争对手处于势不两立的位置，双方都想采取一切竞争手段将竞争对手挤出市场;而在战略联盟中，竞争对手之间可能通过彼此的合作，加强各自的实力，共同对付别的竞争者或潜在竞争者。

2. 扩大市场份额

市场和技术的全球化，提出了在相当大的规模和多个行业进行全球生产的要求，以实现最大的规模和范围经济，从而能在以单位成本为基础的全球竞争中赢得优势。虽然柔性制造系统可以将新技术运用到小批量生产中，但规模和范围经济的重要性对于企业的全球竞争力来说仍具有决定意义。建立战略联盟是实现规模经营并产生范围经济效果的重要途径。有的企业之间通过建立战略联盟来扩大市场份额，双方可以利用彼此的网络进入新的市场，加强产品的销售，或者共同举行促销活动来扩大影响。

3. 迅速获取新的技术

目前，技术创新和推广的速度越来越快，一个企业如果不能紧跟技术前进的步伐，就很有可能被市场淘汰，即使很大的企业也存在这一方面的压力。而技术创新需要企业又很强的实力和充分的信息，否则很难跟上技术创新的步伐，这就要求具备各种专业特长企业之间的配合，而战略联盟正好可以满足这一要求。

4. 防止竞争过度

随着大企业市场渗透力度的加大和市场占有率的提高，一定容量的市场分割最终会在大企业之间告一段落。这时，如果大企业间继续展开恶性竞争，不仅降低各自的盈利水平，而且容易造成两败俱伤。因此，为避免丧失企业的未来竞争地位，避免在诸如竞争、成本、特许及贸易等方面引发纠纷，企业间通过建立战略联盟，加强合作，可以理顺市场、共同维护竞争秩序。

5. 降低经营风险

现在市场竞争千变万化、瞬息万变，因此企业经营存在着巨大的风险，而通过战略联盟的方式可以分担风险从而使企业经营风险大大降低。例如在科技投入方面，由于研究开发费用很大，而成功率很低，即使开发成功，很可能迅速被更先进的技术所取代，因此研究开发存在很大的风险，而通过几个企业组建战略联盟共同开发，不仅可以提高成功的可能性，而且可以使费用得到分担，迅速回收，这就大大降低了风险。

6. 进入国外市场

竞争全球化是市场竞争的一个趋势，这已经为越来越多的企业所共识，企业要谋求全球化的发展，但是仅靠出口产品的方式占领国际市场存在着很大的局限。现在很多企业都试图在国外生产，国外销售，这一方式也存在着很大的问题，因为国外的经营环境与国内有很大的区别，且由于各国法规的限制，对企业的发展有极大的制约。通过与进入国建立战略联盟，用合资、合作、特许经营的方式可以有效的解决这一问题，这些优点是在国外直接投资建厂、购并当地企业所不具备的。

9.1.4 战略联盟的特点

战略联盟是现代企业组织制度的一种创新，随着经济的发展，企业作为组织社会资源的最基本的单位，其边界越来越模糊，目前，网络式组织已经成为企业组织发展的一种趋势，战略联盟正是具备网络组织的特点。

1. 边界模糊

战略联盟这一组织并不像传统的企业那样具有明确的边界和层级，企业之间以一定的契约或资产联结起来对资产进行最优化配置。战略联盟一般是由具有共同利益关系的单位之间组成的战略共同体，他们可能是供应者、生产者、分销商之间形成的联盟，甚至可能是竞争者之间形成的联盟，从而产生一种你中有我，我中有你的局面。

2. 关系松散

战略联盟由于主要是契约形式联结起来的，因此合作各方的关系十分松散，不像传统企业组织之中主要通过行政方式进行协调管理。另外，战略联盟不是由纯粹的市场机制进行协调，而是兼具了市场机制与行政管理的特点，合作各方主要通过协商的方式解决各种问题。在时间上，战略联盟存在期限一般较短，在战略联盟形成之时，一般部门有存续时间的协议，或者规定一个固定的时期，或者规定在一定任务完成之后解散。

3. 机动灵活

由于战略联盟主要是以契约的方式所组成的，因此通过相对购并或内部投资新建来扩展所需时间较短，组建过程相对也十分简单，同时也不需大量投资。这样如果外部出现发展机会，战略联盟可以迅速组成并发挥作用。另外，由于合作者之间的关系十分松散，战略联盟存续时间有较短，解散十分方便，因此，当外界条件发生变化，战略联盟不适应变化的环境时，可迅速将其解散。

4. 运作高效

由于战略联盟在组建时，合作各方都是自己最核心的资源加入到联盟中来，联盟的各个方面都是一流的，在目前分工日益深化的情况下，战略联盟的实力是单个企业很难达到的。在这种条件下，联盟可以高效运作，完成一些单个企业难以完成的任务。

❖ 9.2 企业战略联盟的实施

9.2.1 战略联盟的建立阶段

美国学者戴维·雷等人考察了一些企业战略联盟，结果发现有效的战略联盟在建立过程中非常注意以下三个阶段的实施步骤。

1. 合适阶段

企业在联合与合作之前，首先要树立明确的战略目标，并据此来寻找或接受能帮助实现战略意图、弥补战略缺口的合作伙伴。这是一项艰巨的任务，它需要高级管理层了解双方在一定时间里的目的和战略。一个合适的联盟伙伴的基本条件是：能够带来本企业所渴望的技术、技能、知识风险分担和进入新市场的机会等优势。还要注意，文化上相容、相似的企业比有较大文化差异的企业更适合成为本企业的合作伙伴。

2. 设计谈判

成功的联盟不仅是以交叉许可安排、联合开发、合资经营、股权共享等联盟方式为基础的初始合作协议，还包括厂址选择、成本分摊、市场份额获得等通常的细节以及对知识创新、技术协同等方法进行设计。企业的高级管理层还应就联盟的共同目标与主要的中层经理和技术专家进行沟通。另外，由于联盟伙伴之间往往存在着既合作又竞争的双重关系，双方应对联合与合作的具体过程和结果进行谨慎细心的谈判，摒弃偏见，求大同，存小异，增强信任。

3. 实施控制

战略联盟的最终目的是通过联盟提高企业自身的竞争能力。联盟内的企业应该把通过联盟向对方学习作为一项战略任务，最大限度地尽快将联盟的成果转化为我方的竞争优势。联盟往往需要双方进行双向信息流动，每个参加联盟的企业都应该贡献出必要的信息供对方分享，从而提高联盟的成功率。同时企业要合理控制信息流动，保护自身的竞争优势，防止对方得到我方应予以保护的关键信息，作出有损我方的行为，因为联盟伙伴极有可能成为将来的主要竞争对手。

9.2.2 战略联盟的类型

划分战略联盟类型的方法多种多样。一种方法是从母公司对联盟的资源投入和对联盟的产出的安排来划分。不管战略联盟的基本动机是什么，参加战略联盟的公司最关心的问题是对联盟投入多少资源，从中得到多少回报。从投入方面看，如果公司认为，联盟只从事简单的、操作性的工作，联盟的基本战略能在没有任何意外事件影响的情况下实施，那么，公司可能只愿意投入少量的人员、技术、资金等组织资源，公司不会有股权参与。在另一方面，如果公司要让联盟有较强的独立性，能够单独利用环境变化带来的机会，应付可能的威胁，公司可能愿意投入充分的战略资源，为了加强对联盟的控制，往往有股权参与。这同只有少量资源投入的情形形成鲜明的对照。

根据联盟双方（或多方）所从事的活动的性质来划分，战略联盟有横向联盟和纵向联盟两种类型。如果双方从事的活动是同一产业中的类似活动，这种公司的联盟便是横向联盟。如果联盟双方从事的活动是同一产业中的互补性活动，它们之间的联盟便是纵向联盟。如果联盟是不同产业从事不同活动的公司联盟，这类联盟便是横向联盟。纵向联盟的优势来自价值链活动的互补性差异。而横向联盟的优势则主要来自于双方的相似性，在横向联盟中任何一方单独从事一项活动都不很令人满意，即使一方为另一方从事活动而增加了产量也是如此。因此，最好的选择就是让双方参与管理联盟活动以使双方都能贡献自己的长处。

1. 纵向联盟

纵向联盟的核心是联盟双方（或多方）互相承诺从事对方的某些活动。双方可能签约，也可能不签约。联盟使双方得到比一般的市场交易更紧密的协调，但双方又继续保持自己的独立性。结成纵向联盟之前，公司首先需要确认自己在哪些活动上有优势，然后集中力量从事该活动，同时通过联盟让外部有优势的公司从事自己不能有效从事的活动。反过来，公司也可能承诺为另一个公司经营某些活动以回报另一个公司为本公司从事的不同活动，或者为了自己创造现金收益或增加活动规模进一步加强自己从事的活动的优势。

纵向联盟通常意味着各公司在一项经营活动中的地位是不对称的；一方更强，另一方更弱。在交换中需要比公开市场更密切的协调机制（尤其是活动跨越了国界时更是如此）以方便行政管理。或者更重要的是，一旦双方投入了资源，活动中的买方和卖方彼此便产生了依赖性，需要加强联系来增加对对方活动的控制，从而降低依赖的风险。纵向联盟一般以长期供货协议、许可证转让、营销协议等方式出现，尽管也可能有合资形式，在这种形式中，合作一方主要提供资金。这种联盟最典型的是生产厂商同中间产品供应商的联盟，如丰田汽车公司同其零部件供应商的长期合作关系；生产商同销售商的联盟，如宝洁同沃尔——马特公司的联盟。

2. 横向联盟

横向联盟是竞争对手之间的联盟。与纵向联盟不同的是，横向联盟由于合作各方在连续不断的基础上共同从事一项活动，从而改变了一项活动的进行方式。它也模糊了有关领域竞争和合作的差别。横向联盟的目的在于改善公司在一项价值创造活动中的联合地位，而不是将它们各自从事的活动分出去，让合作伙伴做。联合的力量可使公司获得规模经济、减少多余的能力、转移知识或降低风险。联盟包括 R&D 方面的联盟，生产阶段的联盟，或销售阶段的联盟。R&D 中的合作可以通过降低每一方的成本，提高效率，通过共享财务资源、获得新的财力资源或分散风险而增加规模经济。最终产品生产阶段的公司联盟可以通过共用零部件安排等降低生产成本从而获得效率。在营销联盟中获得的更高效率来自于利用共用的销售渠道而提高规模经济和降低成本，通过共用销售网络双方都可以得到更多的顾客。通过信息共享或者联合广告宣传，可以降低营销成本。

横向联盟也是更有效地学习合作伙伴的手段，因为横向联盟意味着彼此更密切、更经常地接触。横向联盟常以合资企业的形式出现，但它们也包括技术分享、交叉许可证转让和其他合作协议。横向联盟的例子有日本的飞机制造集团同波音公司的合作。

9.2.3 战略联盟组建方式

由于联盟具有价值创造的作用，在考察联盟的回报时，可以在持续的基础上考虑两个极端。在一个极端，母公司可以收回战略联盟创造的所有资源，比如提取所有的利润，召回在战略联盟工作的所有管理人员，或对联盟创造的所有技术知识拥有所有权。而在另一极端，母公司可以将联盟创造的所有成果都保留在联盟项目中，这意味着联盟将是一个单独的组织实体，有自己的财务资源、管理资源和技术基础等。根据这两种资源安排，战略联盟的组建方式主要有以下几种：

1. 合资经营

由两家或两家以上的企业共同出资、共担风险、共享收益而形成的企业。这种方式目前十分普遍，尤其是在发展中国家。通过合资的方式，合作各方可以以各自的优势资源投入到合资企业中，从而使其发挥单独一家企业所不能发挥的效益。

2. 研究与开发协议战略联盟

为了研究开发某种新产品或新技术，合作方可以制订一个合作开发协议，联盟各方分别以资金、设备、技术、人才投入、联合开发，开发成果按协议由各方共享。这种方式由于汇集了各方的优势，因此大大提高了成功的可能性，加快了开发速度，另外，由于各方共担开发费用，降低了各方的开发成本与风险。

3. 定牌生产

如果一方具有知名度，但生产能力不足，另一方有剩余生产能力，则有生产能力的一方可以为知名一方生产，然后对方冠以知名品牌的进行销售。这样生产能力不足的一方不但可以迅速获得一定的生产力，增加产品销售，扩大影响，而另一方则可以利用闲置的生产能力，谋取一定的收益。对于拥有知名度的一方，还可以降低投资或购并所产生的风险。

4. 特许经营

合作各方还可以通过特许的方式组建战略联盟。其中一方具有重要的无形资产，他可以与其他各方签订特许协议，允许他们使用自己的、专利或专有技术，从而形成一种战略联盟。这样特许方可以通过特许权获取收益，并可以利用规模优势加强无形资产的维护，而受许方可以利用该无形资产扩大销售，提高收益。

5. 相互持股

相互持股是合作各方为加强联系而持有对方一定数量的股份，这种战略联盟中各方的关系相对更加紧密，各方可以进行更为长久、密切的合作，与合资不同的是双方的资产，人员不必进行合并。

9.2.4 战略联盟的演变

像其他有生命的系统一样，企业战略联盟也会经历诞生、成长、衰老到消亡（解体）的过程，而且任何两种联盟关系的演变轨迹都是不同的。像任何演变一样，战略联盟是因为某些运动中的力量产生变化的诱因和压力而发生演变，这些可称为演变过程。以下将分别讨论联盟环境的变化、谈判能力和学习等方面对战略联盟演变的影响，以及企业应采取的战略反应。

1. 联盟环境

企业是一个开放的系统，必须与所处的环境进行物质、能量和信息等方面的交换，以维持其生存与发展。企业能否动态地适应环境是企业能否持续发展的关键。

⑴环境分析的三维框架。联盟环境主要包含三个方面，即联盟组织环境、行业环境和社会技术环境。联盟的组织环境是指组成联盟的两个或多个企业的特质，主要包括市场共通性、资源组合、竞争地位和声誉四个方面的内容；行业环境是联盟的战略目标所针对的行业特性，如行业的结构状况和生命周期等；社会技术环境指联盟所处的宏观环境，如政治、经济、社会和技术等方面。

企业对环境的把握应突出表现在环境的变化上，因为企业环境带来的机遇与威胁均源于环境的变化。具体来说，可以从三个方面分析环境的变化，即变化对象（即联盟环境的构成要素）、变化速度、变化方向。

⑵动态环境下企业应采取的战略反应。从动态看，随着时间的变化，联盟环境可能处于不断变化之中，犹如一幅幅随机跳跃的画面，难以预测下一幅将出现什么样的图景。而且，最难以判断的是，当联盟环境中某种要素发生变化时，由环境系统本身具有的要素相关性和复杂混沌性决定的其他环境要素往往随着发生难以预料的变化。这些都大大加剧了联盟环境动态变化的程度，增加了环境管理的难度。

联盟环境的变化对联盟的影响是非常巨大的。

①环境的变化可能意味着一个特定的合作关系不再像以前那样适合需要了，也就是说联盟的基础可能不存在了，这时候，联盟的终止可能就无法避免。而恰当地终止一个伙伴关系是很困难的，而且需要更多的技巧和外交策略。合作伙伴应全部被告知和以诚相待，如果不是这样，未来的关系将很危险。

②在瞬息万变的环境中，建立在现有资源基础上的竞争优势只能是暂时的，因此，企业需要始终不懈地提升其资源质量，否则将被熊彼特所描述的“创造性毁灭浪潮”所淹没。彼德·圣吉在《第五项修炼》中提出了动态资源配合战略发展的观点，面向未来的战略不仅要展示现有的资源，还要不断地储存未来的资源，将各种资源加以聚集的时候，战略才会有效。而无论资源质量的提升或未来资源的储存，仅靠企业自身恐怕难以实现，需要“借入”其他企业的资源、整合企业内部和外部的资源，方能实现价值创造的最大化。在复杂多变的竞争环境中，联盟企业的资源，既是联盟各企业的价值创造的最终源泉，又是联盟整体的价值创造的最终源泉，必须不断地被识别、构建和利用。

在复杂动态的市场环境中，核心能力有可能发展成为妨碍业绩增长的能力陷阱，成为动态环境中组织持续发展的桎梏，企业应发展与环境匹配的动态能力。动态能力是企业使用资源的过程，特别是整合、重构、获得和放弃资源，以便与动态变化的环境相一致。资源的整合、重构可能意味着旧联盟的解体和新联盟的形成，或联盟形态的改变。

2. 谈判能力

一直以来，联盟中的控制与领导问题都是最受关注的一个问题：在新联盟中，应该由谁负责为联盟业务制定战略；重要职能活动的人员安排；报告程序等。联盟中影响力较大的一方往往掌握着较多的控制权。哈默和普拉哈拉德在《竞争大未来》一书中指出，一个公司在联盟中的影响力的大小主要取决于它的核心能力与其他伙伴的核心能力的重要性和独特性如何。公司把握正在出现的商机的能力很大程度上也取决于它是否建立了独特而重要价值的核心能力。在核心能力上居领先地位是吸引合作伙伴的磁铁，也是在联盟中拥有实力的主要原因。

理解企业战略联盟的演变的关键是，预测联盟各方谈判能力如何演变。他们认为，联盟各方的相对谈判能力主要取决于三个方面：联盟初期各方的竞争地位、联盟运作过程中各方竞争地位的发展状况以及在合作中可能出现的冲突，强调了联盟各方的谈判能力的动态变化将影响联盟的后续发展过程。

其他一些因素也会导致谈判能力的变化：资产专用性程度影响到谈判能力，从而引发人的机会主义行为；在新联盟的关键职能活动中占有较多高层管理人员席位的联盟一方，即使未能控股，他们的谈判能力也会提高；另一方面，对联盟业务进行后续投资也越发重要，因为投资越多，决策权也越大。此外，学习也会改变联盟企业的谈判能力。

3. 战略联盟的学习

战略联盟的学习实际上是联盟系统内的企业间的学习与企业内部的学习问题，合作各方必须同时担当着学习和传授知识的双重角色。学习过程实际上与知识的转移与交流是分不开的，来自联盟系统内不同企业的员工之间不存在知识转移与交流，学习就没有办法进行。正是通过知识的转移与交流，联盟才能进行知识的积累与更新，学习才有意义。学习过程本身的恰当与否直接影响学习是否有效，知识传递是否顺畅、知识交流是否充分，从而影响联盟学习的绩效。

其次，联盟伙伴的学习还与伙伴知识吸纳能力有关。知识的吸纳能力越强，联盟通过学习获取知识的能力越强，联盟获得成功的可能性也就越大。而联盟的知识吸纳能力主要与柔性的学习目标、领导关系的承诺、文化匹配性、组织学习与个人学习的协调性、执行近视症几个因素有关。

联盟成员学习能力和速度的不同，导致企业对等地位的失衡，由此影响到对联盟的贡献差异，从而要求得到利益分配的条件的修改等动态的变化。如果公司能够以比合作者更快的速度提高自己的能力或成功地创造出自己最初缺乏的资源，该公司则是获胜的公司。

联盟可以作为也应当作为企业间学习的途径之一。从合作伙伴身上学习和借鉴观点正是合作关系全部价值的一部分。所以，联盟企业各方都要努力成为学习型组织，高度重视并善于向联盟伙伴学习。同时，企业要做好知识产权保护，防止关键信息的泄露，减少使企业自身的核心能力价值降低或丧失的可能性，因为联盟伙伴极有可能成为将来的主要竞争对手。

总之，企业战略联盟的演变过程是一个非常复杂的过程，涉及到非常多的变量。企业要预测和敏锐地察觉引起战略联盟演变的各种诱因和外部推动力量。以此为起点，企业往往能够引导这些力量向有利于自己的方向转化。不应把联盟演变视为既成事实而做出反应，而应当把它看作一种机会。企业应着重探讨联盟环境的变化、谈判能力和学习如何影响战略联盟的演变，但是要客观准确地分析出他们各自对联盟演变的影响往往比较困难，因为他们总是相互渗透、相互结合在一起，而这些因素是战略联盟演变的诱因和重要的推动力量。

※ 9.3 战略联盟的制约因素及发展思路

9.3.1 战略联盟的制约因素

现阶段我国企业战略联盟成长的制约因素主要有以下几个方面：

1. 市场环境

我国现阶段企业的“大而全”、“小而全”的“传统”发展模式是阻碍供应链联盟构建的重要原因。实际上，这种传统企业模式正是市场割裂所产生的必然结果。在正处于向市场经济转型的我国，由于分权制的行政式经济管理体制和不尽合理的混合经济结构的存在，从而人为造成了以行政区划和所有制为标准的市场分割，如地方保护主义，诸多行业中的市场准人限制，就是典型的表现形式。在这种条件下，企业要按照经济规律进行跨区域、跨所有制的合理分工和协作，必然面临着由于非经济因素所造成的高昂的外部交易成本。在这种环境下，它们不得不走上“低级一体化”的发展道路。

2. 企业组织结构

现阶段，我国企业组织结构普遍采取金字塔式的组织结构。这在平衡的管理环境中具有较高的效率，但对外界环境变化响应相对迟缓。而企业协作联盟面对急剧变化的不确定的市场，需要针对市场和顾客的需要和要求，对业务工作的开展过程进行重新改造和“再造”。相应的企业组织的构成单位也就势必从专业化的职能部门向以任务为导向的充分发挥各职能部门能动性和创造性的方向发展，这就需要企业组织结构从高耸型构筑在职能部门之上的金字塔组织结构转向扁平型、网络式和柔性化的企业组织结构。

3. 企业生产方式

我国传统制造企业的“大而全”、“小而全”，使企业成为封闭系统，妨碍企业协作联盟的发展。例如，生产系统设计只考虑生产过程本身，而没有考虑生产过程以外的因素对企业竞争能力的影响。供、产、销系统没有形成相互协作关系，供、产、销等企业的基本活动在传统的生产方式下基本上是各自为政，相互脱节；部门主义思想使激励机制以部门目标为主，孤立地评价部门业绩，造成企业内部各部门片面追求部门利益，物流、信息流经常扭曲、变形，管理信息及处理手段落后。

4. 企业文化

在企业协作联盟的构建中，基于信任的合作是最根本的理念。转型企业在选择联盟伙伴时，有必要深入了解、研究目标公司的文化背景。在联盟过程中，如果合作伙伴之间存在着文化上的不一致，就会为以后的运作埋下不利的伏笔，因为联盟企业间组织文化的差异，会转化为经营管理上的差异，加大管理的难度。在市场机会转瞬即逝的今天，联盟中的合作方也不可能完全预见到未来的所有变化，需要用合同或契约的形式界定合作各方应承担的责任和义务。在这种情况下，讲求诚信，善于合作成为企业联盟有效运作的关键。如果能够引入一种更崇尚合作的文化，那么联盟企业就更会做出合作的战略定位与行为，从而提升联盟运作效率，更好地实现既定的行业进入目标。

9.3.2 组建战略联盟应该注意的问题

组建战略联盟是一种新的组织模式，与购并相比具有反应迅速、机动灵活的优点，但也正是由于这些特点产生了许多不足，在具体操作中，应该注意以下的问题：

1. 慎重选择合作伙伴

由于战略联盟各方关系十分松散，其内部存在着市场和行政的双重机制的作用，而不是像购并中主要靠行政方式起作用，因此合作方能否真诚对于战略联盟的成败有着决定性的影响，在组建战略联盟时必须选择真正有合作诚意的伙伴。另外，合作各方的核心专长能否互补也有很重要的影响，因为战略联盟的核心思想就是通过联盟这一方或发挥核心优势互补效应，因此合作之前必须进行很好的权衡。

2. 保证联盟伙伴战略目标的一致性

良好的联盟关系一般都开始于一个单一的和清楚的战略远景，很多联盟的失败都源于合作双方之间缺乏可以共享的目标。研究者们还认为不现实的目标期望也是联盟不稳定的原因，认为联盟参与者经常在为求实现其在联盟中的目标的过程中不够耐心。因此不完善的战略规划与执行的结果形成的目标的冲突将会破坏联盟参与者的合作的战略定位。实际上，联盟伙伴之间的战略目标冲突是很难避免的。这就要求联盟伙伴经常地接触和沟通，寻求缩短或消除目标距离与冲突的途径，保证联盟的平稳运行。

3. 加强联盟内部的协调管理

战略联盟实质上是一种利益行为，从联盟中获得什么利益直接影响着企业做出怎样的战略选择。联盟企业之间合作与竞争并存，因此联盟内部的协调管理尤其重要。一方面，企业间应加强沟通交流，具备较强的沟通能力的企业可以实现有效的信息与资源共享，达成一致的共识，从而能够更好地应对联盟内的冲突，信心十足的解决各种矛盾困难，并促进文化层面的融合；另一方面建立联盟成员相互信任机制。在联盟建立时，就应建立一套战略联盟内部信任评价审核体系和完善的纠偏措施，以克服联盟内部的不确定性和脆弱性，使联盟得以有效、稳固地延续。

9.3.3 战略联盟发展的思路及对策

1. 进一步推进制度创新，创造有利于企业联盟成长的制度环境

战略联盟的制度是指企业经营、运转的各种产权规范和管理规则的集合，是调节人与人之间、人与物之间关系以及企业在生产经营过程中的各种行为关系的重要规范与准则。在市场经济中，除了价格制度外，政府的法律制度、企业的组织制度以及社会文化制度等属于生产的制度结构的东西，对市场经济的运作具有十分重要的意义，生产的制度结构的核心是界定和保障产权。目前的国有企业产权结构不适应市场经济发展的要求，阻碍着企业资产的合理流动和重新组合，自然制约着与新的市场经济运行机制相适应的企业组织形式的形成与发展。企业只有在明晰、确定的产权制度结构下，构成真正独立的市场竞争主体，才有可能面对市场竞争压力的增大，而与其他企业结盟，形成有效率的企业联盟形式。

2. 加强管理创新，形成与企业联盟相适应的组织管理结构

目前，较为突出的任务是改变企业组织结构普遍存在的“两头（开发和销售）小、中间（生产）大”的“橄榄型”模式，因为这种组织结构庞大臃肿，不利于对外界市场灵活反应。企业应将主要精力放在核心业务上，剔除形不成竞争优势的一般业务。一些有条件的企业完全可以

向“两头(开发和销售)大、中间(生产)小”的“哑铃型”组织结构发展，为自己建立良好的供应商体系。此时，企业要探索对其众多的供应厂商及其构成的整个协作系统进行统一控制和协调的技术。

在信息经济时代，信息网络技术对企业经营的作用越来越大，也是实现企业战略联盟的重要技术支撑。目前，我国网络技术的发展和应用已达到一定规模和水平，但是这些新型技术与产业的改造、企业的生产及管理的结合还做得远远不够，企业对互联网的重要作用的认识还不到位，利用率较低，这显然不利于企业联盟的成长。企业管理技术创新应将重点放在将电子商务、互联网等信息技术的发展与企业的生产、管理结合上，与企业组织结构的调整和生产经营方式的创新结合起来，发挥这些技术在企业经营中的作用。

3. 进一步完善现有战略联盟的内部运行机制

近年来，我国企业之间已结成了一定数量的企业联盟形式，进一步规范这些联盟的内部运行机制，促进其健康发展，是进一步发展企业战略联盟的基础。

要培育和提高企业的核心竞争力。核心竞争力是企业独具的、使企业能在一系列产品和服务取得领先地位所必须依赖的关键性能力。核心竞争力通常是企业在一个领域中从事经营与管理长期积累的结果。缺少这种能力，一个企业就不可能与其他企业形成战略联盟，即使勉强形成，也不会持久。

完善跨文化管理。通常的企业管理是基于统一文化的管理，而且存在于一个固定形式的组织内部，而在企业战略联盟中无法再实施这种单一文化的管理，它是多种企业文化的相互融合。为此需要注意以下几方面:一是强调团队文化。这种文化不是以牺牲合作伙伴利益来服从整体目标，而是讲求局部利益与整体利益的统一。为此，一方面在选择合作伙伴时，要充分利用各方面的信息，从中选择信誉好，技术过硬，具有良好合作意愿的参与方;另一方面在大项目实施过程中充分沟通信息，加强协调，促进团队文化的形成。二是建立信任关系。由于加入联盟的企业来自不同的背景，在合作中自觉或不自觉地会产生习惯性的防卫心理和行为，并有可能损耗企业精力，使得合作难以为继。因此，应通过充分的沟通与尊重，建立信任关系。

促进企业信息化和知识化，及时进行信息交流和沟通。企业战略联盟是为发挥各成员企业的优势而组建的企业联盟，在联盟运行过程中出现一些纠纷是不可避免的。信息技术架起了各企业相互联系、相互沟通的桥梁。经常的信息沟通，能在纠纷出现之前使之得以解决。同时，通过信息网络可以沟通各成员企业之间的业务联系，供需情况，保证联盟顺利运行。可见，信息化是维持联盟持续运行、提高运转效率的基本手段。

☞ **思考题:**

1. 试分析比较战略联盟与并购的异同。
2. 简述战略联盟组建的动因。
3. 企业战略联盟的组建方式有哪些?
4. 试述我国企业战略联盟发展的思路及对策。

【案例分析】 **广汽奇瑞战略联盟**

2012年11月6日，广汽与奇瑞在北京正式签订战略联盟合作协议。双方宣布，将在整车开发、动力总成、关键零部件、研发资源、节能与新能源汽车、国际业务、生产制造管理等数个领域"展开深度合作与共享"。

对于中国汽车业而言，这不仅是中国第六大汽车集团与第七大汽车集团之间的合作，更是车企战略联盟的首度尝试。

三年多来，虽然国内汽车行业先后上演了广汽重组长丰、长安重组昌河哈飞、广汽重组吉奥等好戏，但是，业内人士期待的大规模重组并未发生，我国汽车整车企业数量依然超过100家，企业遍地开花、集中度不高、竞争力不强等弊病仍未得到根治。伴随着车市进入微增长时代，尤其是去年以来自主品牌车企销量下滑、份额下滑、盈利能力下降，业内对车企兼并重组的期待再次高涨。

这也就不难理解，10月25日，在江苏举办的DCT新能源应用论坛上，奇瑞汽车董事长尹同跃首度对奇瑞与广汽战略合作首度做出正面回应后引发的高度关注。此后，关于这次合作的诸多猜测相继见诸报端。从最初的兼并重组、相互持股，到随后的"抱团取暖"，再到技术与资本互补、海外市场资源共享……

然而，当11月6日，广汽与奇瑞签署《战略联盟合作框架协议》及《技术合作与研发资源共享合作协议》、《动力总成配套和资源共享合作协议》两个子协议之后，业内人士才略显失望地发现，双方所谓的战略联盟，竟然丝毫不涉及资本和架构层面。一些分析人士也据此对两家联姻的前景表示了担忧。

"其实，这是对战略联盟的一种误读。"广汽集团董事长张房有解释说，战略联盟是指由两个或两个以上有共同战略利益和对等经营实力的企业，为达到拥有市场、共同使用资源等战略目标，通过各种协议、契约而结成的一种相互合作、共担风险、共享利益的松散的合作模式。它包括品牌联盟、供求联盟、研究开发联盟、市场共享联盟、销售联盟、投资资本联盟等。广汽与奇瑞在研发、零部件采购、国际市场、生产制造管理等方面优势互补、资源共享，有利于进一步提升两家汽车企业的核心竞争力，有利于进一步促进中国汽车产业结构的调整和升级。看似联合重组的"另类"范本，实际上却是不涉及资本层面的战略联盟典型案例。

【拓展训练】 **合作与竞争 ——企业内部战略联盟新机制**

从企业性质的理论沿革出发，合作与竞争在企业健康发展中都非常重要。因此，我国企业可以借鉴优秀的日本企业和美国企业的经验，通过在企业内部建立并管理战略联盟的机制，建立适合于中国企业的内部合作竞争机制，应对市场经济和知识经济的挑战。

一、合作在企业中的地位

正如企业性质讨论中所阐明的那样，分工产生合作，合作在企业中具有基础地位。企业的本义也就是充分的合作。无论企业内部结构如何，垂直型、水平型或者网络型，合作都以各种形式广泛存在。

日本管理学家伊丹广之将合作对企业的作用区分为两种效应：互补效应与协同效应。互补效应是指合作使双方的资源互相弥补对方的资源缺口，达到充分利用资源的效果；协同效应是指合作使双方的资源在充分利用的情况下，又创造出了新的利用方式，具有创新效果。

互补效应是合作的基础效应，协同效应则是合作的高级效应。合作作用方式的动态化就是在合作初期互补效应较明显，而在合作发展后出现协同效应。

在知识经济蓬勃发展的今天，知识管理和学习过程在企业能力的提高上具有重要作用。要出色的完成分内工作，并且促进战略目标的达成，员工必须进行合作，形成优势互补，协同发展。平等合作在知识经济下的企业管理中十分必要。相对于企业内部竞争来说，合作具有提高企业凝聚力的作用。

但是，平等合作并不是一帆风顺，往往存在巨大的障碍。首先，由于企业发展战略的非均衡性，企业中的资源分配是不均衡的，员工的心理因此不可能完全平衡；其次，传统的等级制在企业中已形成了上传下效的印记，平等合作的观念难以贯彻；最后，员工从自身发展的狭隘角度出发，会对自己所拥有的专有知识在合作中保留，不能充分共享知识。日本企业因为其合作精神而创造了奇迹，在美国企业界掀起了学习日本企业的浪潮。也正因为合作精神，日本才产生了丰田模式这种需要广泛合作的生产方式。

二、竞争在企业中的地位

斯第格利茨认为，竞争有激励和选择两个效应。外部竞争激励企业主动提高生产效率，而内部竞争也对内部业务单元具有同样的效果。如果企业内部只存在合作，企业将缺乏激励创新的动力。企业的资源是有限的，为了提高有限资源的利用效率，资源必须提供给能够给企业带来最大价值的战略业务单元(SBU)。合理的竞争通过促进各个业务单元提高效率而提高了整个企业的效率。优秀的美国企业往往都在内部人为地构造一些竞争机制，具有强烈创新意识的3M公司，就是通过内部竞争挑选出最有潜力的研发项目，提高公司的创新成功率。

中国国有企业效率低下的一个原因就是内部缺乏合理的竞争机制。员工十分遵守工厂的规章制度，和上层领导保持了高度的合作。员工间竞争也通过和领导建立良好的关系展开，而不是在工作业绩上一较高低。市场经济的建立使国有企业逐渐感受到了市场竞争的外部压力，开始在内部引入竞争机制，邯钢就是一个很好的榜样。企业内部竞争方式多种多样，邯钢的“模拟市场核算，实行成本否决”就是沿着企业价值链引入了竞争机制。

竞争机制的主要作用在于通过激励提高企业的活力。如同市场机制一样，内部单元间的竞争可以持续促进创新，提高单元的能力，最终提高企业的能力。但是，过度的竞争必然损害企业的整体利益，降低企业的凝聚力，分散企业资源。因此，必须在竞争与合作间加以权衡。建立企业内部战略联盟机制是平衡企业内竞争与合作这对矛盾的有效方式。

三、企业内部战略联盟机制

合作和竞争在战略联盟中具有同等重要的地位，只有通过有效的管理，平衡两种方式在组织中的作用，才能使企业既具有凝聚力，又充满活力。通过改造企业组织结构，我们可以在企业内部形成广泛的联盟，用联盟机制管理企业，利用竞争与合作的优点。在企业内部战略联盟的框架下，合作与竞争成了相辅相成的因素，共同推动企业管理效率的提高。

企业管理者可以从以下四个方面考虑设计战略联盟管理机制：

首先，环境动力机制是企业内部战略联盟健康发展的推动力。充分分析环境影响是设计战略联盟管理机制的第一步。企业需要研究的是环境存在哪些机会和威胁，对企业内部联盟的影响如何。如果环境中存在巨大的机会，只能通过战略联盟的形式才能把握；或者单元的利益受到外部竞争者的威胁，只有靠形成高效的战略联盟来抵御。

其次，领导机制是内部战略联盟健康发展的舵手。考察环境对企业的影响，设计公平的游戏规则，规划企业的战略目标，制定合乎企业实际的战略计划，企业领导层能够通过战略联盟达到战略目标。当企业内部竞争过度时，管理层应该强调合作，提高企业的凝聚力；当内部竞争不足时，管理层应该强调竞争，提高企业的活力。有效的管理者不仅正视内部竞争，而且主动在内部创造一些竞争激励员工。

再次，合作竞争能力是维持内部战略联盟健康发展的纽带联结力。过度的合作和过度的竞争对企业都有害处。过度的合作容易导致企业员工对联盟形成依赖思想，搭联盟的便车，缺乏创造力；过度竞争通常会降低企业整体的效率。20世纪末，日本经历了战后最长的衰退期，罪魁之一就是过分的集体主义，企业缺乏创新机制，难以适应高速变化的环境；美国企业在20世纪80年代出现管理危机，则是由于过分的竞争导致企业缺乏统一的战略协调。战略联盟内部机制不同于市场机制之处就是战略联盟成员企业通过一些纽带联系在一起，形成互相帮助、共同提高的氛围。

第四，协议规则是企业内部联盟的制度推动力。在内部联盟中形成明确的协议，这包括共同的目标、清晰的路线和游戏规则。明确的协议对内部联盟具有重要意义。协议使单元对未来建立稳定预期，便于长期联盟。内部联盟的目标对于各单元并不是最优目标，但却是企业的合理目标。在制订了战略目标之后，必须对目标进行细分，并形成具体的计划。联盟机制中当然还包括一些具体的联盟协议要求，比如联盟的成立和结束办法、对业务单元行动上的约束等，这些都对保障联盟的存续有重要作用。

第 10 章 | 企业战略的评价分析

企业战略实施必须建立在科学的分析、选择和评价基础之上。在企业进行战略选择过程中，应借助于战略评价方法或工具来达到选择理想战略的目的。一个企业可供选择的战略方案一般有若干种，如何在众多的方案中选择企业理想的战略，恰当地利用外部环境提供的机会，并避开或中和不利环境的影响，从而加强企业内部的优势，改进自身的弱点，这是企业战略选择评价的最终目的。

❖ 10.1 战略评价

10.1.1 战略评价的基本内涵

企业所在的内外部环境的变动性，决定了要保证战略管理过程的顺利实现，必须通过战略评价体系对制定并实施的战略效果进行评价，以便采取相应的完善措施。可见战略评价决定着战略管理的成败。战略评价是对战略实施过程中的企业绩效进行评价，通过评价可以发现战略实施中存在的误差，以便采取措施纠正偏差，保证企业战略目标的实现。从战略评价总是贯穿于战略管理的全过程的角度出发，大体上可把战略评价概括为战略分析评估、战略选择评估和战略绩效评估三个环节。

1. 战略分析评估

战略分析评估指运用 SWOT 分析法，评估企业内外环境状况，以发现最佳机遇。此种评估也可称作现状分析评估，它一方面要检查企业现行战略是否能为企业带来经济效益，如果不能增效就要重新考虑这种战略的可行性。另一方面通过考察外部环境，判定在现行环境下企业是否有新的机遇。最后结合两方面的结果，企业或继续执行原战略或采取适应环境要求的新战略。战略分析评估主要包括以下几个方面的内容：企业的现行战略和绩效的分析；不同战略方案的评估；对企业相关利益备选方案的评估；竞争力的评估，即产品、市场、技术、人才、制度竞争力的评估。

2. 战略选择评估

战略选择评估指战略执行前对战略是否具有可行性的分析。此处涉及到很多的评估模型。如 SAM 模型、定量战略规划模型（QSPM）、Eletre 方法（E 方法）、战略规划评估模型（SPE）。它们都是首先对战略评价环境因素进行分析，然后制订判断标准并打分最后计算出结果。SAM方法中所包含的数学方法主要有层次分析法、熵权系数法、主观概率和效用理论等。此种方法是针对不同战略方案可行性的研究，是用数学的方法对不同的战略方案所面临的机会与威胁设定标准，通过数学的方法计算机会与威胁的权重，并以所得风险与收益的结果选择最优的战略方案。

3. 战略绩效评估

战略绩效评估是在战略执行的过程中对战略实施的结果从财务指标、非财务指标进行全面的衡量。它本质上是一种战略控制手段，即通过战略实施成果与战略目标的对比分析，找出偏差并采取措施纠正。

平衡计分测评法使经理们能从四个重要方面来观察企业：顾客如何看我们？（顾客角度）；我们必须擅长什么？（内部角度）；我们能否继续提高并创造价值？（学习与创新角度）；我们怎样满足股东？（财务角度）。平衡计分法解决了传统管理体系的一个严重缺陷，它是从三个不同的角度测评绩效的指标，弥补了传统财务指标的不足之处。这三个角度是顾客、内部业务流程及学习和发展，它们能使企业在了解财务结果的同时，对自己未来发展能力的增强和无形资产收购方面取得的进展进行监督。平衡计分法并不是取代财务指标，而是对其加以补充。

10.1.2 战略评价的内容

战略是与企业目标与使命紧密相关的，战略的内涵也决定了其本身具有方向性、整体性、一致性和个体差异性等特点，任何企业的战略都是独特的。因此，战略评价必须根据实际情况而不是按照最好的通用的战略来进行，战略评价过程中也将伴随着一系列的复杂情况，而在执行战略评价前也必须确定谁有资格来主持客观的评价等问题。

一般来说，战略评价应该回答以下几个问题：一是企业的目标是否合适；二是主要的制度与计划是否合适；三是是否在指定的时间内完成任务；四是是否违背战略所依赖的前提。因此，战略评价包括检查企业战略的内在基础、比较实际结果与预期结果、采取纠正措施、确保行动与计划一致等几项内容。

在战略管理过程中，战略评价的内容可分为定量评价内容和定性评价内容。其中企业的各种财务比率一般都广泛应用于战略评价的定量内容，企业常用的财务比率进行三种关键比较：将企业不同时期的业绩进行纵向比较；将企业的业绩与竞争者的业绩进行同期横向比较；将企业的业绩与行业平均水平进行同期横向比较。采用的关键财务指标有投资收益率、股本收益率、盈利率及市场份额等。但定量指标仅仅是反映了企业的短期目标，不能反映企业的长期目标。在战略评价中，需要做出定性评价。定性评价的内容主要包括以下六个方面：一是战略与企业内部条件是否一致；二是战略与外部环境是否一致；三是战略所涉及的风险程度是否可以接受；四是战略与可利用的资源是否匹配；五是战略实施的时间进度是否恰当；六是战略是否具有可行性。

10.1.3 战略评价的原则

在战略评价的三个方面中，战略绩效评估越来越得到我国企业的重视。尽管以平衡计分卡为基本思想的战略绩效评估系统的实施在我国的情况下还难以做到，但是可以先完善评估指标设置。因为评估指标设置的合理性是整个评估环节中至关重要的一环。战略绩效评估指标的设置应遵循如下基本原则：

1. 系统优化原则

对企业的综合绩效进行评价，必须用若干个指标进行衡量才能评价其全貌。这些若干个指标必须互相联系，互相制约。同时每个指标应尽可能边界分明，避免互相包含以减少对同一内容的重复评价。为实现系统优化原则，设计评价指标体系的方法应采用系统方法，例如，系统分解和层次分析法，由总指标（总目标）分解成为次级指标，由次级指标再分解成第三级指标，并组成树状结构的指标体系，使体系的各个要素（单个指标）及其结构（横向结构、层次结构）能满足系统优化要求。

2. 通用可比原则

评价不仅是对同一个企业这个时期与另一个时期相比较，更重要的是与不同单位的比较。因此，战略评价指标体系必须在两个方面具有通用性和可比性。一是同一个企业这个时期与另一个时期作比较（即纵向比较）时，评价指标体系有通用性、可比性。这一点比较容易做到，其条件是指标体系和各项指标各种参数的内涵与外延保持稳定，用以计算各指标相对值的各个参照值（标准值）不变。但是，即使评价指标体系不改变，参加评价的专家不同，其评价得分的可比性不是很大，但各个企业的排序仍有较大的可比性。二是各个企业使用同一评价指标体系进行评价比较（横向比较）时，评价指标体系要有通用性可比性。如何使这些不同企业使用通用的评价指标体系，并且使评价结果具有可比性，其主要办法是找出它们的共同点，按照共同点设计评价指标体系。

3. 实用性原则

设计评价指标体系是为了实际使用。不仅设计者使用，更重要的是要使有关的部门使用。因此，设计评价指标体系要做到以下几点：

第一，评价指标体系要繁简适当，计算评价方法简便易行。在能基本保证评价结果的客观性、全面性的战略评价条件下，指标体系尽可能简化，减少或去掉一些对评价结果影响较小的指标。

第二，评价指标所需的数据易于采集，适应的科技管理水平。要尽量与计划口径、统计口径、会计核算口径相一致。

第三，各项评价指标及其相应的计算方法，各项数据都要标准化，规范化。计算方法、表述方法要简便、明确、易于操作。

第四，要能够实行评价过程中的质量控制。评价过程中的质量控制主要依靠评价数据的准确性、可靠性，计算评价方法的正确实施。

10.1.4 战略评价标准

战略评价和标准很多，比较有代表性的的战略评价标准有以下几个方面：

1. 努梅特的战略评价四标准

英国战略学家理查德·努梅特提出了可用于战略评价的四条标准：一致、协调、优越和可行。协调与优越主要用于对公司的外部评估，一致与可行则主要用于内部评估。

一个战略方案中不应出现不一致的目标和政策。鲁梅特提出了帮助确定组织内部问题是否是由战略间的不一致所引起的三条准则：一是尽管更换了人员，管理问题仍持续不断，并且这一问题是因事而发生而不是因人而发生的，那么便可能存在战略的不一致；二是如果一个组织部门的成功意味着或被理解为意味着另一个部门的失败，那么战略间可能存在不一致;三是如果政策问题不断地被上交到最高领导层来解决，那么可能存在战略的不一致。

协调性指在评价时既要考察单个趋势，又要考查组合趋势。在战略制定中将企业内部因素与外部因素相匹配的困难之一在于，绝大多数变化趋势都是与其他多种趋势相互作用的结果，对此必须综合考察。

一个好的战略必须做到既不过度耗费可利用资源，也不造成无法解决的派生问题。对战略的最终的和主要的检验标准是其可行性，即依靠自身的物力、人力及财力资源能否实施这一战略。企业的财力资源是最容易定量考察的，通常也是确定采用何种战略的第一制约因素。人员及组织能力对于战略选择在实践中更重要，但定量性却差一些。因此，在评价战略时，很重要的一点是要考察企业在以往是否已经展示了实行既定战略所需要的能力、技术及人才。

战略必须能够在特定的业务领域使企业创造和保持竞争优势。竞争优势通常来自如下三方面的优越性:一是资源;二是技能;三是位置。良好位置的主要特征是:它能使企业从某种经营策略中获得优势，而不处于该位置的企业则不能类似地受益于同样的策略。因此，在评价某种战略时，企业应当考察与之相联系的位置优势特性。

2. 斯坦纳·麦纳的战略评价标准

美国战略学家斯坦纳·麦纳认为，评价战略时应考虑六个要素:

一是战略要有环境的适应性。企业所选的战略必须和外部环境及其发展趋势相适应。

二是战略要有目标的一致性。企业所选的战略必须能保证企业战略目标的实现。

三是战略要有竞争的优势性。企业所选的战略方案必须能够充分发挥企业的优势，保证企业在竞争中取得优势地位。

四是战略要有预期的收益性。企业要选择能够获取最大利润的战略方案。需要注意的是，这里所说的战略利润是长期利润而不是短期利润。其指标很简单，用投资利润率来评价。投资利润率 = 预期利润/预期投资总额。

五是战略要有资源的配套性。企业战略的实现必须有一系列战略资源作保证，这些资源不仅要具备，而且要配套，暂时不具备而经过努力能够具备的资源也是可取的。

六是战略要注意规避其风险性。未来具有不确定性，因此任何战略都会具有一定的风险性，在决策时要认真对待风险。一方面，在态度上要有敢于承担风险的勇气;另一方面，在手段上，事先要科学地预测风险，并制定出应变的对策，尽量避免孤注一掷。

3. 伊丹敬之的优秀战略评价标准

日本战略学家伊丹敬之认为，优秀的战略是一种适应战略，它要求战略适应外部环境因素，包括技术、竞争和顾客等;同时，企业战略也要适应企业的内部资源，如企业的资产、人才等;再者，企业的战略也要适应企业的组织结构。企业家在制定优秀的战略时应该权衡七个方面的战略思想:

一是实行差别化。战略要有自己的特点，要和竞争对手的战略有所不同。

二是战略要集中。企业资源分配要集中，要确保战略目标的实现。

三是把握好时机。企业应该选择适当的时机推出自己的战略，时机要由自己积极创造。

四是利用波及效果。企业要利用自己的已有成果，在此基础上发挥更大的优势，扩大影响，以便增强员工的信心。这一点实质上是强调企业要发挥和利用自己的核心能力。

五是企业战略要能够激发员工的士气。企业的战略应该有很好的管理功能，能够在一定程度上激发员工的积极性、主动性和创造性。

六是战略要有不平衡性。企业战略不能长期稳定不变，要有一定的不平衡性，从而产生一定的紧迫感。

七是战略要巧妙组合。企业战略应该能把企业的各种要素巧妙地组合起来，使各要素产生协同效果。

※ 10.2 企业战略的市场分析方法

10.2.1 市场增长率－相对市场占有率矩阵

市场增长率－相对市场占有率矩阵是20世纪60年代后期由美国波士顿咨询团提出的，因而也称为波士顿矩阵。市场增长率－相对市场占有率矩阵特别适用于多元化经营的大公司在规划其各种业务结构时分析其各种业务的地位及其相互关系。

1. 市场增长率－相对市场占有率矩阵的基本结构

波士顿矩阵认为一般决定产品结构的基本因素有两个：即市场引力与企业实力。市场引力包括企业销售量(额)增长率、目标市场容量、竞争对手强弱及利润高低等。其中最主要的是反映市场引力的综合指标——销售增长率，这是决定企业产品结构是否合理的外在因素。企业实力包括市场占有率、技术、设备、资金利用能力等，其中市场占有率是决定企业产品结构的内在因素，它直接显示出企业竞争实力。销售增长率与市场占有率既相互影响，又互为条件：市场引力大，市场占有率高，可以显示产品发展的良好前景，企业也具备相应的适应能力，实力较强；如果仅有市场引力大，而没有相应的高市场占有率，则说明企业尚无足够实力，则该种产品也无法顺利发展。相反，企业实力强，而市场引力小的产品也预示了该产品的市场前景不佳。通过以上两个因素相互作用，把一个公司各种战略业务单元所处的地位，画在一张具有四个区域的坐标图上(如图10.1)。图中横坐标表示某项业务的相对市场占有率，代表公司在该项业务上拥有的实力；纵坐标表示该项业务的市场销售增长率，代表该项业务的市场吸引力。

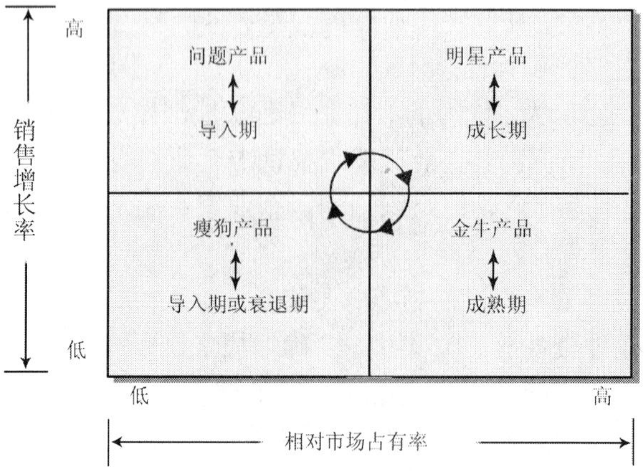

图10.1 市场增长率－相对市场占有率矩阵

2. 市场增长率－相对市场占有率矩阵的战略建议

根据资金流向的不同，市场增长率－相对市场占有率矩阵把公司从事的多项业务分为四类：一是销售增长率和市场占有率“双高”的产品群，即明星类产品；二是销售增长率和市场占有率“双低”的产品群，即瘦狗类产品；三是销售增长率高、市场占有率低的产品群，即问题类产品；四是销售增长率低、市场占有率高的产品群，即金牛类产品。上述四类业务，从市场占有率的角度出发可以有四种战略方针，即扩大市场占有率；保持市场占有率或挖潜利用，允许市场占有率下降；耗用现有实力，务求短期内回收资金；转让退出。

3. 市场增长率－相对市场占有率矩阵的局限性

市场增长率－相对市场占有率矩阵应用的假设前提是：行业的吸引力由市场增长率来表示，企业实力由市场占有率来表示；企业销售量大小和盈利的多少是正相关的，公司在各项业务间的资金回收和资金投入是平衡的。这些假设前提大体上是合理的，但也不是无懈可击的。正是这些假设中的缺陷，限制了这种方法的应用。

反映一个行业吸引力和企业实力的指标应该是多元的，而这一方法仅仅以市场增长率与相对市场占有率来表示，显而易见是不全面的。

企业的销售量增长和盈利能力不一定正相关。一般来说，销售量的增长导致累计产量的增加和成本的下降，从而提高企业的盈利能力。但如果考虑因增加销量、扩大市场占有率而需要进行的投资，从投资回收率来看，投资后的效果或可能提高的利润总额情况就不一定是最好的。

公司理想的业务结构不一定要求资金回收和资金投入的平衡。波士顿矩阵法的应用不但提高了管理人员的分析和战略决策能力，同时还帮助他们以前瞻性的眼光看问题，更深刻地理解企业各项业务活动之间的联系，加强了业务单位和企业管理人员之间的沟通，及时调整企业的业务投资组合，收获或放弃萎缩业务，加大在更有发展前景的业务中的投资，紧缩那些在没有发展前景的业务中的投资。但同时也应该看到这种方法的局限性，这种方法也难以同时顾及两项或多项业务的平衡。因此，在使用波士顿矩阵法时要尽量占有更多资料，审慎分析，避免因方法的缺陷而造成决策的失误。

10.2.2 产品－市场演变矩阵

产品－市场演变矩阵是由美国的查尔斯霍弗教授首先提出的。他扩展了波士顿矩阵战略选择方法，将业务增长率和行业吸引力因素转换成产品－市场发展阶段，从而得出15个方格的矩阵（如图10.2）。

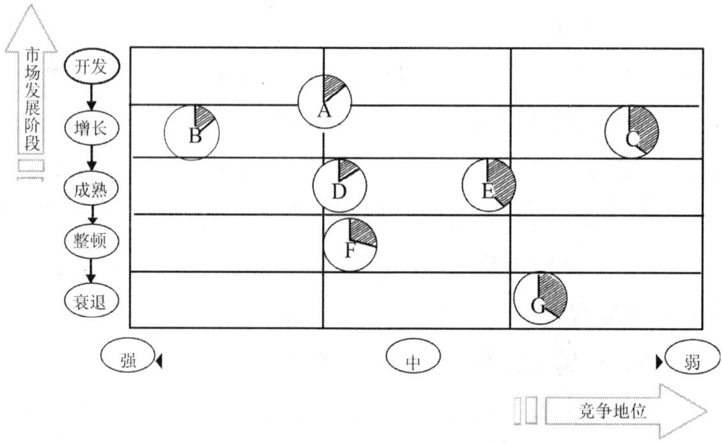

图 10.2　产品－市场演变矩阵

在上面的矩阵图中，横轴表示企业的市场竞争地位，分为强、中、弱三个级别，纵轴表示产品－市场的 5 个发展阶段，分别是:开发、增长、成熟、整顿、衰退。这样产品－市场演变矩阵共包含 15 个方格。

产品－市场演变矩阵是从所经营产品的市场发育阶段(生命周期状态)和企业竞争地位来分析企业各项经营能力的战略位置。该方法用纵横坐标分别表示产品－市场发育阶段和企业竞争地位，产品－市场发育阶段按产品的生命周期分为五个阶段，企业竞争地位分为强、中、弱三个档，这样产品－市场演变矩阵由 15 个象限构成 。圆圈表示行业规模或产品/细分市场,圆圈内扇形阴影部分表示企业各项经营业务的市场占有率。

1. 业务单位 A

看起来是一颗潜在的明星，它的相对较大的市场份额，加上它处于产品－市场发展的开发阶段以及它所具有的获得一个较强的竞争地位的潜力，使它成为接受公司资源支持的一个很有希望的候选者。

2. 业务单位 B

在某种程度上看,B 与 A 十分相似，然而对 B 单位投资的多少将取决于为什么 B 部门相对于其强大的竞争地位竟然具有如此低的市场份额这一个问题的答案。为此，单位 B 应当实施能够改变它的这一较低的市场份额的战略，以便为争取更多的投资提供依据。

3. 业务单位 C

在一个增长相对较小的行业中，占有一个较小的市场份额并拥有一个较弱的竞争地位，必须实行一种能够克服其低市场份额和弱竞争地位的战略，以争取未来投资。单位 C 很可能是一个有待脱身的对象，以便将其资源运用于单位 A 或单位 B。

4. 业务单位 D

处于一个扩展的阶段，占有一个相对大的市场份额，并处于一个相对弱的竞争地位。对单位 D 应当进行必要的投资以保持其相对强的竞争地位。从长期看，D 应当成为一头“现金牛”。

5. 业务单位 E 和 F

是“现金牛”，应当用来创造现金，应成为公司资金的主要来源。

6. 业务单位 G

看起来像波士顿矩阵中的一条“瘦狗”，在短期内，它应当被监控着用于创造现金——如果可能的话;然而，长期而言，它更有可能被施以脱身战略或者清算战略。

10.2.3 顾客价值与生产者价值矩阵

公司为获得顾客而竞争，因此，竞争战略的主要目的是为了能比竞争对手更加有效地满足顾客的需要。向顾客提供价值是竞争战略的基础。顾客价值矩阵就是基于这一认识而新近提出的一个分析工具。顾客价值矩阵由世界著名的战略管理学家福克纳和鲍曼首先提出，强调为了实现可持续竞争优势，公司必须以最低的可觉察价格，向顾客提供最高的可觉察使用价值。而一个公司能否作到这一点，则取决于该公司的相对有效性和效率，即与竞争者相比较的核心能力。生产者价值矩阵就是分析公司相对有效性与效率的一个工具。

根据上述原理，福克纳和鲍曼提出了顾客价值矩阵与生产者价值矩阵。顾客价值矩阵是由顾客所感受到的产品价格和可觉察的使用价值两个变量构成(如图10.3)。在矩阵中，横轴代表顾客所感受到的产品价格，这里的低价位、高价位是顾客心目中的相对值;纵轴表示可觉察的使用价值，这是对顾客在购买和使用产品或接受的服务中得到的满意程度的描述，比如对产品的功用、性能、式样的满意程度，这些是顾客决定购买该产品或服务的重要因素。

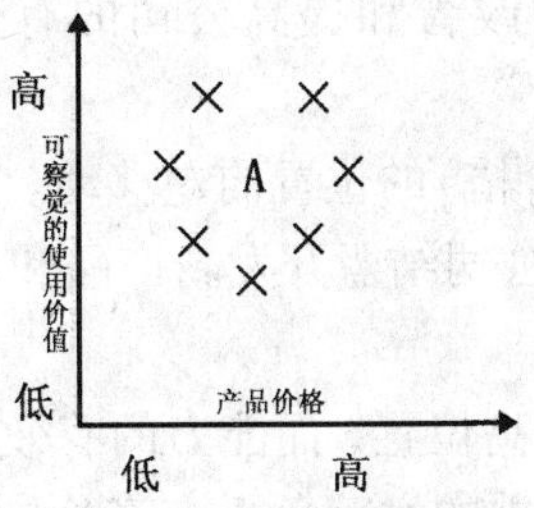

图10.3 顾客价值矩阵

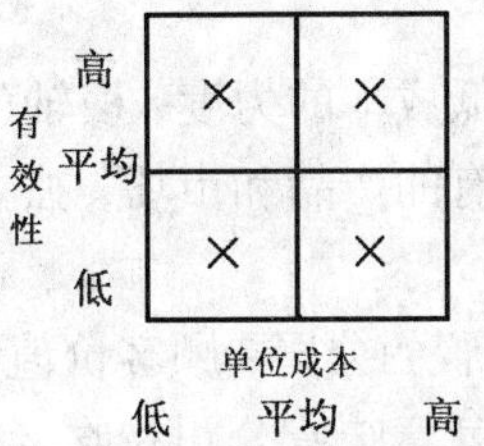

图10.4 生产者价值矩阵

生产者价值矩阵是由有效性和单位成本两个变量构成(如图10.4)。有效性是产生顾客预期价值的关键，而单位成本是产生价值所需的投入水平。有效性必须转换为顾客矩阵中的可觉察使用价值才能够实现真正的可持续竞争优势，有效性必须强于竞争对手的有效性。在矩阵分析中，任何位置的移动都直接反映相同产品在相同市场上的移动，而间接反映公司在市场位置和竞争者关系上的变化。也就是说，只有在顾客价值矩阵和生产者价值矩阵的组合分析中，才能做出相应的战略选择。

在顾客价值矩阵与生产者价值矩阵之间存在至少六种组合(如图10.5)，每种组合实际上都存在一些可供选择的战略方案。

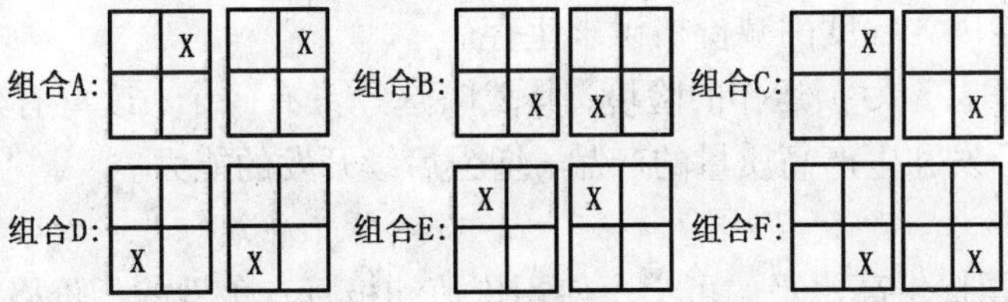

图10.5 顾客价值与生产者价值矩阵之间的六种组合

1. 组合 A

组合 A 表明公司在提供高于平均水平的可觉察使用价值的基础上按高于平均价格的溢价定价，与其竞争者相比，该公司的有效性和相对成本都处在较高的位置。组合 A 的关键在于溢价的可持续性，也就是公司将承担着高价厚利引入竞争的压力。当公司发现自己正受到竞争者威胁时，应采取的有效战略是：

第一，保护品牌形象或创新能力等差异性的基础。

第二，对总成本、要素成本的控制和降低给予更多的关注，在生产者价值矩阵纵轴不变的情况下，改变横轴的相对位置。

第三，改变顾客对价格的看法，顾客价值矩阵中纵轴不变，横轴向左移动，提高市场占有率，用经营规模获取更高的总量收益。

2. 组合 B

组合 B 表明，可觉察使用价值相对较低，价格超过平均水平，公司成本和有效能力均处在低水平，除了行业垄断或产品严重供不应求的情况，这种组合将导致市场份额减少，随时都有可能被提供高水平的可觉察使用价值，或低价格的竞争者所击败。如果说公司面临组合 B 的位置，可供选择的战略方案是：

第一，通过各种方式（运行能力和制度能力）改善和提高公司的有效能力，提高纵轴的位置。

第二，增大降低成本的力度，横轴（感受到的价格）的位置向左移动。

第三，舍弃原有的产品和市场，独立或与其他公司结盟开发新产品和新市场。

3. 组合 C

处于组合 C 位置的公司，顾客价值矩阵处于双高位置，而能力的有效性和效率却低于行业的平均水平，这就意味着公司在吃老本，存在严重的经营危机。高价格的利润诱惑将导致竞争者的侵入，而高成本和低效率并没有使高价格转化为高利润，相反给竞争者提供攻击的要害或缺陷。处于危险境地的管理层应该在短时间内优先考虑以下选择：

第一，改善有效性，在生产者价值矩阵中将纵轴的位置向上移动。

第二，降低成本，将横轴的位置向左移动。

第三，将某些活动转包给供应商，减少公司内部的工作量，集中精力改善有效性或降低成本。

4. 组合 D

在组合 D 的图形中，公司按低的价格提供低的可觉察使用价值，以低成本提供低水平的有效性，公司实际是在细分市场中的低档市场经营，在行业中缺乏竞争能力，当公司面临巨大竞争压力时，只能以大幅度削减价格谋求生存。

公司身处低利润甚至亏损运作的险境，其战略选择只有一个，改善有效性，提高公司的运行和制度能力，开发和生产高质量的产品，增强后续开发的能力。

5. 组合 E

组合 E 表明公司提供高水平的可觉察使用价值和极具竞争性的低价格，具有卓越的有效性和低价格竞争力，是非常有力的强势定位以及保持可持续竞争优势所追求的理想目标。

居于强势定位的公司，发生问题的可能性主要来自两方面：一是高层管理者的骄傲自满，二是所在细分市场中的需求下降。因此，防止自满情绪，巩固和发展目前的竞争优势，是公司管理者应考虑的首要问题。

6. 组合 F

组合 F 表明公司提供低可觉察使用价值而按高价格出售，处于高成本和低竞争力的劣势地位。公司为了生存而垂死挣扎，随时都有被竞争者吞并或淘汰出局的危险，因此，选择的余地很小，要改变劣势定位必须采取力度大的措施。

第一，在生产者矩阵横轴位置上向左面或左上方移动，但向左移动——降低成本、缩小与竞争者的差距相对更容易办到。

第二，通过联盟、兼并、收购等方式，扩大经营规模，降低成本，削减价格，提高市场份额，以规模经济优势满足低档位细分市场的需求。

第三，被竞争者兼并或收购，也不失为企业有效的战略选择。

※ 10.3 企业战略的行业分析方法

10.3.1 行业吸引力 - 竞争能力矩阵

1. 行业吸引力 - 竞争能力矩阵的基本结构

行业吸引力 - 竞争能力分析法是由美国通用电器公司与麦肯锡咨询公司共同发展起来的。根据行业吸引力和经营单位的竞争能力两个指标绘制矩阵，依据各经营单位在矩阵中的不同位置，来制定出不同的战略（如图 10.6）。

经营单位的竞争能力 ↑ ＼ 行业吸引力 ←	高	中	低
强	A	B	D
中	C	E	G
弱	F	H	I

图 10.6　行业吸引力 - 竞争能力矩阵

在行业吸引力 - 竞争能力矩阵中，行业吸引力取决于外部环境因素，也就是与各项业务有关的不可控的外部因素，如市场容量、市场增长率、行业竞争结构、进入壁垒、行业盈利能力等。它通常分为高、中、低三个档次。由于外部环境因素众多，企业往往需要识别哪些是关键因素，并以此来评价行业吸引力。竞争能力取决于企业内部的各项可控因素，如市场占有率、制造和营销力量、研究与开发力量、财力、质量和管理素质等。它通常分为强、中、弱三个档次。由于内部环境因素众多，企业同样需要识别哪些是关键因素，并以此与主要竞争对手相比较以评价企业的实力。

2. 经营单位的分类

行业吸引力的三个等级与经营单位竞争能力的三个等级构成具有九个象限的矩阵，公司中的每一经营单位都可放置于矩阵中的某一位置。根据这个矩阵公司内的所有经营单位可归结为三类，而对不同类型的经营单位应采取不同的战略。

一是扩张类。这类经营单位具有较强的竞争地位，同时这类行业也很有发展前途，因此，对于这一类经营单位，企业应采取扩张战略，即通过多投资以促进其快速发展，从而巩固经营单位在行业中的地位。扩张类经营单位所在的象限也称为“绿灯区”。

二是维持类。这类经营单位的竞争地位和行业前景都处于中间状态，企业应采取维持战略，即通过市场细分、选择性投资、纵向一体化等努力维护现有市场地位。维持类经营单位所在的象限也称为“黄灯区”。

三是回收类。这类经营单位的行业吸引力和竞争能力都很低，应采取回收战略，即有计划地降低市场占有率，以回收资金，如提高产品价格、降低库存水平、减少营销费用、减少研究开发费用等。对一些目前还有利润的经营单位，采取逐步回收资金的抽资转向战略；对一些不盈利而又占用资金的经营单位则采取放弃战略。回收类经营单位所在的象限也称为“红灯区”。

3. 政策指导矩阵

政策指导矩阵法由荷兰皇家壳牌公司所创立。它根据行业前景和竞争能力两个指标绘制矩阵用来确定各单位的位置（如图 10.7）。行业前景分为吸引力强、吸引力中等、吸引力弱三等；经营单位竞争能力分为强、中、弱三等。对落入不同象限的经营单位，公司应采取不同的战略。

行业前景 →

经营单位的竞争能力 ↓	弱	中	强
弱	H	F	C
中	F	E	B
强	G	D	A

图 10.7　政策指导矩阵

A 类单位。A 类单位具有很强的竞争地位和很好的行业前景，目前在行业内处于领先地位，因此应优先保证该象限内经营单位需要的一切资源，以维持其有利的市场地位。

B 类单位。B 类经营单位有很好的行业前景和中等的竞争能力，应通过分配更多的资源，努力使该象限内的经营单位向 A 类单位转化。

C 类单位。C 类单位具有较好的行业前景，但其竞争能力较弱，类似波士顿矩阵中的问题单位。该象限内的经营单位可能成为公司未来的发展依托。公司应选择出其中最有前途的少数经营单位加速发展，对不能发展的尽快采取放弃战略。

D 类单位。D 类单位具有很强的竞争能力和中等的行业前景，这个象限中的经营单位一般会遇到少数几个强有力的竞争对手，因此很难处于领先地位。可采取的战略是分配足够的资源，使之能随着市场而发展，不至于失去现有的竞争地位。

E 类单位。E 类单位的竞争能力和行业前景均处于中等水平，该象限内的经营单位通常都有为数众多的竞争者，容易成为资金的陷阱。可采取的战略是停止进一步投资，使其带来最大限度的现金收入。

F类单位。F类单位要么是行业前景处于中等但竞争能力不强，要么是竞争能力处于中等而其行业前景不好，对这些象限中的经营单位，应采取抽资转向战略，以收回尽可能多的资金，投入到盈利更大的经营单位。

G类单位。G类单位具有很强的竞争能力，但其行业前景不好，类似于波士顿矩阵中的金牛单位。这一象限中的经营单位采取的战略是，用少量投资以求未来的扩展，将其作为其他快速发展的经营单位的资金源泉。

H类单位。H类单位，其竞争能力弱且行业前景不好，类似于波士顿矩阵中的瘦狗单位。对这一象限中的经营单位应采取放弃战略，将拍卖资产所得的资金投入到更有利的经营单位。

10.3.2 行业生命周期分析法

1. 行业生命周期－企业竞争地位矩阵

生命周期法由亚瑟科特尔咨询公司提出，并被战略管理学界所接受。该方法以行业生命周期和企业竞争地位两个参数来确定公司中各个经营单位所处的位置(如图10.8)。

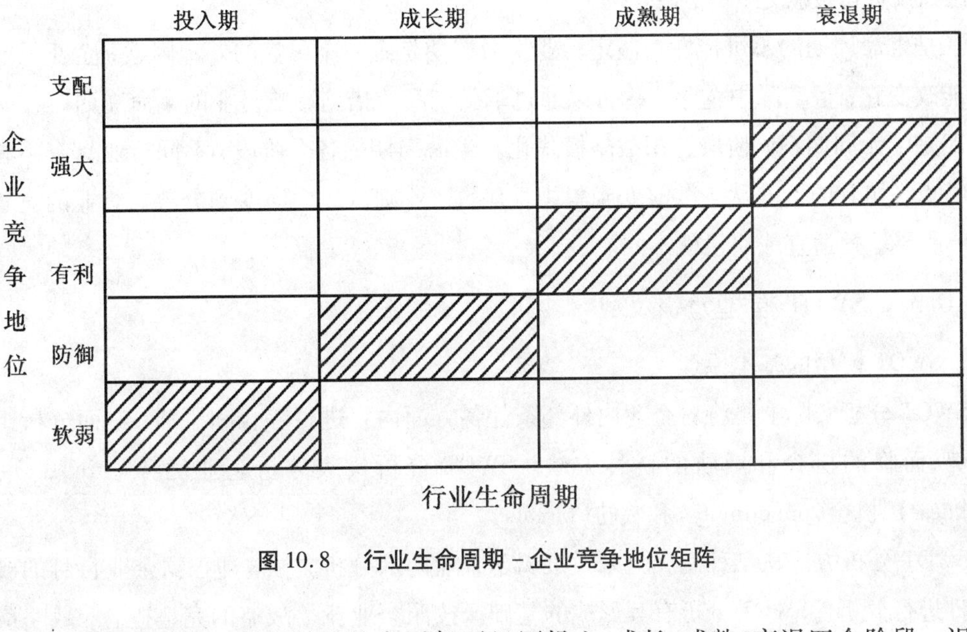

图10.8　行业生命周期－企业竞争地位矩阵

生命周期理论认为，任何行业的发展都要经历投入、成长、成熟、衰退四个阶段。识别某项业务在生命周期中所处阶段的主要标志有：市场增长率、需求增长潜力、产品品种多少、竞争者多少、市场占有率状况、进入壁垒，技术变革和用户购买行为等。

确定企业的竞争地位往往是根据下列指标综合考虑定性判断的，如该经营单位的市场占有率、资金利润率、投资、销售利润率、成本领先地位、技术领先地位、附加价值率等。一般来说，企业在一个行业中的竞争地位有以下五种：支配地位、强大地位、有利地位、防御地位、软弱地位。

2. 生命周期分析法的战略建议

以行业生命周期为横坐标，企业竞争地位为纵坐标，这样就组成一个具有20个单元的生命周期矩阵。按照亚瑟科特尔咨询公司的建议，有四种战略选择，即发展战略、有重点地发展战略、调整战略与退出战略。企业可以根据具体情况予以选择。

3. 生命周期分析法的局限性

生命周期分析法对战略方案的评价和选择很有意义，但也存在着不少应用上的局限性，具体表现在以下四个方面：

一是生命周期曲线的抽象性。生命周期曲线是一条经过抽象典型化了的曲线，各行业按实际销售量绘制出来的曲线并不总是理想的形状。同时，不同行业生命周期各个阶段的长短也不尽相同。所以，判断某一个经营单位某一时刻所处的阶段是很困难的。如果判断出现偏差，很容易导致战略上的失误，特别是容易导致过早地放弃某些需求暂时下降且尚有盈利能力的经营单位。

二是行业演变的单一性。行业的演变并不总是遵循"S"形曲线，有的行业衰退后又重新振兴，有的行业甚至会跳越某个阶段，比如直接从投入期进入成熟期。其中的原因是多方面的，比如投资过度就是一个例子。

三是生命周期的不可控性。假定行业生命周期是企业不可控的外部因素，企业只能适应而不能改变它，但实际中企业往往可以通过革新产品等措施影响行业的生命周期。

四是生命周期不同阶段适用战略模式化。生命周期的各个阶段，不同行业具有不相同的竞争特点，如有的行业从分散演变到集中，有的行业则从集中演变到分散。行业的竞争特性不同，所要求的适宜战略也就不同。

10.3.2 SWOT模型分析

1. SWOT模型的基本原理

SWOT分析实际上是将对企业内外部条件各方面内容进行综合和概括，进而分析组织的优劣势、面临的机会和威胁的一种方法。SWOT分析代表分析企业优势（strength）、劣势（weakness）、机会（opportunity）和威胁（threats）。

SWOT分析方法从某种意义上来说隶属于企业内部分析方法，即根据企业自身的既定内在条件进行分析。SWOT分析有其形成的基础。按照企业竞争战略的完整概念，战略应是一个企业"能够做的"（即组织的强项和弱项）和"可能做的"（即环境的机会和威胁）之间的有机组合。

2. SWOT模型分析的战略建议

SWOT分析法的做法是，依据企业的方针列出对企业发展有重大影响的内部和外部环境因素；继而确定标准，对这些因素进行评价，判定优劣势的大小和外部环境的好坏，最终形成一个SWOT分析表。在此基础上，可以根据企业的得分来判定企业属于何种类型(如图10.9)。

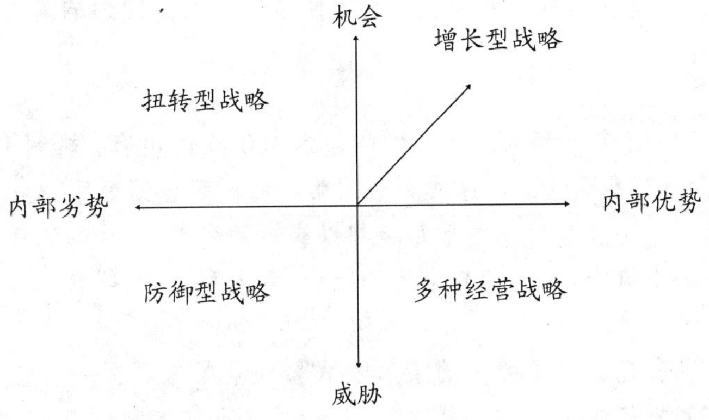

图10.9　SWOT模型分析法

若企业处于第Ⅰ象限，外部有众多机会，又具有强大内部优势，宜采用增长型战略。

若企业处于第Ⅱ象限，外部有机会，但内部条件不佳，宜采取措施扭转内部劣势，可采用先稳定后发展的扭转型战略；

若企业处于第Ⅲ象限，外部有威胁，内部状况又不佳，应设法避开威胁，消除劣势，可采用防御型战略；

若企业处于第Ⅳ象限，拥有内部优势，而外部存在威胁，宜采用多种经营战略分散风险，寻求新的机会。

3. SWOT模型分析的局限性

SWOT方法自形成以来，广泛应用于战略研究与竞争分析，成为战略管理和竞争情报的重要分析工具。分析直观、使用简单是它的重要优点。即使没有精确的数据支持和更专业化的分析工具，也可以得出有说服力的结论。但是，正是这种直观和简单，使得SWOT分析方法不可避免地带有精度不够的缺陷。例如SWOT分析采用定性方法，通过罗列S、W、O、T的各种表现，形成一种模糊的企业竞争地位描述，以此为依据作出的判断，不免带有一定程度的主观臆断。所以，在使用SWOT方法时要注意方法的局限性，在罗列作为判断依据的事实时，要尽量真实、客观、精确，并提供一定的定量数据弥补SWOT定性分析的不足，构造高层定性分析的基础。

☞ **思考题：**

1. 企业战略评价主要包括哪些环节和内容？
2. 简述市场增长率－相对市场占有率矩阵的基本结构。
3. 顾客价值与生产者价值矩阵之间有哪几种组合？
4. 生命周期分析法的战略建议有哪些？
5. 简述SWOT模型分析的局限性。

【案例分析】　　必胜客SWOT案例分析

必胜客倡导“为客疯狂”、“顾客是我们的唯一”的理念，营造“欢乐休闲”、“轻松亲切而又值得依赖”的餐饮氛围和文化，并把这种餐饮文化转化到企业内部，形成一套具有企业特色的企业文化。让员工接受并认同这种企业文化，使员工不经意间影响着顾客，在品位与品尝之间产生完美的结合。

一、优势(S)

在遍布世界各地一百多个国家，每天接待超过400万位顾客，烤制170多万个比萨饼。必胜客已在营业额和餐厅数量上，迅速成为全球第一的比萨连锁餐厅企业。

1. 能力优势:每一家必胜客欢乐餐厅每天都以崭新的姿态、悦目的装潢、舒适的设计、训练有素的服务人员、再加上风味迥异、营养丰富的比萨、意大利面、新鲜自助沙拉等美食招待喜爱它的顾客。

2. 理念优势:必胜客还为中国的消费者和中式餐饮业带来了另一种全新的，不同与肯德基快餐式的服务,它的特色在于:在“必胜客欢乐餐厅”，不仅有新鲜烹制的比萨、品质上乘的特色食品,还有与他人共同分享的愉悦。

3. 硬件优势:必胜客欢乐餐厅的氛围从视觉、心境让人感到赏心悦目:热情周到的服务，餐厅灯光柔和温馨，音乐优雅悦耳，内部装饰缤纷时尚，桌椅舒适雅致。

总之，在“必胜客欢乐餐厅”会令每个人感觉开心愉快、轻松惬意，是一个适合朋友、家人聚会，尽享舒适快乐时光的理想场所。即使到下一世纪，这一全新的餐饮模式也将继续作为必胜客可持续发展的典范。

二、弱势(W)

推广劣势:价格上处于弱势，由于生产成本较高使得在价格上偏贵导致一部分顾客流失;其次从2010的“饮料门”过后，必胜客品牌信誉度下降又导致一部分顾客流失。以至于市场份额不大。

三、机会(O)

1. 欢乐美食。这里的消费群以年轻一族为主，时尚的、流行的元素为必胜客铺上了欢乐的背景。没有呛人的油烟，没有令人作呕的蚊蝇，有的只是干净的桌椅和明亮的窗户，心情自然舒畅愉悦。

2. 欢乐环境。为突出欢乐气氛，所有餐厅都增加了抽象派西式壁画、壁炉状的出饼台、随处可见的厨房小玩具等，还为就餐的年轻人和儿童量身定制了许多游戏项目。比如在比萨上桌之前的“沙拉吧”，拓展思维，“装配”出一份新鲜美味、多得冒尖的沙拉大餐等。

3. 欢乐服务。在客人被服务员领到餐台前坐下后，服务员并不在顾客左右。这就是“必胜客”的距离式服务，有距离是为了在客人的感受上造成无距离。服务生的“眼力”很好，当客人有所需求时，他们会从客人的眼神、表情或动作中读出客人的期待，适时提供服务。正是由于这一系列欢乐元素，使其品牌精神得以在细节上体现出来，才使得一个洋品牌在古老的中国大地上生根发芽。

4. 温馨的环境。必胜客的装潢更加偏重情调，昏黄幽暗的灯光流泻下来，映照在附着于墙壁上的抽象油画上，形成一圈一圈暖昧的影像，给人一种朦胧的温暖，仿佛某一个散淡的黄昏里一场波澜不惊的巧遇:只有一张比萨的距离，美食与文化的邂逅。

四、威胁(T)

T:有强大的竞争对手，肯德基。肯德基大规模的开店，已经进入三线城市，选址通常在当地的大百货超市，人流量大的地区。全球有12000家左右店铺。肯德基品种越来越丰富，而且很多东西都在中国人的口味上做，或者更改，一直致力于开发适合中国人口味的产品，产品更新换代速度较快。广告效应，新产品随广告同步上市。非常苛刻的要求，在每一个环节上。

【拓展训练】　　蓝海战略的评价体系

“蓝海战略”由W·钱·金和勒妮·莫博涅于2005年2月在《蓝海战略》一书中正式提出。蓝海战略要求企业超越“成本优势”的境界，将目标放在买方价值的大幅提升上，主张企业用“价值创新”的战略行动(“蓝海”)代替争夺现有市场空间的竞争行为(“红海”)。迄今为止，世界各地众多的企业和政府部门已经开始系统性地运用蓝海战略的分析和实施工具进行价值创新和战略变革。

蓝海战略认为，企业只有把创新与效用、成本、价格整合为一体时，才会有价值创新。因此，可以用创新维度(innovation dimension)、效用维度(utility dimension)、成本维度(cost dimension)和价格维度(price dimension)四项指标(IUCP)来构建蓝海战略的评价体系。

改革开放三十多年来，无限的市场机会造就了中国企业的辉煌，但也“成就”了中国企业天生的脆弱性。一旦市场机遇不再或是市场发展缓慢下来，在经济全球化的大背景下，这些企业管理者因知识结构、意识形态、思维模式和管理水平等渐渐不能适应企业进一步发展而呈现出“落伍”的疲态。同时，企业开始为争抢有限的市场份额而陷入无休止的血腥“红海”，企业发展空间逐渐萎缩，发展动力不足，遇到“中国式瓶颈”。海尔、联想、长虹等都是这些企业的突出代表。蓝海战略的出现让这些企业看到了突破“中国式瓶颈”的希望，因此它们纷纷转向蓝海战略的研究，着力制定本企业的蓝海战略。

但是，也有国内学者指出，如果把蓝海战略理解为产业内的创新的话，那么他与波特的差异化并不区别，只是竞争策略之一而已。如果把蓝海战略理解为超越产业竞争的产业创新的话，对于大部分中国企业而言，无异于鼓励其“投机”。这种战略对于热衷于“多元化”的中国企业是再熟悉不过的了。所以，任何战略的实施都有其前提条件，但蓝海战略并没有分析实施蓝海战略的前提条件是什么。所以与其说《蓝海战略》是一本管理书，不如说是一本管理小说而已。

第 11 章 | 企业战略的实施

❖ 11.1 企业战略实施概述

11.1.1 什么是战略实施

战略实施就是将公司战略付诸实施的过程。企业战略在尚未实施之前只是纸面上的或人们头脑中的东西，企业战略的实施则是战略管理过程的行动阶段，因此，在一定意义上，它比战略的制定更加重要。

战略实施是一个自上而下的动态管理过程。所谓“自上而下”主要是指，战略目标在公司高层达成一致后，再向中下层传达，并在各项工作中得以分解、落实。所谓“动态”主要是指战略实施过程中，常常需要在“分析——决策——执行——反馈——再分析——再决策——再执行”的不断循环中达成战略目标。

11.1.2 战略实施的阶段

企业战略的实施包含以下四个相互联系的阶段：

1. 战略发动阶段

在战略发动阶段，企业领导人要研究如何将企业战略的理想变为企业员工的实际行动，调动起员工实现新战略的积极性和主动性，这就要求对企业管理人员和员工进行培训，向他们灌输新的思想、新的观念，提出新的口号和新的概念，消除一些不利于战略实施的旧观念和旧思想，以使员工逐步接受一种新的战略。对于一个新的战略，在开始实施时相当多的人会产生各种疑虑，而一个新战略往往要将人们引入一个全新的境界，如果员工们对新战略没有充分的认识和理解，新战略就不会得到员工的充分拥护和支持。因此，战略的实施是一个发动广大员工的过程，要向广大员工讲清楚企业内外环境的变化给企业带来的机遇和挑战、旧战略存在的各种弊病、新战略的优点以及存在的风险等，使广大员工能够认清形势，认识到实施新战略的必要性和迫切性，树立信心，打消疑虑，为实现新战略的美好前途而努力奋斗。在发动员工的过程中，要重点努力争取新战略的关键执行人员的理解和支持，企业的领导人要考虑机构和人员的人事调整问题以扫清战略实施的障碍。

2. 战略计划阶段

企业战略可以分解为几个战略实施阶段，每个战略实施阶段都有各阶段的目标，相应地有各阶段的政策措施、部门策略以及相应的方针等。要定出分阶段目标的时间表，对各分阶段目标进行统筹规划、全面安排，并注意各个阶段之间的衔接，对于远期阶段的目标方针可以概括一些，但是对于近期阶段的目标方针则应该尽量详细一些。在此阶段，更应该注意新战略与旧战略很好地衔接，以减少阻力和摩擦。此阶段的分目标及计划应该更加具体化和操作化，使战略最大限度地具体化，变成企业各个部门可以具体操作的业务。

3. 战略运作阶段

企业战略的实施运作主要与各级领导人员的素质和价值观念、企业的组织机构、企业文化、资源结构与分配、信息沟通、控制及激励制度六个因素有关。通过这六项因素使战略真正进入到企业的日常生产经营活动中去，成为制度化的工作内容。

4. 战略的控制与评估阶段

战略是在变化的环境中实践的，企业只有加强对战略执行过程的控制与评价，才能适应环境的变化，完成战略任务。这一阶段主要是建立控制系统、监控绩效和评估偏差、控制及纠正偏差三个方面。

11.1.3 战略实施的基本原则

企业在战略实施过程中，常常会遇到许多在制定战略时未估计到或者不可能完全估计到的问题，因此，在战略实施中要遵循以下原则，以作为企业实施经营战略的基本依据。

1. 适度合理性原则

由于企业经营目标和企业经营战略的制定过程中，受到信息、决策时限以及认识能力等因素的限制，对未来的预测不可能很准确，所制定的企业经营战略也难以做到最优，而且在战略实施的过程中由于企业外部环境及内部条件的变化较大，情况比较复杂，因此只要在主要的战略目标上基本达到了战略预定的目标，就应当认为这一战略的制定及实施是成功的。在现实生活中不可能完全按照原先制定的战略计划行事，因此战略的实施过程不是一个简单机械的执行过程，而是需要执行人员大胆创造，大量革新，因为新战略本身就是对旧战略以及旧战略相关的文化、价值观念的否定，没有创新精神，新战略就无法贯彻实施。因此，战略实施过程也可以是对战略的创造过程。在战略实施中，战略的某些内容或特征有可能改变，但只要不妨碍总体目标及战略的实现，就是合理的。

另外，企业的经营目标和战略总是要通过一定的组织机构分工实施，也就是要把庞大而复杂的总体战略分解为具体的、较为简单的、能予以管理和控制的问题，由企业内部各部门以至部门各基层组织分工去贯彻和实施，组织机构是适应企业经营战略的需要而建立的，但一个组织机构一旦建立，就不可避免地要形成自己所关注的问题的本位利益，这种本位利益在各组织之间以及与企业整体利益之间会发生一些矛盾和冲突，为此，企业的高层管理者要做的工作是对这些矛盾和冲突进行协调、折衷与妥协，以寻求各方面都能接受的解决办法，而不可能离开客观条件去寻求所谓绝对的合理性。只要不损害总体目标和战略的实现，这种相对的合理性是可以理解和接受的，即在战略实施过程中要遵循适度的合理性原则。

2. 统一领导、统一指挥的原则

一般来讲，对企业经营战略了解最深刻的应当是企业的高层领导人员，他们要比企业中下层管理人员以及一般员工掌握的信息要多，对企业战略的各个方面的要求以及相互关系了解得更全面，对战略意图体会最深，因此战略的实施应当在高层领导人员的统一领导、统一指挥下进行。只有这样，企业资源的分配、组织机构的调整、企业文化的建设、信息的沟通及控制、激励制度的建立等各方面才能相互协调、平衡，才能使企业为实现战略目标而卓有成效地运行。

同时，要贯彻统一领导、统一指挥的原则，要求企业的每个部门只能接受一个上级的命令，但在战略实施中所发生的问题，能在小范围、低层次解决问题，不要放到更大范围、更高层次去解决，这样做所付出的代价最小，因为越是在高层次的环节上去解决问题，其涉及的面也就越大，交叉的关系也就越复杂，当然其代价也就越大。

统一领导、统一指挥的原则看似简单，但在实际工作中，由于企业缺少自我控制和自我调节机制或这种机制不健全，因而在实际工作中经常违背这一原则。

3. 权变原则

企业经营战略的制定是基于一定的环境条件的假设，在战略实施中，事情的发展与原先的假设有所偏离是不可避免的，战略实施过程本身就是解决问题的过程，但如果企业内外环境发生重大的变化，以致原定战略的实现变为不可行，这时势必需要对原定的战略进行重大的调整，这就是战略实施的权变问题。其关键就在于如何掌握环境变化的程度，如果环境发生并不重要的变化时就修改了原定的战略，就容易造成人心浮动，战略就无法有效执行，最终很可能导致一事无成；但如果环境确实已经发生了很大的变化，仍然坚持实施既定的战略，将最终导致企业限于困境甚至破产。因此，在企业战略实施过程中，为保证战略的贯彻落实，关键在于准确研判企业环境的变化，并适时地做出战略调整。

权变的观念应当贯穿于战略实施的全过程，从战略的制定到战略的实施，权变的观念要求识别战略实施中的关键变量，并对它做出灵敏度分析。这些关键变量的变化超过一定范围时，原定的战略就及时调整，并准备相应的替代方案，即企业应该对可能发生的变化及其对企业造成的后果，以及应变替代方案，都要有足够的了解和充分的准备，以使企业有充分的应变能力。当然，在实际工作中，对关键变量的识别和对起动机制的运行都是很不容易的。

11.1.4 战略实施的模式

在企业战略实施中，主要有以下五种不同的模式：

1. 指挥型

这种模式的特点是企业总经理考虑的是如何制定一个最佳战略的问题。在实践中，计划人员要向总经理提交企业经营战略的报告，总经理看后做出结论，确定了战略之后，向高层管理人员宣布企业战略，然后强制下层管理人员执行。

这种模式的运用要有以下约束条件：

(1) 总经理要有较高的权威，靠其权威通过发布各种指令来推动战略实施。

(2) 此模式只能在战略比较容易实施的条件下运用。这就要求战略制定者与战略执行者的目标比较一致，战略对企业现行运作系统不会构成威胁；企业组织结构一般都是高度集权制的体制，企业环境稳定，能够集中大量的信息，多种经营程度较低，企业处于强有力的竞争地位，资源较为宽松。

(3) 此模式要求企业能够准确、有效地收集信息并能及时汇总到总经理的手中，因此，它对信息条件要求较高。这种模式不适应高速变化的环境。

(4) 此模式要有较为客观的规划人员。因为在权力分散的企业中，各事业部常常因为强调自身的利益而影响了企业总体战略的合理性，因此，企业需要配备一定数量的有全局眼光的规划人员来协调各事业部的计划，使其更加符合企业的总体要求。

这种模式的缺点是把战略制定者与执行者分开，即高层管理者制定战略，强制下层管理者执行战略，因此，下层管理者缺少了执行战略的动力和创造精神，甚至会拒绝执行战略。

2. 变革型

这种模式的特点是企业总经理考虑的是如何实施企业战略。在战略实施中，总经理本人或其帮手需要对企业进行一系列的变革，如建立新的组织机构或新的信息系统，变更人事，甚至是兼并或合并经营范围，采用激励手段和控制系统以促进战略的实施，以进一步增强战略成功的机会，企业战略领导者往往采用以下三种方法：

(1) 利用新的组织机构和参谋人员向全体员工传递新战略优先考虑的战略重点是什么，把企业的注意力集中于战略重点所需的领域中。

(2) 建立战略规划系统和效益评价系统，采用各项激励政策以便支持战略的实施。

(3) 充分调动企业内部人员的积极性，争取各部分人员对战略的支持，以此来保证企业战略的实施。

这种模式在许多企业比指挥型模式更加有效，但这种模式并没有解决指挥型模式存在的如何获得准确信息的问题，各事业单位及个人利益对战略计划的影响问题以及战略实施的动力问题，而且还产生了新的问题，即企业通过建立新的组织机构及控制系统来支持战略实施的同时，也失去了战略的灵活性，在外界环境变化时使战略的变化更为困难。因此，从长远观点来看，环境不确定的企业应避免采用不利于战略灵活性的措施。

3. 合作型

这种模式的特点是企业总经理考虑的是，如何让其他高层管理人员从战略实施一开始就承担有关的战略责任。为发挥集体的智慧，企业总经理要和企业其他高层管理人员一起对企业战略问题进行充分的讨论，形成较为一致的意见，制定出战略，再进一步落实和贯彻战略，使每个高层管理者都能够在战略制定及实施的过程中做出各自的贡献。

协调高层管理人员的形式多种多样，如有的企业成立有各职能部门领导参加的“战略研究小组”，专门收集在战略问题上的不同观点，并进行研究分析，在统一认识的基础上制定出战略实施的具体措施等。总经理的任务是要组织好一支合格的能胜任战略制定及实施的战略管理人员队伍，并使他们能够很好地合作。

合作型的模式克服了指挥型模式及变革模式存在的两大局限性，使总经理接近一线管理人员，能够获得比较准确的信息。同时，由于战略的制定是建立在集体思考的基础上，从而提高了战略实施成功的可能性。

该模式的缺点是由于战略是不同观点、不同目的的参与者相互协商折衷的产物，有可能会使战略的经济合理性有所降低，同时仍然存在着谋略者与执行者的区别，仍未能充分调动全体管理人员的智慧和积极性。

4. 文化型

这种模式的特点是企业总经理考虑的是如何动员全体员工都参与战略实施活动，即企业总经理运用企业文化的手段，不断向企业全体成员灌输战略思想，建立共同的价值观和行为准则，使所有成员在共同的文化基础上参与战略的实施活动。由于这种模式打破了战略制定者与执行者的界限，力图使每一个员工都参与制定与实施企业战略，因此使企业各部分人员都在共同的战略目标下工作，使企业战略实施迅速，风险小，企业发展也迅速。

文化型模式也有局限性，主要表现在以下几点：

(1)这种模式是建立在企业职工都是有学识的假设基础上的，在实践中职工很难达到这种学识程度，受文化程度及素质的限制，一般职工(尤其是劳动密集型企业的职工)对企业战略制定的参与程度受到限制。

(2)极为强烈的企业文化可能会掩饰企业中存在的某些问题，企业也要为此付出代价。

(3)采用这种模式要耗费较多的人力和时间，而且还可能因为企业的高层不愿意放弃控制权，而使职工参与战略制定及实施流于形式。

5. 增长型

这种模式的特点是企业总经理考虑的是，如何激励下层管理人员制定、实施战略的积极性及主动性，为企业效益的增长而奋斗。即总经理要认真对待下层管理人员提出的一切有利于企业发展的方案，只要方案基本可行，符合企业战略发展方向，在与管理人员探讨了解决方案中的具体问题的措施以后，应及时批准这些方案，以鼓励员工的首创精神。采用这种模式，企业战略不是自上而下地推行，而是自下而上地产生，因此，总经理应该具有以下的认识：

(1)总经理不可能控制所有的重大机会和威胁，有必要给下层管理人员以宽松的环境，激励他们集中精力从事有利于企业发展的经营决策。

(2)总经理的权力是有限的，不可能在任何方面都可以把自己的愿望强加于组织成员。

(3)总经理只有在充分调动及发挥下层管理者的积极性的情况下，才能正确地制定和实施战略，一个稍微逊色的但能够得到人们广泛支持的战略，要比那种“最佳”的却根本得不到人们的热心支持的战略有价值得多。

(4)企业战略是集体智慧的结晶，靠一个人很难做出正确的战略，因此，总经理应该坚持发挥集体智慧的作用，并努力减少集体决策的各种不利因素。

在20世纪60年代以前，企业界认为管理需要绝对的权威，这种情况下，指挥型模式是必要的。60年代，钱德勒的研究结果指出，为了有效地实施战略，需要调整企业组织结构，这样就出现了变革型模式。合作型、文化型及增长型三种模式出现较晚，但从这三种模式中可以看出，战略的实施充满了矛盾和问题，在战略实施过程中只有调动各种积极因素，才能使战略获得成功。上述五种战略实施模式在制定和实施战略上的侧重点不同，指挥型和合作型更侧重于战略的制定，而把战略实施作为事后行为，而文化型及增长型则更多地考虑战略实施问题。实际上，在企业中上述五种模式往往是交叉或交错使用的。

※ 11.2 资源配置与战略实施

11.2.1 企业战略与资源的关系

1. 企业资源对战略的保证作用

企业战略与资源相适应的最基本关系，是指企业在战略实施过程中应当有必要的资源保证。而在现实中没有资源保证的战略，又没有充分认识到其危险性的企业不在少数。究其原因，大致可归纳为三点：

(1)战略制定者在思考程序上存在缺陷，他们没有注意到确保资源的必要性，从而制定了“空洞”的战略。

(2)必要的资源难以预测而导致偏差，由于预测不准，结果造成不可预测的损失。

(3)没有把握本企业的资源尤其是看不见的资源而出现错误，造成不可预料的损失。

2. 企业战略可以保证资源的有效利用与储备

战略可以保证资源的有效利用，即使企业具有充足的资源，也不是说企业就可以为所欲为。如果过度滥用企业资源，会使企业丧失既得利益，也会使企业丧失赢得更多利益的机会。因此，企业采用正确的战略之后，就可以使资源得到有效利用，发挥其最大效用。更有甚者，战略可促使企业充分挖掘并发挥各种资源的潜力，特别是在人、财、物上体现出来的看不见的潜力。

由于资源是变化的，因此，企业实施战略过程中，通过对现有资源的良好组合，可以在变化中创造出新资源，从而为企业有效储备了资源。所谓有效储备，是使必要的资源以低成本、快速度在适当时机进行储备。战略可通过以下两种方式来实现这一目的：战略推行的结果可附带产生新资源；这种新资源可以成为其他战略必要的资源而被经常及时地使用。

11.2.2 企业战略资源的内容及其特点

企业推行战略前的准备，除了用计划推行和适应战略的组织调整之外，战略资源的配置优劣将直接影响到战略目标的实现。那么，什么是企业的战略资源呢？

1. 战略资源的内容

企业战略资源是指企业用于战略行动及其计划推行的人力、财力、物力等资财的总和。这其中也包括时间与信息，因为他们是无形的，因此很少被人关注。而时间和信息在某种条件下可能会成为影响企业战略实施的关键性战略资源。企业这些战略资源是战略转化行为的前提条件和物资保证。具体来讲，战略资源包括：

(1)采购与供应实力。企业的采购与供应实力是指企业是否具备有利的供应地位，与自己的供应厂家关系是否协调，是否有足够的渠道保证，能否以合理的价格来获取所需的资源。

(2)生产能力与产品实力。企业的生产能力与产品实力是指企业的生产规模是否合理，生产设备、工艺是否能够跟得上潮流，企业产品的质量、性能是否具有竞争力，产品结构是否合理。

(3)市场营销与促销实力。市场营销与促销实力是指企业是否具备了开发市场的强大实力，是否有一支精干的销售队伍，市场策略是否有效等。

(4)财务实力。财务实力是指企业的获利能力与经济效益是否处于同行前列，企业的利润来源、分布及趋势是否合理，各项财务指标及成本状况是否正常，融资能力是否强大等。

(5)人力资源的实力。人力资源的实力是指企业的领导者、管理人员、技术人员等素质是否一流，其知识水准、经验技能是否有利于企业的发展，其意识是否先进，企业的内聚力如何等。

(6)技术开发的实力。技术开发的实力是指企业的产品开发和技术改造的力量是否具备，企业与科研单位、高校的合作是否广泛，企业的技术储备是否能在同行业中处于领先地位。

(7)管理经营的实力。管理经营的实力是指企业是否拥有一个运行有效、适应广泛的管理体系，企业对新鲜事物的灵敏度如何，反应是否及时、正确，企业内是否有良好的文化氛围，在企业内是否形成良好的分工与合作，能否进行有力的组织等。

(8)对时间、信息等无形资源的把握能力。对时间、信息等无形资源的把握能力是指企业是否能充分获取、储备和应用各种信息，时间管理是否合理等。企业的这些战略资源的整合基本上就构成了竞争实力。

2. 战略资源的特点

战略资源具有以下特点：

(1)战略资源的流动方向和流动速度取决于战略规划的决定。

(2)企业中可支配的资源总量与结构具有一定的不确定性，在战略实施的过程中，资源的稀缺程度与结构会发生各种变化。

(3)战略资源的可替代程度高。由于战略实施周期长，随着科学技术的进步，原来稀缺的资源可能会变得十分丰裕，也可能发生相反的变化。

(4)无形资源的影响程度难以准确判定。例如企业的信誉资源对企业获取公众的支持、政府的帮助会产生很大的影响。正因为如此，企业的战略管理者在实施战略时，必须充分了解这些战略资源的内在特质，并做出适当的预防措施，只有这样，才能保证战略的平稳运行。

11.2.3 企业战略资源的配置

1. 影响资源有效配置的因素

影响企业战略资源配置的因素众多，主要包括以下几方面：

(1)资源保护机制。由于人、财、物等各项资源都有专门的部门负责开发、保护和管理，部门管理人员总会担心因资源分配上的差错而承担责任，往往十分审慎地对待部门的资源需求，不能及时地把资源分配到战略最需要的部门中去。

(2)个人价值偏好。主管资源分配的管理人员的个人价值偏好与企业经营战略一致时，资源分配便会按照战略预期进行；反之，资源分配就会出现人为障碍。

(3)互惠的政治交易。当重大战略决策有利于某些部门时，这些部门的管理人员及其利益同盟就会积极支持该项决策；反之，他们就会私下进行交易，结成利益联盟，影响决策方向，阻碍资源分配。

(4)战略的不确定性。由于新战略的实施结果难以确定，因此资源分配人员往往有“等等再说”的思想，愿意进行比较安全可靠的短期资源分配，而不愿进行长期资源分配。

2. 企业战略资源的分配

企业战略资源的分配是指按照战略资源的原则方案，对企业所属战略资源进行的具体分配。企业在推进战略过程中的战略转换往往就是通过资源分配的变化来实现的。由于企业战略资源中，无形资源很难把握，而除人力资源之外的有形资源均可以用价值形态来衡量，因此，企业战略资源的分配一般可以分为人力资源的分配和资金的分配两种。

(1)人力资源的分配。人力资源的分配一般包括以下三个内容：一是为各个战略岗位配备管理和技术人才，特别是对关键岗位的关键人物的选择；二是为战略实施建立人才和技术的储备，不断为战略实施输送有效人才；三是在战略实施的过程中，注意整个队伍的综合力量的搭配和权衡。

(2)资金的分配。企业中一般采用预算的方法来分配各种资金资源。而预算是一种通过财务指标或数量指标来显示企业目标与战略的文件。通常采用以下几种预算方式:一是零基预算。它不是根据上年度的预算编制，而是将一切经营活动都从彻底的成本——效益分析开始，以防止预算无效。二是规划预算。它是按照规划项目而非职能来分配资源。规划预算的期限较长，常与项目规划期同步，以便直接考察一项规划对资源的需求和成效。三是灵活预算。它允许费用随产出指标而变动，有助于克服"预算游戏"及增加预算的灵活性。四是产品生命周期预算。在产品的不同生命周期中有着对资金的不同需求，而且各阶段的资金需求有不同的费用项目。这时产品生命周期预算就根据不同阶段的特征来编制各项资金的支出计划及原则。

在资金的分配中，应该遵循两项基本原则:根据各单位、各项目对整个战略的重要性来设置资金分配的优先权，以实现资源的有偿高效利用;努力开发资金在各战略单位的潜在协同功能。

3. 企业战略资源配置的原则

企业在进行战略资源配置时，应遵循以下一些原则:

(1)首先抓住产业成功的关键要素。企业中的优良资源应首先满足于产业关键的成功要素和需完成的关键任务。

(2)把握任务时序上的缓急。任务或者项目的时序安排是战略所规定的，但要遵循项目间或者活动本身的内在规律性。企业在分配资源时，要明确各项战略任务的优先次序，按任务时序配置资源。在企业业务组合战略中，还应确定不同业务在什么时候进入、什么时候扩张和什么时候产出。业务组合应该能够保证企业在现金流以及其他资源方面实现动态平衡，资源配置在时序上的缓急，应该与实现这些平衡相适应。

(3)保留适当的战略资源冗余。企业按任务或按目标来分配资源，其实只是一种计划，这种计划是以"预计"为基础的，具有很多不确定性。为了确保目标完成或提高可靠性，企业需要有一定量的资源冗余，不能满打满算，就像关键战役中一定要留预备队一样。与资源冗余密切关联的是资源储备，战略资源储备是企业为了应对环境变化所必需的。当企业发展顺利、风生水起时，不太会意识到资源储备的战略意义。比如巨人集团，当其产品畅销且有大量现金流时，就忽视了与金融界建立良好关系;当其产品销售受阻急需资金时，便很难从金融市场获得资金，资金链的断裂导致整个事业一落千丈，一蹶不振。

(4)战略导向的资源配置。战略资源配置既要立足于当前，更要着眼于长期。现实中，一些企业或被短期利益所吸引，使战略资源分散，不能通过聚焦以成就大的事业;或经常迫于眼前的压力，如原材料要买、工资要发、设备要维修、营销要做等等，唯独在研究与开发、员工培训、管理创新等方面，未能意识到其战略重要性而不肯投资。其结果是疲于应对"燃眉之急"，却忽视了"当务之急"，最终导致企业倒闭。

4. 战略与资源的动态组合

企业在发展过程中，在不同的发展阶段需将其战略不断推陈出新，战略资源也需不断地积累。企业在制定现行战略时，应该充分预测将来的环境、资源的变化，并对资源进行必要、合理的配置。这个过程中应当注意，资源的配置不是单纯的资源配置，而是应该与战略联成一体，形成密不可分的关系。因此，我们说战略资源的配置、动态组合实际上也就是指战略与资源的动态组合。

伴随着战略的展开，资源被不断储备，新的资源与现有资源的储备交织在一起，形成了将来的资源储备。企业以这些新的储备为基石，将来再进一步展开战略。因此，处于现在战略和将来战略中间的新的资源储备，也就成为连接这两个战略的媒介。当现有战略为将来的战略展开有效地积累资源时，将来的战略也能够有效地利用这些积累资源，这就形成了企业中的战略与资源的动态组合过程。为了实现这个动态过程，企业首先必须考虑两个问题:一是现在应该选择什么样的战略，二是将来的战略应该怎样，然后才能在两者之间调配适当的资源。而资源在这个过程中将起到动态相辅和动态相乘的两个效果。

(1)动态相辅效果。动态相辅效果可以划分为物的动态相辅效果和资金的动态相辅效果两大部分:

①物的动态相辅效果。这是指企业的现有战略与将来的战略能在多大程度上共同利用物的资源，或者是现在战略运行中储备的战略资源能在多大程度上作用于将来的战略。在这个意义上讲，有转化可能的物的资源储备是较好的。企业在选择现有产品和市场战略等基本战略时，应预先设定使这种转化成为可能的某个相关的未来的战略，这时采取与将来联系较多的战略是十分必要的。例如，企业在建立生产线时，必须考虑这种专用线是否能够及时被用于其他生产领域，如果这种可能性没有，企业则要在竞争必要时做好更新这条专用线的人事、劳务、设备等方面的准备。

②资金的动态相辅效果。这里说的资金指的是流动资金，因为流动资金对于企业的日常经营是至关重要的，其影响面会更大，因此企业必须在战略上制定出资金的投入与回收这两方面的相辅效果。

企业在现在的战略与将来的战略之间，首先应该制定出资金的组合效应。企业在现有的战略上，会同时经营诸多领域，这从企业发展的眼光来看是无可厚非的，但是数年之后这些领域若同时需要大量的资金，企业应当如何处置？这需要企业动态地考虑这个问题。企业这时候应该做好现有战略发展后的资金储备，以应不时之需。另外，一个领域中的流动资金，在时间序列上会表现出不同的形式，某个时期需要投资资金，另一时期又回收资金，这要求企业能在某一领域内实现资金的动态权衡。决定上述流动资金变化形式的因素有四个:产品的生命周期阶段、企业的竞争战略、市场规模和成长速度以及竞争中的优势。

实现资金流动的动态相辅效果，要求企业在现有产品和市场机制上，必须同时具有不同类型的资金流动的产品与市场领域，在此基础上实现资金的流动平衡。

(2)动态相乘效果。这是指企业将来的战略能有效地使用现在战略运行中产生的看不见的资源的效果。也就是说，企业现在某个领域中所使用与产生看不见的资源期间，如果能够和未来领域利用这种相同资源的期间重叠，则能够形成强有力的动态相乘效果。

动态相乘效果是企业的本质。当人们在描述保证企业长期成长的战略时，动态相乘效果常常是其中的新内容。这是因为企业之所以能够适应不断变化的环境，就在于能够动态组合企业活动中的无形资源;在动态相乘的某两个领域之间，资金的动态相辅效果容易产生。

那么，企业应当如何实现其动态相乘效果呢？这里给出三条思路:

①企业在战略抉择上，应该选用无形资源较易积累的领域的战略。

②战略设计不能忽视动态的企业活动阶段及程序。

③为了实现动态相乘的良性循环，现在有必要选择一些表面上不合理、在一定程度上缺

乏资源保证的战略，这样有助于培养企业的内在动力，反其道而行之，常常可以获得意想不到的成功。

※ 11.3 组织结构与战略实施

11.3.1 组织结构与战略实施概述

19世纪60年代，钱德勒(Chandler)深入研究了美国100多家公司的发展情况，收集了大量、详尽的史料和案例后，出版了《战略与结构》一书，提出了环境决定战略、组织结构适配战略的思想，开创了企业战略与组织结构关系的研究。此后，组织理论界一大批学者又不断地丰富和发展了钱德勒的理论，并使其系统化、规范化。

战略与组织结构的有效结合是企业生存和发展的关键因素。一个成功的企业就在于制定适当的战略以达到其目标，同时建立适当的组织结构以贯彻其战略。但是，在目前实际的经营管理中，战略与组织结构的不协调仍然是限制许多企业发展的重要因素。企业虽然也很重视战略的制定和组织结构的设计，但却往往忽略战略与组织结构之间的协调配合，从而使经营陷入困境。

11.3.2 组织结构与战略实施的有效结合

1. 企业战略对组织结构的影响

(1)企业战略的几个演进阶段。企业的发展具有明显的阶段性。企业不同的发展阶段具有不同的战略，不同的战略又需要不同的组织结构与之相适应。因此，可以说，企业发展的阶段性、战略类型、规模与组织结构之间有着内在的紧密联系。

第一阶段:企业往往是一些单一的生产厂家或销售者，执行某个单一的职能。这时常见的是直线型的简单的组织结构，其特点是业主直接控制各雇员，并可根据情况随时改变经营策略，组织结构的变动也很简单。

第二阶段:随着规模的扩大，各单位间的协调及专业化要求的提高，具有分工协调和技术管理作用的职能组织结构便应运而生。它适用于那些环境稳定、产品和服务单一集中的企业。

第三阶段:企业发展为垂直一体化和相关多元化。此时的企业已具有了相当的规模和多种经营体，组织结构呈半自治状态。在这种结构中，各经营体是一种半独立的分支机构，具有相对独立的自主权。这种半独立的分支机构又可分为事业部型、区域型等多种形态。

第四阶段:企业发展表现为多元化，特别是非相关多元化。此时企业往往采取独立经营体与职能部门共存的结构或集团型组织结构。这种组织结构的特点是各经营体除总战略和资金来源及使用方面受控于总部外，完全独立运作。

(2)企业战略影响组织结构的两个方面。第一，不同的战略要求不同的业务活动，从而影响管理职务和部门的设计。具体地表现为战略扩张或收缩时企业业务单位或业务部门的增减等等。第二，战略重点的改变会引起组织工作重点的改变，从而导致各部门与职务在企业中重要程度的改变，并最终导致各管理职务以及部门之间关系的相应调整。

2. 组织结构对战略的限制作用

以上我们分析了企业各阶段战略和组织结构的变化以及战略在两个层次上对组织结构的

影响，但在实际的企业经营管理中，组织结构并不是完全由战略决定、跟随战略，还在一定程度上对战略的制定和实施起着限制作用。

(1)当一个企业的组织结构已经确立、人员已经配备、规章已经制定时，企业往往会力图避免过多地更改企业的组织结构，因为它会损失组织效率，分散企业的资源甚至造成企业运行的停顿。因此，企业在制定战略时会或多或少地考虑到组织结构的因素。一个完全与现有组织结构脱节的战略不会是一个好战略。

(2)在一个大企业中，重要的知识和决策能力是分散在整个公司之中的，而并非集中于高层管理人员。一个企业的结构将决定低层的决策者们以什么样的方式和顺序，把信息汇集在一起为公司战略决策服务——它(结构)为高层管理人员制定战略决策设定了一个议程。

(3)企业的结构还会影响那些到达高层管理人员的有关战略实施的信息，从而影响高层管理人员对战略实施的评价，进而影响他们对企业战略的修正。

3. 企业战略与组织结构有效结合的措施

在对企业战略和组织结构之间的相互作用做出认真分析后，可以得出以下五条使战略与组织结构有效结合的措施：

(1)对于各种组织结构类型的优缺点进行认真的分析比较，然后根据企业所处环境、企业发展阶段及战略决策的特点选择一种最合适的组织结构类型与企业战略相匹配。例如：地区分部结构适合于其战略需要适应不同地区的用户的不同特性与需求，它可以使管理者参与决策制定并改善区域内的协调。所以，业务范围广泛的 ABB 公司就将其管理结构按欧洲、美洲和亚太三个地域重新进行了设置，取得了显著的成果。而产品分部结构是需要对特殊产品或服务给予特殊关注时的最有效的战略实施方式。此外，当企业的产品或服务有很大差异时，这种结构也被广泛应用。所以，这种组织结构就被通用汽车公司、杜邦公司和宝洁公司所采用。

(2)对企业的价值链进行认真的考察分析，指出在企业战略中具有关键战略意义的组织单位，并使这些单位成为企业组织的核心单位，以获得必要的资源、组织影响力及决策影响力，促进企业战略的实施。

(3)对企业的价值链进行分析，考虑企业的非核心业务，即对企业战略实施意义不大的活动和能力，是否应采取外购的方式从企业外部获得，以在降低组织运作成本的同时使企业的组织结构更有利于企业战略的实施和核心战略能力的培养。

(4)如果企业的一项具有关键战略意义的核心业务不能够安排在一个组织单位内完成，那么需要加强分管这项业务不同方面的几个组织单位间的沟通和联系。在这种情况下，企业通常需要设立一个战略管理单位，对这几个组织单位的业务活动进行统一管理，以促使企业战略的顺利实施。

(5)当企业出现经营管理问题、组织绩效下降、需要制定新战略并改变组织结构与之相适应时，应尽量避免企业组织结构剧烈的、过大的变动，应采取一种平稳的、渐进的方式对组织结构进行改革，以减少变革过程中组织效率的损失。

企业战略的变化将导致组织结构的变化，组织结构的重新设计又能够促进公司战略的实施。企业战略与组织结构是一个动态变化的过程，孤立地制定战略或进行组织结构设计都是无效的，也是不可能成功的。只有将两者视为一个有机整体，放在激烈的变化着的环境中去考察，才可能有效地促进企业持续健康地发展。

※ 11.4 管理制度与战略实施

11.4.1 企业管理制度与战略实施的关系

企业管理制度是企业为求得最大效益，在生产管理实践活动中制定的各种带有强制性义务，并能保障一定权利的各项规定或条例，包括企业的人事制度、生产管理制度、民主管理制度等一切规章制度。

企业管理制度是对企业管理活动的制度安排，包括公司经营目的与经营观念，公司目标与战略，公司的管理组织以及各业务职能领域活动的规定。企业管理制度是企业员工在企业生产经营活动中须共同遵守的规定和准则的总称，企业管理制度的表现形式或组成包括企业组织机构设计、职能部门划分及职能分工、岗位工作说明等管理制度类文件。企业因为生存和发展需要而制定这些系统性、专业性相统一的规定和准则，就是要求员工在职务行为中按照企业经营、生产、管理相关的规范与规则来统一行动、工作，如果没有统一的规范性的企业管理制度，企业就不可能在企业管理制度体系正常运行，也就无法实现企业的发展战略。烽火猎头专家认为企业管理制度是实现企业战略目标的有力措施和手段。它作为员工行为规范的模式，能使员工个人的活动得以合理进行，同时又成为维护员工共同利益的一种强制手段。因此，企业各项管理制度是企业进行正常经营管理所必需的，它是一种强有力的保证。优秀企业文化的管理制度必然是科学、完整和实用的管理方式的体现。

企业依法制定规章制度是企业内部“立法”，是企业规范运作和行使用人权的重要方式之一。企业应当最大限度地利用和行使好法律赋予的这一权利，聪明的企业都看到了这一点。但实践中，我们仍很遗憾地看到有些企业并未对此予以充分的重视，它们认为反正有国家法律、法规，出了事按国家法律、法规处理就行了。其实不然。国家法律、法规是大法，不可能针对某个单位的具体情况，相对比较概括、原则，而企业的具体情况千差万别，需要的是更准确详尽、可直接运作的规范。成功的企业制度，其效果是使企业运作平稳、流畅、高效，并可基本上防患于未然，使企业不战而屈人之兵，不得不战时则也可使企业尽作有准备之战，胜券在握。

11.4.2 企业管理制度规范化的意义

1. 企业管理制度本身就是一种规范

企业管理制度是企业员工在企业生产经营活动中须共同遵守的规定和准则的总称，企业管理制度的表现形式或组成包括企业组织机构设计、职能部门划分及职能分工、岗位工作说明、专业管理制度、工作流程等管理制度类文件。企业因为生存和发展需要而制定这些系统性、专业性相统一的规定和准则，就是要求员工在职务行为中按照企业经营、生产和管理相关的规范与规则来统一行动、工作，如果没有统一的规范性的企业管理制度，企业就不可能在企业管理制度体系运行下实现企业的发展战略。

2. 一个具体的专业性的企业管理制度一般是由一些与此专业或职能方面的规范性的标准、流程或程序、规则性的控制、检查、奖惩等因素组合而成的，在很多场合或环境里，规则 = 规范 + 程序。

从一个具体的企业管理制度的内涵及其表现形式来讲：企业管理制度主要由编制企业管理制度的目的、编制依据、适用范围、管理制度的实施程序、管理制度的编制形成过程、管理制度与其他制度之间的关系等因素组成的，其中属于规范性的因素有：管理制度中的编制目的、编制依据、适用范围、管理制度的构成等；属于规则性的因素有：构成管理制度实施过程的环节、管理制度实施的具体程序、控制管理制度实现或达成期望目标的方法及程序；形成管理制度的过程，完善或修订管理制度的过程，管理制度生效的时间以及与其他管理制度之间的关系。

3. 规范实施企业管理制度需要规范性的环境或条件

（1）编制的制度是规范的，符合企业管理科学原理和企业行为涉及到的每一个事物的发展规律或规则；

（2）实施规范性的制度全过程是规范的，而且是全员的整体职务行为或工作程序是规范的；只有这样，企业管理制度体系的整体运作才有可能是规范的，否则将导致管理制度的实施结果呈现不规范的状态。

4. 企业管理制度的规范性是在稳定和动态变化相统一的过程中呈现的

企业管理制度的规范性是要求企业管理制度呈稳定、动态的统一，长年一成不变的规范不一定是适应的规范，经常变化的规范也不一定是好规范，应该根据企业发展的需要而实现相对的稳定和动态的变化。在企业的发展过程中，企业管理制度应是具有相应的稳定周期与动态的时期，这种稳定周期与动态时期是受企业的行业性质、产业特征、企业人员素质、企业环境、企业家的个人因素等相关因素综合影响的。企业应该依据这些影响因素的变化，控制和调节企业管理制度的稳定性与动态性。导致规范性的企业管理制度动态变化的情形一般有以下三种：

（1）企业经营环境、经营产品、经营范围、全员素质等经常发生变化，这些因素的变化相应会引发组织结构、职能部门、岗位、员工队伍等的变化，继而会导致使用、执行原有的企业管理制度中规范、规则的主体发生变化，企业管理制度及其所含的规范、规则因素必然须因执行主体的变化而相应改变或进行修改、完善。

（2）产品结构、新技术的应用导致生产流程、操作流程的变化，生产流程、操作程序、相关的岗位及其员工的技能必然要随之变化，与之相关的企业管理制度及其所含的规范、规则、程序等因素必然因此而改变或进行修改、完善。

（3）因为发展战略及竞争策略的原因，企业需要不断提高工作效率、降低生产成本、增加市场份额，当原有的管理制度及其所含的规范、规则、程序成为限制提高生产或工作效率、降低生产成本等的主要原因时，就有必要重塑企业机制，改进原有企业管理制度中不适应的规范、规则和程序。

5. 规范性企业管理制度的良性动态变化必须是与企业管理制度相适应的创新结果

企业管理制度的动态变化需要企业进行有效的创新，也只有创新才能保证企业管理制度具有相对的稳定性、规范性，合理、科学地把握好或利用好时机的创新是保持企业管理制度规范性的最佳途径或唯一途径。

（1）企业管理制度是企业管理制度的规范性实施与创新活动的产物，通俗地讲：企业管理制度 = 规范 + 规则 + 创新。这是因为：一方面，企业管理制度的编制须按照一定的规范来编制，企业管理制度的编制在一定意义上讲是企业管理制度的创新，企业管理制度的创新过程就是企业管理制度文件的设计、编制，这种设计或创新是有其相应的规则或规范的。另一方面，企业管理制度的编制或创新是具有规则的，起码的规则就是结合企业实际，按照事物的演变过程，依循事物发展过程中内在的本质规律，依据企业管理的基本原理，实施创新的方法或原则，进行编制或创新，形成规范。

(2)企业管理制度的规范性与创新性之间的关系是一种互为基础、互相作用、互相影响的关系。良性的循环关系是两者保持统一、和谐、互相促进的关系，非良性的关系则是两者割裂甚至矛盾的关系。作为企业来讲，应该努力使企业管理制度的规范性与创新性因素之间的关系呈良性关系。也就是说，规范性的因素是创新的产物，现行企业管理制度里规范性的因素是前期企业管理制度创新的目标，同时又是下一轮创新的基础。只有这样，企业管理制度才能在规范实施与创新的双重作用下不断完善，不断发挥其保证与促进企业发展的作用。

11.4.3 企业管理制度的分类和制定原则

1. 企业管理制度的分类

企业管理制度大体上可以分为规章制度和责任。规章制度侧重于工作内容、范围和工作程序、方式，如管理细则、行政管理制度、生产经营管理制度。责任制度侧重于规范责任、职权和利益的界限及其关系。一套科学完整的企业管理制度可以保证企业的正常运转和职工的合法利益不受侵害。

2. 企业管理制度的制定原则

企业管理制度的制定要依照企业自身的实际情况进行，制度制定的目的是让企业更加高效、稳定地运行，但由于每家企业在行业、组织结构、人员结构等各方面都存在着差异，所以世界上没有任何一个管理制度适用于所有的企业。制定企业管理制度的时候，要遵循以下几个原则:要严格依照法律、法规和规章制度;坚持从公司实际出发，认真调查研究;坚持民主集中制原则。

11.4.4 企业制度创新和再造的操作方法

企业制度创新和再造的操作方法如下:

⑴列出本企业所有制度目录;

⑵分析本企业制度陷阱及所步入的管理误区;

⑶把握良机，选准切入点，进行企业制度创新和制度再造;

⑷确定企业新的制度框架。

必须说明的两点是:第一，有什么样的管理模式就有什么样的管理制度。我们在对企业管理制度进行创新和再造的时候必须深刻地领会企业战略管理模式的精髓，接受企业战略管理模式的全新理念，因为管理思想、理念方面的创新与再造是企业管理制度创新再造的先决条件，正确的思维方式制约着人们正确的行为方式。第二，企业战略管理模式提供的是企业管理中共性方面的具有普遍性的理论知识，据此思想来看企业管理制度的创新与再造仍然有其固有的规律与原则可循，在确定企业新的制度框架时，在各项制度的制定和形成时要把握和遵循的原则现特作以下阐述。

11.4.5 企业制度创新和再造的原则

1. 适用性原则

制定制度要从企业的实际出发，从本企业的规模、业务特点、行业类型、技术特性及管理沟通的需要等方面考虑，制度要体现企业特点，保证制度规范具有可行性、适用性，切忌不切合实际。

2. 科学性原则

制定制度应遵从管理规律，制度化的管理必须服从管理学的一般原理和方法，违反了原则只会导致失败，所以必须遵从客观规律，才能将管理引向科学、理性、规范的轨道，实现管理的稳定性和有效性。

3. 必要性原则

制定制度要从需要出发，必要的制度一个不能少，不必要的制度一个也不可要，否则会扰乱组织的正常活动。如在企业中的一些非正式行为规范或习惯能很好发挥作用的前提下，就没有必要制定类似内容的行为规范，以免伤害企业组织成员的自尊心和工作热情。

4. 合法性原则

制定的制度内容应与国家、政府相关的法律、法令、法规保持一定程度的一致性，绝不可以与之相违背。因为法律是全社会范围内约束个人和团体行为的基本规范，是企业组织正常生存发展的基本条件与保证，制定制度时切不可忽视这方面，应予以重视。

5. 合理性原则

制定制度要合理，一方面要体现制度严谨、公正、高度的制约性、严肃性，同时要考虑人性的特点，避免不近人情、不合理等情况的出现。在制度规范的制约方面，要充分发扬自我约束、激励机制的作用，避免过分使用强制手段。

6. 完整性原则

企业制度规范要完整，因为企业的管理制度是一个体系，制度内容要求全面、系统、配套。也就是说要考虑周密，不能疏忽大意，出现漏失或衔接不当，更不能有前后矛盾或相互重复、要求不一的情况。

7. 先进性原则

制度规范的制定要从调查研究入手，要总结企业经验，同时还要吸取其他企业的先进经验，不论是本企业还是其他企业的制度，只要是过时的就坚决舍去，是不合理的就要坚决废除。反之，是成功的、先进的就应该发扬保留。

☞ **思考题：**

1. 什么是战略实施？
2. 简述战略实施的原则。
3. 简述战略实施的模式。
4. 企业战略与组织结构有效结合的措施。
5. 简述企业战略与资源的结合。

【案例分析】 **惠普的转变之道**

随着网络经济时代的到来，人们的工作和生活方式发生了巨大的变化。全新、虚拟的网络世界让许多传统的实体企业陷入迷茫。在一波波互联网浪潮的冲击下，企业纷纷触网，急于披上互联网的外衣，致使盲目求变风行一时，令大部分传统企业无所适从。

面对新时代、新挑战，企业在互联网化转变过程中如何保留和发展独有的竞争优势？正在实施由信息技术企业向互联网化企业转变的惠普公司(HP)可谓是这方面的佼佼者。惠普在向电子化时代转变的过程中，提出了电子化服务战略，并以此为核心，调整和改革企业组织结构及E－工作程序、考核方式及奖励办法、公司文化及行为准则等三个方面。

电子化服务就是在网上的所有事物以及我们每天工作流程都可以透过网络变成一种服务。这个服务可以帮助公司创造新的收入或降低成本。电子化服务和电子商务主要的不同点在于:电子商务是把传统的业务用网络这种工具更有效地执行;而电子化服务则强调产生一种新的服务，创造新的收入。因为从战略上面来讲，惠普公司认为其过去在速度和弹性方面相对比较缓慢的原因是对整个互联网没有框架，使惠普战略呈发散型，客户没有整体观念。所以其提出了电子化服务战略，它主要强调给客户三个东西:不停运转的信息基础设施、在信息基础设施上不断创新和提供多样化的服务、设计制造生产享用这些服务的信息化终端。

电子化服务的战略就是说这三个东西必须结合在一起，这个力量才会产生出来。惠普公司在过去是每一块都做得非常好，但因为没有一个框架把三部分结合起来，从而发挥不出这三大块的真正力量及优势。

电子化服务战略是惠普的核心战略，同时也成为惠普发展的主轴，惠普以这个概念整合其产品线。以打印服务为例，如果惠普只是拿打印机到网上去卖，也许增加不了多少生意。它还是产品，主要只是方便了客户。但如果不单单把它想作一个产品，而把它想作一种服务，就不一样了。从这个服务观点来看，惠普公司全球市场占有率只有3%，还有97%的市场仍然没有做。而这种打印服务就是惠普将图像打印处理技术、开放式计算机系统、服务客户的方法这三项核心能力相结合的产物之一。这不但提升了惠普的核心能力，还开辟了新的市场。

打造竞争优势

核心能力是一个企业获得非凡业绩并促使企业不断成长的内在因素。它也是缔造企业竞争能力和竞争优势的基础。从总体上来看，创新、质量、管理是惠普的核心能力，尤其是惠普的创新文化。

随着互联网时代的到来，惠普公司研究发现，自己最缺乏的就是把这些核心东西结合在一起，形成自己的竞争优势。其希望通过电子化服务的观念，将所有核心能力结合在一起，形成新的竞争优势。

惠普提出电子化服务战略就是要进一步发掘其核心能力，增进与战略合作伙伴的关系，从而推出开放实用的解决方案，通过建立扩展型企业，协助用户创造收益、提高生产率并增强自己的竞争能力。被称为互联网之王的思科(Cisco)和著名的信息技术企业甲骨文公司(Oracle)先后与惠普达成了金牌伙伴合作的关系，并对惠普的电子化战略给予了充分肯定。

在由IT企业向互联网企业转变的过程中，惠普关注的是组织结构及E－工作程序、公司文化及行为准则。因为惠普人认为改革的关键是要保留最佳部分，改革其余部分。就像惠普新总裁Carly所说:“保留惠普的精髓，就是我们的创造力、我们的核心价值观以及车库准则的精神，并对其余部分再创造。”她认为使互联网能够为人类服务的核心问题不是技术而是公司文化。一个公司改革的过程会遇到各种困难，员工是否愿意跟着公司一起走过这段艰苦历程，使改革获得成功。文化本身非常重要。

一直以拥有独特企业文化为傲的惠普公司，在实施互联网化改革过程中，如何让惠普之道焕发活力，为惠普公司在互联网速度竞争时代奠定成功的基石，是惠普改革中最引人注目的一项。

新的车库准则

惠普的企业文化，又称惠普之道，是由核心价值观、企业目标、经营策略和管理方式三部分构成。在改革的过程中惠普的核心价值观和企业目标没有发生变化。也就是说，惠普在改革其企业文化的过程中没有触动惠普之道这棵大树的树根和树干。惠普提出11条新的行为准则，即车库准则，这个准则也是惠普之道新的实现方法。新的11条车库准则由惠普行政小组编写，它将新惠普与惠普创始人的精神和初衷结合在一起。新的车库准则强调以适当的行为表现惠普的企业文化，摒弃人们多年以来形成的、冠以惠普之道这一名义的所有曲解和不良习惯。

倡导新型领导

当"新经济"在走一条全然不同于"旧经济"的道路时，企业的经营战略需要适应时代的变迁做出改变。在实施互联网化改革的过程中，惠普倡导新的领导方式进入互联网时代。

过去掌握信息是一种权力，今天的企业真正进入互联网是把信息是一种权力转变成为信息是一种工具。如果企业的组织结构和管理方法是建立在管理信息、掌握信息之上，将导致领导能力和方式发生很大转变。新一代的领导方式不再是掌握信息。信息只是一种工具每个人都可以享用。因此，惠普倡导一种新的领导方式，即订立一个框架让员工自由发挥(set the frame, set the people free)。公司帮员工定出框架，就是帮员工订出发挥的空间。在这个空间内员工想怎么发挥都可以，但不可以逾越这个空间。而订立框架的实质性内容包括对员工的授权程度、资源支持度和评估员工表现的方式。

面对挑战和机遇并存的互联网化改革，员工的反应也有两方面：一方面惠普员工觉得自己被授权，负责空间、发挥空间一下子变大了。这是员工提高和发挥自身能力的很好机遇。但相对地，员工要负责的产品的内容和同事间的协调能力大幅提高，他们需要掌握新的技术、新的工作方法及新工具为客户提供更好的产品、服务和解决方案。员工们希望公司设计新的业务流程，提高各部门的协作与支持，以便向客户提供好的整体解决方案。

企业如何审时度势，结合实际情况向互联网企业转变，是企业未来在互联网竞争中获得竞争优势的关键。相对于那些在互联网化中云中漫步的企业，惠普结合传统，发扬企业文化，提升核心能力的互联网化改革显然有走在地上的踏实感。

【拓展阅读】　　　　战略人力资源管理的内涵

战略人力资源管理的理念，首先由美国人提出。但在20世纪80年代以前，日本的企业实际上扮演着战略人力资源管理先驱实践者的角色。日本人力资源管理实践的精髓在于其人本主义理念，在这一理念指导下，日本企业将其管理重心集中在对"人的管理"之上，实行了一系列充分体现其人本主义思想的人力资源管理制度，例如终身雇佣制，年功序列制、教育培训制以及保障制等等。这些制度的战略基础是：能力、品质、技能、教育程度、完成任务的适应性和岗位工作绩效等。但在20世纪80年代以后，日本人力资源管理的弊端也日益暴露出来。约翰·沃洛诺夫在《日本管理的危机》、帕茨·史密斯在《日本：一种新的解释》、菲利普·安德森在《黑纱的里面：除去日本人商业行为的迷雾》等著作中，深刻地分析了日本模式的弊端。他们指出，在日本企业中，人力资源管理在更大程度上陷入一般事务性职能，对人力资源的战略性、战略人力资源的工作绩效激励、核心雇员的配置等方面缺乏充分的界定、使用和激励，这使得日本企业"核心人力资源"(Core Human Resources)的"战略性"受到极大削弱和限制。

战略人力资源管理产生于20世纪80年代中后期，近一二十年来这个领域的发展令人瞩目。对这一思想的研究与讨论日趋深入，并被欧、美、日企业的管理实践证明为是获得长期可持续竞争优势的战略途径。相对于传统人力资源管理，战略人力资源管理（Strategic Human Resources Management，SHRM）定位于在支持企业的战略中人力资源管理的作用和职能。目前，学术理论界一般采用Wright & Mcmanhan的定义，即为企业能够实现目标所进行和所采取的一系列有计划、具有战略性意义的人力资源部署和管理行为。

第12章 | 企业战略的控制

※ 12.1 战略控制概述

12.1.1 战略控制的概念

企业战略管理中的一个基本矛盾是既定的战略同变化着的环境之间的矛盾。企业战略的实施结果并不一定与预定的战略目标相一致，产生这种偏差的原因很多，主要有以下三个方面的原因：

1. 制定企业战略的内外环境发生了新的变化。外部环境出现了新的机会或意想不到的情况，企业内部的资源条件发生了意想不到的变化，导致原定企业战略与新的环境条件不相适应。

2. 企业战略本身有重大的缺陷或者比较笼统，在实施过程中难以贯彻，需要对企业战略进行修正、补充和完善。

3. 在战略实施的过程中，受企业内部某些主客观因素变化的影响，偏离了战略计划的预期目标。

如某些企业领导采取了错误的措施，致使战略实施结果与战略计划目标产生偏差等。对以上企业活动与预定的战略目标偏离的情况，如果不及时采取措施加以纠正，企业的战略目标就无法顺利实现，要使企业战略能够不断顺应变化着的内外环境，除了使战略决策具有应变性外，还必须加强对战略实施的控制。

战略控制主要是指在企业经营战略的实施过程中，检查企业为达到目标所进行的各项活动的进展情况，评价实施企业战略后的企业绩效，把它与既定的战略目标与绩效标准相比较，发现战略差距，分析产生偏差的原因，纠正偏差，使企业战略的实施更好地与企业当前所处的内外环境、企业目标协调一致，使企业战略得以实现。

12.1.2 战略控制的内容

对企业战略的实施进行控制的内容主要有：

1. 设定绩效标准。根据企业战略目标，结合企业内部人力、物力、财力及信息等具体条件，确定企业绩效标准，作为战略控制的参照系。

2. 绩效监控与偏差评估。通过一定的测量方式、手段、方法，监测企业的实际绩效，并将企业的实际绩效与标准绩效对比，进行偏差分析与评估。

3. 设计并采取纠正偏差的措施，以顺应变化着的条件，保证企业战略的圆满实施。

4. 监控外部环境的关键因素。外部环境的关键因素是企业战略赖以存在的基础，这些外部环境的关键因素的变化意味着战略前提条件的变动，必须给予充分的注意。

5. 激励战略控制的执行主体，以调动其自控制与自评价的积极性，以保证企业战略实施的切实有效。

12.1.3 战略控制的作用

企业经营战略的控制在战略管理中的作用主要表现在以下几个方面：

1. 企业经营战略实施的控制是企业战略管理的重要环节，它能保证企业战略的有效实施。

战略决策仅能决定哪些事情该做，哪些事情不该做，而战略实施的控制的好坏将直接影响企业战略决策实施的效果好坏与效率高低，因此企业战略实施的控制虽然处于战略决策的执行地位，但对战略管理十分重要，必不可少。

2. 企业经营战略实施的控制能力与效率的高低又是战略决策的一个重要制约因素，它决定了企业战略行为能力的大小。

企业战略实施的控制能力强，控制效率高，则企业高层管理者可以做出较为大胆的、风险较大的战略决策，若相反，则只能做出较为稳妥的战略决策。

3. 企业经营战略实施的控制与评价可为战略决策提供重要的反馈，帮助战略决策者明确决策中哪些内容是符合实际的、正确的，哪些是不正确、不符合实际的，这对于提高战略决策的适应性和水平具有重要作用。

4. 企业经营战略实施的控制可以促进企业文化等企业基础建设，为战略决策奠定良好的基础。

12.1.4 战略控制的基本特征

战略控制的基本特征主要有以下几个方面，它是对战略控制的一些基本的要求。

1. 保证适宜性

判断并保证企业战略是适宜的，首先要求这个战略具有实现公司既定的财务和其他目标的良好前景。因此，适宜的战略应处于公司希望经营的领域，必须具有与公司道德哲学相协调的文化，如果可能的话，必须建立在公司优势的基础上，或者以某种人们可能确认的方式弥补公司现有的缺陷。

2. 保证可行性

可行性是指公司一旦选定了战略，就必须认真考虑企业能否成功地实施。即公司是否具有足够的财力、人力或者其他资源、技能、技术和组织优势，简言之，企业是否具有有效实施战略的核心能力。如果在可行性上存在疑问，就需要将战略研究的范围扩大，将能够提供缺乏的资源或能力的其他公司或者金融机构合并等，实现联合发展以达到战略可行的目的，特别是管理层必须确定实施战略要采取的初始的实际步骤。

3. 保证可接受性

可接受性强调的问题是与公司利害攸关的人员，对推荐的战略是否满意，并且给予支持。一般来说，公司越大，与公司有利害关系的人员就越多，得到所有的利害相关者的支持就变得越不可能。但是，所推荐的战略必须经过最主要的利害相关者的同意，而在战略被采纳之前，必须充分考虑其他利害相关者的反对意见。

4. 协调整体利益和局部利益的不一致性

企业的整体是由局部构成的。从理论上讲，整体利益和局部利益是一致的，但在具体问题上，整体利益和局部利益可能存在着不一致性。企业战略控制就是要对这些不一致性的冲突进行调节，如果把战略控制仅仅看作是一种单纯的技术、管理业务工作，就不可能取得预期的控制效果。

5. 适应多样性和不确定性

战略具有不确定性。公司的战略只是一个方向，其目的是某一点，但其过程可能是完全没有规律、没有效率和不合理的，因此这时的战略就具有多样性。同时，虽然经营战略是明确的、稳定的且具有权威的，但在实施过程中由于环境变化，战略必须适时地调整和修正，因而也必须因时、因地地提出具体的控制措施，这即是说战略控制具有适应多样性和不确定性的特征。

6. 保持弹性和伸缩性

战略控制中如果过度控制，频繁干预，容易引起消极反应。因而针对各种矛盾和问题，战略控制有时需要认真处理、严格控制，有时则需要适度、弹性地控制。只要能与战略目标保持一致性，就可以有较大的回旋余地而具有伸缩性。所以战略控制中只要能保持正确的战略方向，尽可能地减少干预实施过程中的问题，尽可能多地授权下属在自己的范围内解决问题，对小范围、低层次的问题不要在大范围、高层次上解决，反而能够取得有效的控制。

12.2 战略控制的过程和条件

12.2.1 战略控制的过程

战略控制的一个重要目标就是使企业实际的效益尽量符合战略计划。而实现企业实际效益符合战略计划需要尊重战略控制过程的规律，遵照战略控制的步骤。具体而言，包括以下步骤：

1. 制定效益标准

战略控制过程的第一个步骤就是评价计划，制定出效益的标准。企业可以根据预期的目标或计划制定出应当实现的战略效益。在这之前，企业需要评价已定的计划，找出企业需要努力的方向，明确实现目标所需要完成的工作任务。这种评价的重点应放在那些可以确保战略实施成功的领域里，如组织结构、企业文化和控制系统等。经过一系列的评价，企业可以找出成功的关键因素，并据此作为企业实际效益的衡量标准。

2. 衡量实际效益

主要是判断和衡量实现企业效益的实际条件。管理人员需要收集和处理数据，进行具体的职能控制，并且监测环境变化时所产生的信号。此外，为了更好地衡量实际效益，企业还要制定出具体的衡量方法以及衡量的范围，保证衡量的有效性。

3. 评价实际效益

在这一步骤里，企业要用实际的效益与计划的效益相比较，确定两者之间的差距，并尽量找出形成差距的原因。

4. 纠正措施和权变计划

在战略控制的最后一个步骤里，企业应考虑采取纠正措施或实施权变计划。在生产经营活动中，一旦企业判断出外部环境的机遇或威胁可能造成的结果，则必须采取相应的纠正或补救措施。当然，当企业的实际效益与标准效益出现了很大的差距时，也应及时采取纠正措施。

12.2.2 战略控制的条件

企业经营战略的有效控制需要满足一定的条件，主要包括如下几个：

1. 较为完善的经营战略规划和实施计划

企业经营战略的控制是以企业的经营战略规划为依据的，战略规划和实施计划越明确、完整和全面，其控制的效果就会越好。

2. 健全的组织机构

组织机构是战略实施的载体，它具有能够具体地执行战略、衡量绩效、评估及纠正偏差、监测外部环境的变化等职能，因此组织机构越是健全，控制的效果就有可能越好。

3. 得力的领导者

高层管理者是执行战略控制的主体，又是战略控制的对象，因此要选择和培训能够胜任新战略实施的得力的企业领导人。

4. 优良的企业文化

企业文化的影响根深蒂固，如果有优良的企业文化加以利用和诱导，这对于战略实施的控制是最为理想的，当然这也是战略控制的一个难点。

※ 12.3 战略控制的方法

12.3.1 影响战略控制的因素和趋势

在制定和实施战略的过程中，必须同时考虑现有的定量分析因素、信息上的缺陷因素、不确定性因素、不可知的因素以及人类心理等因素。在这些因素中，有一些是企业内部的特点，正是这些特点才使同一行业中的各个企业有所差异。另一些因素由于受到行业性质和环境的制约，则使一个行业中的企业战略较为相似。无论何种行业，尽管各种因素的影响力度不同，但影响战略控制的因素都可以分为三类:需求和市场、资源和能力、组织和文化。

这三类因素在现代企业及当前的经营环境中呈现如下趋势：

1. 更加重视质量、价值和顾客满意

不同的需求驱动因素(如便利、地位、风格、属性、服务等)在不同的时间和地点扮演着不同的角色。现代的顾客在做出购买决策时更加重视质量和价值。一些卓有成效的公司致力于提高质量，同时降低成本，它们的指导思想是持续不断地用更少的成本提供更好的东西。

2. 更加重视客户关系建设和竞争导向

现代企业关注于培养顾客的忠诚度，从交易过程转向关系建设，都注重与企业的关联者保持和谐融洽的关系。

3. 更加重视业务流程管理和整合业务功能

现代企业从管理一系列各自为政的部门转向一系列的基本业务流程，与之相适应，企业组成跨部门的工作团队管理这些基本流程。

4. 更加重视全球导向和区域规划

现代企业的边界日益扩张，无国界经营成为发展潮流。当企业进入国外市场时，必须转变传统风气去适应当地的影响力量。企业必须从全球化的角度进行战略思考，但战略计划和实施却是区域化、当地化。

5. 更加重视战略联盟和网络组织

一旦企业全球化，就会意识到无论多么大，他们已经失去了保证成功的某些资源和能力。考虑到完整的价值链，他们认识到了和其他组织进行合作的必要性和重要性。高层管理者把越来越多的时间用于设计战略联盟和网络组织上，以此形成竞争优势。

6. 更加重视权势架构及其影响

任何组织都存在利用权势实现个人或集团利益的现象，在许多时候，企业的战略决策就是由权势决定的。现代企业面临的复杂环境决定了人们在目标、价值观念、利害关系、职责和认识等方面的分歧，同时彼此对对方有控制权，在某种程度上依赖对方。

12.3.2 战略控制的方法

战略控制的方法主要有以下几种：

1. 预算

预算是一种以财务指标或数量指标表示的有关预期成果或要求的文件。一方面预算起着如何在企业内各单位之间分配资源的作用；另一方面，预算也是企业战略控制的一种方法。预算准备完了以后，企业内部的会计部门就要保有各项开支记录，定期作出报表，表明预算、实际支出以及二者之间的差额。做好报表之后。通常要送到该项预算所涉及的不同层次的负责人手中，由他们分析偏差产生的原因，并采取必要的纠正措施。

2. 审计

审计是客观地获取有关经济活动和事项的论断的的论据，通过评价弄清所得论断与标准之间的符合程度，并将结果报知有关方面的过程。审计过程基本上着重于注意一个企业做出的财务论断，以及这些论断是否符合实际。

我国执行审计的人员有两类：一类是独立的审计人员或注册会计师，他们的主要职责是检查委托人的财务报表。不过，他们还执行其它经济工作，如会计服务、税务会计、管理咨询以及为委托人编制财务报表等。另一类是企业内部审计人员，他们的主要职责是确定企业的方针和程序是否被正确地执行，并保护企业的资产。此外，他们还经常评估企业各单位的效率以及控制系统的效率。

3. 个人现场观察

个人现场观察是指企业的各层管理人员（尤其是高层管理人员）深入到各种生产经营现场，进行直接观察，从中发现问题，并采取相应的解决措施。

12.3.3 战略控制的分类

1. 从控制时间来看，战略控制可以分为如下三种：

(1)事前控制。在战略实施之前，要设计好正确有效的战略计划，该计划要得到企业高层领导人的批准后才能执行，其中重大的经营活动必须经过企业的领导人的批准同意才能开始实施，所批准的内容往往也就成为考核经营活动绩效的控制标准，这种控制多用于重大问题的控制，如任命重要的人员、重大合同的签定、购置重大设备等等。

由于事前控制是在战略行动成果尚未实现之前，通过预测、发现战略行动的结果可能会偏离既定的标准，于是管理者要对预测因素进行分析与研究。一般有三种类型的预测因素：一是投入因素。即战略实施投入因素的种类、数量和质量，其将影响产出的结果。二是早期成果因素。即依据早期的成果，可预见未来的结果。三是外部环境和内部条件的变化。内外部环境和条件的变化，会影响战略实施的效果。

(2)事后控制。这种控制方式发生在企业的经营活动之后，才把战略活动的结果与控制标准相比较，这种控制方式工作的重点是要明确战略控制的程序和标准，把日常的控制工作交由职能部门人员去做，即在战略计划部分实施之后，将实施结果与原计划标准相比较，由企业职能部门及各事业部定期地将战略实施结果向高层领导汇报，由领导者决定是否有必要采取纠正措施。

事后控制方法的具体操作主要有以下方式：一是联系行为。即对员工的战略行为的评价与控制直接同他们的工作行为联系挂钩。这种方式易于被员工接受，并能明确战略行动的努力方向，使个人的行动导向和企业经营战略导向接轨；同时，通过行动评价的反馈信息修正战略实施行动，可以使之更加符合战略的要求；通过行动评价，实行合理的分配，可以强化员工的战略意识。二是目标导向。即让员工参与战略行动目标的制定和工作业绩的评价，既可以看到个人行为对实现战略目标的作用和意义，又可以从工作业绩的评价中看到成绩与不足，从中得到肯定和鼓励，为战略推进增添动力。

(3)随时控制。即过程控制，企业高层领导者要控制企业战略实施中的关键性的过程或全过程，随时采取控制措施，纠正实施中产生的偏差，引导企业沿着战略的方向进行经营，这种控制方式主要是对关键性的战略措施进行随时控制。

应当指出，以上三种控制方式所起的作用不同，在企业经营中它们是被随时采用的。

2. 从控制主体的状态来看，战略控制可以分为如下两类：

(1)避免型控制。即采用适当的手段，使不适当的行为没有产生的机会，从而达到不需要控制的目的。如通过自动化使工作的稳定性得以保持，按照企业的目标正确地工作；通过与外部组织共担风险减少控制；转移或者放弃某项活动，以此来消除有关的控制活动。

(2)开关型控制。开关型控制又称为事中控制或行与不行的控制。其原理是在战略实施的过程中，按照既定的标准检查战略行动，确定行与不行，类似于开关的开与关。

开关控制方法的具体操作方式有以下几种：一是直接领导。管理者对战略活动进行直接领导和指挥，发现差错及时纠正，使其行为符合既定标准。二是自我调节。执行者通过非正式的、平等的沟通，按照既定的标准自行调节自己的行为，以便和谐合作、配合默契。三是共同愿景。组织成员对目标、战略宗旨认识一致，在战略行动中表现出一定的方向性、使命感，从而达到殊途同归、和谐一致、实现目标。开关控制法一般适用于实施过程标准化的战略实施控制，或某些过程标准化的战略项目的实施控制。

3. 从控制的切入点来看，战略控制可以分为如下五种：

(1)财务控制。这种控制方式覆盖面广，是用途极广的非常重要的控制方式，包括预算控制和比率控制。

(2)生产控制。即对企业产品品种、数量、质量、成本、交货期及服务等方面的控制。具体又可以分为产前控制、过程控制及产后控制等。

(3)销售规模控制。销售规模太小会影响经济效益，太大会占用较多的资金，也可能影响经济效益，为此要对销售规模进行控制。

(4)质量控制。包括对企业工作质量和产品质量的控制。工作质量不仅包括生产工作的质量，还包括领导工作、设计工作、信息工作等一系列非生产工作的质量，因此，质量控制的范围包括生产过程和非生产过程的其他一切控制过程，质量控制是动态的，着眼于事前和未来的质量控制，其难点在于全员质量意识的形成。

(5)成本控制。通过成本控制使各项费用降低到最低水平，达到提高经济效益的目的。成本控制不仅包括对生产、销售、设计、储备等有形费用的控制，而且还包括对会议、领导、时间等无形费用的控制。成本控制的难点在于企业中大多数部门和单位是非独立核算的，因此缺乏成本意识。

☞ **思考题：**

1. 什么是战略控制？
2. 战略控制具有哪些特征？
3. 简述战略控制的作用。
4. 简述战略控制的条件。
5. 战略控制的方法有哪些？

【案例分析】 从失败案例洞悉管理之漏——一个建设项目损益的“切片”分析

某工程项目位于某省会繁华区域，中标合同价6710.73万元，面积为64860m^2，共计18栋单体工程，其中6层多层结构5栋，12层小高层5栋，25层高层1栋，单层商业网点7栋。因工程单体多、面积广而散而具有一定的施工难度。其中除1栋高层、1个商业网点于2009年10月竣工交付业主外，其余单体均在2008年12月底竣工验收，本工程于2009年5月底全部交付业主。项目结算工作于2010年3月底完成，进场前测算利润率为合同额的10%，即670万元，然而项目最终结算亏损280万元，偏差之大，值得深思。项目部于2007年8月组建开始运行，于2010年3月份撤消，项目部存在时间达到了两年半，为此集团分公司在该省会成立以来第一个完成承接、施工、竣工交房及办理完结算的项目，对其公司的发展意义不言而喻。因此进行反思与总结，也是有必要与必须的。前车之辙，可当后车之鉴。

一看组织管理之漏

建筑业，无疑是劳动密集型产业集成，而管理则是事关一个项目成败的关键。从项目层次分析，该项目部的组织管理，可谓漏洞百出。

项目管理班子成员变动频繁，管理思想紊乱。该项目管理部自组建以来，其班子成员变动相对较多。其中，项目经理一职，其实际就历经王某运营(分为林某负责、赵某主政、公司领导蹲点指导三个时期)、叶某组织工程扫尾工作；其中以生产经理变动最频，从开工到竣工，历经四任变迁；技术负责人历经彭某、马某两任；安装经理虽未变更，但也经历安装分公司体制变革影响；材料主管一职，也经过田某、吴某两任。人员的频繁更替，前后的管理理念很难达到统一。正是管理思想的差别、管理风格的差异和管理能力的强弱，在一定程度上对项目的管理均产生了不良影响。

项目管理链条断裂，上命不能下行。执行力到位，革命无不胜。而该项目恰恰缺少的就是执行力，2009年以前的管理滞后现象尤其突出，项目部没有形成良好的沟通环境、畅通的执行流程和危机应急响应渠道。项目经理与项目副职互不通气，普通管理人员与项目班子成员互不买账，劳务队、分包商不听从项目管理人员的指令。管理链条断裂，上命难以传达，下声无从听取，更妄谈执行，进而形成“三军不动，累死主帅”的局面。经常为一件小事，也得项目经理亲自去指挥劳务队，三令五申才能办成。2009年班子重组以后，项目部内部管理层虽已理清，但也无力回天，在管理层与劳务层之间，因积习难改，执行难时有发生。

策划一纸空文，制度无从落实。“项目施工，策划先行”是集团公司近年来大力推行的项目管理制度。但在该项目部，项目策划书虽有成文，但往往被束之高阁，实际工作中并未按策划执行，实际情况变化时也没有及时调整策划书。项目部的管理制度虽也健全，但落实的甚少，明知故犯屡见不鲜，甚至养成了“白天上班时间搓麻将”的恶习，使得项目部声誉一落千丈。

四种关系处理不当，劳务管理混乱。正确处理公与私、言与行、是与非、苦与乐四种关系，也是项目管理成败与否的主要因素。在该项目部的运作过程中，普遍存在公私不分、言行不一、是非不清、苦乐不均的情况。对内失和，对外失信，使项目部常常处在举步维艰的局面，内忧外患，管理自是混乱。在前期，由于公私不分，存在项目经理的4位亲属分别插手项目材料供应、项目劳务及其他的分包工程承包的现象。这种任人唯亲的乱象，对项目班子其他成员及项目管理人员产生了错误的引导，项目领导层是非不清，与下层不能同甘苦共患难，项目管理难见成效。

活是人干出来的，劳务是项目生产的主力军，而材料占了项目成本的60%～70%，劳务和材料管理成功与否，直接决定了一个项目的成败。本项目劳务，主体采用两支清包队伍，砌体抹灰捆在一起发包，其他装饰工程按工种分包，每类队伍都采用两支以上。施工队伍偏多，各类劳务队伍加分包商近40家，项目部驾驭分包的难度陡增。

队伍进场之前，虽走过招投标过程，但实际施工人员与投标不一致，如劳务队名为颜某负责实为李某转包;抹灰队伍名为余某施工，实为李某的队伍操作(其中两个栋号又实为梁某的队伍施工)。施工队伍不按项目部要求施工，随意性大，质量较差，进度滞后，窝工严重，人心涣散，进一步形成管理及质量上的恶性循环。劳务签证量大，仅抹灰一家劳务队涉及签证就多达20余项。劳务不服从项目部普通管理人员管理，常形成拒绝管理的局面，甚至出现劳务队罢工退场的情况。劳务分层转包过多，如其中一支负责“刮大白”的劳务队伍，签合同人为马某，承包人实为刘某，实际上是徐某的队伍施工。

二看现场管理之漏

项目，是施工企业施展的舞台，现场，是项目存在的载体。进度、质量、安全、文明施工是施工现场的四大方面，若能形成良性循环，即是现场管理的较高境界。但本项目在这四方面都不尽如人意。

进度方面。本项目的中标工期，总体来说是比较宽裕的，合同总工期717天，接近两年时间。项目部组建初期，尤其是在2007年，项目进度较为顺畅，业主也颇为满意。但2007年至2008年的冬休期，项目部未能抓住有利时机落实队伍、材料、设备。在2008年复工后各种矛盾凸现:材料不能及时到位，设备不能按需进场，劳务队伍人员准备不足，项目部应对方法滞后，进度停滞不前。其中多层住宅一个月才能施工完一层主体结构。机会稍纵即逝，将项目带入了万劫不复的境地。加之业主是上市企业，为了年终业绩，要求除一栋楼外的其他栋号都达到竣工备案的状态。结果项目部为这一目标投入了大量的人力、财力、物力。虽勉强达到，但留下了相当多质量隐患，进而造成了成本的大幅增加。

质量方面。整体来说，项目部质量控制方面无疑是失败的。各种类型的质量问题在施工现场都有发生，其原因也是多方面的。项目管理不力，技术交底不到位，工人操作不当产生质量问题。如某栋高层的主体结构外墙垂直度局部偏差达12cm之多。原材料不合格引起质量问题。周转材料模板质量较差，造成主体结构偏差较大；水泥安定性不够，出现大面积地面起砂以及内墙抹灰强度过低。成品保护不到位发生质量问题，如大地下室地面施工完毕后，发生了大面积进水事故，造成冻坏地面。与甲方指定分包、甲方委派分包队伍的配合不力，协调不足也造成了一定的质量问题。因一味强调进度（2008年底为完成竣工备案的目标），忽略了相当多的质量问题。在工程交付之际，项目部累计投入200余万元来处理质量投诉。投入之大，创该公司历史之最。

安全、文明施工方面。项目部从开工到结束，未出现重大人员伤亡事件，工地算平安度过，虽说施工过程中历经坎坷，但从结果来说，在安全、文明施工方面，成为了项目唯一成本投入最低的方面。

三看成本管理之漏

商务管理手段稚嫩，工作前瞻性差。利益，是企业追逐之本，追求阳光下的利润最大化，是项目管理的终极目标。但在该项目部前期的管理人员中，项目经理商务管控能力不够，主管人员经验欠缺，管理手段稚嫩，现场管理人员更是不注重成本，商务合约人员也是刚从学校毕业，经验欠缺，机电安装部门单独管理大型自营项目的能力尚弱。因此收入、支出无法准确把握，项目管理手段、项目管理方针的适时调整都无法做到有的放矢，项目管理结果也就无从满意。

项目部的商务策划，是公司当时试点的一个项目，从公司到项目投入了相当大的精力组织实施，公司领导曾亲自蹲点项目主持指导。商务策划、成本分析、盈利预测均资料详细、数据充分、说服有力，并列入了样本项目，在全公司进行推广，可谓是起了一个好的开端。但随着项目施工的进一步深入，现场的千变万化，市场的风起云涌，面对这一局面，项目管理层的经验欠缺、应对无力在此暴露无遗。

2008年初，材料、人工价格猛涨，市场风云突变，项目应对失当，虽屡次向业主反映并与之蹉商，但没有结果，甚至没有业主签字的与之价格调整相关内容的只字片纸，为结算带来相当的难度。

合约交底不够，部分管理人员不熟悉合同，现场与商务联系较少，管理无痕迹。外对业主，内对供应商谈判失去有利依据。

材料、劳务供应商过多，商务把关不严，大的供应商先施工后补合同，甚至无合同进场施工的现象均有发生。

签证处理时机失误。对外，与业主的相关签证，由于现场管理过程记录很少，时过境迁，一些签证无法全部签回；对内，劳务队、分包商的大量签证积压，但因有现场管理人员的签字，拖延处理签证问题难度更是加大不少，其中有三家劳务公司的签证，一直上升到了公司层面，由领导主持开数次结算协调会，结算才得以完成。

信用欠缺。合同的不严谨、工期的拖延、质量的缺陷导致项目部信用的丧失。对业主，质量、工期屡次难以按承诺实现；对供应商，资金不到位、支付不及时、沟通不畅，商务纠纷加多，成本增加不少，其中钢材滞纳金就多付出了12万元。

成本分析难准。由于签证的积压，再加部分成本不及时办理结算入账，对收入过于乐观，对支出考虑不足，账实不符，成本难准。

建筑材料疏于管理，成本失控。本项目的材料管理，从一定程度讲可以说是失败的。材料供应商过多，各种材料商高达60余家。大宗主材采购毫无计划性而言。仅是钢筋数量亏损就达100余吨，其他材料亏损量更是不计其数。市场价格波动大，项目部对于市场变幻的反应往往比较迟钝，即使有所反应，也存在不小偏差，且材料随意调整价差现象严重。

疏于材料进出场管控，存量数据出入较大，验收不严，质量不达标也容许入场入库。如某经销处提供的近20000张木模板，按合同要求厚度应是15mm，而进入现场的最厚也只有12mm，薄的仅有10mm，实际施工中仅能周转三次，而计划是周转5次。整个项目模板费用超计划30万元，木枋超计划25万元。

因周转材料监管错位、架料被偷、遗失、延期归还以及被建筑垃圾掩埋等造成的损失数不胜数：架管进场总量80000米，总赔偿10000多米，损耗比率为12.5％；扣件进场总量350000套，总赔偿40000套，损耗比率为11.4％；木工卡具进场总量为54000套，总赔偿3200套，损耗比率为6％。赔偿金额为180000元。

项目安全保卫形同虚设，多次发生监守自盗，各类材料丢失甚多。材料账目不清，账证、账表、账实不一致时有发生，且存在不能及时入账的问题，个别物资验收入库单、冲减退库都有一人签字现象。材料残值的清点、价值核算、处理时机都有偏差，比如工程未完材料先处理完，后又重复购买的现象。

总的来说，该项目部劳务、材料方面最突出的特点是：供应商过多（共计100余家），并存在任人唯亲的现象，管理人员的亲属插手材料供应及劳务事宜，导致项目经理常年为应付各家供应商忙得焦头烂额，再无过多精力关注项目部其他方面的管理事务。该项目暴露出的一系列劳务、材料问题，是相关管理人员对于四组关系处理不当的典型反面教材。

安装成本管理不当，由赢利变亏损。安装队伍的选定，可谓一波三折。先是为包工包料模式，并陆续有两支队伍进场，因未达成一致后相继退场。某队伍进场后，开始也按此模式施工，但双方就上交管理费未达成一致，逐改为包工模式。经验证明，这一改变对项目安装部影响较大。施工过程中，安装队伍过于计较自身得失，为项目全局、材料的节余考虑较少，合同外签证过多，项目机电部应对方法欠少，一味蛮压却无解救之道，最终伤害了整体利益。

安装材料方面：一方面价格因市场因素波动，项目部未能及时跟上，造成价格高于成本；另一方面，材料进场机电安装部与材料部不能及时沟通清点，在2009年之前机电安装材料进场竟无需机电安装副经理签字审核；再之，安装材料，在现场施工过程中也不注意节约，浪费较大。安装的结算及成本分析方面：因管理经验欠缺，在成本结算方面尤甚，对劳务队的签证不能及时处理，对业主的结算估计过于乐观，视结算报价为结算价，且应对结算方式不多，导致安装的成本分析从盈利70万元突变为亏损30余万元。

项目之所以有如此巨额的亏损，均因建筑业几乎所有的不良现象在此项目集中出现，不管是现场还是内业，不管是技术还是商务都不同程度的存在问题。

正是由于上述各方面的漏洞，才导致这么一个预算利润670万元的好项目反亏280万元，一反一正企业损失了900多万元。前车之鉴，值得业内所有的企业管理者、项目经理们引以为戒。

【拓展阅读】

管理过程学派介绍

管理过程学派又叫管理职能学派或经营管理学派。这个学派在西方是继古典管理理论学派和行为科学学派之后影响最大、历史最久的一个学派。古典管理理论的代表人物之一亨利·法约尔就是这个学派的创始人，这个学派后来经美国的管理学家哈罗德·孔茨等人的发扬光大，成为现代管理理论丛林中的一个主流学派。

管理过程学派是以管理的职能及其发挥作用的过程为研究对象，认为管理就是通过别人或同别人一起完成工作的过程。管理过程与管理职能是分不开的，管理的过程也就是管理的诸多职能发挥作用的过程。以这一认识为出发点，管理过程学派试图通过对管理过程或管理职能的研究，把管理的概念、原则、理论和方法加以理性概括，从而形成一种"一般性"的管理理论。在研究方法上，这一学派一般是首先把管理人员的工作划分为各种职能，然后对这些职能进行分析研究，并结合管理实践探索管理的基本规律和原则。管理过程学派认为，运用这种研究方法，可把管理工作的一切主要方面加以理论的概括，从而建立起可指导管理实践的管理理论。

1. 该理论的合理性

(1)管理理论的普遍性和重要性。管理过程学派强调管理与管理理论的重要性和普遍性，管理过程学派的创始人亨利·法约尔根据自己长期从事管理工作的经验，强调了管理与管理理论的重要性和普遍性，指出，对于所有的事业或企业单位，不论其规模和性质如何，管理都具有极端的重要性。人们在管理中各行其是、自相矛盾，是由于缺乏对于一般管理规律的了解。因此，法约尔非常强调管理教育的重要性。而要发展管理教育，就必须创立管理理论。法约尔认为，管理理论不仅适用于公私企业，也适用于军政机关和宗教组织。因此，他的管理理论叫做一般管理理论，其中提出了一些认为普遍适用的管理原则和要素。

管理过程学派的其他代表人物，也都强调管理的重要性和普遍性，认为存在一些普遍适用的管理职能和原则。拉尔夫·戴维斯认为工厂管理的基础职能和原理是普遍适用的，并提出了适用于所有各种类型企业的三项有机职能:计划、组织和控制。其他代表人物也都以管理理论的普遍性为基础，提出了一些管理的职能和原则。也正是由于他们重视管理理论的重要性和普遍性，在管理理论的发展过程中，过程学派一直在探求走向统一的途径。

(2)提供了一个经营管理实践概括的框架。管理过程学派通过对管理职能和管理过程的分析，为经营管理实践的理解和理论的研究提供了一个概括的框架。组织的经营管理事务纷繁，头绪众多，有了这种框架以后，就可以对管理从几个主要方面进行深刻的理解和作有条不紊的分析;而在发展中新增的一切概念均可被分门别类地安置于这个框架之中。虽然许多学者对此不以为然，但正是由于这样的框架才使管理过程学派为世人所瞩目。计划、组织、控制作为管理的三项职能，是得到普遍承认的;而对其他的职能则有人以为然，有人不以为然。管理过程学派内部观点的这种差别同各学派之间的差别相类似，在很大程度上是由语意上的混乱造成的。例如，有人也许认为是"激励"的职能，被另一个人归于"组织"或"指挥"之下，等等。这种差别是可以通过相互间的了解消除的。

2. 该理论的局限性

(1)不能适用所有组织。管理过程学派所归纳出的管理职能不能适用所有的组织。所归纳出的管理职能通用性有限，对静态的、稳定的生产环境较为合适，而对动态多变的生产环境难以应用。只在工会力量不大，或失业率很高、生产线稳定的情况下适用。如果在专业性组织中应用时，这些原则便需修改，其适用性须视情况而定。

(2)不包括所有管理行为。管理过程学派所归纳的职能并不包括所有的管理行为。明茨伯格在其名著《经理工作的性质》中写道：如果我们观察一位工作中的经理，然后尝试着把他的特殊活动同 POSDCORB 的各种职能联系起来，我们很快就能对此有所感觉。设想一位总经理碰到了一批有意见的职工，他们威胁说，如果某一位高级经理不被解雇，他们就要辞职。这位总经理在以后的一些日子中必须搜集有关资料并找出一个处理这一危机的方法。或者设想一位经理授予某一位退休职工一枚荣誉奖章。或者设想一位总经理给他的下属带来一些外部董事会会议的有用信息。这些活动中的哪一项可以被叫作计划呢？又有哪一些可以被叫作组织、协调或控制呢？事实上这四个词语同经理的各项活动之间有一些什么关系呢？这四个词实际上完全没有描绘出经理的实际工作。它们只不过描绘出了经理工作的某些模糊的目标。

(3)日常管理不是先有职能。在管理者日常管理中，一定是先有了目标和组织，然后进行管理，而不是先有一套典型的职能，能够到处运用到不同的组织中去。对此，德鲁克是这样评论的：要知道达到企业的目标需要进行什么活动的问题太显而易见的，似乎用不着特别去提。但是分析这些活动在传统理论中却不曾有过。大多数传统的理论认为，企业有一套"典型的"职能，它们可以到处运用，对一切事物来运用，用不着先作一番分析。制造、销售、工程、会计、采购和人事——这些就是制造业的典型职能。

第 13 章 | 企业战略与组织结构

※ 13.1 企业组织结构类型

企业组织结构是企业组织内部各个有机构成要素相互作用的联系方式或形式，以求有效、合理地把组织成员组织起来，为实现共同目标而协同努力。组织结构是企业资源和权力分配的载体，它在人的能动行为下，通过信息传递，承载着企业的业务流动，推动或者阻碍企业使命的进程。由于组织结构在企业中的基础地位和关键作用，企业所有战略意义上的变革，都必须首先在组织结构上开始。企业组织结构的类型主要有以下几种类型：

13.1.1 直线制

又称为军队式结构，它是一种最简单的集权式组织结构。其领导关系按垂直系统建立，不设专门的职能结构，自上而下形成垂直领导与被领导的关系。其优点是结构简单，指挥系统清晰、统一；职责关系明确；横向关系少，内部协调容易；信息沟通迅速，解决问题及时，管理效率高。其缺点是组织结构缺乏弹性，组织内部缺乏横向交流，缺乏专业化分工，不利于管理水平的提高。直线制组织结构的适用范围很有限，它只适用于那些规模较小的或业务活动简单、稳定的企业。

13.1.2 职能制

又称为多线制，它按照专业分工设置相应的职能管理部门，实行专业分工管理的组织结构形式。其优点是行政组织按职能或业务性质分工管理，选聘专业人才，发挥专业特长的作用；利于业务专精，思考周密，提高管理水平；同类业务划归同一部门，职有专司，责任确定，有利于建立有效的工作秩序，防止顾此失彼和互相推诿。其缺点是不便于行政组织间各部门的整体协作，容易形成部门间各自为政的现象，使行政领导难于协调。通常职能制要与层级制相结合。职能制只适用于计划经济体制下的企业，必须经过改造才能适用于市场经济下的企业。

13.1.3 直线职能制

直线职能制是现实中运用最为广泛的一种组织形态，它把直线制结构与职能制结构结合起来，以直线为基础，在各级行政负责人之下设置相应的职能部门，分别从事专业管理，作为该领导的参谋，实行主管统一指挥与职能部门参谋、指导相结合的组织结构形式。其优点是把直线制组织结构和职能制组织结构的优点结合起来，既能保持统一指挥，又能发挥参谋人员的作用，分工精细，责任清楚，各部门仅对自己应做的工作负责，效率较高；组织稳定性较高，在外部环境变化不大的情况下，易于发挥组织的集团效率。其缺点是部门间缺乏信息交流，不利于集思广益作出决策；直线部门与职能部门（参谋部门）之间目标不易统一，职能部门之间横向联系较差，信息传递路线较长，矛盾较多，上层主管的协调工作量大；难以从组织内部培养熟悉全面情况的管理人才；系统刚性大，适应性差，容易因循守旧，对新情况不易及时做出反应。

13.1.4 事业部制

事业部制是指以某产品、地区或顾客为依据，将相关的研究开发、采购、生产、销售等部门结合成一个相对独立单位的组织结构形式。它表现为，在总公司领导下设立多个事业部，各事业部有各自独立的产品或市场，在经营管理上有很强的自主性，实行独立核算，是一种分权式管理结构。事业部制又称 M 型组织结构，即多单位企业、分权组织或部门化结构。其优点是每个事业部都有自己的产品和市场，能够规划其未来发展，也能灵活自主地适应市场出现的新情况，迅速作出反应，所以，这种组织结构既有高度的稳定性，又有良好的适应性。其有利于最高领导层摆脱日常行政事务和直接管理具体经营工作的繁杂事务，而成为坚强有力的决策机构，同时又能使各事业部发挥经营管理的积极性和创造性，从而提高企业的整体效益。事业部经理虽然只是负责领导一个比所属企业小的多的单位，但是，由于事业部自成系统，独立经营，相当于一个完整的企业，所以它能经受企业高层管理者面临的各种考验。显然，这有利于培养全面管理人才，为企业的未来发展储备干部。事业部作为利润中心，既便于建立衡量事业部及其经理工作效率的标准，进行严格的考核，又易于评价每种产品对公司总利润的贡献大小，用以指导企业发展的战略决策。按产品划分事业部，便于组织专业化生产，形成经济规模，采用专用设备，并能使个人的技术和专业知识在生产和销售领域得到最大限度地发挥，因而有利于提高劳动生产率和企业经济效益。各事业部门之间可以有比较、有竞争，由此而增强企业活力，促进企业的全面发展。各事业部自主经营，责任明确，使得目标管理和自我控制能有效地进行，在这样的条件下，高层领导的管理幅度便可以适当扩大。其缺点是由于各事业部利益的独立性，容易滋长本位主义；一定程度上增加了费用开支；对公司总部的管理工作要求较高，否则容易发生失控。事业部制只适合那些经营规模大、生产经营业务多元、市场环境差异大、要求较强适应性的企业。

13.1.5 超事业部制

又称为“执行部制”，是 20 世纪 70 年代美国和日本的一些大公司出现的一种新的管理组织结构形式。它是在组织最高管理层和各个事业部之间增加了一级管理机构，负责管辖和协调所属各个事业部的活动，使领导方式在分权的基础上又适当地集中。这样做的好处是可以集中几个事业部的力量(市场)等来划分部门，设立若干事业部。事业部在企业宏观领导下，拥有完全的经营自主权，独立经营、独立核算，是既受公司控制的利润中心，具有利润生产和经营管理的职能，同时也是产品责任单位或市场责任单位，对产品设计、生产制造及销售活动负有统一领导的职能。其优点是可以联合几个事业部的力量研发新产品，提供新业务，形成拳头优势，主要职能是协调各事业部的生产经营活动方向，从而大大增强了企业的灵活性和适应性，同时能够使公司总经理从繁重的日常事务中解脱出来，将自己的时间和精力主要集中在企业战略性决策上。其缺点是管理层次增加，企业内部的横纵向沟通问题更加紧迫；随着管理人员的增多，企业费用也大大增加。超市事业部主要适用于规模巨大、产品种类较多的企业。

13.1.6 矩阵制

矩阵制是由职能部门系列和为完成某一临时任务而组建的项目小组系列组成，它的最大特点在于具有双道命令系统。矩阵制组织形式是在直线职能制垂直形态组织系统的基础上，再增加一种横向的领导系统，可称之为“非长期固定性组织”。它是把按职能划分的部门和按项目(或产品、服务等)划分的子公司或部门结合起来组成一个矩阵，是同一名员工既同原职能部门保持组织与业务上的联系，又参加所在子公司或部门的工作的一种管理模式。为了保证完成一定的管理目标，每个子公司或部门都设负责人，在组织的最高主管直接领导下进行工作。其优点是加强了横向联系，专业设备和人员得到了充分利用;具有较大的机动性;促进各种专业人员互相帮助，互相激发，相得益彰。其缺点是成员位置不固定，有临时观念，易导致责任心不够强;人员受双重领导，不易分清责任。

※ 13.2 战略与组织结构的关系

有什么样的企业战略目标就有什么样的组织结构，同时，企业的组织结构又在很大程度上对企业的发展目标和政策产生很大的影响，并决定着企业各类资源的合理配置。企业战略目标与组织结构之间是作用与反作用的关系。所以，企业组织机构的设计和调整，要寻求和选择与企业经营战略目标相匹配的结构模式。无论是采用职能式或者是矩阵式的组织结构，还是按照区域设置分公司或者按照用户设置分部，一切都应当从企业的发展目标出发，充分体现“领导指挥得力，横向纵向关系协调，层级信息沟通顺畅，激励员工积极参与”的科学化原则。

在设置和调整组织结构时，首先要明确企业发展的总体战略目标及其发展方向和重点。例如，日本丰田汽车公司提出了“逢山必有路，有路必有丰田车”的战略目标，倡导以“降低成本取胜”，其组织结构更加侧重于生产过程的有效控制;而德国的奔驰汽车公司以提高产品的科技含量为导向，确定了“领导世界汽车新潮流”的总体发展战略，其组织结构更加强调了科技研发的重要地位和作用。

企业的战略与组织结构的关系，基本上与外部经济发展状况相联系，企业在不同的发展阶段中，应有不同的战略目标，其组织结构也应做出不同的调整。企业组织结构的调整是企业战略实施的重要环节，同时也决定着企业资源的配置。企业在进行组织设计与调整时，只有对本企业的战略目标及其特点进行深入的了解和分析，才能正确把握选择企业组织结构的类型和特征。企业发展战略决定了组织结构的不同形式，如：与单一经营发展阶段相适应的是早期的层级结构（直线制、职能制、直线职能制）；与市场和产品多样化阶段相适应的是分权事业部制；与项目为中心的经营活动相适应的是矩阵结构；以产品为中心划分事业部的大型跨国公司，采用的是与之相适应的多维立体制结构。

在企业设置组织机构时，应注意充分发挥企业内部三个系统，即指挥计划系统、沟通联络系统、检查反馈系统的作用，调整好四个层面即决策层、执行层、管理层和操作层的关系，并体现以下三个基本原则：

1. 系统为主、功能为辅的原则

从系统论的角度分析，任何分散的个体结合成组织后，都能产生"组织效应"，从而形成新的更大的功能，就是人们常说的 $1+1>2$；而过多地强调原有的"1"和"1"的功能，力量就会抵消，结果就会产生 $1+1<2$ 的现象。

2. 效率为主、结构为辅的原则

效率是企业所有活动的综合表现和追求的结果，企业所有的经营活动，必须为企业的战略目标服务，所以在分析组织结构时，组织机构越简单、越直接，其效率就越高，指挥系统越灵敏，沟通联络系统越准确，反馈系统越及时。这也就是为什么扁平化组织越来越趋向流行的原因。

3. 工作为主、层次为辅的原则

工作（任务）是实现企业战略目标的最直接的活动，组织层次是实现企业战略目标的保障，保障越有力，活动越有效，越能加速实现企业战略目标。所以在设置和调整组织结构考虑管理层次和管理幅度时，必须以工作分析为前提，防止出现帕金森现象。因为企业中有的管理人员往往喜欢增加编制和层次，从而扩大自己的价值和影响，但许多组织的层次和编制往往是没有必要的，这些没有必要的层次和编制，对管理者个人来说，可能是有利的，结构中多了一个层次，他们的职位就高升一级，可是对组织来说，就增加一个包袱，对实现企业战略目标来说，就多了一层障碍。

13.3 组织结构调整与变革

组织变革是指运用行为科学和相关管理方法，对组织的权利结构、组织规模、沟通渠道、角色设定、组织与其他组织之间的关系，以及对组织成员的观念、态度和行为，成员之间的合作精神等进行有目的的、系统的调整和革新，以适应组织所处的内外环境、技术特征和组织任务等方面的变化，提高组织效能。企业的发展离不开组织变革，内外部环境的变化，企业资源的不断整合与变动，都给企业带来了机遇与挑战，这就要求企业关注组织变革。

学习型组织以实践为基础并使每位员工都参与到解决问题和不断改善之中。学习型组织要同时经历两类计划性变革：运营变革和组织转型变革。前者是指组织以改善基本工作和不同业务领域的组织过程为基础的变革，后者是指对整个组织进行重新设计与更新的变革。

13.3.1 组织变革的模型

组织变革是一个复杂、动态的过程，需要有系统的理论指导。管理心理学对此提出了行之有效的理论模型，适合于不同类型的变革任务。其中影响最大的有：Lewin 变革模型、系统变革模型和 Kotter 组织变革模型。

1. Lewin 变革模型

最具影响力的组织变革模型之一是 Lewin 变革模型。Lewin(1951)提出一个包含解冻、变革、再冻结等三个步骤的有计划的组织变革模型，用以解释和指导如何发动、管理和稳定变革过程。

(1)解冻。这一步骤的焦点在于创设变革的动机。鼓励员工改变原有的行为模式和工作态度，采取新的适应组织战略发展的行为与态度。为了做到这一点，一方面需要对旧的行为与态度加以否定；另一方面要使干部员工认识到变革的紧迫性。可以采用比较评估的办法，把本单位的总体情况、经营指标和业绩水平与其他优秀单位或竞争对手加以一一比较，找出差距和解冻的依据，帮助干部员工“解冻”现有的态度和行为，使其积极要求变革，愿意接受新的工作模式。此外，应注意创造一种开放的氛围和心理上的安全感，减少变革的心理障碍，提高变革成功的信心。

(2)变革。变革是一个学习过程，需要给干部员工提供新信息、新行为模式和新的视角，指明变革方向，实施变革，进而形成新的行为和态度。这一步骤中，应该注意为新的工作态度和行为树立榜样，采用角色模范、导师指导、专家演讲、群体培训等多种途径。Lewin 认为，变革是个认知的过程，它由获得新的概念和信息得以完成。

(3)再冻结。在再冻结阶段，利用必要的强化手段使新的态度与行为固定下来，使组织变革处于稳定状态。为了确保组织变革的稳定性，需要注意使干部员工有机会尝试和检验新的态度与行为，并及时给予正面的强化；同时，加强群体变革行为的稳定性，促使形成稳定持久的群体行为规范。

2. 系统变革模型

系统变革模型是在更大的范围解释组织变革过程中各种变量之间的相互联系和相互影响的关系。这个模型包括输入、变革元素和输出等三个部分。

(1)输入。输入部分包括内部的强项和弱项、外部的机会和威胁。其基本构架则是组织的使命、愿景和相应的战略规划。企业组织用使命表示其存在的理由，愿景是描述组织所追求的长远目标，战略规划则是为实现长远目标而制定的有计划变革的行动方案。

(2)变革元素。变革元素包括目标、人员、社会因素、方法和组织体制等元素。这些元素相互制约、相互影响，组织需要根据战略规划组合相应的变革元素，实现变革的目标。

(3)输出。输出部分包括变革的结果。根据组织战略规划，从组织、部门群体、个体等三个层面，增强组织整体效能。

3. Kotter 组织变革模型

领导研究与变革管理专家 Kotter 认为，组织变革失败往往是由于高层管理部门犯了以下错误：没有能建立变革需求的急迫感；没有创设负责变革过程管理的有力指导小组；没有确立指导变革过程的愿景，并开展有效的沟通；没能系统计划，获取短期利益；没有对组织文化变革加以明确定位等。Kotter 为此提出了指导组织变革规范发展的八个步骤：建立急迫感、创设指导联盟、开发愿景与战略、沟通变革愿景、实施授权行动、巩固短期得益、推动组织变革、定位文化途径等。Kotter 的研究表明，成功的组织变革有 70% ~90% 由于变革领导成效，还有 10% ~30% 是由于管理部门的努力。

4. Bass 的观点和 Bennis 模型

管理心理学家 Bass 认为，按传统方式以生产率或利润等指标来评价组织是不够的，组织效能必须反映组织对于成员的价值和组织对于社会的价值。他认为评价一个组织应该有三个方面的要求：一是生产效益、所获利润和自我维持的程度，二是对于组织成员有价值的程度，三是组织及其成员对社会有价值的程度。

Bennis 则提出，有关组织效能判断的标准，应该是组织对变革的适应能力。当今组织面临的主要挑战是能否对变化中的环境条件作出迅速反应，积极适应外界的竞争压力。组织成功的关键是能在变革环境中生存和适应，而要做到这一点，必须有一种科学的精神和态度。而适应能力、问题分析能力和实践检验能力，是反映组织效能的主要内容。在此基础上，Bennis 提出有效与健康组织的标准：一是环境适应能力。即解决问题和灵活应付环境变化的能力。二是自我识别能力。即组织真正了解自身的能力，包括组织性质、组织目标、组织成员对目标理解和拥护的程度、目标程序等。三是现实检验能力。即准确觉察和解释现实环境的能力，尤其是敏锐而正确地掌握与组织功能密切相关因素的能力。四是协调整合能力。即协调组织内各部门工作和解决部门冲突的能力，以及整合组织目标与个人需求的能力。

5. Kast 的组织变革过程模型

Kast 提出了组织变革过程的六个步骤：

(1)审视状态：对组织内外环境现状进行回顾、反省、评价、研究；

(2)觉察问题：识别组织中存在的问题，确定组织变革的需要；

(3)辨明差距：找出现状与所希望状态之间的差距，分析所存在问题；

(4)设计方法：提出和评定多种备选方法，经过讨论和绩效测量，作出选择；

(5)实行变革：根据所选方法及行动方案，实施变革行动；

(6)反馈效果：评价效果，实行反馈。若有问题，再次循环此过程。

6. Schein 的适应循环模型

Schein 认为组织变革是一个适应循环的过程，一般分为六个步骤：

(1)洞察内部环境及外部环境中产生的变化；

(2)向组织中有关部门提供有关变革的确切信息；

(3)根据输入的情报资料改变组织内部的生产过程;

(4)减少或控制因变革而产生的负面作用;

(5)输出变革形成的新产品及新成果等;

(6)经过反馈,进一步观察外部环境状态与内部环境的一致程度,评定变革的结果。

上述步骤与方法和 Kast 主张的步骤和方法比较相似,所不同的是,Schein 比较重视管理信息的传递过程,并指出解决每个过程出现困难的方法。

13.3.2 组织变革的动力

组织变革从本质上说,是组织为了适应环境的变化以更好地生存和发展而对组织所拥有的人力、物力、财力、权力等资源所进行的重新组织和分配。组织的变革受到多种因素的驱动,大致分为两大类:一类是组织外部环境的变化,另一类是组织内部因素的变化。

1. 外部变革推动力

外部环境是一个动态的环境,时刻发生着变化,具有很大的不确定性。环境中影响组织行为的因素复杂多变。根据是否有利于组织目标的实现,可以分为外部机会和外部威胁。从外部环境的角度看,管理者对组织进行变革就是重新安排和组织各种资源,以充分利用外部机会,回避外部威胁以减轻外部威胁对组织的影响。组织外部环境包括经济、政治、法律政策、文化、人口、市场和竞争、技术、外部利益相关者、自然资源、自然环境等,其中任何一种因素都是一把双刃剑,都既可能成为推动组织变革的强大力量,也可能成为阻碍组织变革的强大阻力,对组织发展都有可能产生深远的影响。

(1)经济。萧条的经济一般会阻碍组织的发展,甚至会威胁到组织的生存,为了最大化降低萧条经济的不利影响,组织就需要做出相应的变革以更好地适应经济大环境;繁荣的经济一般情况下都会给组织带来很好的成长机会,但是如果组织不做相应调整来充分利用这些机会,那么组织的发展必然要受到影响,甚至会因竞争对手对机会的充分利用而陷入困境。

(2)政治和法律政策。政治对组织的生存乃至变革发展有着深刻的影响。政局稳定、政策稳定,都会给组织一个稳定的变革、成长环境,哪怕这种政治是专制的、不民主的;如果政局不稳,则会给组织带来极大的生存威胁。诺贝尔经济学奖获得者阿马蒂亚 o 森(Amartya Sen)认为组织发展和经济保障有着很强的联系,缺乏经济保障则与缺乏民主权利和法权自由相联系,而缺乏民主权利和法权自由正是和政治有着密切的联系。任何一个组织的活动,都是在国家的法律和政策范围内进行的。当法律和政策发生改变之后,组织也必须做出相应的变革,否则,其发展甚至生存都会受到不同程度的影响。

(3)社会和文化。社会的伦理道德和民风习俗及公共事业的发展也会影响组织的变革。如果一个社会普遍存在求稳的心理,那么必然会给组织的变革带来很大的阻力;反之,如果这个社会崇尚创新,对新的事物有着天性上的追求,那么在这样的社会中生存的组织必然对变革习以为常,如教育的普及则会从根本上变革组织。阿马蒂亚·森(Amartya Sen)认为中国的改革开放之所以能够取得世人瞩目的成就,一个关键因素就在于新中国成立后对教育的重视。文化的发展也会对组织变革产生深刻的影响。文化是指一群人的行为规范和共同的价值观。行为规范是指普遍存在的行为方式,它形成并存在于群体中;共同价值观是指群体中大多数人的重要关注点和目标，它较易形成群体行为，而且即使当群体成员发生变化时，这种群体行为也不会改变。

(4)人口。人口的多寡和人口素质的高低极大地影响着组织的生存和发展。比如:人口过多则会给交通带来巨大的影响，使组织的运输能力受到一定的限制;过少，则会使组织在获取足够的人力资源上耗费巨大。高素质的人多，激烈的竞争和就业的压力可以使组织以较低的成本获取足够的人力资源;高素质的人少，则会使组织在人力资源上付出较大的代价。

(5)市场和竞争。当今社会，随着世界经济一体化和市场全球化进程的不断深入，各国的企业都面临着前所未有的激烈的全球竞争。对于大部分的企业产品来说，都存在一个全球市场。为了在国际市场中有效竞争，企业必须转变其文化、结构和运作方式。

(6)技术。技术的发展对企业的生存有着不可估量的影响。组织外部发生的技术进步，要求组织做出积极的回应:放弃目前正在使用的、相对陈旧的技术，改用新兴的、先进的技术。这样，无论是企业还是其他类型的组织，才不会被竞争者抛离。而采用新的技术，必然 会导致组织内部生产、管理、沟通等方式的改变，这就不可避免地促使组织发生变革。随着现代科学技术的突飞猛进，技术变化的速度越来越快，设备更新、工艺改革日益频繁，新产品不断涌现，产品迅速更新换代，对组织的影响也越来越大。例如，包括复杂的计算机网络、通信系统和远程控制设备在内的信息技术的迅速发展，使企业组织中的决策方式、信息处理方式、控制方式发生了根本性的转变，要求企业在工作方式、组织结构、组织层次等方面进行相应的变革，提高组织效率，以适应新形势的需要。再如，随着科技水平的提高，企业生产和经营的机械化与自动化的程度不断提高，企业中将会有越来越多的岗位趋于单调乏味，而另外一些则可能会变得充满趣味和挑战性，这就要求企业对岗位进行再设计。

(7)外部利益相关者。外部利益相关者包括顾客、供应商、政府、投资和金融机构、行业协会等。在消费的个人层次上，顾客的需求始终在不断地变化。现在的顾客需求越来越向个性化、特殊化方向发展，这就要求组织提供的服务和产品必须满足他们的这种需求，而这必然带来组织内部生产流程或工艺的变革。迈克尔·波特认为供应商可能通过提价或降低所购产品或服务的质量来向某个产业中的企业施加压力，这种供方压力可以迫使一个产业无法使价格跟上成本的增长而失去利润。供应商突然提高价格或停止对组织原材料的供应，会迫使组织寻找新的供应商和替代原料，这会促使组织采购部门变革采购方式、采购渠道、采购人员乃至采购流程。至于销售渠道的变更、销售商的更替，同样都会引发组织相关部门员工、职能的变革。而行业协会出于保护整个行业的利益和维持整个行业的良性发展，通常会根据具体的全球经济发展形势和国家相关法规政策来制定一些具体的行业规范，这些行业规范必然要求组织调整与其不相适应的部分，这就不可避免地会促使组织做出相应的变革。

(8)自然资源。自然资源的日渐减少使得资源的价格不断上升，供应商的讨价还价能力得到很大的提升，这对组织降低成本的努力和愿望带来很大的威胁，迫使组织去寻找新的供应商或替代原料，甚至改变组织的经营方向，这必然对组织原有的采购流程、生产工艺、生产的产品或服务等产生重大的影响。

(9)自然环境。组织所处的自然环境对组织的生存、变革和发展也有着巨大的影响。美国学者斯蒂芬·罗宾斯则把导致变革的外源性因素进一步概括为六个方面:劳动力的性质,如文化多元化、专业人员的增加、许多新员工技术不足等;技术,如计算机及自动化程度高、全面质量管理方案、技术革新计划;经济冲击,如债券市场的暴跌、利率波动、外币波动;竞争,如全球竞争者、兼并与联合、专门零售商的成长;社会趋势,如受大学教育者增多、年轻人婚姻推迟、离婚率上升;世界政治,如前苏联解体、伊拉克人入侵科威特、海地独裁者被推翻。

2. 内部变革推动力

组织变革的内部推动力包括组织结构、人力资源管理和经营决策等方面的因素。

(1)组织运行状况不佳,经营业绩和效益下滑。组织是实现企业目标的基本手段,因此组织良好的运行状况是实现企业目标的必要条件之一。所以从深层次原因上分析,组织长时期的绩效滑坡,通常可以发掘出组织运行状况不良的根源。例如美国通用汽车公司按照“集中政策下的分散经营”思想改组组织,虽然被称作“近代组织管理的一次革命”,但分析其变革背景可以发现,该公司是在内部缺乏统一管理、外部面临经济恐慌的形势下,才开始组织管理变革的。

(2)组织结构的缺陷。组织设计和运行不可能完美无缺,组织结构也会随着内外环境的变化而变化,组织结构的缺陷是经营绩效下降的一个重要原因。这方面的问题主要包括:机构臃肿、人浮于事;部门之间关系不顺、推诿扯皮严重、冲突矛盾迭起;组织无法对环境的变化做出灵活的、富有创造性的反应。

(3)组织战略改变。美国管理学家钱德勒提出了“结构跟着战略变”的观点。组织在战略发展的每个阶段都需要相应的组织结构与之匹配。例如,在数量扩大战略阶段,企业的组织结构就比较简单,往往仅有一个办公室执行单纯的生产和销售职能;在地域扩张战略阶段,简单的组织结构已不适应经济发展的需要,需要代之以若干职能部门的组织形式;在纵向一体化战略阶段,企业中出现了中央办公机构及众多职能部门,为保持各单位之间的密集联系,管理权力需要集中在上层,从而形成集权的职能型结构;而在多样化经营阶段,企业需要更多地分权,因此常采用分权的事业部制结构。

(4)组织规模扩大。大型企业与小型企业在组织上存在明显的区别。随着组织规模的扩大,管理层次增多,工作分工细化,部门数量增加,职能和技能日益专业化,这说明大型企业趋于复杂化。报表、文件和书面沟通增多,程序化规则取代直接监督而成为协调的主要手段,这说明大型企业趋于正规化;大型企业的集权程度通常很低,中层管理人员拥有较大的权利;同时人员结构也发生变化,直线管理人员比率呈下降趋势,但职能参谋人员占比在逐渐扩大。这些特征反映了企业随着规模的扩大,组织设计需要在许多方面做相应的变革调整。

(5)人力资源变化。随着义务教育的普及和教育水平的提高,员工素质和能力也在不断提高。同时,随着社会文化的变迁,职员工作态度与需要也表现出了多元化特点,个体不仅对特定组织的忠诚度减弱,而且人生目标和价值观也有很大变化。这种状况对任何一个组织而言,都是一个巨大的压力。为适应人力资源开发的需要,组织设计和运行就必须给人的能动性和创造性的发挥创造有利条件,以便更好地调动他们工作的积极性,并提高组织对内外环境的应变能力。

13.3.3 组织变革的阻力

1. 组织变革阻力的分类

组织变革作为战略发展的重要途径，总是伴随着不确定性和风险，并且会遇到各种阻力。管理心理学研究发现，常见的组织变革阻力可以分为三类：

(1)组织因素。在组织变革中，组织惰性是形成变革阻力的主要因素。这是指组织在面临变革形势时表现得比较刻板、缺乏灵活性，难以适应环境的要求或者内部的变革需求。造成组织惰性的因素较多，例如，组织内部体制不顺、决策程序不良、职能焦点狭窄、层峰结构和陈旧文化等，都会使组织产生惰性。此外，组织文化和奖励制度等组织因素以及变革的时机也会影响组织变革的进程。

(2)群体因素。组织变革的阻力还会来自群体方面。研究表明，对组织变革形成阻力的群体因素主要有群体规范和群体内聚力等。群体规范具有层次性，边缘规范比较容易改变，而核心规范由于包含着群体的认同，难以变化。同样，内聚力很高的群体也往往不容易接受组织变革。Lewin 的研究表明，当推动群体变革的力量和抑制群体变革的力量之间的平衡被打破时，也就形成了组织变革。不平衡状况"解冻"原有模式，群体在新的、与以前不同的平衡水平上重新"冻结"。

(3)个体因素。人们往往会由于担心组织变革的后果而抵制变革。一是职业认同与安全。在组织变革中，人们需要从熟悉、稳定和具有安全感的工作任务，转向不确定性较高的变革过程，其"职业认同"受到影响，产生对组织变革的抵制。二是地位与经济上的考虑。人们会感到变革影响他们在企业组织中的地位，或者担心变革会影响自己的收入。或者，由于个性特征、职业保障、信任关系、职业习惯等方面的原因，产生对于组织变革的抵制。对具体的人来说，变革意味着利益的重新分配，旧的利益分配平衡被打破，需建立新的利益平衡格局。一般地说，如果变革带来的预期收益，包括显性收益与隐性收益、物质收益与非物质收益，扣去变革所分摊的成本后大于原来的收益，人们便会支持变革。否则，便会反对变革。在两者平衡的情况下，则采取中立态度。对于普通员工来说，如果变革成功可以分享到变革后公司增加的收益，但那是远期的、间接的，而变革所带来的成本是即期的、直接的，如岗位变动、权力削弱、工作负担增加、甚至可能下岗失业等等，许多员工感到缺乏安全感，权衡利弊得失后会宁愿维持现状。

2. 组织变革阻力的表现方式

组织变革的阻力可能以两种方式发挥作用。一种是积极地阻挠变革的进行，他们公开发表反对意见，与变革者展开争论，有时还可能掺杂了个人情感，表现出对抗性或攻击性的行为。另一种则消极地阻挠变革，他们虽不公开表示反对，却采取不合作的态度，甚至采取扣压、延误或封锁消息的方式。不论何种方式，对变革都是有害的。

13.3.4 组织变革的方法

1. 技术变革

技术变革与组织的生产工艺，即与组织如何完成其工作是相关的。技术变革的目的是为了使产品或服务的生产更有效率。通用汽车公司利用机器人来改善生产效率就是技术变革的一个例子，超级市场利用激光扫描结账系统也是技术变革的例子。

一般来说技术变革都是自下而上发生的，这意味着新思想起源于较低的组织层次，然后反映到高层寻求批准。位于较低层次的技术专家充当了变革先驱——他们发明并支持技术变革，低层次上的员工理解技术而且拥有提出变革的经验。一个松散、灵活、分权的结构使员工有发动持续变革的自由和机会，而一个僵化、集权和标准化的结构则会扼杀技术革新。管理者所要做的就是促使组织中最重要的资源——生产流程中各自领域的专家来提升技术变革的水平。

自上而下的技术变革方式通常不会起作用。高层管理者远离生产过程，缺乏技术开发的经验。高层强制下达的技术变革通常是产生更少而不是更多的技术革新，创新思想的火花是从贴近技术的员工中产生的。摩托罗拉的"参与管理项目"的理论基础就是鼓励从组织低层员工中产生新技术思想。

2. 新产品变革

产品变革是指变革组织的产品或服务产出。新产品革新对组织来说有重要意义，因为它们通常意味着一个新战略的产生或者是一个新市场的出现。此外，由于产品生命周期变得越来越短，企业要不断提出产品和服务的革新思想以满足市场需求。产品革新是许多组织适应市场、技术和竞争的主要方式。

不过，推出新产品并不容易，大多数新产品在市场上失败，但每天仍有数百种新产品问世。有数据表明，最乐观的估计只有1/5 的成功率，最悲观的估计则是1/671。所以，产品开发对组织来说是高风险的活动，能够成功开发新产品的企业一般具有如下特征：一是市场部人员对客户需求有很好的理解，二是技术专家清楚最新技术发展并能有效利用新技术，三是关键部门如研发、制造、市场部的成员在开发新产品时通力合作。

这些发现表明，新产品思想和技术变革一样，一般来说源于组织的低层，两者的区别在于新产品思想会在部门间水平流动，而产品革新同时需要几个部门专家的合作。新产品开发的失败往往是合作失败的结果。

今天，日益成熟的顾客在产品开发和市场方面占有越来越重要的地位。在激励的竞争环境下，新产品开发过程中的参与已经超出了员工的范围，扩展到了供应商和客户。比如汽车制造业这样的整个行业都在积极征求客户对新产品的反馈并在设计之初就请消费者参与。市场部门对客户进行数年的调查来确定他们的需求，他们使用的一个新方法是，在日常活动中实际观察客户使用产品和服务的情况，以收集无法明确的客户愿望。同时，在产品革新的过程中，更快地交付产品和服务也成为一个主要的竞争武器。比如惠普公司将开发新型打印机的时间由4.5 年缩短到22 个月，快速将新产品推向市场需要部门间平行合作或并行合作，因此，团队工作是运用快速革新在速度上击败竞争者的重要部分。

3. 结构变革

结构变革涉及到权力层级、目标、结构特征、管理程序和管理系统。一个组织的结构是由其复杂性、正规化和集权化程度决定的。管理者可以对这些结构要素的一个或多个加以变革。

例如，可将几个部门的职责组合在一起，或者精简某些纵向层次、拓宽管理跨度，以使组织扁平化和具有更少的官僚机构特征。为提高组织的正规化程度，可以制定更多的规则和制度。而通过提高分权化程度，则可加快决策制定的过程。几乎所有的关于如何管理组织的变革都可以归入结构变革。

成功的结构变革是通过自上而下的方式实现的，这与技术变革(自下而上)和新产品变革(水平)不同。结构变革自上而下进行是因为管理变革的经验来自于组织的中高层结构，结构变革的拥护者是中高层管理者。低层专业技术人员对管理程序既无兴趣也无经验。如果组织结构在低层次员工中引起负面效果，他们的抱怨和不满会提醒管理者。员工不满是变革的内在动力，高层管理者察觉到变革需求，就可以提出和实施变革。

自上而下的过程并不意味着强迫是最佳战术。具体的实施策略包括教育、参与和与员工谈判。除非情况紧急，管理者不应将结构变革强加给员工。他们可能会加强抵制，从而导致变革失败。总之，自上而下的变革意味着新的思想源于高层并向下实行，但这并不意味着低层次员工不用接受有关的教育或不用参与其中。

4. 文化与人员变革

文化与人员变革指的是员工价值、标准、态度、信仰和行为方面的变革。文化和人员的变革与员工如何思考有关，这是在思想领域而不是技术、产品或结构领域的变革。人的变革只与少量员工有关，如少数中层管理者去接受培训以改善领导技能。文化变革与组织整体存在着关联。比如，有的组织采用团队工作和员工参与来减少官僚主义，促使员工更重视客户服务和质量。一般来说，培训是变革组织思想最常用的工具，组织可以向大量的员工提供关于团队、倾听技能、质量循环和参与管理等方面的培训。

此外，变革人和文化的主要方式是组织发展，它已经发展成为大规模组织变革的独立领域。组织发展是指组织利用其应付环境变革、改善内部关系和提高解决问题的能力，应用行为科学的知识来改善其自身的状况和效率。组织发展可以改善员工间的工作关系。

以下三类组织发展可以帮助管理者解决现有的问题：

一是合并/并购。在并购时，决策者可能只注意技术、产品、市场和控制系统的潜在融合而没有意识到两个组织在价值、信仰和实践上可能存在的广泛差异。这些差异可能会使员工产生紧张和焦虑，使消极的情绪影响组织未来的运作。组织应该在并购过程中评估文化差异，并利用组织发展专家的帮助使并购顺利进行。

二是组织衰退/复兴。处于衰退和复兴阶段的组织面临一系列问题，包括信任水平低、缺乏创新、较高的员工跳槽率、高度的紧张和冲突。这一转变时期要求实施与平时相反的行为，包括正视压力问题、创造公开的沟通和支持创新以提高生产率。组织发展技术可以通过对冲突的管理、支持献身精神为文化复兴做出贡献。

三是冲突管理。冲突可以在一个健康的组织内的任何时间、任何地点发生。组织发展就是努力帮助解决这些冲突。

常见的组织发展方法包括敏感性训练、调查反馈、过程咨询、团队建设和组际发展等。贯彻这种变革方法的共同主线是，它们都设法带来组织人员内部或相互关系的改变。

敏感性训练是通过非结构化的群体互动来改变人的行为的一种方法。该群体是由一位职业行为学者和若干参与者共同组成。并不对群体规定某种议事日程，职业行为学家（不具有领导角色）也仅仅是为参与者创造表达自己思想和情感的机会。会谈自由而奔放，参与者可以探讨他们喜欢的任何议题。讨论中所注重的是个人的积极参与及其互动的过程。实证研究已经表明，敏感性训练具有多种结果。从正面看，这种方法表现出对沟通技能的迅速改善，以及对提高认知的准确性和个人参与的意愿有促进作用。然而，这些改变对工作绩效有什么影响还没有结论，且这种方法还不能避免心理方面的风险。

调查反馈是对组织成员的态度进行评价，确定其态度和认识中存在的差距，并使用反馈小组中得到的调查信息帮助其消除差距的一种方法。调查问卷通常分发给组织或单位的所有成员填写。问题包括成员对诸如决策制定、沟通效果、单位间的协调、组织的满意度、工作、同事及直接上司等广泛议题的认识与看法。将调查问卷统计处理后得到的数据制成表格分发给有关的员工，使所提供信息成为人们确定问题和解决问题的一个跳板。

过程咨询是依靠外部咨询者帮助管理者对其必须处理的过程事件形成认知、理解和行动的能力。这些过程事件可能包括工作流程、单位成员间的非正式关系以及正式的沟通渠道等。咨询者帮助管理者更好地认识他或她的周围、其自身内部或与其他人员之间正在发生什么样的事情。咨询者并不负责解决管理者的问题，相反，咨询者只是作为教练，帮助管理者诊断哪些过程需要改进。如果管理者在咨询者的帮助之下还不能解决问题，咨询者将协助管理者给自己配备一名具有适当技术知识的专家。

团队建设是使工作团队的成员在互动中了解其他人是怎么想和怎么做的。通过高强度的互动，团队成员学会形成相互的信任和开诚布公。团队建设方案中的活动可能包括团队目标的确定、团队成员间人际关系的开发、明确各成员任务和职责的角色分析以及团队过程分析等。

组际发展是试图改变不同工作小组成员之间的相互看法、认知和成见。例如，两个小组一直存在不良的工作关系，可以让它们分别开列出一份清单，说明有关如下方面的认识：我们如何看待我方？我们如何看待对方？我们认为对方小组如何看待我方？然后，交换两个小组的清单，讨论有什么相似的认识及不同之处，不同点将得到特别的注意。接着，两个小组考察存在差异的原因，并努力制定出解决办法以改进小组间的关系。

☞ **思考题：**

1. 简述组织变革与组织机构的关系。
2. 组织变革的方法有哪些？
3. 组织变革的外部推动力有哪些？
4. 影响组织变革的因素有哪些？
5. 组织变革的内部推动力有哪些？

【案例分析】　　通用电气基于竞争环境的组织结构变革

1971 年通用电气的“战略事业单位”改革，是因为它遇上了威斯汀豪斯电气公司的激烈竞争。这时候企业所面对的最大问题就是“如何战胜竞争对手，巩固市场地位”。基于这样的一个战略重点，通用电气就致力于提升企业对市场信息的反应速度和企业市场竞争策略的灵活性，于是“战略事业单位”这种“特种部队”形式的组织单元就应运而生。

1970年代中期，美国遭遇能源危机与通货膨胀，经济一片萧条。这种时刻并不适合继续扩大投资和再生产，“如何避免资源浪费和制定长期的发展策略”成为通用的核心问题。在这样的情况下，琼斯推行了“执行部制”的组织改革，企业最高层的领导从繁忙的日常事务里解脱出来，把精力聚焦于长期战略的制定和资源在集团内的调控，为通用电气这条商界的巨轮驶出经济衰退的浅水区指明方向。

到了1980年代，美国经济再度复兴加上世界经济一体化的发展，企业的经营环境日新月异，经常会出现“战略赶不上环境”的情况。在这种快速变化的经营环境下，琼斯当初的组织改革给通用电气带来的积极意义已经逐渐消失。同时，由于通用电气两次组织变革所走的方向是正好相反的——“战略事业部”的改革是放权，而“执行部”的改革是集权。这种相互制衡的结果使通用电气出现明显的官僚化倾向。为了适应环境的变化，并消除组织内部的官僚习气，韦尔奇为通用开出了著名的“扁平化”药方。

【拓展阅读】 钱德勒“战略决定结构”思想阐释

“战略决策结构”是一条重要的管理原则，按照A·钱德勒的解释，其意为：公司战略的变化先行于并且导致了组织结构的变化。那么“战略”是如何决定结构的呢？

战略是企业根据内外环境及可获取资源的情况，为求得企业生存和长期而稳定的发展，对企业发展目标以及达成目标的途径和手段的总体谋划，它是企业经营思想和价值取向的集中体现，同时又是制定企业规划和计划的基础。战略要有健全的组织结构来保证实施。组织结构是企业的组织意义和组织机制赖以生存的基础，是企业组织的构成形式，即企业的目标、协调、人员、职位、相互关系、信息等组织要素的有效排列组合方式，往更深一点说，它是将企业的目标分解到职位，并把职位综合到部门，由众多的部门组成垂直的权力系统和水平分工协作系统的一个有机的整体。当一个组织通过“战略管理过程”确立了既定战略之后，如何通过组织结构为其提供有效配置资源的保障便成为管理的关键问题之一。具体地说要明确以下四个方面：

第一，稳定战略需要规范结构。稳定性的战略是组织在市场条件和竞争环境很少发生重大变化的时候，所普遍采用的一种战略。这种战略包括持续地向同类型的顾客提供同样的产品或服务，维持市场份额，并保持组织一贯的投资报酬记录。相对应于这种战略的组织结构应具有规范性和正规化的特征，即通过职务专门化，制订非常正规的制度和规则，以职能部门划分工作任务，实行集权式决策，控制跨度狭窄，通过“命令链”进行经营决策来维持日常的组织运行。其优点是能够实现规模经营，使组织资源充分利用；对中低层管理人员的创新能力、决策水平和工作经验要求较低，可以节约沟通和协调成本；易实行标准化操作和高度的正规化经营；决策权的集中可在某种程度上提高决策的时效性。

第二，动态战略需调适结构。战略一经确立就具有相对的稳定性，以此来明确目标、配置资源、统一步调和凝聚人心。但外界的各种环境却是在不断变化，因此，随着顾客需求、市场条件、竞争方式、社会环境等的改变，战略也必须随之进行相应的调整。如组织在实施“稳定性战略”的过程中，若外部环境对经营十分有利，市场份额增加、销售额扩大、利润率提高，并且在可预见的将来境况仍能保持下去，那么便可将战略调整为“增长性战略”，这时组织结构亦通过增设相关业务部门、充实员工、扩大规模、下放权力等方式适应之；反之，若遇到市场萎缩、经营环境恶化、产品滞销等情况，则要将战略调整为“收缩性战略”，并通过压编减员、合并部门、充实一线、权力上移等方式与之配合，以规避风险，保存实力，稳住阵脚。

第三，组合战略需多元结构。战略的组合是指一个组织在经营的过程中根据自身的资源和市场条件，同时实行两种或两种以上的战略。如一个比较有实力、经营良好的组织，为了进一步开拓发展空间和创造机遇，往往在不违背组织经营规律和总体目标要求的前提下同时采用比较典型的三种战略，即创新战略、成本最小化战略和模仿战略。通过“创新战略”来发现和创造新的市场机会和新产品，以增强竞争优势；通过“成本最小化战略”节省不必要的支出，以谋求较高的边际利润；通过“模仿战略”在一种新产品或新市场的开发潜力被别人证明以后，再进行大胆投资，以实现风险最小化和利益最大化。与这三种战略相对应，“创新战略”适宜采用以结构松散、工作专门化程度低、正规化程度低、分散化程度高为特征的“有机式结构”；“成本最小化战略”适宜采用以控制严密、工作专门化程度高、正规化程度高、集权化程度高为特征的“机械式结构”；“模仿战略”适宜采用以松紧适度、对例行活动控制较严、对创新活动控制较松为特征的“有机——机械式结构”。当然，以上三种战略组合一般为企业的中观层次“事业层”所常用，若作为总战略(公司层)实施，则易发生内在冲突，收不到预期效果。

第四，竞争战略需创新结构。在竞争日趋激烈的市场环境下，一个企业的成败愈来愈取决于其战略制定与实施的成败，以至于战略已成为构成企业核心竞争力的关键要素之一。正因为如此，美国著名管理学家罗宾斯才说“创新能够成为一种竞争优势”。M·波特曾提出三种通用的竞争战略，即总成本领先战略，差异化战略和专业化战略。要实施好这三种竞争战略并形成竞争优势，除了须运用好已有的各种组织结构为其提供可靠保障外，最主要的还是应该创造一些灵活、高效的组织结构，以满足为实施这些战略的过程中的一些特殊要求。近年来，广为流行的“虚拟组织”、“再造工程”、“团队结构”、“无边界组织”等，都是比较典型的样式。它们的共同特征是：打破部门界限、层次扁平化、下放决策权、提倡合作和自我管理、以知识和信息取代权威、职能实现必要的交叉、沟通的网络化、强调协调联动的重要性等。实践证明，这种创新性的组织结构愈来愈显示出良好的适应性和强大的生命力。此外，随着市场环境的改变，竞争与合作将是未来企业关系的突出特点，“战略联盟”将是企业间联系的主要方式，所有这些都对组织结构的创新提出了新的要求。

以上只是对“战略决定结构”这一原则简单的阐释。其实，在管理实践中往往出现这种情况，一个组织现有结构的优劣(秉赋)，反而成为制定与实施某一战略的主要参照，这说明“结构”对“战略”的反作用也不容忽视。因此，说“战略”与“结构”乃是互相决定和互相适应的关系似乎更恰当些，只不过是谁先谁后和哪个主动些、哪个被动些罢了。但我们必须明确的一点是：两者都要受市场的“决定”，并都必须以“适应”顾客为最终目标，舍此来谈论“战略”与“结构”的关系问题都是机械的、片面的，因而也是有害的。

第14章｜战略与领导

一个战略的成败，即是否实现既定目标，关键在于领导。领导在战略管理过程中就是扮演战略家的角色。企业战略管理是企业最高管理者的主要职责，无论是战略的制定和选择，还是战略的实施，都离不开企业最高管理者的领导。不同类型的战略对企业最高领导者的素质、领导风格和行为的要求也不同。领导者对企业战略有着至关重要的作用。

❖ 14.1 领导概述

14.1.1 领导的概念及职能

1. 领导和领导者的概念

所谓领导，就是通过指挥、带领、引导和鼓励来对人们施加影响，从而使人们为实现群体目标而努力的过程。

为实现组织目标，进行决策、计划、组织、控制和委派职责等工作而去指挥或引导下属的人就是领导者。

从本质上讲，领导是一种影响力或者说是对下属施加影响的过程，这种影响力或通过这种影响过程，可以使下属自觉地为实现组织目标而努力。所以说，领导的目的是为了充分发挥组织中每个人的积极性，以更好地实现组织目标。

由此可见，领导本身是一个动态的过程，进行领导就是引导、指挥、指导与先行；领导的目的则是指引和影响个体、群体或组织去完成所期望的目标；领导的实质是影响力，是影响人们心甘情愿地和满怀热情地为实现群体目标而努力的过程；领导者必须有下属或追随者；领导者拥有指挥、命令或引导、影响下属的职权或能力。

2. 领导与管理

领导与管理之间既有联系又有区别，两者不能截然分割，它们是互相渗透的。

(1)领导与管理的区别

第一，管理强调理性及控制，看上去更为正规和科学化，而且也更为普遍，相比之下，领导更在乎直觉和情感，通过用一些不易察觉的方法，去鼓舞和影响着人们朝某个方向努力，并且领导的方式会因领导者的不同而各异。

第二，管理是建立在合法的、有报酬的和强制性的权力基础上的对下属命令和指挥的行为，而领导则可能建立在合法的、有报酬的和强制性权力基础上，也可能更多地建立在个人的影响力和专长以及模范作用的基础上。

第三，管理涉及效率、计划、文书工作、程序、规则、控制和连贯性等方面；而领导则涉及承担风险、动态、创造力、变革和远景等方面。

第四，就应用的环境而言，管理的实践和程序在很大程度上是对应于20世纪的一个最重要的发展——大型组织的出现。管理是用于应付复杂环境的，没有良好的管理，结构复杂的大型组织会趋于混乱，甚至会危及它们的生存。相比之下，领导则是相对于变革而言。当经济环境变得越来越富于挑战性和竞争性，变革便日益成为维系组织生存，增强其竞争力的必要条件，而更多的变革总是要求更强有力的领导。

⑵领导与管理的联系

第一，从行为方式看，领导和管理都是一种在组织内部通过影响他人的协调活动，实现组织目标的过程。

第二，从权力的构成看，两者也都与组织层级的岗位设置有关。

第三，强力的管理会限制人的行动，如果再缺乏领导，则工作效率会变得更糟。同样，过强的领导也会造成混乱，如果再没有管理去控制事态的发展，结果就会变得越来越差。

管理和领导都对一个企业的发展产生重要的影响，过分强调管理或过分强调领导都不利于企业组织的良性发展，正确的做法应是两者并重。

⑶领导者与管理者。领导者和管理者之间也存在着差别，一个人可能既是管理者，也是领导者，而领导者和管理者相分离的情况也会存在。

管理者的本质是被任命的，他们拥有合法的权力进行奖励和处罚，其影响力来源于他们所在的职位所赋予的正式权力。相反，领导者可以是任命的，也可以是从一个群体中产生出来的，领导者可以不运用正式权力来影响他人的活动，而是以其极富个性化的自身魅力鼓励下属，激发创新。

在理想情况下，所有的管理者都应是领导者。但是，并不是所有的领导者必然具备完成其他管理职能的潜能，因此不应该所有的领导者都处于管理岗位上。

研究领导者与管理者的差异可以使我们从管理的角度来研究领导，使得管理者的权威不仅仅是由于任命，更重要的是来自他们自身所具有的影响力，即领导者的魅力。

3. 领导的职能

领导的职能指领导者在领导过程中必须发挥的作用，即领导者在带领、引导和鼓舞下属为实现组织目标而努力的过程中，所要发挥的组织、鼓励和控制等职能。

⑴组织职能。组织职能是指领导者为实现组织目标，合理地配置组织中的人、财、物，把组织的三要素构成一个有机整体的功能。组织职能是领导的首要职能，没有领导者的组织过

程，一个组织中的人、财、物只可能是独立的、分散的要素，难以形成有效的生产力，通过领导者的组织活动，人、财、物之间得到合理的配置，构成一个有机整体，才能去实现组织的目标。因此，企业组织必须重视领导的组织职能。

(2)激励职能。激励职能指领导者为组织成员主动创造能力发展空间和职业生涯发展的行为，是领导者在领导过程中，通过激励方法调动下级和员工的积极性，使之能积极努力地实现组织目标的职能。

组织目标的实现是领导者的根本任务，领导者应在组织的基础上，通过激励的作用，将全体员工的积极性调动起来，共同努力实现组织目标。

(3)控制职能。控制职能指在领导过程中，领导者对下属和员工以及整个组织活动的驾驭和支配。

管理者要依靠控制确保计划的顺利实施，而对于领导者来说，则是用成功的激励以确保人们有足够的精力去面对困难。也就是说，领导者是通过鼓励和激励，以满足人们对于成就感、归属感、认知感、自尊等来激发人们的潜能。

14.1.2 领导者的影响力

所谓影响力，是指一个人在与他人的交往中，影响和改变他人的心理和行为的能力。我们可以把领导的实质看作是一种影响力，这种影响力有可能来自领导者的职务，也有可能来自领导者自身所拥有的品质、能力等。从影响力与权力的区别出发，领导影响力分为权力性影响力和非权力性影响力。

1. 权力性影响力

权力性影响力是指由组织赋予领导者的能够使得被领导者服从的影响力，带有一定的强制性和不可抗拒性。权力性影响力由三方面因素构成:传统因素、职位因素和资历因素。

(1)传统因素。人们通常受传统观念的影响，认为领导者总是强于一般人，总是富有天赋、才干，且手中有权。这种传统观念逐步形成某种形式的社会规范，从而产生被领导者对领导者的服从感和义务感。

(2)职位因素。职位因素是指领导者因握有可以发号施令、实施奖惩的职权，在一定程度上可以利用职位赋予的这种力量左右下属的行为。

职位会使被领导者对领导者产生敬畏感。一般而言，领导者的职位越高，权力越大，被领导者对他越敬畏，他的影响力就越大。职位因素造成的影响力，与领导者本身的素质没有直接的关系。其职位因素的影响力之所以具有一定的强度和范围，纯粹是组织赋予其领导者地位的力量所致。

(3)资历因素。资历因素包括领导者的资格和经历两个方面。资历反映了一个人的生活阅历，人们对资历较深的领导者容易产生一种敬重感，因而资历因素能在一定条件下影响领导的有效性。一个受人敬重的领导者，他的言行通常具有一定的影响力。资历主要与领导者过去所担任的职务有关，它存在于领导者实现领导行为之前。资历因素的作用又是相对的，能否引起被领导者的敬重感，还需联系领导人的现实表现。同时，资历因素不是绝对的，如有些领导者资历颇深，但业绩很差，会使员工大失所望，其在员工中的影响力可想而知;而另外一些年轻领导者资历虽浅，但却表现出杰出的能力和意志，他们自然而然会赢得员工更高的依赖和尊重。

权力性影响力带有一定的强迫性和不可抗拒性，并以外部压力的形式来发生作用。此时，人们的心理和行为主要表现为被动和服从。由此可见，权力性影响力对于人的心理和行为的激励作用是有限的。这种激励作用有两种基本形式：其一是奖励，即领导者可采用不同范围和不同程度的奖励手段，这对于被领导者来说，显然具有影响力，足以改变其心理和行为；其二是惩罚，领导者有实施惩罚的权力，被领导者为了避免受到不愉快的甚至是痛苦的惩罚，必须接受领导者的影响或执行者向他提出的要求。

2. 非权力性影响力

非权力性影响力是以领导者个人的品德、能力和学识为基础而形成的，主要包括品格、能力、知识和感情四个因素。

(1)品格因素。品格因素是领导者建立威信最重要的方面，包括领导者的道德、品行、人格、作风等，它反映在领导者的言行之中。领导者的优秀品格，会使人产生敬爱感，并能吸引人、促使人们去模仿和学习。而品格上出了问题的领导者，无论其职位多高，其影响力都会荡然无存。

(2)能力因素。才智卓越的领导者，会给企业和组织带来成功的希望和强大的向心力，因为他具备足够的智慧来处理和解决问题。如果领导者的才智不仅限于有关领导方面，而且在其他方面也能得以施展，就更能增强其影响力。领导者的才能应与其所担负的职务相称，位高才低者很难产生影响力。

(3)知识因素。知识与才能往往具有密切的联系。领导者如果具有某种知识专长，会对下属产生巨大的影响力。有知识的领导者，由于经验丰富、视野开阔，容易赢得人们的信赖感。领导者在合法权力之外，充分发挥某种知识专长，可大大增强其影响力以及工作效果。有效的领导者对于企业、行业和技术事项具有较高的知识水平。

(4)感情因素。感情的因素不能被忽略，因为任何一个组织都是由人组成的，而人是有感情的。感情是人对客观事物（包括人）好恶倾向的内在反映。人与人之间建立起良好的感情关系，能使彼此间产生亲密感。在具有亲密感的人际关系中，人们相互具有的吸引力大，彼此的影响力也越大。一个待人和蔼、时时关心下属的领导者，其影响力和内在号召力就会比较大。而相比之下，与下属关系紧张的领导者会使双方产生心理距离，这种心理距离超过一定限度就会产生负面的影响力。因此，领导者要想使下属心悦诚服，为其所用就必须注意沟通，发挥感情的作用。

与权力性影响力相比，非权力性影响力具有更大的作用，是领导者影响力的关键所在。在它的作用下，人们的心理和行为表现会被吸引，接受和自觉自愿地服从，因此，同权力性影响力相比，这种影响力对人的心理和行为会产生强大的激励作用。

3. 权力性影响力与非权力性影响力的结合

权力性影响力与非权力性影响力之间，既相区别又相联系，两者合而构成了领导者的影响力。

(1)权力性影响力与非权力性影响力的区别。权力性影响力是在正式组织中，居于领导者地位的个人所具有的影响力，是由领导者所处的职位、所被赋予的权力和自身的资历组成，其特点表现为：①这种影响力带有法定的性质，因而有一定的强制性；②职权是由组织赋予的，因而权力性影响力是外来因素；③职权的大小、变更既带有法定性，又带有领导体制的规定性，因此，权力性影响力既受组织的调控，又受到社会各种机制的制约。

而非权力性影响力是领导者自身的素质与行为造就的，与权力无直接关系，这种影响力比强制性的影响力更有力量，对被领导者也具有更强大的影响力，其特点表现为：①非权力性影响力很容易引起人们对领导者的敬佩感、服从感和依赖感；②因为行为和素养是领导者本身所具备的，因此，相对于权力性影响力，非权力性影响力是内在因素的作用；③与权力性影响力相比，非权力性影响力具有灵活性，因为它可以由领导者根据工作需要及自身状况及时调整。

(2)权力性影响力与非权力性影响力的统一。权力性影响力与非权力性影响力是相互联系、相互作用、相互影响的。表现在：①两者的有机结合共同产生了强大的领导者影响力。权力是领导的前提，领导者手中必须握有实权，才可能去支配下属，进而实现其领导职能；而威信则是领导的基础因素，有着崇高威信的领导者能使人们由衷地、自觉地和心甘情愿地接受他的领导；②领导者要非常重视非权力性影响力的作用，因为它的增长会大大增加权力性影响力的作用，增强企业和组织的凝聚力、向心力，从而保证其目标的顺利实现；③权力是职务所赋予的，具有一定的强制性和法制性，但非权力性影响力的大小往往可以制约实际权力的大小。因此，仅有权力而没有威信的领导者，最终会因无法有效使用权力而告失败。另一方面，权力本身总会增加领导者的非权力性影响力，使其看上去威严和值得敬畏与服从。而与此同时，较高的职权和资历一般会增加领导者的非权力性影响力。

4. 提高领导者影响力的途径

已经取得权力性影响力法定地位的领导者，可以通过以下方式来提高其影响力：

(1)合理合法地运用组织赋予的权力。权力是领导的象征，拥有了权力就拥有了一定的影响力。领导者应该做到奖罚分明，一视同仁，使用权力维护组织、员工的共同利益。不然，其权力影响力就会建立不起来，其原有的权力影响力也会大打折扣。因此，领导者必须合理、合法地运用组织赋予的权力。

(2)注重培养专长以提高自身能力。具有相当知识、技能和才能的领导者，在与他人交往中，这种专长为对方了解和信任，进而赢得对方的依赖和服从，由此产生的影响力的作用最大。

在当今激烈的竞争环境中，领导者必须具备丰富的知识和高超的能力，否则就不能完成任务。因此，作为领导者，必须努力学习，不断吸取新知识，增长才干和能力，从而具备多谋善断的决策才能，知人善任的组织才能，运筹帷幄的指挥能力以及应变能力等。只有这样，才能为下级所佩服、所信赖，才会相信其指挥的正确性，自觉地服从其领导。

(3)注重修养以增强人格魅力。在领导者非权力性影响力形成的基础中，人格是第一位的因素。一个领导者只有具备了优秀的人格才能为下属所敬仰，为下级所尊敬。领导者在平时要培养自己宽容大度、大公无私、以身作则等优秀的作风，因为人们对品质良好的领导者不但愿意接近，而且会感到佩服，使其自愿追随其后。

◈ 14.2 领导理论

从20世纪30年代开始，领导问题的研究在美国便积极地开展起来。迄今为止，领导理论的发展主要经历了领导特质理论(Trait Theory)、领导行为理论(Behavior Theory)和领导权变理论(Contingency Situational Theory)三个主要阶段。

14.2.1 领导特质理论

领导特质理论是一种最古老的传统理论，主要指有效的领导者须具有一定的品质与特征，集中研究有效的领导者应具有的个人特征。领导特质理论研究的目的就是探究领导者与个人人际特质或特征的关系。

1. 传统领导特质理论

1949年以前，传统的领导特质理论认为，领导者的特性或品质是先天的，与生俱来的，天赋是一个人能否充当领导者的根本因素。

心理学家吉布(J. R. Gibb)认为，天才的领导者应该具备七种个性特点，即外表英俊潇洒，有魅力；善言辞；智力过人；具有自信心；心理健康；善于控制和支配他人；性格外向；灵活敏感。

著名的领导心理学家斯托格迪尔(R. Stogdill)则认为，领导者应具有的16种先天特性是：有良心；可靠；勇敢；责任心强；有胆略；力求革新与进步；直率；自律；有理想；良好的人际关系；风度优雅；胜任愉快；身体健康；智力过人；有组织能力；有判断力。此外，斯托格迪尔还将与领导有关的因素归纳为六类(见表1)。

表1　　斯托格迪尔的领导六因素

才能	包括智力，机智，语言之灵巧熟练，独创力及判断力
成就	包括学识，知识
责任	包括可靠性，主动创新力，坚毅，进取，自信心
参与	包括积极主动，善于社交，合作，适应力，幽默
地位	包括社会经济地位，受欢迎
情景	包括心理层次，地位，技巧，追随者的需求与兴趣所要达成的目标等

20世纪50年代末，人们认为这种领导特质理论缺乏根据，斯托格迪尔宣布：没有所谓领导者的特殊个性，更没有什么天生的领导者。对于领导特质作这样狭窄的分类是无效用的，并且他认为：一个人不是凭着拥有一些特质而成为领导者的。此后，学者们将注意力转到研究领导行为的强化或发展上。

2. 现代领导特质理论

现代领导特质理论研究者密切联系管理实践，改进研究方法，从动态的角度深入研究领导者的素质特征。现代领导特质理论与传统领导特质理论强调遗传、天赋的片面观点相反，它认为领导者的特性是在实践中形成的，可以通过训练和培养加以造就。它否认了领导者是天生的，认为成功的领导者可以通过后天培养，在实践中形成，从这个意义上来讲，它比传统领导特质理论更进一步。

美国的鲍莫（W. J. Baumol）认为，一个领导者应具备以下10个方面的条件（见表2）。

表2　　鲍莫的领导素质理论

合作精神	能赢得人们的合作，愿意与其他人一起工作，对人不是压服，而是感服和说服
决策才能	依据事实而非想象来进行决策，有高瞻远瞩的能力
组织能力	善于组织人力、物力和财力
精于授权	能抓住大事，把小事分给部属去完成
善于应变	权宜通达，机动进取
勇于负责	对上下级以及整个社会抱有高度责任心
勇于求新	对新事物、新环境、新观念有敏锐的接受能力
敢担风险	敢于承担改变企业现状时遇到的风险，并有创造新局面的雄心和信心
尊重他人	重视和采纳别人的合理化意见
品德超人	在品德上为社会和企业员工所敬仰

然而，大半个世纪的研究证明了领导特质理论在解释领导行为方面并不成功。斯托格迪尔（1948）、迈恩（1959）、吉色利（1963）和巴斯（1981）的研究证实，探究领导特质是不可能有什么结果的。大量的研究发现几乎没有什么事实可以证明优秀的领导寓于个人特质之中。需要与其所处的组织内外环境相匹配，否则就不能进行卓有成效的领导。

其实，领导能力既不完全是先天的，也不完全是后天获得的，重要的是先天和后天的相互作用。

14.2.2 领导行为理论

领导行为理论发端于20世纪四五十年代，因为利用领导者个人性格或个性特征等来解释或预测领导效能的理论逐渐被人们所抛弃，领导理论的研究者将注意力转向探索领导者所表现的行为上，希望了解有效领导者的行为是否有什么独特之处。

1. 勒温的领导作风理论

对领导行为的探讨不属于静态的描述，而是注重领导者实际表现的行为。最早且最有系统的研究，首推美国依阿华大学的研究者、著名社会心理学家库尔特·勒温（Kurt Lewin）和他的同事们。他们从20世纪30年代就进行了关于团体氛围和领导风格的研究，发现团体领导者通常采用不同的领导作风，这些不同的领导作风对团体成员的工作绩效及满意度有着不同的影响。勒温等研究者把领导作风划分为专制型、民主型和放任型三种(如表3所示),试图找出最有效的领导作风。

表3　　勒温的领导作风理论

	专制型	民主型	放任型
特点	1. 领导者独断专行,不考虑别人意见,自己决定所有决策,保留所有权威和责任; 2. 组织中的信息主要是自上而下传递; 3. 主要靠行政命令,纪律约束,训斥和惩罚,只有偶尔的奖励; 4. 领导者很少参加群体活动,与下级保持相当的心理距离。	1. 所有决策在领导者的鼓励协作下由群体讨论决定,但领导者保留主要责任; 2. 上下双向的信息沟通; 3. 主要靠个人权力与威信而不是职位和命令使人服从; 4. 分配工作时尽量照顾到个人的能力、兴趣和爱好; 5. 领导者积极参加团体活动,与下级无任何心理上的距离。	1. 领导者向组织群体授予完全的权力与责任; 2. 工作事先无布置,事后无检查; 3. 工作几乎完全依赖团队成员自己; 4. 信息主要是水平流动; 5. 毫无规章制度。
优点	强调敦促、秩序与事前所预计的绩效水平标准。	通过参与增进个人的责任感。	允许员工自己主动进行某项自认为合适的工作,领导者不干涉。
缺点	不利于职工积极性、主动性的发挥。	民主讨论决策会花费过多的时间。	没有领导者的指导,团队会丧失目标。

勒温认为,这三种不同的领导作风会形成三种不同的团体氛围和工作效率。专制型的领导者只注重工作目标、工作任务和效率,忽视了对下属的关心,双方之间的心理距离比较大,容易使群体成员产生挫折感;而民主型的领导者注重鼓励协助团体成员的工作,关心他们并且满足他们的需要,两者间的心理距离比较近。在这种情形之下,团体成员有较强的工作动机和责任心,工作效率比较高;放任型的领导者采取的是无政府主义的领导方式进行管理,对工作和团体成员的需要都不重视,不关心,无规章,无评估,工作效率低,人际关系淡薄。勒温还认为民主型领导作风会带来良好的工作质量和数量,并且员工的工作满意度也比较高,这种领导方式是最有效的。

但事实上,民主型的领导方式并非总能刺激出更好的绩效,带来较高的员工满意度。一些员工宁愿被告知应该做什么,怎么做,而不是由自己作决定。

在实际的企业管理活动中,大多数领导者都是介于专制型、民主型和放任型之间的混合型。

2. 利克特模式

该理论是1967年伦西斯·利克特(Rensis Likert)提出的,是对1 947年以来领导方式和作风的研究得出的结果。

利克特认为,管理的领导方式有四种类型,即四种制度。这四种制度及其特点如下:

⑴专权的命令式。在这种管理方式下，领导者对下属毫不信任，决策中没有下属参与。惯于由上而下传达信息，下属被迫在威胁、处罚之下工作，报酬不多。在这种制度之下，最易形成与正式组织的目标相对立的非正式组织。

⑵温和的命令式。重要方针由最高层制定，但有许多具体决策由较低层按规定作出。用奖赏兼某些恐吓及处罚的方法去鼓励下属，一定程度上允许自下而上传递信息，虽然中下层也有某些控制权，但最后的控制权仍属于最高层。在这种制度之下，通常也会形成非正式组织，但其目标不一定同正式组织的目标相对立。

⑶协商式。领导者对下属相当信任，但并不完全信任。重要方针由最高层制定，但下属对较低层次的问题可做明确的决定，有相当部分的控制权由上级授权给下属掌握。企业管理层主要采用付给报酬（包括精神上的报酬）的方式，偶尔也采用惩罚或让职工参与的方式来激励和督促员工完成生产任务，既使下情上达，又使上情下达。可能产生非正式组织，但它一般会支持正式组织的目标。

⑷参与式。领导者完全信任下属，决策权和控制权不是集中于上层，而是分布于整个组织中，较低层也能参与。不仅有上下之间的信息交流，而且有同事之间横向的信息交流，这些信息交流是在互相信任和友好的气氛中进行的。在这种制度之下，非正式组织同正式组织通常是合而为一的，所有的力量（包括工作上的和人际关系的）都为实现组织目标而努力。

在上述四种领导方式中，专权的命令式是传统的领导方式，温和的命令式和协商式同专权的命令式虽有程度上的差别，但并无本质上的不同，都属于命令式或权力主义的。因此，前三种制度可以统称为权力主义领导方式，只有参与式领导方式才是效率高的领导方式。利克特认为，只有参与式领导方式才能实现真正有效领导，才能正确地为组织设定目标和有效地达到目标。

他提出的这种模式的实用性和优越性在现实的一些企业中得到了验证，在实践中得到了广泛的应用。

3. 布莱克的管理方格理论

管理方格理论（Management Grid Theory）是研究企业的领导方式及其有效性的理论，由美国得克萨斯大学的行为科学家罗伯特·布莱克（Robert R. Blake）和简·莫顿（Jane S. Mouton）在1964年提出。该理论指出企业中的领导方式存在着“对人的关心”和“对生产的关心”两种不同的结合。他们提出的管理方格法，主要是为了避免在企业管理的领导中趋于极端的方式，即或者是科学管理，或者是人际关系；或者以生产为中心，或者以人为中心；或者以X理论为依据，或者以Y理论为依据，而是应该采取各种综合的领导方式。

在管理方格图中，纵轴和横轴分别表示企业领导者对人和对生产的关心程度。第一格表示关心程度最小，第九格表示关心程度最大。全图共81个小方格，分别表示“对生产的关心”和“对人的关心”这两个基本因素以不同比例结合的领导方式（见图14－1）。

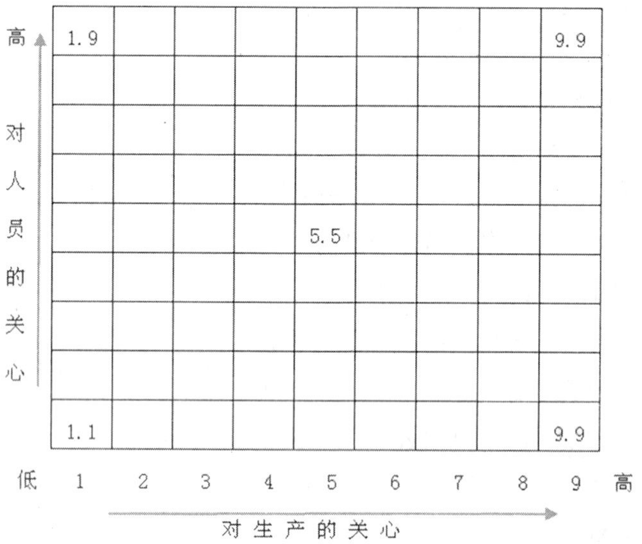

图 14－1 布莱克的管理方格图

在管理方格图中，有代表性的领导方式为：

(1.9)型，又称为“乡村俱乐部型管理”，领导者重视对下属支持和关心，企业充满轻松友好的气氛，不大关心生产任务和效率。这种领导方式强调的是满足人的需要，认为只要员工心情舒畅，生产一定能搞好，而对指挥监督、规章制度等重视不够。

(1.1)型，又称“贫乏型管理”，表示领导者付出最小的努力完成工作。对人和对生产两个因素都很少关心，因而必然导致失败，这是很少见的一种极端情况。

(5.5)型，又称为“中庸之道型管理”，即领导者维持足够的任务效率和令人满意的士气。它承认管理人员在计划、指挥和控制上的职责，但主要是通过引导、鼓励而不是通过命令来实现的。这种管理方式既不过于偏重人的因素，又不过于偏重生产的因素，但缺乏革新精神，员工的创造性得不到充分发挥，在激烈的竞争中难免会失败。

(9.1)型，又称为“任务型管理方式”，重点放在对工作和作业的要求上，不大注意人的因素，管理人员的权力很大，负责计划、指挥和控制下属的活动，以便实现企业的生产目标。

(9.9)型，又称为“团队型管理”，表示领导者通过协调和综合工作相关活动而提高任务效率与士气。这种管理方式表明在“对生产的关心”和“对人的关心”这两个因素之间并没有必然的冲突。它要求创造出这样一种工作条件，使得员工了解问题，关心工作的成果。当员工了解了组织的目的，并认真关心其成果时，他们就会自我管理而无需用命令形式对他们进行指挥和控制。

布莱克的管理方格理论可用来培训管理人员。企业的领导者应该客观地分析企业内外的各种情况，努力把自己的领导方式改造成为(9.9)的团队型管理，以求得最高的效率。这种理论在美国和许多发达国家受到一些管理学者和企业家的重视。

但是在后来，这一理论逐步受到批评，因为它仅仅讨论一种直观，而且是最佳的领导方式。不仅如此，管理方格论并没有提出如何培养管理者，只是为领导方式的概念化提出了框架。与此同时，它也没有实质性证据支持在所有情况下，(9.9)型领导方式都是最有效的方式。

综上所述，许多学者从事领导行为的研究，并形成了若干有价值的理论。领导行为理论的研究热潮一直持续到20世纪60年代，尽管经过了近十年的研究却无法得到一致的结论。领导行为理论失败的原因在于它试图寻求对各种情境下都普遍适用的领导行为模式，忽略了对影响领导者有效性的情境因素的考虑，忽视了领导是一个动态的过程，领导工作的效率取决于领导者、下属以及环境的相互作用。

其实，领导行为理论同领导特质理论一样，都脱离了环境特性(即情境因素)，因而无法得到科学的结论。因为领导的效能不仅取决于领导者的行为方式.还取决于领导环境给领导者提供的控制和影响结果的程度。领导行为与领导者所处的环境的相互影响与相互作用对领导效能有着重要的影响。

14.2.3 权变理论

到20世纪60年代,不少学者认为，要找到一个适合于任何组织、任何性质的工作和任务、任何对象的固定的领导人格特质和领导行为方式都是不现实的，因为领导的有效性是由领导者、被领导者及其环境等共同决定的，要根据具体情况来确定领导方式。这种观点被称为权变理论或情境理论。著名的研究有菲德勒模式、路径－目标理论等。

1.菲德勒模式

弗雷德・菲德勒(Fred E. Fiedler)，美国当代著名心理学和管理专家，于芝加哥大学获得博士学位，现为美国华盛顿大学心理学与管理学教授。他提出“权变领导理论”，开创了西方领导学理论的一个新阶段，使以往盛行的领导形态学理论研究转向了领导动态学研究的新轨道，对以后的管理思想发展产生了重要影响。

菲德勒指出，影响领导形态有效性有三个环境因素：

(1)领导者－成员的关系。即领导者对下属信任、信赖和尊重的程度，或是领导者是否受到下级的喜爱、尊敬和信任，是否能吸引并使下级愿意追随他。

(2)职位权力。即领导者利用来自职位所赋予的权力使下属对其遵从的程度。

(3)任务结构。指工作团体要完成的任务是否明确，有无含糊不清之处，其规范和程序化程度如何。

菲德勒模型利用上面三个权变变量来评估情境:领导者与成员关系或好或差，任务结构或高或低，职位权力或强或弱。菲德勒把三项权变变量总和起来，得到八种不同的情境或类型，每个领导者都可以从中找到自己的位置。表4为菲德勒领导权变模型中的八种不同类型，有利的情景为图中的Ⅰ、Ⅱ、Ⅲ类情境，中等的有利情景有Ⅳ、Ⅴ、Ⅵ类情境，而不利的情景有Ⅶ、Ⅷ类情境。

表 4　　菲德勒领导权变模型中的八种不同类型

	Ⅰ	Ⅱ	Ⅲ	Ⅳ	Ⅴ	Ⅵ	Ⅶ	Ⅷ
领导者—成员关系	好	好	好	好	差	差	差	差
任务结构	高	高	低	低	高	高	低	低
职位权力	强	弱	强	弱	强	弱	强	弱

菲德勒认为个体的基本领导风格是影响领导成功的关键因素之一。为此，他设计了最不喜欢的同事（LPC）调查问卷（如表 5 所示），问卷由 16 组对应形容词组成。作答者要先回想一下自己共过事的所有同事，找出一个最不喜欢的同事，在 16 组形容词中按 1～8 等级对他进行评估。如果对最不喜欢的同事看法很消极（LPC 得分低），则说明作答者可能更关注生产，属于任务取向型。反之，如果以相对积极的词汇描述最不喜欢的同事（LPC 得分高），则表明作答者很乐意与该同事形成良好的人际关系，即关系取向型。

表 5　　菲德勒的 LPC 问卷

快乐——87654321——不快乐	合作——87654321——不合作
友善——87654321——不友善	助人——87654321——敌意
拒绝——12345678——接纳	无聊——12345678——有趣
有益——87654321——无益	好争——12345678——融洽
不热情——12345678——热情	自信——87654321——犹豫
紧张——12345678——轻松	高效——87654321——低效
疏远——12345678——亲密	郁闷——12345678——开朗
冷漠——12345678——热心	开放——87654321——防备

菲德勒运用 LPC 问卷，将大多数作答者划分为任务取向型和关系取向型两种领导风格，不过也有一小部分处于两者之间，很难勾勒。

当个体的 LPC 分数与三项权变因素的评估分数相匹配时，则会达到最佳的领导效果。如表 4 所示，在环境较好的Ⅰ、Ⅱ、Ⅲ和环境较差的Ⅶ、Ⅷ情况下，采用低 LPC 领导方式，即工作任务性的领导方式比较有效。而在环境中等的Ⅳ、Ⅴ和Ⅵ情况下，采用高 LPC 领导方式比较有效，即人际关系的领导方式比较有效。

菲德勒认为，环境的好坏对领导的目标有重大影响，低 LPC 型领导者比较重视工作任务的完成，如果环境差，他会首先保证完成任务：而当环境较好时，认为能够完成，此时他的目标则是搞好人际关系。而高 LPC 型领导者则比较重视人际关系，即如果环境较差，他将人际关系放在首位；但是当环境较好时，人际关系比较融洽，这时他将追求完成任务，如图 14－2 所示。

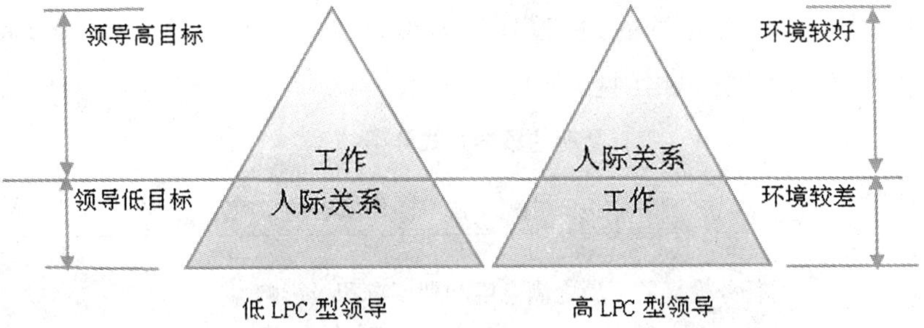

图14-2　领导目标与环境关系示意

菲德勒从领导风格入手，认为没有什么固定的最优领导方式，任何领导形态均可能有效，关键是要与环境情景相适应，即应当根据领导者的个性及其面临的组织环境的不同，采取不同的领导方式。他指出任何领导形态均可能有效，其有效性完全取决于所处的环境是否适合。

2. 路径-目标理论

路径-目标理论(Path-Goal Theory)是美国管理学者罗伯特·豪斯(Robert House)根据领导行为四分图和期望理论发展的一种领导权变理论。

该理论认为领导者的工作是提供必要的指导和支持，帮助下属达到他们的目标，以确保各自的目标与群体或组织的总目标一致。"路径-目标"指有效的领导者通过明确地指明实现工作目标的方式来帮助下属，并为他们清除各种障碍，使下属的相关工作顺利进行。因此，豪斯认为，一个领导者的职责如下:一是员工达成工作目标后，增加报酬的种类和数量，增强吸引力;二是明确下级的工作目标，给员工指明达成工作目标的道路，协助员工克服困难阻碍，使他们较易获得这些报酬;三是在完成工作任务的过程中，增加下级满足其他需要的机会。

路径-目标理论认为，最有效的领导方式是领导者采取种种方法、步骤去设计一种环境，使群体成员受到动机的鼓励，并能对此作出有效的响应。它认为，员工的性格、环境压力以及员工需要在各种情况下都会不同。因此，它主张领导者需要在以下四种领导方式中进行权变制宜(如表5所示)。

(1)指导型(Directive)。这种领导往往向下属下达各项具体的工作命令，为他们提供个别的指导、计划、规则、制度和标准等。

(2)支持型(Supportive)。此类领导往往表现得非常友好。关心员工，努力提高他们的福利。

(3)参与型(Participative)。这种类型的领导往往就工作任务主动与下属协商，征求下属意见和建议. 并且在做决策时充分考虑这些建议。

(4)目标导向型(Achievement-Oriented)。这类领导往往设置有挑战性的目标，因而把目标定得过高，并希望员工发挥出最佳水平。与此同时，强调专长，保持高度信心并不断加以提升，使下属能以负责的态度迎接挑战。

与菲德勒的领导方式学说不同的是，豪斯认为领导者是灵活的，同一领导者可以根据不同的情景表现出任何一种领导风格（见表6）。

表6　　豪斯的领导方式分类

领导模式	在不同环境中的影响
指导型	对任务模糊的下属之满意度和期望有积极影响 对任务明确的下属之满意度和期望有消极影响
支持型	对不易让人满意、压力巨大、容易失败的任务的员工之满意度和期望有积极影响
参与型	对专门从事非重复性任务的员工之满意度和期望有积极影响
目标导向型	对于让从事模糊任务的或非重复性任务的员工树立“努力一定会有好报”的信心具有积极影响

“目标导向型”领导方式的提出是路径－目标理论有价值的贡献之一。相关研究结果表明，路径－目标方法对于上层职位和专业性工作特别有用，因为当面对越来越多的接受过高等教育，具有高知识水平、高素质，能够自我激励的员工时，管理者们应该成为熟练的助手和后勤，而不仅仅是发号施令。然而，它用于日常生产工作的效果并不明显。

❖ 14.3 领导者能力与战略的匹配

哈佛大学阿尔弗雷德·钱德勒教授通过研究发现，在公司发展的不同阶段，最适合公司的领导者就会发生变化。在一项好的公司战略确定之后，为了确保战略的成功实施，企业必须选择类型与之相匹配的领导者。这种匹配包含两方面的内容：其一，要使领导者的能力与战略类型相匹配；其二，要使领导班子中每个人的能力互相匹配。

14.3.1 领导者应具备的战略素质

随着全球一体化的发展，企业管理面临的挑战越来越严峻，竞争也越来越激烈。因此，企业若想在竞争中获胜并保持优势，必须制定与推行与之相适宜的企业战略。企业战略管理的实行必须要有它的核心力量，即企业领导者。然而，战略管理并非是什么样的领导者都能推行的，它向领导者提出了更高的要求。要保证企业战略的成功实施，一般要求企业领导者具备如下一些战略素质。

1. 道德与社会责任

一个企业战略管理者的道德和社会责任感是指他们对社会道德和社会责任的认知与重视程度。司马光说:“德者，才之帅也。”企业的任何一个战略决策都不可避免地要牵涉到他人或社会集团的利益。因此，企业领导者的道德和社会责任感对战略决策的后果会产生十分重要的作用。企业战略会影响到下列集团的利益:政府，消费者，投资者，供应商，内部员工和社区居民。但是，企业战略常常不能同时满足各个集团的利益，企业领导者对各个集团的重视程度也不同，因此，领导者要综合平衡各方的利益。

2. 长远的眼光

企业的领导者不能仅仅着眼于企业的“今天”，更重要的是要按企业未来的发展要求作出正确的战略决策。领导者的这种远见卓识取决于领导者广博的知识和丰富的经验。领导者对未来有了科学的判断之后，要迅速转化到行动之中去，即要有好的执行力，以便能及早获取竞争优势。与此同时，领导者应时刻关注竞争格局、市场分析竞争对手的状况，逐项将自己与对手进行比较，只有知己知彼，才能百战不殆。

3. 随机应变的能力

即接受、适应和利用变化的能力。在当今瞬息万变的社会中，企业领导者必须能迅速理解并接受变化，愿意主动积极地根据这些变化来调整自己的思想和企业战略，并且要善于利用变化把不利因素转化为有利因素，以达到发展企业的目的。

4. 开拓进取的精神

企业要生存、发展、壮大，企业的领导者就要敢作敢为，敢于在市场上、在未知领域中、在与国际强手的较量中，保持一种积极开拓、顽强不屈、勇于挑战的气概。这样，企业才能更好地实现自己的目标。

5. 心理素质

现代市场竞争异常激烈，成败得失有时只是一瞬间。企业领导者要学会享受成功的喜悦，更要有面对挫折的勇气和承受失败的心理素质。这种心理素质在企业经营管理中首先表现为冷静。遇事失去理智，考虑问题就会意气用事，制定的方案就不会是上乘之选。其次是勇气。面对困难、挫折、风险，企业领导者最需要的就是战而胜之的勇气。再者，宽容也是领导者必备的心理素质。古人云:让人非我弱，弱者不让人。斤斤计较只能激化矛盾，失去人才。而宽容带来的不仅仅是部下的忠心相随，更是自身品质的升华。

6. 知识与智能素质

现代企业的领导者不能光凭经验进行管理，而必须具备广博的知识、较高的智能，才能面对竞争激烈的市场，才能使企业立于不败之地。企业领导者要具备自然、社会科学知识，熟知市场知识，要有良好的经营决策能力、组织指挥能力和沟通协调能力。

14.3.2 总经理的类型

每一个公司战略的顺利实施要求总经理有一套独特的才能。例如，并购战略对总经理能力的要求与稳定发展战略所要求的能力是不一样的，总经理的具体条件要适合特定的战略。

1. 不同总经理类型的特点

人们把经理分为开拓型、征服型、冷静型、行政型、理财型和交际型六种类型，各种总经理类型所表现出的特征，可以从服从性、社交、能动性、成就压力和思维方式五个方面加以说明（如表7所示）。

表7　　　　六种类型总经理的特点

类型	行为方面	类型特点
开拓型	服从性 社交性 能动性 成就压力 思维方式	非常灵活，富有创造性，偏离常规 性格明显外向，在环境的驱动下具有很强的才能和魅力 极度活跃，难于休息，不能自制 容易冲动，寻求挑战，易受任何独特事物的刺激 非理性的知觉，无系统的思维，有独创性
征服型	服从性 社交性 能动性 成就压力 思维方式	有节制的非服从主义，对新生事物具有创造性 有选择的外向性，适合组成小团体 精力旺盛，对“弱信号有反应”，能够自我控制 影响范围逐渐增加，考虑风险 有洞察力，知识丰富，博学，具有理性
冷静型	服从性 社交性 能动性 成就压力 思维方式	强调整体性，按时间表行事，求稳 与人友好相处，保持联系，受人尊重 按照目标行动，照章办事，遵守协约 稳步发展，通过控制局势达到满足 严谨，系统，具有专长
行政型	服从性 社交性 能动性 成就压力 思维方式	循规蹈矩，例行公事 性格外向，有教养 稳重沉静，照章办事，等待观望 维持现状，保护自己的实力范围 固执以往的处理方式
理财型	服从性 社交性 能动性 成就压力 思维方式	官僚，教条，僵化 程序控制型 只做必做的事，无创造性 反应性行为，易受外部影响 墨守成规，按先例办事
交际型	服从性 社交性 能动性 成就压力 思维方式	在一定的目标内有最大的灵活性，有一定的约束性 通情达理，受人信任，给人解忧，鼓舞人的信念 扎实稳重，保守但又灵活 注意长期战略，既按目标执行又慎重考虑投入 有深度与广度，能够进行比较思考

（资料来源：中国工业科技管理大连培训中心编.《企业战略与政策》，北京：企业管理出版社，2007）

上表中所选择的各项行为特征，是为了区别那些所谓的原始模型，以突出与不同战略相适应的总经理个人能力方面的变化情况。

2. 六种企业战略类型

根据产品市场寿命周期、竞争强度、技术特征等因素，可将企业战略划分为六种:剧增战略;扩充战略;连续增长战略:巩固战略;投资转向战略;收缩战略(见表8)。

表8　　企业战略类型

剧增战略	即短期内企业大幅度地改变自身的竞争地位。在推出新产品的同时，企业的主要任务是开拓一切可以利用的市场
扩充战略	这一战略在扩张程度上比剧增战略要弱.它主要是为了在改进竞争地位的同时，能够在较长的时期内更大程度地巩固企业的地位
连续增长战略	即企业在一定时期内对自己正在发展的市场给予新的投资，而在新增投资时，企业应注意不要超过自己的投资能力，要把握住投资的机会和时间
巩固战略	维持和巩固企业目前的竞争地位，它要求企业在较短的时期内保持灵活性、适应性，以及具有一定的创造性。它适用于饱和的市场，或正在缩小但还没有完全消亡的市场
投资转向战略	企业不再进一步投资，不再强化推销活动，有意放弃现有的竞争地位，亦即放弃保持目前市场占有率的努力。如果产品的收益大于成本，企业就应该让产品存在下去;一旦该产品的收益小于成本，则终止它的存在
收缩战略	企业在某项业务或市场处于疲退阶段时，则在较大程度相应缩减有关的经营活动，甚至停止该项业务的经营。因此，这一战略的经营活动是“负”向发展

3. 战略类型与总经理类型的匹配

根据上述六种战略类型与六种总经理类型，可以进一步了解各种战略与总经理能力的匹配关系和成功的机会。

图14-3表明，开拓型的总经理在剧增、扩充、连续增长三个战略中的影响是递减的，而在巩固、收获以及收缩这三类战略中，开拓型的总经理就很难发挥他的作用。

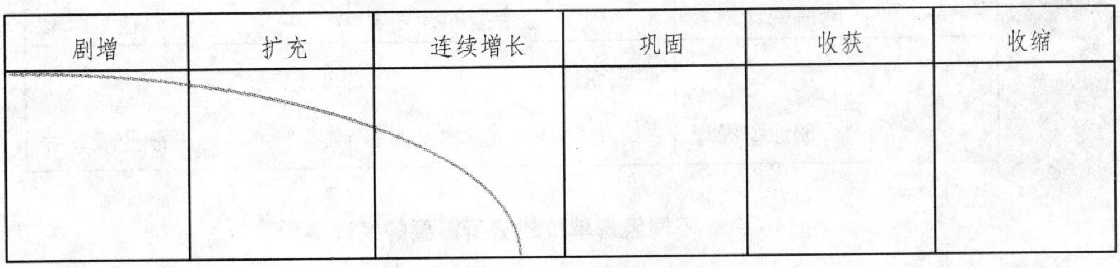

图14-3　开拓型总经理的效应

图 14－4 表明，交际型的总经理因缺少必要的创造力和精力，在实施剧增和扩充战略中一般不会有多大影响，但在其他战略的实施中或多或少地发挥着作用。

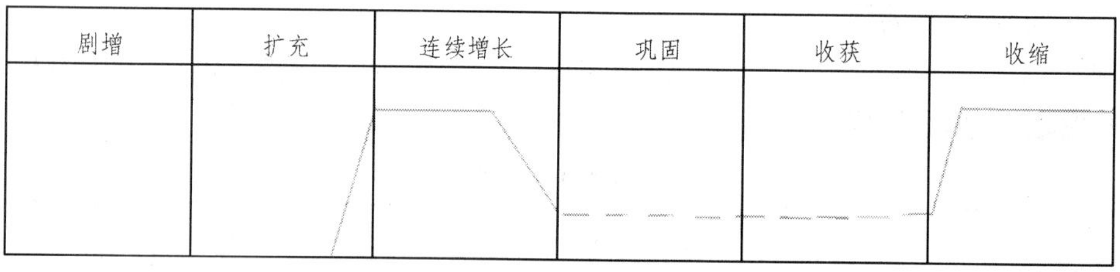

图 14－4　交际型总经理的效应

当一个公司有着许多不同的经营业务，而对每类经营单位采取不同的战略，意味着经营单位经理人员的能力必须与对该单位所采取的战略相匹配，相适应。比如，采取投资发展战略的经营单位应当由那些喜欢冒险和挑战，并对不明确的状况采取较大容忍的人员来领导。相反，一个具有保守风格，有生产和工程技术背景。并对控制预算、资本支出、存货和标准过程有丰富经验的总经理，更适合于领导采取稳定发展战略的经营单位。

依据美国通用电器公司和麦肯锡咨询公司发展的行业吸引力—竞争地位矩阵法，霍福尔(c. w. Hofer)和达沃斯特(M. J. Davoust)建议，采取不同战略的经营单位应由不同类型的经理为领导，如图 14－5 所示。

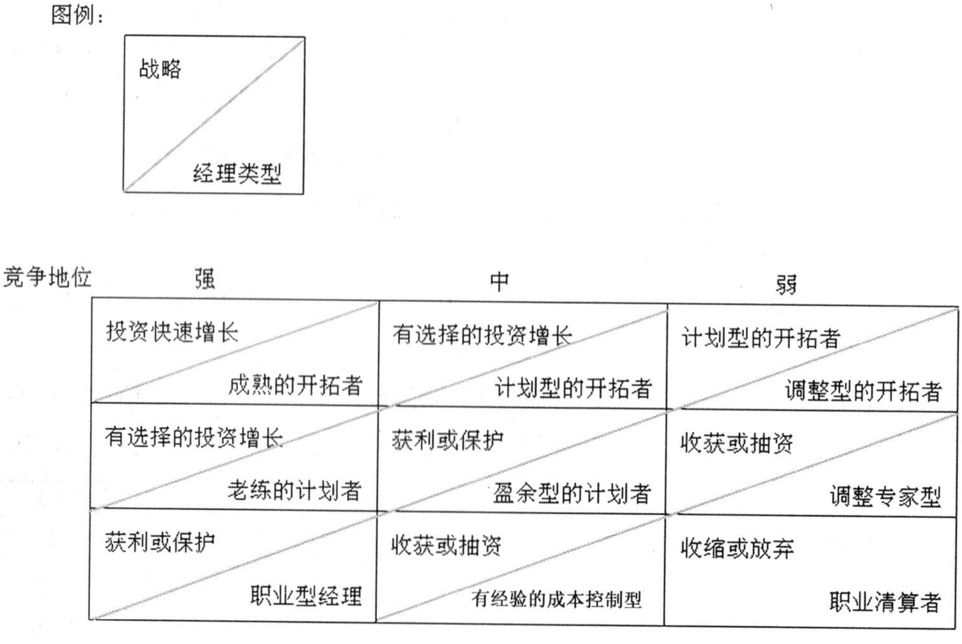

图 14－5　不同经营单位战略所需要的经理类型

（资料来源：c. w. Hofer, M. J. Davoust. Sutategic Management. Chicago：A. T. Keamry, Inc, 1977. P45, P82）

图 14－5 中经理能力与战略的配合是一种非常理想的模式，实际上，将这种匹配的观念转换于每个领导者的工作是一个极大的挑战，而这并不能降低这个工具的重要性。

14.3.3 领导班子的组建

一个英明的企业家对企业发展的巨大作用是无可比拟的，但不能因此而仅仅依靠一个领袖人物。企业不需要个人英雄式的“总经理”，而需要一个优势互补的“总经理班子”。成功的可持续发展的企业，都是依靠一个总经理班子的驱动。如果不能清醒地认识到班子的重要性，终将给企业带来巨大伤害乃至灭顶之灾。

1. 总经理班子的作用

在现实世界中，一个领导者很难完全满足战略的要求，这是因为一个人的能力、知识、阅历和经验以至精力都是有限的，无论多么优秀和杰出的领导者，都不可能做到尽善尽美。因此实施一项战略，单靠一个领导者的作用是远远不够的，还须发挥班子的集体作用，这种作用主要体现在以下几点：

⑴战略的实施需要得到一批能干的专家和能与不同顾客打交道的助手们的支持。如果只有总经理，而得不到经理层中其他成员的支持，往往“孤掌难鸣”，无法顺利地实施新战略。

⑵一个总经理很难具有战略所需要的全部素质，而班子中其他成员的长处能够弥补总经理的短处，这样整个班子具备有效管理所需要的全部才能，确保战略的实施。

⑶一个合理的经理班子，可以使总经理集中大家的智慧，群策群力。配备和组建一个合适的经理班子不仅能促进战略的实施，而且有利于总经理作用和能力的发挥。

2. 阿代兹模式

一个好的班子，需要相互信任，直言不讳，追求共同的理想。班子的磨合期至少需要三年，才能知晓彼此优势与不足，从而做到配合默契。而在组建一个经理班子时，应遵循班子成员中能力相互匹配的原则，使经理班子中各成员之间的能力相互补充、相互匹配，形成班子集体能力的优势。对此，美国学者艾夏克·阿代兹提出了四种能力组合模式，这四种能力分别是：

P——提供劳务或产品的生产技术能力；

A——计划、组织和控制集团活动的管理技能；

E——适应动荡环境，创造新劳务和承担风险的企业家资质；

I——调节、平衡、统一集团活动与目标的综合才能。

阿代兹模式对于理解领导班子能力的组合有着极其重要的作用，它说明一个人能够具备 PAEI 四种能力组合的可能性极小，所以应在领导班子中寻求这四种能力的组合。PAEI 的最佳比例，即对 PAEI 各自的重视程度，应因时而异，因公司而异。相应的比例取决于公司的战略，尤其取决于公司所处的生命周期阶段和它所面临的环境。一个新生的企业，首先要偏重于 E——企业家能力；而一旦企业进入正轨，就必须重点注意 P——生产量；随着企业的发展，A——管理的重要性与日俱增；当企业壮大到“现金牛”时，对 E——企业家能力需要很低，而对 P——生产率、A——管理和 I——综合能力则应给予全部重视。

采用阿代兹模式来组建领导班子时，首先应根据企业生命周期和企业面临的环境来确定所需要的各种管理能力组合及侧重点，然后再考虑经理的能力以及领导班子中其他成员的能力互补情况，实现能力的匹配。实际上，一个企业可以选择与阿代兹的P、A、E、I不同的模式来考虑管理能力的组合匹配，但都要根据新战略的要求，来对管理能力的组合进行调整和组建，并且应当尽最大可能来缩小最新战略所需管理人员的能力与在册现有管理人员能力的差距。

任何一个走向成熟且具有一定规模的企业，高层管理的任务需要几种不同的角色，而能同时担当几种角色的领导几乎不存在。在具体实践中，英雄式的领导常常将个人偏好、兴趣或擅长的工作，视为高层管理的全部职能，这就造成企业经营管理的不平衡，直至完全失去控制。而建设一个多人组成的领导班子，会有效防止由于领袖人物的突发变化带来的危机和风险。

❖ 14.4 公司治理

14.4.1 公司治理及其目标

现代公司由于股权结构的分散化和多元化，融资方式的多样化，以及企业所有权和经营权的分离等特征，使得公司治理问题显得越来越重要。

1. 公司治理的内涵

公司治理(Corporate Covernancc)，是一整套赖以管理和控制公司的机制。

从狭义上看，公司治理是指在企业所有权与管理权分离的条件下，公司股东大会、董事会、监事会的结构与功能、董事长与经理的权利与义务以及相应的聘任、激励与监督方面的制度安排等内容。

广义的公司治理还包括诸如信息披露等有关内容，因而可以说，公司治理是关于如何提高公司的公平性、透明性和责任心。

可见，狭义的公司治理是一种指导和控制公司的体系，目的在于明确公司的股东、董事会和经理之间的权利和义务，并说明对公司事务进行决策的规则和程序，同时也提供公司目标的确定，实现这些目标的手段和业绩监控的结构，因此它强调的是解决两权分离情况下股东和经营者之间的代理问题。相比之下，广义的公司治理涉及公司体系内部各种正式和非正式的关系网络，以及公司活动对社会的一般影响，它所强调的是公司利益相关者之间的关系问题。但是对于股东之间的关系存公司治理中的重要性却常常被忽视。

2. 公司治理的对象、目标及任务

⑴公司治理的对象。公司治理的对象有两种含义：第一，经理层，对其治理来自董事会，目标在于公司经营管理是否恰当，判断标准是公司的经营业绩；第二，董事会，对其治理来自股东及其他利益相关者，目标在于公司的经营决策是否恰当，判断标准是股东及其他利益相关者投资的回报率。

当然，公司治理的主体不能仅限于股东，而应是包括股东、债权人、雇员、顾客、供应商、政府、社区等在内的广大公司利益相关者。作为所有者，股东处于公司治理主体的核心。

⑵公司治理的目标与任务。公司治理的目标不仅是股东利益的最大化，而是要保证公司

决策的科学性，从而保证公司各方面利益相关者的利益最大化。

公司治理的任务就其本身而言不在公司的业务经营上，而是对公司给予总的指导、监督和控制所采取的措施，并对超出公司界限之外的行为进行公司调整。而公司治理的基本任务就是协调资本提供者和经营者的利益，将由于两权分离而产生的二者之间的利害冲突和代理成本降到最低。

14.4.2 公司治理机制

为了通过委托人为代理人设置最优化的激励和约束机制，完善股份公司的治理结构，现行的公司治理机制由股东会、董事会、经理层及总经理、监事会四部分组成。

1. 股东会(股东大会)

股东会是由全体股东组成的最高权力机构，根据《公司法》，其职权主要是:决定公司的经营方针和投资计划;选举和更换董事、由股东代表出任的监事，决定有关董事、监事的报酬事项;审议、批准董事会、监事会(或监事)的报告;审议批准公司的年度财务预算方案、决算方案、利润分配方案和弥补亏损方案;对公司增减注册资本、发行债券;对公司的合并、分立、解散、清算等事项作出决议;修改公司章程。

2. 董事会

董事会是股份制公司结构中的一个关键部分，是其权力机关的执行机关，即股东大会决议的执行机关，是资本的提供者(股东)与使用者(公司高层管理者)之间的桥梁。

(1)董事会的构成。从董事的独立性大小及是否具有专业知识和技能角度来说，董事会可以分为内部董事和外部董事两部分。

内部董事也称执行董事，大多数是公司的高层管理者或部门经理，是公司的正式员工，他们既参与董事会的决策，同时也在其管理岗位上执行董事会的决策。内部董事往往都具有双重身份，即以经理人的身份进行执行机构的工作和以董事的身份进行决策机构的工作。在我国，内部董事可以由企业内部的管理人员、员工以及为企业提供服务的投资银行、法律事务所以及管理咨询公司等所派的代表构成。

外部董事又称非执行董事，他们不是公司的正式员工，而是从外部聘请的在企业事务某些方面具有专长的知名人士、学者专家或其他公司的总裁、董事长。外部董事除了作为公司的董事之外，与公司没有任何的利益关系。他们不能是公司的员工，也不是为公司提供服务的律师、咨询顾问等人员，其作用是保护股东的利益。对外部董事的素质一般要求比较高，他们应当是与公司总经理具有同等水平和能力的专家与学者，他们有善于提出问题的敏锐洞察力。概括地讲，外部董事应起的作用就是完善公司治理:一方面可以制约内部控股股东利用其控制地位作出不利于公司和外部股东的行为;另一方面还可以独立监督管理层，减轻内部人控制带来的问题。

(2)董事会的权力。董事会的权力，又称董事会的职权。根据我国《公司法》第112条的规定，我国公司董事会的权力主要有以下几个方面:负责召开股东大会，并向股东大会报告工作;执行股东大会的决议;决定公司的年度财务预算方案和决算方案;制定公司的经营计划和投资方案以及利润分配和弥补亏损方案;制定公司增加或减少注册资本的方案以及发行公司债券的方案；拟定公司重大收购、回购本公司股票或者公司合并、分立、解散的方案。

除此之外，董事会的权力还包括决定公司内部管理机构的设置；聘任或解聘公司经理，根据经理的提名，聘任或解聘公司副经理、财务负责人，决定其报酬事项；制定公司的基本管理制度；在股东大会授权范围内，决定公司的风险投资，资产抵押及其他担保事项；制定公司章程的修改方案，管理公司信息披露事项；向股东大会提请聘请或更换为公司审计的会计师事务所；听取公司经理的工作汇报并检查经理的工作；公司章程规定，以及股东大会授予的其他权力等。

3. 经理层及总经理

在许多国家的公司治理中，董事会是决策机构，负责公司的战略方向和重大决策，经理层是执行层，负责董事会决策的实施以及公司的日常工作。经理层的工作由总经理（在美国等国家也称首席执行官，即 CEO）全面负责，而总经理的聘任或解雇由董事会负责。我国《公司法》对总经理的权利和义务作出了明确的规定，赋予了总经理很大的日常管理权力。股东大会和董事会的决策与决议，都需要总经理去执行和贯彻落实。

如果在执行过程中，总经理没有尽到应尽的职责，曲解和歪曲决议的内容，都会给公司的正常运作带来很大的麻烦。所以，对总经理的任职资格需要在公司章程中进行详尽的规定，从而保证公司业务的正常运行。

按照《公司法》规定，经董事会决定，董事会成员可以兼任总经理。股份有限公司还可以设副总经理，副总经理由总经理提名，董事会聘任，副总经理协助总经理工作。总经理行使下列职权：主持公司的生产经营管理工作，组织实施董事会决议；组织实施公司年度经营计划和投资方案；拟定公司的基本管理制度以及内部管理机构设置方案；制定公司的具体规章；提请聘任或者解聘公司副总经理；聘任或解聘除应由董事会聘任或解聘以外的负责管理人员；公司规章和董事会授予的其他职权。

长期以来，在公司制企业中，董事会与总经理的关系，尤其是董事长与总经理的关系，一直是非常棘手的问题。本质上说，董事会与经理层之间的关系，是一种委托与被委托、代理与被代理关系，适用法律关于委托代理关系的原理，即董事会是委托人（被代理人），而经理层是被委托人（代理人），经理层应当是在董事会委托授权的范围内行使职权，至于董事会对经理层授予多大的权力，决定权应当是在董事会。董事会授予多大的权限，经理层依法行使多大的权限，这应当是经理层职权的边界。正是基于这个原理，我国《公司法》将关于总经理的规定置于董事会之下，将经理层作为董事会的一个子系统来处理。

4. 监事会

监事会由股东代表和适当比例的员工代表组成，其成员不得少于三人，并在组成人员中推选一名召集人。股东人数较少、规模较小的有限责任公司可设一两名监事。但董事、经理、财务负责人不得兼任。

根据《公司法》，监事会的职权主要是检查公司财务；对董事、经理执行公司职务时违反法律、法规或公司章程的行为进行监督；当董事和经理的行为损害公司利益时，要求董事、经理予以纠正；提议召开临时股东会（股东大会）。此外，监事还可以列席董事会会议。

☞ **思考题：**

1. 领导与管理的关系是什么？
2. 如何理解领导者的影响力？
3. 领导特质理论的主要内容是什么？
4. 领导行为理论的主要内容有哪些？
5. 领导权变理论的主要内容是什么？
6. 为何在战略实施中领导的技能和行为必须与战略相匹配？
7. 如何设计合理而有效的公司治理机制？

【案例分析】 **泰德·特纳的成功**

泰德·特纳(Ted Tumer)桌上有一句座右铭："要么领导；要么服从；别无他途。"特纳很显然选择了领导。他把一生的精力投入到一次又一次的大胆冒险中——在所有"权威"都认为他必败之时，却获得了一个又一个的成功。

1963年，泰德24岁时，终止了在布朗大学的学业，开始经营家中濒临倒闭的广告牌企业。仅短短几年，特纳就使企业有了明显转机。随后，他购买了亚特兰大的一家独立的小型电视台，并自负地为其取名为"超级电视台"。一年之后，他又买下了亚特兰大的勇敢者棒球队，当时这是一支屡战屡败的球队，但这使他自己的电视台除了重播那些早已过时的影片之外，还有了一些可实况播出的内容。此后，他把最新的卫星转播技术与尚未开发的有线电视市场相结合，从而使超级电视台获得了极大成功，而勇敢者棒球队也于1992年跻身于世界强手之列。

1981年，特纳认定24小时新闻直播必有市场，尽管当时没有一个人赞同此看法，他还是倾其全部财力创立了有线电视新闻网(Cable News Network，简称CNN)，获得了令人难以置信的效益。并且，由于对1991年海湾战争的报道而赢得了无数赞誉。1986年，泰德·特纳又一次"投注"，买下了联合艺术家电影图书馆。与以往一样，批评家们都认为他是个傻瓜，但他再次证明了他们的错误，特纳的有线电视台因为上演经典影片而获得了巨大成功。

发现别人看不到的机遇和大胆"追求成功"的能力，使泰德·特纳明显区别于一般的企业经理。正是这个人，希望自己像水手一样证实自己的价值，驾驶着他的"小舟"在1979年美国世界杯赛上取得了成功；正是这个人，在20世纪80年代为了促进世界和平而创办了友好运动会，使美国和苏联运动员进行奥林匹克风格的竞赛；正是这个人，在得知简·方达打算离婚时决心与她通话——两年后他们结婚了；正是这个人，被1993年1月的《时代》周刊授予"本年度先生"的称号。

讨论：

1. 领导者素质是与生俱来的，还是后天形成的？
2. 结合本案例，讨论关于领导者的素质问题。

【拓展训练】 **当领头羊遭遇领导力**

“一头绵羊带领的一群狮子，敌不过一头狮子带领的一群绵羊”，一个组织的成败往往取决于组织的领导，领袖的魅力、魄力、预见力指引组织正确的目标和方向，而领袖的一个错误决断很可能就将组织带入困境，举步维艰。

故事的起因是一位农场主为了解决某块草皮过于茂盛又无暇修剪的困扰，从朋友的牧场买来了两头羊。其中一头体型较大，农场主管它叫麦克，另一头比较瘦小，叫佩蒂。刚来农场的时候，麦克和佩蒂被关在笼子里，笼子是用钢管焊起来的，整个白天，麦克都不停地撞击铁栏杆，直到晚上筋疲力尽了，才稍稍收敛，而佩蒂，只在起初撞了几下后就伏在了一边，再也没撞过。过了几天后，麦克和佩蒂开始被散放在外面，小狗欧迪负责看护它们，欧迪的个头比它们小得多，但却异常凶悍，总喜欢追着麦克和佩蒂玩。起初，麦克和佩蒂只顾埋头四窜，直到有一次，佩蒂停下来朝欧迪冲来的方向顶了回去，欧迪立刻停了下来，和佩蒂对视了会儿后悻悻地走开了，于是麦克和佩蒂发现，欧迪也不如看上去的那么可怕，经历了这件事后，欧迪从此都只远远的待在麦克和佩蒂附近。

麦克和佩蒂对事情的反应也有很大的不同。第一次喂它们吃蔬菜，佩蒂犹豫了会儿，过来闻了闻，就吃了，而麦克看到佩蒂吃了，闻也不闻就开始吃了；把它俩栓在链子上，有人靠近时，佩蒂从起初的抵置然后渐渐接受，而麦克一直都是死命的往后躲。渐渐的，农场主发现，大个的麦克总是跟在小个的佩蒂身后，佩蒂去哪里，麦克也去哪里，而到了一个新地方，先吃草的一定是佩蒂，麦克都是在佩蒂吃过之后才开始，看来，佩蒂已经成了麦克佩蒂“羊群”的领头羊了。

为什么小个的佩蒂最后反而成了领头羊，试分析佩蒂身上优于麦克的一些特质。(冷静和准确的判断力、勇于接受挑战和反抗精神、纳新和开拓能力、懂得妥协和善于交际、把握机遇)

第 15 章 | 管理战略变革

❖ 15.1 战略变革过程

15.1.1 企业战略变革过程概述

关于战略变革过程有两种情况:过程的类型及性质，过程的具体内容。已有的研究主要集中在第一种情况。Prahalad 和 Doz(1987)在对上世纪七八十年代的跨国公司战略问题的研究中区别了两种战略变革的过程:公司危机引发的“迅速”、“剧烈”的变革过程;公司主动引发的缓慢的变革过程。后者是战略变革的基本过程，前者是后者的极端情况。他们通过考虑影响战略质量的因素，认为剧烈变革过程其效果不及缓慢变革过程。英国战略管理学教授 Johnson 和 Scholes(1993)对此问题的观点是:组织中的战略变革是渐进式的，偶尔会出现一些转型式变革，由此认为战略变革的主导过程是渐进式过程，是因为战略变革主要是基于企业已有的行事方式或惯例所形成的“影响路径”或“影响环”上的一个社会系统而进行的。沃尔贝达和巴登富勒在对大型多业务企业如何在变革力量和稳定力量之间的冲突中寻求平衡的战略更新的文献综述中提出，从时间机制而言，学术界认为，战略更新有两个过程:一个是非连续的间断性革命变化过程，另一个是缓慢进化过程。荷兰学者 Bobde Wit 和 Meyer(1998)通过对大量直接性或间接性战略变革的文献整理发现，理论界有两个观点:非连续性变革视角的革命式过程的观点，连续性变革角度的演进式过程的观点。关于企业战略变革的具体过程，Prahalad 和 Doz(1987)认为，几乎所有成功的战略转变都发端于一个关键的任命程序。然后，新任执行官对各级经理人员的认知过程施加影响。随后的变革过程分成三个阶段:第一阶段是战略和认知产生多样性，第二阶段是系列的决策和执行权力的微调，第三阶段是由于战略变革获得合法性地位而紧随的战略再定位。

15.1.2 企业文化与战略变革

20 世纪 70 年代末，美、日一些学者在对许多美国或日本企业经营成败的案例进行比较分析后，企业管理的理论界与实际工作者就形成了一种共识:文化对企业经营业绩、企业成长与发展水平存在影响。

企业文化对企业战略变革的影响主要体现在它的三个基本功能上:导向功能、激励功能和协调功能。文化的导向功能是指共同接受的价值观念引导着企业员工、特别是企业战略管理者自觉地选择符合企业长期利益的决策,并在决策组织实施过程中自觉地表现出符合企业利益的决策,以及符合企业利益的日常行为;文化的激励功能主要指员工在日常经营活动中自觉地根据企业文化所倡导的价值观念和行为准则的要求调整自己的行为;文化的协调功能主要指在相同的价值观和行为准则的引导下,企业各层次和部门员工选择的行为不仅是符合企业的长期和短期利益,而且必然是相互协调的。

企业文化是企业战略变革的主要影响因素,明显地表现出路径依赖的特征。路径依赖本是制度经济研究中的一个常用概念,企业经营过程中的战略变革决策及其组织实施也表现出类似的特征。影响企业战略变革的上述因素明显地表现出路径依赖的三个特征:企业文化的组织记忆特征、企业家的行为选择受过去经验的制约以及核心能力的刚性特点。

企业家在企业文化形成过程中的这种作用,使得企业文化基本上反映了企业组织的记忆。在历史上形成的企业文化,是在企业经营过程中被实践证明的一种成功的行为方式,以及这种行为方式所体现的行为准则和价值观念。文化所倡导的价值观和行为准则是企业员工普遍认可、广泛赞同的,异质价值观基本上是不被接受的。企业文化越强有力,价值观与行为准则的统一性就越被强调,异质价值观越受排斥。显然,作为组织记忆的企业文化,制约着企业员工的思维方式,并通过对员工思维方式的影响,限制着企业员工以及企业的行为选择,从而制约着企业经营战略的变革。

企业家的职能或经验背景可能使其自觉或不自觉地以过去的经历作为今天行为选择的参照系,作为组织记忆的文化则对上述因素产生着综合的作用,企业的战略变革可能因此而表现出明显的路径依赖特征。要超越路径依赖,使企业成长与发展摆脱过去的阴影,必须运用虚拟组织,构造战略联盟,用企业的知识创新,发展企业的核心能力;改造企业文化,促进企业学习;完善公司治理结构,在制度上保证和促进经营者行为的合理化。

核心能力的刚性特点限制着企业战略变革方案的制定与选择,为了促进企业核心能力的发展,克服战略变革中的路径依赖特征,必须塑造学习型的企业文化。学习型的企业文化可以从两个不同角度去理解:企业文化所倡导的价值观念和行为准则必须有利于企业组织及其成员的学习;企业文化本身必须是不断学习的产物,文化所体现的不再仅仅是企业组织过去的成功经验,而与战略变革所需适应的企业内外环境中的价值观念或思维方式相一致。

❖ 15.2 平衡战略变革

在管理过程中,任何组织都有可能出现一些失衡现象。譬如营销近视症过分强调产品技术与功能的重要性,忽视了对顾客真实需求的把握;“酒香不怕巷子深”则使企业在营销要素之间失衡,过多地强调产品质量对品牌的推动效应;本位主义的产生则使各经济主体利益和价值体系出现问题等。这些都说明管理也需要平衡、协调与和谐。平衡与不平衡就像一对孪生兄弟一样伴随着事物的发展，从平衡到不平衡、再到新的平衡是事物发展的一般规律。这种一般哲学意义的规律也同样适用于企业经营管理。下面就对企业管理中的战略平衡关系做一探讨。

15.2.1 战略平衡关系

1. 战略管理中的三角平衡关系

企业战略管理要解决的问题有三个方面：企业应该明白自身的发展状况和自身的能力，企业应该明白自己的目标，企业还应该明白自己的行动方案。因此，战略管理可以定义为企业根据自身的能力来协调各方利益以实现自身的长远目标的过程。从该定义可以看出，战略管理包含了三个要素：即目标、利益和能力。

目标、利益和能力之间存在着这样一种平衡关系。目标是企业在特定时间（When）、特定领域（Where）里要做的正确的事（What）。利益是企业实现既定目标的驱动力，表现为各类利益相关者（Who）及其行为动机（Why），是组织正确做事的一个方面。能力则指企业实现既定目标的手段（How），表现为企业的基础能力与核心能力，是组织正确做事的另一个方面。在三角平衡中，目标、利益和能力构成了企业健康可持续发展的三个角，包涵了四个方面的平衡关系：目标、利益和能力三者之间的平衡是企业稳健经营的轴心，目标的合理设置、利益的有效分配、能力的均衡发展则是企业发展的三个基本面。目标、利益和能力三者之间形成一种良性的互动，在运动中不断推动企业向前发展。

2. 战略目标中的三角平衡关系

战略目标包括三个方面：首先确立企业的终极目标，这也是企业为之而存在的理由。企业的终极目标一般来说是企业几代乃至几十代人为之努力的目标；企业终极目标不仅为企业描绘出了一个美好的远景，而且也同时规定了整个企业的业务范围。其次是建设企业的中长期规划。企业的中长期规划期限一般是五年乃至五十年，至少不低于两年。现在不仅西方企业绝大多数都有自己的中长期规划，而且中国的许多企业也制定有自己的中长期发展规划。此外是制定企业的年度计划。建立年度计划是由企业中所有管理者直接参与的一项分散性的活动。积极参与年度计划的制定可以加强管理者的认同感和责任感。企业应当投入相当多的时间和努力，以保证年度目标恰当合理、与企业远景和中长期规划一致并支持企业战略的实施。

从以上的分析可以看出，企业战略目标包含了三大内容，即企业远景、中长期规划和年度目标，它们之间存在着紧密的逻辑联系。企业远景是中长期规划和年度计划的基础，而中长期规划和年度计划又是企业远景实现的具体措施；同样地，企业的中长期规划也是企业年度计划的基础，而企业年度计划又是实现企业中长期规划的具体措施。

3. 企业利益的三角平衡关系

作为企业必须平衡社会利益、企业自身利益和顾客利益之间的关系。首先，企业必须承担应负的社会责任，考虑到社会的利益。企业所承担的社会责任包括承担国家的税收、保护人类的生存环境、安置好企业内部的员工、保持企业的可持续发展。重庆立帆集团董事长尹明善说过：“当企业大到了一定的程度时就不再是自己的了，而是为社会所共有。”的确，企业越大，为社会所做的贡献就越多。一家大型企业为社会所创造的财富加上员工的工资福利待遇肯定比企业的利润要大得多。社会利益包含了国家利益、公共利益与生态效益。如果国家利益不能得到保证，那么国家的安全与保卫就很难有完全的保障；如果公共利益受到侵犯，那么很容易引起众怒，众所周知"众怒难犯"，这将直接影响企业的形象；如果生态被破坏，企业的生存空间也就会受到威胁，"覆巢之下焉有完卵"。其次，必须考虑企业自身的利益。企业如果不能满足自身的利益就没法生存和发展，也就谈不上承担社会责任和满足顾客利益了。最后，企业还必须满足顾客利益。一般来说，顾客包括企业内部顾客和企业外部顾客。企业内部顾客即企业的员工，他们的利益必须首先得到满足，因为企业员工是企业的资源和财富源泉，没有企业员工的创造就没有企业的发展；企业外部顾客，即通常所说的客户或消费者，满足外部顾客的需求是企业生存和发展的基础。但是，企业除满足顾客需求之外，还可以引导消费者的需求。企业在满足和引导顾客需求之时，同样也是在承担自己的社会责任。为员工提供就业机会实际上就是在减轻社会的负担；为消费者或客户提供其所需要的产品实际上是在推动生产力和人类社会的发展。所以说，企业必须平衡社会、顾客和自身之间的利益关系。

4. 企业能力的三角平衡关系

企业的综合实力主要来自于三个方面：其一是企业的人才。企业员工一般可划分为人力资源和人力资本，即企业的普通员工与企业的核心人才。作为人力资源的员工仅仅被看作为生产要素的劳动力，其报酬只能按照资源分配方式进行；而作为人力资本的员工已经被资本化，他们能够创造出企业的利润，因此其报酬是按照资本分红的原则进行。由此可见，企业的人才是资本化的人力。其二是企业的技术实力。既然"科技是第一生产力"，那么企业就应该十分珍视技术。企业必须重视技术人才的培养与激励，培训员工的团队精神和创新意识。科学技术发展到今天可以说是日新月异，仅仅依靠一个人的力量进行技术开拓的时代已经一去不复返了，必须依托团队的创新才能更有效地进行技术创新。企业必须加强技术管理，从体制上、制度上鼓励创新；建立相应的技术研究中心及其配套设施；妥善处理创新与维持之间的关系。此外，还有必要营造一个鼓励创新和技术研究开发的文化氛围。其三是企业的资金实力。一个企业的资金实力是否雄厚往往可以影响到企业的整个战略经营决策。企业的资金实力可以从不同方面来进行衡量，可以从负债情况进行评价，也可以看企业的现金流状况，还可以看企业的净资产量和企业的效益状况等等方面。综上所述，企业的人才、技术和资金构成了企业的综合实力，从而奠定企业战略实施的良好基础。同样地，企业的三方面能力的体现也存在着三角平衡关系。根据木桶效应，企业只有三方面能力都很强才能拥有真正的雄厚实力。就是说人才、技术与资金之中，企业任缺其一都将使其实力大打折扣。如果企业缺乏人才，很难进行技术方面的革新与创造，就不可能长久地拥有技术的优势；同时人才的匮乏还将导致企业效益的下降，企业从而会丧失资金与现金流方面的优势。如果企业缺乏技术，已经说明了企业在人才方面的短缺，至少技术人才是不足以支撑企业发展，那么相应地也会带来资金上的弱势。如果企业没有足够的资金，也很难留住人才、拥有自身的技术优势。综上所述，企业必须平衡人才、技术和资金三者的关系，使其进入良性循环的轨道，从而形成马太效应，让企业越来越好，越走越顺，使企业这个雪球越滚越大。

从以上的分析可以看出：企业的战略管理实际上就是在寻求四个平衡，即战略三角平衡、目标平衡、利益平衡和能力平衡。企业目标确定在何时、何领域、做哪些正确的事；企业的利益驱动关联着企业诸多相关者及其行为动机；企业各方面的能力说明了企业将采取何种措施去实现自身的目标。综上所述，企业战略管理的精髓已寄寓于此四大三角平衡关系之中。

15.2.2 战略变革的含义与形式

在企业的战略管理中，当企业战略三角平衡、目标平衡、利益平衡和能力平衡被打破时，这时就要对企业战略进行调整和变革。

1. 战略变革的含义

企业战略变革是指企业的人员（通常是管理者）主动对企业原有的战略进行改变，以适应企业内外环境的变化，并以某一目标或某一愿景为取向的一系列活动。

2. 渐进性变革是战略变革的主要形式

传统的观念认为，战略变革是一种不经常的、有时是一次性的、大规模的变革。然而，最近几年，企业的战略成熟化往往被认为是一种连续变化的过程，一个战略变革往往带来其他变革的需要。显然，企业生命周期当中基本的战略变革相对来说是不经常出现的，而渐进性的变化（可能是战略性的）是较为频繁的过程。因此，在很多情况下，渐进性的变化导致战略变革。

（1）渐进性变革与革命性变革的区别。企业为了适应环境和生存而实施的变化是可以按其范围来划分的，即变化的程度是渐进性的还是革命性的。渐进性的变化是一系列持续、稳步前进的变化过程，使企业能够保持平稳、正常运转，其变化往往在某一时间点上，影响企业体系当中的某些部分；而那些革命性的转化是全面性的变化过程，使企业整个体系发生改变。

（2）渐进性变革的发展阶段。虽然，从长远来说，企业可能会发展，改变其战略。但是，约翰逊和施乐斯在1989年指出，企业战略的变化是渐进的。因为从企业的角度来说，渐进的变化易于管理，对企业体制运作的滋扰程度比革命性的变化要小。企业渐进性变革有以下发展阶段：①连续阶段：在这个阶段，制定的企业战略基本上没有发生大的变化，仅有一些小的修正；②渐进阶段：在这个阶段，战略发生缓慢的变化。这种变化可能是零打碎敲性的，也可能是系统性的；③不断改变阶段：在这个阶段，战略变化呈现无方向或无重心的特点；④全面阶段：在这个阶段，企业战略是在一个较短的时间内、发生革命性或转化性的变化。

如果一家企业的战略经常发生质变，那么这家企业是无法正常运转的。事实上，企业所处的环境不可能变化得这么快。然而，约翰逊和施乐斯告诫人们，环境中的变化不一定缓慢，企业的渐进变化有可能赶不上前者。因此，如果渐进阶段落在了环境变化的后面，那么企业可能适应不了环境，结果不得不进行革命性的战略变革。

15.2.3 战略变革的种类

戴富特在1992年对企业为了适应环境和在市场条件下生存而推行的战略变革进行了分类，共有四种类型：

1. 技术变革

技术变革往往涉及企业的生产过程，包括使之有能力与竞争对手进行抗衡的知识和技能。这些变革旨在使企业生产更有效率或增加产量。技术变革涉及工作方法、设备和工作流程等生产产品和服务技术。

2. 产品和服务变革

产品和服务变革是指企业的产出，包括推出新产品或改进现有产品，这在很大程度上影响着市场机会。

3. 结构和体系变革

结构和体系变革是指企业运作的管理方法，包括结构变化、政策变化和控制系统变化。

4. 人员变革

人员变革是指企业员工价值观、工作态度、工作技能和行为方式的转变，目的是确保职工努力工作，完成企业目标。

※ 15.3 领导战略变革

15.3.1 企业战略变革的方式

企业战略变革虽然受很多因素影响，但是只要企业在变革过程中把握好相应的对策和路径，就能够持续获得竞争优势。企业战略变革的路径主要有以下几个：

1. 调整企业理念

企业战略变革首选的理念是得到社会普遍认同的，体现企业自身个性特征的，促使并保持企业正常运作以及长足发展而构建的反映整个企业经营意识的价值体系。它是企业统一化的可突出本企业与其他企业差异性的识别标志，包含企业使命、经营思想和行为准则三部分。调整企业理念的举措主要包括以下几点：首先，确定企业使命，即企业应该依据怎样的使命开展各种经营活动，它是企业行动的原动力；其次，确立经营思想，即指导企业经营活动的观念、态度和思想，从而给人以不同的企业形象；最后，依靠行为准则约束和要求员工，使他们在企业经营活动中必须奉行一系列行为准则和规则。

调整企业理念，给企业全新定位，这是一种企业适应社会经济发展的变革。企业只有不断地处于演化、渐进变革中，才能够构建新的企业战略，也才能得到发展和壮大甚至重生。在重新调整企业理念时，首先应与行业特征相吻合，其次在充分挖掘原有企业理念的基础上赋予其时代特色，最后企业理念要与竞争对手有所区别。

2. 重新定位企业战略

如何实施战略定位是战略变革的重要内容。根据迈克尔·波特的观点，帮助企业获得竞争优势而进行的战略定位，实际上就是在价值链配置系统中从产品范围、市场范围和企业价值系统范围三方面进行定位的选择过程。就产品的重新定位而言，对于明星产品，由于其竞争力和市场吸引力强，也是高速成长的市场领先者，对其要多投资，促进发展，扩大市场份额;对于"金牛"产品,由于具有规模经济和高利润优势,但有风险,对其要维持市场份额,尽可能多地榨取市场利润;对于问题产品,虽然产品市场吸引力强,但由于要加大投资,因此主要考虑在尽可能短的时间内收回成本;对于"瘦狗"产品,企业的对策就是尽快地售出剩余产品然后转产。就市场和企业价值系统的重新定位而言,由于企业作为一个独立的组织,其竞争优势来源于研发、生产、营销和服务等过程,来源于企业的价值链配置系统,因此其应该在市场与企业之间不断地传递有关价格、质量、创新和价值的信息,从而使企业积累和保持新的竞争优势。

3. 重新设计企业的组织结构

在进行组织结构设计时,要围绕战略目标实现的路径来确定不同层级的管理跨度,适当的管理跨度并没有一定的法则,一般是3~15人,在进行界定时可以依据管理层级的不同、人员的素质、沟通的渠道、职务的内容以及企业文化等因素。另外,还要充分考虑企业各部门顺利完成各自目标的可能性,以及在此基础上的合作协调性、各自分工的平衡性、权责明确性、企业指挥的统一性、企业应变的弹性、企业成长的稳定性和效率性、企业的持续成长性。通过重新设计企业的组织结构,理清各部门的管理职责,改变指挥混乱和权责不对等的现象,从而提高管理效率。

15.3.2 战略变革的实施

考特尔和施莱辛格在1979年指出,采用下列过程可以使变革的设计和实施容易得多。

1. 分析当前的形势

确定发生变革的原因和必须处理这些变革的缓急性。同时,还要确定利用机会的方式,概括所需变化以及变化的影响和含义。

2. 分析环境因素

鲍曼和艾什两人在1987年将环境因素划分为任务因素和非任务因素。任务因素与具体变化有关,其中包括:设计和实施变革所需的数据之多寡,引进变革的速度,可用于管理变革资源的可获性,企业要有多大决心才能确保变革能够被接受和实施,收集人们对某项变革可能有的反应。非任务因素与变革无直接的关系,而且往往不会随着时间的过去而改变,其中包括:现行对参与变革的行为规范,变革动因和变革对象之间的关系,推动变革人的领导风格。

3. 变革战略的选择

最终战略决策必须与上述第一和第二阶段的分析相符。

4. 监控实施过程

监控有助于及早发现和处理没有预见到的问题,以及确定变革战略是否顺利实施,并以此为借鉴,为今后变革战略创造条件。

最后需要提及的是,实施可以说是战略管理中最关键的一个环节。因此,在战略制定、评估和选择过程中的每一步都要考虑到实施战略所需的条件。

15.3.3 战略变革的领导

企业的成长过程就是企业战略不断变革的过程,成功管理企业战略变革是企业实现可持续成长的必要条件。成功的战略变革需要管理者积极地领导它，其领导行为主要包括：

1. 建立具有强大的战略能力的最高管理者为核心的战略变革管理团队

企业战略变革管理是一项难度大、历时长的复杂管理工程，因此需要组建战略变革管理团队。这个团队的灵魂人物是最高管理者。最高管理者具备强大的战略管理能力，将为成功管理企业战略变革奠定坚实的领导力基础。最高管理者的战略能力包括以下内容：

（1）战略制定能力

一是深刻理解企业优势和劣势。李·艾科卡在被福特解除职务后的极短时间内，敢于领导克莱斯勒发起战略变革，是因为沉浸汽车业几十年的职业经历使他深刻认识到克莱斯勒公司的优势和劣势，坚定了拯救它的信心。

二是准确识别行业竞争规则的演进趋势。英特尔的第三任首席执行官安迪·格鲁夫能够使英特尔从一个二流的存储器公司成为微处理器的霸主，重要原因之一就是格鲁夫准确地预测了 PC 机将成为信息革命潮流的中心，芯片将成为半导体行业的竞争焦点。他在这个观念未盛行时，就早早采取了塑造英特尔未来的行动。

三是确立清晰的战略意图和企业愿景，引领新的企业战略。井深大和盛田昭夫在创办索尼公司时，就立下这样的战略意图：通过 50 年时间的奋斗，使索尼成为世界性的家喻户晓的品牌，彻底摆脱日本产品作为质量低劣的电子产品代名词的不良形象。

四是采取开放式、参与型的战略形成方式。国际著名的助听器制造商——丹麦 Oticon 公司的首席执行官 Lars Kolind、法国 Flair 有限公司总经理、美国国民半导体公司 CEO 吉尔·阿米里奥等在领导各自的企业战略变革时，都充分吸收各层级管理者、部分普通员工、外部专家组成战略变革管理团队，实行民主的战略决策方式。

（2）战略执行能力

一是坚定不移地支持和推进新战略，做实施新战略的模范。企业家的言行一致在员工中起到示范和扩散作用，容易使他们在战略变革中找到中心参照物。世界著名零售企业——美国西尔斯公司首席执行官 Arthur Martinez、荷兰飞利浦公司首席执行官 Jan Timer 和英特尔公司首席执行官格鲁夫都是这方面的典范。格鲁夫还称之为“乱中求治”。

二是积极重视管理沟通。英特尔公司首席执行官格鲁夫每天花两小时来处理世界各地的人发来的电子邮件，在领导英特尔 1991 年 ~ 1995 年的战略变革时更是加强了这项措施。

2. 全面、科学地评估企业所处的内部情况和外部环境，选择适应性的企业战略变革模式

根据企业战略变革的原因、目的和战略弹性，可把企业战略变革模式划分为四种：反应性、预测性、能动性和超越性。反应性模式由环境变化或企业经营危机引发，并意在跟随竞争规则；预测性模式受企业愿景变化的影响，并意在做竞争规则的预测者；能动性模式由企业技术创新或制度创新所诱致，并意在制定新的竞争规则；超越性模式则是在企业经营绩效严重恶化的情况下发起，并意在制定新的竞争规则。当处于不同的成长阶段和环境条件时，企业对其战略变革模式的选择是权变的，没有最优模式，只有最合适的模式。正因为如此，选择适应性的企业战略变革模式不仅非常重要，而且难度颇大。

格鲁夫在管理英特尔公司发生于 1985 年 ~ 1991 年的战略变革时，总结了用来判断是否

需要发动战略变革的“战略转折点”的分析方法，并用它指导何时发起以及如何发起企业战略变革的战略分析工作。格鲁夫认为战略转折点就是“企业的根基所在即将发生变化的那一时刻。这个变化有可能意味着企业有机会上升到新的高度，但它也同样有可能标示着没落的开端。”格鲁夫运用这种自创的方法，为英特尔公司的战略变革模式选择提供了有效的分析工具。

3. 在战略执行过程中，能够协调新战略和各种组织要素及阶段性实施绩效的动态关系

(1) 协调新战略和资源的动态关系。在新战略执行过程中，企业要有意识地创造和积累资源，做好发起下一轮战略变革的准备。英特尔公司利用从存储器芯片全面进入微处理器的战略变革，创造了大量微处理器开发技术，为其在1992年成为全球最大的半导体企业和发起进入PCCI的预测性企业战略变革做好了充足的资源储备。

(2) 协调新战略和技术的动态关系。它包括两方面内容：其一，根据新旧战略对资源的共同依赖，重组现有技术。国民半导体公司利用它在单一集成电路块上的模拟功能和数字功能一体化的核心技术，服务于新战略的实施。其二，根据新战略的要求，引进或开发新技术。英国Flair有限公司以日本汽车厂商为学习对象，在战略变革中不断创新技术，培育了核心竞争力。

(3) 协调新战略和结构的动态关系。成功的结构重组能够促进企业战略变革的顺利施行。为确保IBM持续贯彻多元化的计算机服务业务，总裁Gerstner决定把行业解决方案单位作为其主要的组织结构，此举为IBM的复苏做出了重大贡献。

(4) 协调新战略和管理系统的动态关系。信息处理系统、沟通与反馈系统和奖励系统是企业创新不可或缺的三大管理系统，但企业在实施新战略时会有所侧重。Oticon公司为了适合新的企业愿景，用计算机化的工作站处理信息，力图创造一个“没有组织的组织”。英特尔公司为了培育新的企业愿景所要求的公开、诚实、坦诚的沟通方式，建立了充满活力的制度性沟通和反馈系统。西尔斯公司为了开拓新业务，根据新战略设计了奖励系统。

(5) 协调新战略和企业文化的动态关系。企业战略和企业文化的动态一致性关系决定了新战略的实施必然会冲击原有企业文化。成功重构企业文化的关键是，根据新战略所赖以建立的新的企业愿景来确定企业文化的变革程度。Gerstner为了顺利实施IBM以顾客为中心的新战略，把改变“骄傲、只关注内部、抑制变革”的老企业文化作为战略变革的关键事项，因而取得他的前任因忽视重构企业文化而不能成就的辉煌业绩。

(6) 协调新战略和阶段性实施绩效的动态关系。新战略的阶段性实施绩效有成功和失败两种情况。面对成功，企业要鼓舞士气，并根据已改善的经营绩效确定下阶段的目标和方案；同时，组织成员的态度与行为随之转变。而面对失败，企业应冷静分析失利原因，对症下药，转败为胜。英国GK印刷公司在1989年引进CBS系统，由于过于重视技术变革而疏忽员工态度和行为变革，阻碍了新战略实施，其对此深刻反省后，随即进行整改，从而取得了战略变革的最终胜利。

4. 企业战略变革要有机结合人力资源管理

只有大部分企业成员理解、接受新的企业战略，企业战略变革才拥有成功的群众基础，因此，企业战略变革要有机结合人力资源管理。由于管理者和普通员工在新战略执行中角色

和职能的不同，人力资源管理措施的侧重点也有所差异。针对高层管理者，要注重沟通、合作、补偿和控制，减少权力性阻力；针对中层管理者，要着重于培养和选拔，发挥其在组织中承上启下的特殊作用；针对低层管理者和普通员工，要侧重于沟通、培训和教育，加强企业战略变革的基础动力。

成功管理企业战略变革的企业，在人力资源管理方面，往往会把握了以下两点。第一，使员工的态度和行为适应新战略的要求。第二，充分重视中层管理者的独特作用。比如：法国 Flair 有限公司总经理赋予运作部经理在战略形成方面比较充分的选择权；国民半导体公司通过举办研讨组、训练领导变革项目等措施来培养中层管理人员；格鲁夫则对英特尔公司的中层经理尤为重视，非常注意和他们的沟通和对他们的教育。

5. 培育、发展企业战略学习机制

企业战略学习机制的实质是使战略制定阶段和战略执行阶段动态适应，从而使环境－战略－组织能够动态匹配。企业战略变革所面临的内外部情形复杂易变，且历时又长，制定新战略时的情境会在实施新战略时发生变化，这就决定了培育企业战略学习机制的必要性。成功的企业往往通过建立通畅的沟通渠道和稳固的反馈机制、构建有利于知识高保真地迅捷流动的扁平化组织、培育容纳争论和鼓励争论的氛围以及激发创新的机制，培育和发展企业战略学习机制。1987 年～1994 年，国际著名服装公司——德国阿德勒时装公司通过协调外部环境和内部过程之间的联系，使得员工和企业的心智模式更加具有学习性和开放性，建立了新的公司形象。

综合以上五种行为，可以发现它们的内在关系：建立具有强大的战略能力的最高管理者为核心的战略变革管理团队是基础，后面四种管理行为都是他们在新战略的制定和实施过程中，基于增强企业战略能力所进行的学习性应用。后四种行为必须同时采取才能取得成功。欧洲著名的企业战略学者 Johnson 和 Scholes 认为，确保企业战略变革成功的关键是管理过程、管理人员技能、适应外部环境和内部文化的能力。这就是说，管理者、尤其是高级管理者的适应能力和创新能力是产生这些关键成功要素的基础。所以，最高管理者拥有强大的战略能力是成功管理企业战略变革的基础。因此，对于广大正在接受战略变革严峻挑战的中国企业家来说，大力增强战略能力、成为战略企业家是成功管理战略变革的基础性举措。

❖ 15.4 企业创新与可持续发展战略

15.4.1 创新及管理创新的涵义

“创新”（innovation）是指形成创造性思想并将其转换为有用的产品、服务或作业方法的过程。所谓管理创新，就是按照现代企业经营管理的客观规律，结合具体的实际情况，客观实际地分析企业内部资源和外部环境，对企业的生产要素和各项职能在内容和形式上做出适当的调整和新的组合，以实现管理效益的最大化。管理之所以要创新，是因为外部环境的变化、消费者需求的个性化和多样化，以及环境的变化对企业既定的制度、技术、文化的要求，只有管理创新才能使企业得到发展。

管理是为了有效地实现组织目标，这个过程必然表现在具体的成果上，创新管理的成果与维持管理的成果相比，具有这样一些特征:一是具有首创性。创新是解决前人没有解决的问题，它不是模仿、再造，而包含着过去所没有的新的因素或成分。二是具有未来性。创新是面向未来、研究未来、追求未来和创造未来的活动。三是具有变革性。创新是一种变革旧事物的活动，创新的成果也就表现为变革旧事物的产物。四是具有时间性。对创新成果的确认，与时间有着密切的关系。相同或相似的成果是否被确认，以时间的先后为界。因此，创新的关键在于一个“新”字，是以新思想、新观念和新成果为组织输入活力的活动。

15.4.2 管理创新的作用

管理创新具有以下作用:

1. 提高企业经济效益

管理创新的目标是提高企业有限资源的配置效率。这一效率虽然可以在众多指标上得到反映，例如资金周转速度加快，资源消耗系数减小，劳动生产率提高等等，但最终还要在经济效益指标上有所体现，即提高了企业的经济效益。提高企业经济效益分为两个方面，一是提高目前的效益，二是提高未来的效益即企业的长远发展。管理诸多方面的创新，有的是提高前者，如生产组织优化创新，有的是提高后者，如战略创新与安排。无论是提高当前的效益还是未来的效益，都是在增强企业的实力和竞争力，从而有助于企业下一轮的发展。

2. 降低交易成本

管理层级制的创新，使得现代企业可以将原本在企业之外的一些营业单位活动内部化，从而节约企业的交易费用。交易费用的节约表现在由于生产单位和采购及分配单位的管理连结在一起，获得市场和供应来源信息的成本降低。最重要的是，多单位的内部化使商品从一单位至其他单位的流量得以在管理上进行协调。对商品流量的有效安排，可以使生产和分配过程中使用的设备和人员得到更好的利用，从而得以实现的节约，要比降低信息和交易的成本所产生的节约大得多。

3. 稳定企业、推动企业发展

管理创新的结果是为企业提供更有效的管理方式、方法和手段。管理创新对稳定企业、推动企业发展的作用体现在很多方面:比如，管理层级制一旦形成并有效地实现了它的协调功能后，层级制本身也就变成了持久性、权力和持续成长的源泉。因为用来管理新型多单位企业的层级制，具有持久性，它超越了工作于其间的个人或集团的限制。当一名经理去世、退休、升职或离职时，另一个人已作好准备，他已受过接管该职位的培训。因而人员虽有进出，其机构和职能却保持不变。管理层级制的这一创新，不但使层级制本身稳定下来，也使企业发展的支撑架构稳定下来，而这将有效地帮助企业长远的发展。

4. 拓展市场，增强竞争力

管理创新若在市场营销方面进行，则将帮助企业有力地拓展市场、展开竞争。企业在进行市场竞争和市场拓展时，将遇到众多竞争对手即厂商和顾客。因此这一竞争过程实为多个博弈对象的动态博弈过程，一个企业如果能在这一过程中最先获得该博弈的均衡解，即管理创新具体方案，便能战胜对手，在博弈中胜出。这个解无非是在能预见对手们的相应对策条件下寻找出最佳的、新的市场策略和运行方式而已，这就是一种管理的创新。

5. 有助于企业家队伍的形成

职业经理即企业家阶层的形成对组织发展至关重要，因为这一阶层的产生一方面使企业的管理处于专家的手中，从而提高资源的配置效率；另一方面使企业的所有权与经营管理权发生分离，推动企业更健康的发展。同时，职业经理人由于熟知管理创新的功效，因此他们往往成为管理创新的重要主体。

15.4.3 促进组织创新的因素

促进组织创新的因素较多，主要包括以下方面：

1. 结构因素

这一因素主要表现在：一是有机式结构对创新有正面的影响。因为其纵向变异、正规化和集权化程度低，有机式结构可以提高组织的灵活性、应变力和跨职能工作能力，从而使创新更易于得到采纳。二是富足资源的拥有能为创新提供另一重要的基石。组织资源充裕，就使管理当局有能力购买创新成果，敢于投下巨资推行创新并承受失败的损失。三是单位间密切的沟通有利于克服创新的潜在障碍。像委员会、任务小组及其他这类机制都可促进部门之间的相互交流，从而得到创新成功组织的广泛采用。

2. 文化因素

富有创新力的组织，通常具有某种共同的文化，如鼓励试验、赞赏失败，不论成功还是失败都给予奖励等。充满创新精神的组织文化通常有如下特征：接受模棱两可，容忍不切实际，外部控制少，接受风险，容忍冲突，注重结果甚于手段，强调开放系统。

3. 人力资源因素

有创造力的组织积极地对其员工开展培训和教育，以使其保持知识的更新。同时，它们还给员工提供高工作保障，以减少他们担心因犯错误而遭解雇的顾虑。组织也鼓励员工成为革新能手。一旦产生新思想，革新能手们会主动而热情地将思想予以深化、提供支持并克服阻力，以确保创新得到推行。一般来说，革新能手们有一些共同的个性特征：高度自信、有持久力、精力旺盛、敢于冒险。同时，革新能手们也显示出其他一些相似的特征，如他们会以其对创新成功的潜在可能的认识，以及他们个人对其使命的坚信不移来激励和鞭策他人，并善于从他人那里争取支持的力量。另外，创新能手们一般拥有提供相当大决策自主权的职位，这使得他们能在组织中引入并推行所提供的创新。

要有效地组织创新活动，就必须研究和揭示创新的规律性。关于创新有无规律的问题是一个带有争议性的问题。有人认为创新是一个杂乱无章的过程，因为创新意味着对原有制度、原有秩序的破坏以及对新事物的探索。在这一过程中，创新者只能在不断的尝试中去寻找新程序、新方法，在最终的成果取得之前，可能要经历无数次反复和失败，因此，它看上去必定是杂乱的。但这种杂乱无章是相对于制度、秩序而言的，是相对于个别创新而言的。就创新的总体来说，它们必然依照一定的步骤、程序和规律。

15.4.4 创新的过程

总结众多组织的经验，成功的创新要经历以下几个阶段：

1. 寻找机会

创新是对原有秩序的破坏。原有秩序之所以要破坏，是因为其内部存在着或出现了某种不协调的现象，这些不协调对系统的发展提供了有利的机会或造成了某种不利的威胁。创新活动正是从发展和利用这些不协调现象开始的。不协调为创新提供了契机。

旧秩序中的不协调既可能存在于系统的内部，也可能产生于对系统有影响的外部。就系统的外部来说，有可能成为创新契机的变化因素有：

(1)技术的变化。技术发生变化，从而可能影响企业资源的获取、生产设备和产品的技术水平。

(2)人口的变化。人口的变化，可能影响劳动市场的供给和产品销售市场的需求。

(3)宏观经济环境的变化。迅速增长的经济背景可能给企业带来不断扩大的市场，而整个国民经济的萧条则可能降低企业产品需求者的购买能力。

(4)文化与价值观念的转变。文化与价值观念的转变，可能改变消费者的消费偏好或劳动者对工作及其报酬的态度。

就系统内部来说，引发创新的不协调现象主要有：

(1)生产经营中的瓶颈。生产经营中的瓶颈，可能影响劳动生产率的提高或劳动积极性的发挥，因而困扰着企业的管理人员。

(2)企业意外的成功和失败。企业意外的成功和失败往往可以改变企业原先的思维模式，从而可以成为企业创新的一个重要源泉。

2. 提出构想

敏锐地观察到不协调现象的产生以后，还要透过现象探究原因，并据此分析和预测不协调的未来变化趋势，估计它们可能给组织带来的积极或消极后果，并在此基础上，努力利用机会或将威胁转换为机会，采用头脑风暴法、德尔菲法等方法提出多种解决问题、消除不协调、使系统在更高层次实现平衡的创新构想。

3. 迅速行动

创新成功的秘密主要在于迅速行动。提出的构想可能还不完善，甚至可能很不完善，但这种并非十全十美的构想必须立即付诸行动才有意义。光想不干就等于没想，构想不能等到完美时才能行动，否则有可能坐失良机，把创新的机会白白地送给自己的竞争对手。

4. 坚持不懈

构想要经过尝试才可能成熟，而尝试是有风险的。创新的过程是不断尝试、不断失败和不断提高的过程。因此，创新者在开始行动以后，为取得最终的成功，必须坚定不移地继续下去，绝不能半途而废，否则便会前功尽弃。要在创新中坚持下去，创新者必须有足够的自信心，有较强的忍耐力，能正确对待尝试过程中出现的失败，并不断采取为减少失误或消除失误后的影响采取必要的预防或纠正措施。总之，创新中不可避免地会产生失败，而最终的成功就在坚持之中。

15.4.5 如何成为创新型组织

要成为一个创新型组织，最重要的是考虑创新的必备条件；因为没有这些必备条件，即便有好的创新欲望或创新意识与想法，也都将成为空中楼阁。那么组织创新的必备条件有哪些呢？从东西方管理创新差异的原因中可以找到一些，但不是全部。这些必备条件至少有以下几个方面：

1. 创新主体应具有创新意识

实施企业管理的创新，需要有一个创新主体，而这一主体应具有创新意识。熊彼特认为创新主体就是企业家，这个企业家不是退出企业生产经营管理领域的企业资产的终极所有者，而是那些在企业中从事最高领导的管理者。而一般认为，创新主体包括企业家、管理者和作为群体的企业员工。对一个创新主体而言，创新意识首先表现在其远见卓识上。这种远见卓识就是能够敏锐地判断企业与管理发展的大趋势，能够在现实的问题中找到关键性的东西并能看到其背后的深层原因，并结合本企业的特点提出一些有价值的创意，作为创新的萌芽。例如，社会形态正在发生变化，企业如何变革以适应这种变化；员工希望工作内容更有意义，用什么方法可以创造出来；在技术革命速度加快的情况下，投资方式是否要改变等。其次，创新意识还表现在创新主体的文化素质、价值观上。这是因为创新主体能够产生创新意识，一定与其文化素质及其对本业务的精通有关，也与创新主体的价值观导向有关，一些好高骛远的人可能不把某个小问题放在眼里，然而创新主体却能发现其潜在价值。

2. 创新主体应具有创新能力

创新主体的创新能力成为管理创新的必备条件之一。由于创新主体可以是个人也可以是一个群体，所以创新能力在个人方面与某个人的天赋有很大关系，在群体方面则与群体中员工的智能结构、员工的关系程度，以及组织结构等密切相关。熊彼特认为企业家应具有创新能力，企业家的创新活动是经济增长的一大重要因素。他所提到的企业家创新内容之一是创造新的生产函数。实际上，新的生产函数本身含有生产技术创新和管理创新两个方面，而这恰恰是一个成功企业家应具有的素质和能力。

3. 创新主体应具有基础管理条件

现代企业中的基础管理主要指一般的最基本的管理工作，如基础数据、技术档案、统计记录、信息收集归档、工作规则、工艺流程安排、员工奖罚办法与规则、会计核算、岗位职责标准等。一个企业基础管理工作好，表明这个企业管理水平较高。事实上，创新往往是在基础管理较好的基础上才有可能。比如，为什么日本企业管理模式创新的成功是在学习美国企业管理之后才发生呢？因为美国企业管理中基础管理一环是相当好的，学好美国企业管理的基础环节，为日本企业基础管理方面打下了扎实的基础，使更上一层楼成为可能。另一方面，基础管理好可以提供许多必要的准确的信息、资料、规则，这本身将有助于创新的顺利进行。

4. 组织应拥有促进创新的氛围

创新主体有创新意识并能有效发挥其创新能力，与拥有一个良好的创新氛围有关。在好的氛围下，人就思想活跃，新点子产生得多而快；不好的氛围则可能导致人思想僵化、思路堵塞，头脑一片空白。日本企业中实行提案给奖制、提建议有奖制，鼓励员工出主意、想新点子，由此形成了一个创新的好氛围，于是各种创新主意不断涌现。而在我国的一些企业中，提建议的员工被领导看作有“刺”，不安分，并加以约束，其结果就是无人提意见、出点子，自然也不会有任何创新思路产生。

5. 创新活动应紧密结合本组织的特点

创新并不是一种抽象的东西，而是十分具体的事件。现代企业之所以要进行创新，是为了更有效地整合本企业的资源以完成本企业的目标和责任。因此，这样的创新就不可能脱离本企业和本国的特点。事实上，创新的成功正是由于这一创新本身抓住本企业或本国的特点。日本企业管理方面的诸多创新是与他们把握东方文化的特点、日本民族的特点以及日本企业的特点分不开的。把握自己的特点并加以提炼，往往是创新成功的开始。

斯隆在美国通用汽车公司进行组织结构改革，创造事业部制时，是以通用汽车公司规模巨大、产品众多、管理复杂这一特点为基础的；日本设立终身雇用制是以日本文化中的家庭亲情、归属感等特点为前提的。由于上述企业的创新紧密结合了本企业、本国的特点，因此其创新活动就能成功，还被社会和其他企业所肯定，并最终成为普遍接受的创新事实。

6. 创新活动应设立创新目标

具体地说，创新目标是一项创新活动意欲达到的状态。具体的创新目标与具体的创新领域相一致。例如，创设连锁店式的商业服务形式是与便利顾客、便利公司（因为可以统一进货、发货从而降低成本）、争取效益的目标有关。而创设目标管理方法，则与寻找一个更好的控制与激励员工方法的目标相关。然而，创新目标比一般的目标更难确定，这是因为创新活动及创新目标更具不确定性，所以确认创新目标是一件很困难的事。但是，如果没有一个恰当的目标会浪费企业资源，这本身又与管理的宗旨不符。因此，现代企业对管理创新的目标确认多半带有弹性，以解决这一目标本身难以确认的问题。

7. 建立合理的奖惩制度

创新的原始动机也许是个人的成就感、自我实现的需要，但是如果创新的努力不能得到组织或社会的承认，不能得到公正的评价和合理的奖酬，则会影响创新甚至扼杀创新的动力。促进创新的奖酬制度至少要符合以下条件。一是物质奖励与精神奖励应该相结合。奖励不一定是金钱上的，精神上的奖励也许比物质报酬更能满足驱动人们创新的心理需要。二是奖励不能视作是“不犯错误的报酬”，而应是对特殊贡献、甚至是对希望作出特殊贡献的努力的报酬；奖励的对象不仅包括成功以后的创新者，而且应当包括那些成功以前、甚至是没有获得成功的努力者。就组织的发展而言，也许重要的不是创新的结果，而是创新的过程。如果奖酬制度能促进每个成员都积极地去探索和创新，那么对组织发展有利的结果必然产生的。三是奖励制度要既能促进内部竞争，又能保证成员间的合作。内部的竞争与合作对创新都是重要的：竞争能激发每个人的创新欲望，从而有利于创新机会的发现、创新构想的产生；而过度的竞争则会导致内部的各自为政、互相封锁；协作能综合各种不同的知识和能力，从而可以使每个创新构想都更加完善，但没有竞争的合作难以区别个人的贡献，从而会削弱个人的创新欲望。

15.4.6 企业可持续发展战略

1. 企业可持续发展战略的含义

企业可持续发展战略是指企业在追求自我生存和永续发展的过程中，既要考虑企业经营目标的实现和提高企业市场地位，又要保持企业在已领先的竞争领域和未来扩张的经营环境中始终保持盈利的增长和能力的提高，保证企业在相当长的时间内长盛不衰。可持续发展是既要考虑当前发展的需要，又要考虑未来发展的需要；不能以牺牲后期的利益为代价，来换取发展，满足利益。同时可持续发展也包括面对不可预期的环境震荡，而持续保持发展趋势的一种发展观。

对企业可持续发展国际上已获得了共识。例如全球报告举措(GRI)，主要强调信息管理，投资者、顾客、拥护者、供方和员工不断地进行对话，连接企业离散和孤立职能的媒介——金融、市场，研究和开发，为供应链、规章的沟通以及声誉和品牌管理可能产生纠纷的地区以及不可预计的机会提供了信标(beacon)。可持续发展能力报告帮助管理者增强评估其对自然、人和社会资本贡献的能力，降低公开商业企业共享价格的可变性和不确定性，并降低其资本费用等。而且可持续发展报告能为企业提供新的机遇并能提高企业的国际竞争力，是企业通向国际市场的通行证。

2. 企业实施可持续发展战略的理由

可持续发展是上世纪 80 年代随着人们对全球环境与发展问题的广泛讨论而提出的一个全新概念，是人们对传统发展模式进行长期深刻反思的结晶。1992 年在里约热内卢召开的联合国环境和发展大会(UNCED)把可持续发展作为人类迈向 21 世纪的共同发展战略，在人类历史上第一次将可持续发展战略由概念落实为全球的行动。1987 年 Barbier 等人发表的一系列有关经济、环境可持续发展的文章引起了国际社会的注意。同年，布伦特兰夫人(Ms Gro Harlem Brundtland)在世界环境与发展委员会的《我们共同的未来》中正式提出了可持续发展的概念，标志着可持续发展理论的产生。此时的研究重点是人类社会在经济增长的同时如何适应并满足生态环境的承载能力，以及人口、环境、生态和资源与经济的协调发展方面。其后，这一理论不断地充实完善。

随着可持续发展的提出，人们对可持续的关注越来越密切，而且从环境领域渗透到各个领域中。而企业可持续发展理论是诞生较晚但发展相对迅速的一个领域。随着社会环境的变化，企业面对着变化迅速的环境很难适应，而且随着众多企业失败问题的出现，如何使企业在未来中依然取得良好的发展势头，越来越引起企业的重视。

3. 企业可持续发展战略的类型

企业可持续发展战略非常繁杂，但是众多理论都是从企业内部某一方面的特性来论述的。根据国内外研究者和实际工作者的总结，可以把企业可持续发展战略分为以下几种类型：创新可持续发展战略、文化可持续发展战略、制度可持续发展战略、核心竞争力可持续发展战略、要素可持续发展战略。

(1)创新可持续发展战略。所谓创新可持续发展战略，即企业可持续发展的核心是创新。企业的核心问题是有效益，有效益不仅要有体制上的保证，而且必须不断创新。只有不断创新的企业，才能保证其效益的持续性，也即企业的可持续发展。

(2)文化可持续发展战略。所谓文化可持续发展战略，即企业发展的核心是企业文化。唯有不断发展企业文化，企业才能适应纷繁变化的内外部环境，也才能实现可持续发展。

(3)制度持续发展战略。所谓制度可持续发展战略，是指企业获得可持续发展主要源于企业制度。

(4)核心竞争力可持续发展战略。企业核心竞争力是指本企业区别于其他企业而具有本企业特性的相对竞争能力。而企业核心竞争力可持续发展战略是指企业可持续发展主要是培育企业核心竞争力。

(5)要素可持续发展战略。要素可持续发展战略认为企业发展取决于以下几种要素：人力、知识、信息、技术、领导、资金、营销。

☞ **思考题：**

1. 战略变革就是战略创新，这种说法对吗？
2. 如何协调和平衡战略变革？
3. 领导战略变革的框架是什么？
4. 有哪些排除企业变革阻力的方法？
5. 试分析组织抵制变革的原因。

【案例分析】　　福特汽车企业变革四部曲

谈起福特汽车，那真是一家充满光荣历史的企业，身为全球知名的汽车厂，福特汽车确有独到的经营之处，但也有包袱存在。福特汽车以生产为导向的企业文化，在世界各地逐步建立起了生产据点，却逐步形成了全球各分公司各自为政的格局。并且在面临来自日本汽车公司“低价高质”的大举入侵后，福特汽车公司展开了第一波的改造，除了用裁员来降低成本外，还陆续引进了多项产品质量改革计划。

经过上世纪八九十年代的改革阵痛，福特公司开始面对“文化改革”的新挑战。1998年，董事会决定任命纳瑟担任首席执行官，在纳瑟的倡导下福特汽车描绘出了新的企业文化四要素：具有全球化想法、注重顾客需求、持续追求成长，以及深信“领导者是老师”等4项概念，并逐步进行企业文化的改革。主要由四个部分组成：

第一部分：巅峰Capstone)课程。这是一个为期半年的学习过程，对象是企业内较高层管理人员。首先学员必须参加一个5天的密集训练。在这5天当中，由高层主管团队担任讲师，与这些学员经历团队建立的过程，讨论福特所面对的挑战，并且分配未来6个月所需进行的项目任务。随后的6个月，学员必须花费1/3的时间，通过电子邮件、视频会议甚至面对面方式，讨论、分析与完成所指派的任务。在这一过程中，学员会一起与讲师，也就是高层主管团队再见一次面，讨论项目的困难和进度。最后，学员再参加一个密集训练，提出改革的想法，并与高层主管团队再进行分享、讨论与学习。在这次的密集训练中，会立刻决定改革计划，并且在一周之内执行。这项计划在1996年即纳瑟刚接手福特时就开展了，不仅让福特100多位高层主管成为企业内的种子讲师，也实际推动了福特的全球改革计划。

第二部分:领导者工作间(Business Leader Initiative)。这类似于巅峰课程，但所教育的对象扩展到了中层与基层主管，执行时间大约是100天。进行的方式还是从3天的密集课程开始，而后分配专项任务，运用100天的时间进行学员间的讨论、分享与发展改革计划。最后，再通过密集训练，讨论与确定改革计划。在整个领导工作间中，有两个地方相当特别:首先，所有的学员都必须在100天之内，参加半天的社区服务。这种做法的主要目的，除了可以让这些未来领导者了解福特所强调的“企业公民”精神，也让他们感受到生活中有这么多更需要帮助的人，进而不再有抱怨或不满的心态。另外，所有的学员要以拍摄影带的方式，呈现“新福特”与“旧福特”，以突出新旧文化的差异性。

第三部分:伙伴课程。伙伴课程(Executive Partnering)则是专为培养年轻却深具潜力的经理人成为真正的领导者而设立的。基本上每次都是3位学员组成1个实习小组。这个实习小组必须花费8周的时间，与7位福特汽车的高层主管每天一起工作、开会、讨论或拜访客户。针对一些企业问题或挑战，高层主管甚至会请实习小组提出可行的解决方案。对于实习小组而言，这是一个绝佳的观察和学习的机会。通过8周实际的工作，这些年轻主管不仅可以学习高层主管的思想观点，更可以了解公司的资源分配、长短期目标以及策略挑战与问题。

第四部分:交谈时间。交谈时间(Let us Chat about the business)由纳瑟自己进行。每周5的傍晚，他会寄一封电子邮件给全世界大约10万名福特员工，分享自己经营事业的看法。同时，他也会鼓励所有的员工，回寄任何的想法、观点或是建议。纳瑟认为，福特要转变为顾客导向的文化，必须要培养每一位员工了解如何经营一家企业。因此，在每周一次的电子邮件中，他会谈全球的发展趋势，谈克莱斯勒与奔驰的合并，谈福特的亚洲市场发展等主题，让员工了解高层主管的经营观点，进而让他们也能有类似的思考角度。

自从福特的改革教学计划实行以后，福特汽车公司的文化逐渐产生一些化学变化，不仅有更多的员工参与了公司的改革，还有更多的主管承诺了自己曾经传授的观念。虽然对福特这样一家大型公司而言，改革的确是漫长艰巨的历程。但是，运用上述模式，福特公司逐步完成改革计划，为成为顾客导向的企业而努力。

【拓展阅读】 **学习型组织简介**

学习型组织是美国学者彼得·圣吉在《第五项修炼》一书中提出的管理理论。其涵义为:面临变化剧烈的外在环境，组织应力求精简、扁平化、弹性因应、终生学习、不断自我组织再造，以维持竞争力。

此理论包括以下内容:

1. 培养组织成员的自我超越意识。“自我超越”包括三个内容:一是建立愿景(指一种愿望、理想、远景或目标);二是看清现状;三是实现愿景。即组织中的每一成员都要看清现状与自己愿景间的距离，从而产生出“创造性张力”，进而能动地改变现状而达到愿景。原先的愿景实现后，要培养起新的愿景。随着愿景的不断提升，又产生出新的“创造性张力”。显然，组织成员的自我超越能力是组织生命力的源泉。

2. 改善心智模式。“心智模式”是人们的思想方法、思维习惯、思维风格和心理素质的反映。一个人的心智模式与其个人成长经历、所受教育、生活环境等因素密切有关，因此并非每个人的心智模式都很完美。但是，人们通过不断学习弥补自己心智模式的缺陷。

3. 建立共同愿景。“共同愿景”源自个人愿景，它是经过各成员相互沟通而形成的组织成员都真心追求的愿景，它为组织的学习提供了焦点和能量。企业只有有了共同愿景，才能形成强大的凝聚力，推进企业不断地发展。

4. 搞好团体学习。组织由很多目标一致的团队构成。“团体学习”指每一团体中各成员通过“深度会谈”与“讨论”，产生相互影响，以实现团体智商远大于成员智商之和的效果。它建立在发展“自我超越”及“共同愿景”的工作上。团体是企业的基础，每个团体的“团体学习”都搞好了，企业才更有竞争力。因此，“团体学习”比个人学习更重要。

5. 运用系统思考。“系统思考”指以系统思考方式来研究问题、解决问题。其核心就是：从整体出发来分析问题，分析关键问题，透过现象分析问题背后的原因，从根本上解决问题。系统思考是见识，也是综合能力，这种见识和能力只有通过不断学习才能逐渐形成。

学习型组织应包括以下五项要素：

1. 建立共同愿景：愿景可以凝聚公司上下的意志，通过组织共识，大家努力的方向一致，个人也乐于奉献，为组织目标奋斗。

2. 团队学习：团队智慧应大于个人智慧的平均值，以做出正确的组织决策；同时，透过集体思考和分析，能发现个人弱点，强化团队向心力。

3. 改变心智模式：组织的障碍，多来自于个人的旧思维，例如固执己见、本位主义，唯有通过团队学习，以及标杆学习，才能改变心智模式，有所创新。

4. 自我超越：个人有意愿投入工作，专精工作技巧的专业，才能在个人与组织愿景之间形成有种“创造性的张力”，这也正是自我超越的来源。

5. 系统思考(System Thinking)：应通过资讯搜集，掌握事件的全貌，以避免见树不见林，培养综观全局的思考能力，看清楚问题的本质，有助于清楚了解因果关系。

学习是心灵的正向转换，企业如果能够顺利导入学习型组织，不只能达至更高的组织绩效，更能带动组织的生命力。

学习型组织是从组织领导人的头脑中开始的。学习型组织需要有头脑的领导，他要能理解学习型组织，并能够帮助其他人获得成功。学习型组织的领导具有三个明显的作用：

1. 设计社会建筑。社会建筑是组织中看不见的行为和态度。组织设计的第一个任务就是培养组织目的、使命和核心价值观的治理思想，以用来指导雇员。有头脑的领导要确定目标和核心价值观的基础。第二个任务是设计支持学习型组织的新政策、战略和结构，并进行安排。这些结构将促进新的行为。第三个任务是领导并设计有效的学习程序。创造学习程序并且保证它们得到改进和理解需要领导的创造力。

2. 创造共同的愿景。共同的愿景是对组织理想未来的设想。这种设想可以由领导或雇员的讨论提出，公司的愿景必须得到广泛的理解并被深深铭刻在组织之中。这个愿景体现了组织与其雇员所希望的长期结果，雇员可以自己自由地识别和解决眼前的问题，这一问题的解决将会帮助实现组织的愿景。但是，如果没有提出协调一致的共同愿景，雇员就不会为组织整体提高效益而行动。

3. 服务型的领导。学习型组织是由那些为他人和组织的愿景而奉献自己的领导建立的。作为靠自己一人建立组织的领导人形象不适合学习型组织。领导应将权力、观念、信息分给大家。学习型组织的领导要将自己奉献给组织。

读者反馈意见

亲爱的读者：

感谢您对《企业战略管理》的支持和热爱，为了今后为您提供更好的服务，请您抽出宝贵的时间来填写下面的意见反馈表，以便我们更好地对本教材做进一步改进，同时如果您在使用本教材的过程中遇到了什么问题，或者有什么好的建议，也请您来信、来电告诉我们。

地址：北京市丰台区科学城南极星大厦108室

电话：010－83794590/83794403

电子邮箱：caikai6223@263.net　QQ：649319527　QQ：1694299827

网址：WWW.KFHWH.CN

教材名称：《企业战略管理》

个人资料：

姓名：__________ 年龄：________ 所在院校/专业______________

文化程度：____________ 通讯地址：____________________

联系电话：____________ 电子信箱：____________________

您使用本书是作为：□指定教材□选用教材□辅导教材

您对封面设计的满意度：

□很满意□满意□一般□不满意□改进建议__________________

您对本书印刷质量的满意度：

□很满意□满意□一般□不满意□改进建议__________________

您对本书的总体满意度：

从语言质量角度看□很满意□满意□一般□不满意□

从科技含量角度看□很满意□满意□一般□不满意□

本书最令您满意的是：

□指导明确□内容充实□讲解详尽□实例丰富

您认为本书在哪些地方应进行修改？（可附页）

____

____

您希望本书在哪些方面可进行改进？（可附页）

____

____